REPENSAR EL COLONIALISMO
IBERIA, DE COLONIA A POTENCIA COLONIAL

Beatriz Marín Aguilera
(Editora)

Los contenidos de este libro están protegidos por la Ley. Está prohibido reproducir cualquiera de los contenidos de este libro para uso comercial sin el consentimiento expreso de los depositarios de los derechos. En todo caso, se permite el uso de los materiales para uso educacional. Para otras cuestiones, pueden contactar con el editor en: www.jasarqueologia.es

Primera edición: mayo de 2018

© Edición:
JAS Arqueología S.L.U.
Plaza de Mondariz 6, 28029 Madrid
www.jasarqueologia.es
Edición: Jaime Almansa Sánchez

© Textos: Los autores
© Imágenes: Especificado en el pie.

ISBN: 978-84-16725-13-7
Depósito Legal: M-2636-2018

Impreso por: Service Point
www.servicepoint.es

Impreso y hecho en España - *Printed and made in Spain*

REPENSAR EL COLONIALISMO

Iberia, de colonia a potencia colonial

Beatriz Marín-Aguilera (Ed.)

ÍNDICE

Colonialismos ibéricos: una perspectiva transversal — 1
Beatriz Marín-Aguilera

PRIMERA PARTE: IBERIA COMO COLONIA — 17

Capítulo uno. ¿Viejas vasijas rotas? Reflexiones sobre cultura material y contacto cultural en la Bahía de Cádiz a partir de algunos casos de estudio (siglos VIII-VI a.C.) — 19
Antonio M. Sáez Romero

Capítulo dos. A colonização fenícia a Ocidente das Colunas de Melqart: uma aproximação metodológica a partir da expansão portuguesa — 71
Pedro Albuquerque

Capítulo tres. Griegos en Iberia. Un caso atípico de "colonización" — 101
Adolfo J. Domínguez Monedero

Capítulo cuatro. Un hilo del collar. La idea de colonia en la Hispania republicana desde una perspectiva no arqueológica — 145
Estela García Fernández

Capítulo cinco. De colonizados a colonizadores. Apuntes para una lectura poscolonial de los "tiempos oscuros" — 173
Carlos Tejerizo-García y Javier Martínez Jiménez

SEGUNDA PARTE: IBERIA COMO POTENCIA COLONIAL — 211

Capítulo seis. Teotihuacan, de metrópolis colonizadora a cacicazgo colonizado. Una historia de ida y vuelta — 213
  Natalia Moragas Segura

Capítulo siete. Sur y norte: análisis comparativo de dos episodios coloniales en América (Golfo de San Lorenzo y Cuenca del Plata) — 241
  Sergio Escribano-Ruiz y Agustín Azkarate

Capítulo ocho. Arqueología de la esclavitud y vestimenta en una hacienda azucarera del Brasil colonial — 269
  Isabela Cristina Suguimatsu

Capítulo nueve. Arqueología del colonialismo español en la Micronesia: Guam y las Poblaciones Chamorras — 303
  Sandra Montón Subías, James M. Bayman y Natalia Moragas Segura

Capítulo diez. Pequenos céus e outros mundos: uma arqueologia dos encontros coloniais em um dos limiares da América portuguesa — 337
  Marcos André Torres de Souza

Capítulo once. Conhecimento científico como promotor de potência colonial: O caso das missões científicas de foro antropológico — 371
  Patrícia Ferraz de Matos

Lista de autores y resúmenes — 401

Pensar, del latín *pensāre*

"pesar", "examinar", "calcular"

AGRADECIMIENTOS

La publicación de este libro no hubiera sido posible sin la financiación y el firme compromiso de Jaime Almansa, a quien le reconozco también su infinita paciencia durante el proceso de edición, que ha llevado más tiempo del esperado. Asimismo, agradezco a las autoras y autores de cada capítulo, por su disposición, entusiasmo y generosidad para compartir su investigación y favorecer un debate transversal que no se da muchas veces debido a la separación cronológica y disciplinaria entre unos períodos y otros.

Agradecer también a la Sección de Arqueología del Colegio de Doctores y Licenciados en Filosofía y Letras y en Ciencias de Madrid por su apoyo económico y logístico para la celebración del taller "Nexos coloniales" que la editora de este libro coordinó en febrero de 2015; y a todos los ponentes que participaron y que, con sus presentaciones y reflexiones derivadas, enriquecieron enormemente el debate sobre el colonialismo desde la época antigua hasta el mundo contemporáneo.

Colonialismos ibéricos:
una perspectiva transversal

Beatriz Marín-Aguilera

El colonialismo ha existido desde tiempos inmemoriales. Los hititas, los romanos, los incas, los chinos, los árabes, los mogoles, los turcos y muchos otros pueblos invadieron, conquistaron y subyugaron poblaciones durante siglos[1]. Sin embargo, la extensión y calado del colonialismo e imperialismo europeo no ha tenido paragón en la Historia, y ha sentado las bases del mundo contemporáneo y de las relaciones internacionales (y de "desarrollo") actuales.

La presente monografía nace de un taller que la autora coordinó en Madrid en febrero de 2015, donde se reunieron especialistas del mundo antiguo, de época medieval (visigodos y árabes) y del período moderno, centrados en el colonialismo español en América y Asia, principalmente. Este volumen recoge la mayoría de las presentaciones e ideas expresadas durante la jornada de debate, si bien no todas: el mundo árabe y la conquista y colonización de las Islas Canarias o de Marruecos no han podido ser incorporadas. El libro incluye, sin embargo, nuevas contribuciones que amplían la geografía colonial e incluyen Angola, Brasil y Portugal en época contemporánea, que ofrecen nuevas perspectivas para el estudio comparativo de los procesos coloniales.

Una de las principales razones de la publicación de este libro es pesar, ponderar la importancia e impacto del colonialismo tanto en las poblaciones peninsulares como en otras geografías colonizadas por países ibéricos desde el siglo IX a.C. hasta el siglo XX. Si bien los procesos coloniales en la Península Ibérica han sido y son tratados en publicaciones escritas en una diversidad de lenguas (portugués, castellano, catalán, francés, alemán, inglés, etc.), el colonialismo ibérico, tanto portugués como hispánico, ha tendido en la última década a ser publicado casi exclusivamente en inglés,

---

[1] Utilizo el masculino en todos los casos de manera consciente porque fueron los hombres los que históricamente conquistaron y colonizaron otros territorios y otras gentes. Las mujeres fueron siempre minoritarias en esos procesos (si bien formaron parte de las sociedades coloniales).

tanto por autores y editores del ámbito iberoamericano como por autores y editores peninsulares (Funari and Senatore, 2015; Montón Subías et al., 2016).

Con la clara consciencia adquirida en Cambridge –y en general en Reino Unido– de que si no se publica en inglés no se es leído, este libro es una declaración política en contra del estrechamiento de miras que impone la academia actualmente y que empobrece la investigación, la educación y la cultura, impidiendo, además, llegar a la sociedad portuguesa, española y latinoamericana. Así pues, las autoras y autores de esta monografía eligieron la lengua en la que publicar, generalmente la materna –portugués o castellano–, evitando traducir o editar sus pensamientos y quehaceres disciplinarios y/o encorsetarlos en otras estructuras lingüísticas –especialmente la inglesa–, como prácticamente obliga la producción académica hoy en día (prueba de que el colonialismo epistémico y lingüístico está más vivo que nunca).

El colonialismo en Iberia e ibérico

La Península Ibérica se ha visto inmersa activamente en redes de intercambio y comercio internacionales desde la Prehistoria hasta nuestros días. Su situación geográfica, unida al continente europeo pero muy cercana al africano, y sus 4153 km. de costa han hecho de este territorio un escenario estratégico para el control geopolítico y económico, así como para el contacto cultural.

No obstante, es a partir del siglo IX a.C. cuando por primera vez se establecen colonias permanentes en el territorio ibérico por parte de población fenicia y, más adelante, de población griega. La conquista de la península aconteció siglos más tarde, con la llegada de los cartagineses y de los romanos. Esta última significó la práctica desaparición o asimilación de numerosas poblaciones, el desarraigo de otras y la expropiación de recursos en todo el territorio. El dominio romano, desde fines del siglo III a.c. supuso, además, la imposición de un sistema sociopolítico, económico, cultural y de control administrativo del territorio a nivel peninsular. Dicho sistema, aunque con diferencias, volvió a repetirse primero con la llegada de las poblaciones "bárbaras" a la Península, especialmente los visigodos, y posteriormente con la conquista árabe y la "islamización" (si podemos llamarla así) de las poblaciones bajo su poder.

La situación cambia a partir del siglo XV, cuando los reinos cristianos de Portugal, Castilla y Aragón culminan su política de dominación peninsular, con la conquista del territorio en poder árabe y la expulsión de los judíos, y comienzan su expansión ultramar. Así, el Imperio portugués y la Monarquía hispánica sumaron a sus posesiones europeas los archipiélagos atlánticos, parte de África, la práctica totalidad del continente americano y territorios en Asia y Oceanía con el beneplácito papal. Muchos de los territorios invadidos y conquistados quedaron en manos ibéricas hasta su independencia en el siglo XIX y XX, y algunos de ellos continúan incluso bajo jurisdicción portuguesa o española actualmente.

El tipo de contacto y/o de conquista que se estableció en dichas geografías, como sucedió en el territorio peninsular, dependió enormemente de la respuesta de la población local, de las alianzas, apoyos o resistencias de ésta frente a la llegada ibérica. Asimismo, el tipo de dominio y de control territorial estuvo en gran medida condicionado por ese primer contacto y por el afianzamiento posterior portugués e hispánico, pero en la mayoría de los casos supuso el diezmo de la población, la expropiación de los recursos y la implantación forzosa de un nuevo régimen político, sociocultural y religioso.

En este sentido, hay varios temas que se repiten en los capítulos de esta monografía, metodológicos por un lado (interdisciplinariedad) e interpretativos por otro, que hacen referencia al dinamismo y a la complejidad de los diferentes contextos coloniales recogidos en este libro.

Interdisciplinariedad

La interdisciplinariedad viene ya dada por los y las autoras de los capítulos de este libro, que provienen de disciplinas como la Historia, la Arqueología y la Antropología. Esta variedad disciplinar se hace patente también en el tratamiento de los temas, para los que se ha combinado el estudio de las fuentes escritas o archivos con el análisis de la evidencia arqueológica y antropológica. La mescolanza de métodos y disciplinas repercute en el enriquecimiento del estudio de procesos coloniales, facilitando una mayor comprensión del colonialismo en todas sus vertientes, así como la inclusión de todos o de casi todos los grupos involucrados.

Es evidente, sin embargo, que tanto los documentos históricos como la arqueología recuperan un pasado parcial y nunca completo, como bien explica Enrique Rodríguez Alegría (2016). La conservación de las fuentes griegas y romanas así como de los legajos en los archivos históricos depende de muchos factores, desde las características del lugar que los custodia hasta las destrucciones causadas a propósito o por incendios, guerras, etc. tanto en época histórica como actualmente.

Lo interesante del uso de fuentes escritas y de evidencias arqueológicas para estudiar y comprender el colonialismo en un contexto determinado es que pone de manifiesto las contradicciones entre un registro –el escrito– y otro –el material. El primero pertenece, en la mayoría de los casos, a los conquistadores y colonizadores, o a aquellos que se impusieron (caso de los griegos y de los romanos, por ejemplo). Esto no significa que no se pueda acceder a los y las colonizadas, sino que la tarea es mucho más ardua pues implica cuestionar las fuentes de un modo diferente, contextualizarlas (quién escribió el documento, cuándo y porqué) y, por tanto, re-leerlas en modo diverso.

Así, los documentos españoles indican una coexistencia pacífica entre los españoles y los indígenas en el fuerte Sancti Spiritus, el primer asentamiento colonial en Argentina. Sin embargo, la arqueología demuestra la destrucción del poblado indígena para la construcción del fuerte español, y por tanto, la existencia de relaciones más violentas entre nativos y colonizadores, como explican Sergio Escribano y Agustín Azkárate en el capítulo siete.

¿Colonizadores, colonizados o... las dos cosas?

La cuestión colonial sigue abierta en muchos frentes. ¿La fundación de asentamientos/colonias implica colonización? ¿Cómo detectamos y/o definimos el colonialismo? Los y las autoras de este libro se sumergen en este debate para intentar comprender las relaciones coloniales establecidas entre gentes venidas de lugares lejanos que se asientan en territorios ya ocupados por un lado, y la población de esos mismos territorios por otro. ¿Podemos denominar colonización a la relación entre griegos y nativos en la Península Ibérica? Adolfo Domínguez defiende que sí, incluso si las comunidades griegas estaban más interesadas en el comercio que en el control y la expansión territorial (capítulo tres).

Cuando la expansión territorial y la expropiación de recursos se busca desde el inicio, estamos ante un sistema colonial, como es el caso del castellano en América. Aún así, parece que la empresa colonial no estaba tan planificada desde el inicio y que se fue gestando acorde a las circunstancias de cada región y de las reacciones de la población local, como apuntan Agustín Azkárate y Sergio Escribano.

¿Y qué pasa con las poblaciones que primero colonizaron y luego fueron colonizadas, o al revés? El caso de Teotihuacán que presenta Natalia Moragas (capitulo seis) ilustra muy bien esta cuestión, porque demuestra las dinámicas históricas de la región, de ser un poder colonial e imperial, a ser conquistada y subyugada por acolhuaques y mexicas desde *ca.* 1200, y por los españoles desde el siglo XVI.

Un caso similar es el de los visigodos en la Península Ibérica, como exponen Carlos Tejerizo y Javier Martínez (capítulo cinco). De ser subsumidos por el Imperio romano por el que lucharon y defendieron el limes, los visigodos se convierten en una suerte de colonizadores de la Península Ibérica con la caída del Imperio romano occidental. La complejidad de ambos casos de estudio, el de Teotihuacán y el de los visigodos, nos empuja a repensar el colonialismo y a redefinir (e incluso de-colonizar) los conceptos con los que trabajamos.

Paisajes coloniales

Decía recientemente Alfredo González Ruibal, no sin acierto, que los y las arqueólogas postcoloniales se centraban siempre en la parte del intercambio cultural y la mezcla identitaria dejando de lado o, incluso, silenciando, la violencia y las asimetrías de poder (González Ruibal, 2014: 7–8). En este libro, sus autores y autoras han tratado de conciliar ambas cosas, y quizá uno de los modos de hacerlo es explorar el paisaje construido, pues el colonialismo emerge con todo su esplendor y violencia en la apropiación del espacio ajeno. Las poblaciones coloniales construyeron casas, santuarios y/o ciudades, así como cementerios, en territorio nativo, como explican Pedro Albuquerque y Adolfo Domínguez. Más allá de la colonización del espacio indígena y de su modificación para la posteridad, especialmente cuando el material usado es la piedra, los colonos impusieron lógicas del espacio diferentes que conllevaron una relación con los sentidos completamente diversa, tanto a nivel kinestésico, como visual y táctil (Marín-Aguilera, e.p.).

La violencia colonial se acentúa exponencialmente con los desplazamientos forzados de población indígena y la expropiación de sus recursos, estrategias llevadas a cabo por los romanos en la Península Ibérica (Estela García, capítulo cuatro), por los españoles en las Américas y en Filipinas –especialmente con el establecimiento de las reducciones de indios (Sandra Montón *et al.*, capítulo nueve)–, y por los portugueses en las haciendas esclavistas brasileñas (Isabela Suguimatsu, capítulo ocho; Marcos André Torres de Souza, capítulo diez).

En ocasiones, la apropiación de los recursos y del espacio ajeno no generó una violencia tan extrema, como es el caso de los vascos en el Golfo de San Lorenzo, donde, como exponen Sergio Escribano y Agustín Azkárate, las relaciones con los nativos fueron bidireccionales y, en términos generales, de beneficio mutuo, si bien no exentas de asimetrías de poder.

Dentro de los debates sobre el paisaje colonial, uno de los temas más importantes de las últimas décadas es la comparación entre el mundo rural y el urbano. Si bien los análisis tradicionales se han centrado en las ciudades, por poseer más información sobre ellas, muchos estudios actuales tratan de examinar ambos contextos para presentar un panorama más equilibrado y certero sobre el impacto del colonialismo en los territorios conquistados. Así, en el caso de Teotihuacán, la población rural continuó usando su cerámica tradicional y no adoptó la española ni sus prácticas asociadas tras la llegada de los colonizadores ni bien entrado el período colonial, a diferencia de las ciudades, como indica Natalia Moragas en el capítulo seis. En el caso del Sur ibérico, con los fenicios y púnicos, Antonio Sáez no detecta una diferencia entre los hábitos de consumo rurales y urbanos entre la élite de ambos espacios. Las diferencias y semejanzas entre contextos urbanos y rurales abren así nuevas ventanas al estudio de las relaciones coloniales que prometen ser cuanto menos enriquecedoras.

Prácticas híbridas

La entrada de los estudios postcoloniales y decoloniales [sic] en Historia, Arqueología y Antropología, entre otras disciplinas, desplazó la centralidad del colonizador por la del colonizado, la complejidad de cada sistema colonial y la larga sombra del mismo en las sociedades contemporáneas (Said, 1996, 2002; Quijano, 1993; Bhabha, 1994; Guha, 2002; Mignolo, 2003; Castro-Gómez and Grosfoguel, 2007). Asimismo, despejó toda una serie de intersecciones a tener en cuenta a la hora de estudiar el colonialismo (raza y etnia, status, género, edad, etc.) que no se habían tenido en cuenta en estudios anteriores o, al menos, no con la misma intensidad y detalle (Anzaldúa, 1987; Walsh, 2007; Fanon, 2009).

La agencia (del latín *agentia*, "el que hace") de los esclavos y de las poblaciones indígenas saltó a la palestra y deconstruyó el maniqueísmo del sistema colonial europeo (colonizado-colonizador), pero también de los primeros textos anticoloniales de los años 70 del siglo pasado como el de Marcel Bénabou, *La résistance africaine à la romanisation* de 1976.

La crítica al discurso colonial abrió paso también al estudio de las aberraciones llevadas a cabo en pro del imperio o de la ideología colonial, como bien explicita Patrícia Ferraz de Matos (capítulo once). Dicho discurso fue también criticado desde una perspectiva feminista que, centrada en la experiencia de las mujeres colonizadas, definió la doble subalternización (Spivak, 1988): dentro de un sistema patriarcal (al hombre) y, a su vez, dentro de un sistema colonial (a la autoridad colonial).

Es en este último orden de ideas que Sandra Montón y su equipo trabajan la conquista española de Guam, que conllevó la "patriarcalización" de las relaciones de género entre las poblaciones isleñas, entre muchas otras consecuencias. La introducción de nuevos alimentos y formas de consumo es otro de los temas centrales del equipo en Guam, de las prácticas híbridas que implican esas nuevas cocinas y gustos, y de las relaciones de poder implícitas.

La alimentación –y la cerámica de consumo asociada– parece haber sido el vehículo de comunicación entre élites locales y coloniales en el Sur ibérico con el establecimiento de fenicios y púnicos, tal y como apunta Antonio Sáez. Dicha convivialidad entre élites, urbanas o rurales, entraña claras asimetrías económicas (quién forma parte de esas reuniones y quién no, quién tiene acceso a esos alimentos y cerámicas y quién no), así como relaciones de poder que se vehiculan a través del consumo alimenticio y de la bebida (Marín Aguilera, 2016). Asimismo, la mezcla de cocinas exige repensar los agentes que las preparaban, muy probablemente mujeres, y su lugar en las relaciones coloniales y de poder (Delgado Hervás, 2010).

La mezcla cultural (y biológica) ha estado insertada desde el inicio en los estudios arqueológicos y continúa estándolo. La población que vivía en las colonias romanas y en las griegas era mixta, colonial, indígena y, probablemente, de otras procedencias, como anotan Adolfo Domínguez y Estela García, y lo mismo sucedía en otras geografías coloniales en África, América, Asia y Oceanía. Sin embargo, por mucho que se enfatice la agencia de los y las colonizadas, es la élite colonial la que prevalece. Así, en Empúries, se acuña moneda indígena pero la ciudad y sus instituciones son griegas; mestizaje y prácticas híbridas, sí, pero inmersas en claras disimetrías de poder (Santiago, 1978; Ortiz, 1978; Bhabha, 1994).

Es posible todavía discernir transgresiones a la autoridad colonial y esclavista impuesta, como indica Marcos André Torres, como la fabricación de cerámica y de pipas que reflejan la permanencia de memorias y de modos de hacer africanos en contextos de esclavitud; o como la manufactura de vestidos por parte de los esclavos de sus propias ropas, como expone Isabela Suiguimatsu.

El tejido social y de poder en el caso que expone Isabela es especialmente interesante porque los vestidos que la autora estudia muestran no sólo las diferencias entre colonizadores y colonizados/esclavos en su fabricación (telas, diseños, decoraciones), sino entre los mismos esclavos y esclavas, que materializan tanto diferencias de género como diferencias sociales entre ellos y ellas, bien existentes ya en África, bien creadas en las haciendas.

La diferenciación social jugó un papel muy significativo entre las élites visigodas. Tanto es así que resulta prácticamente imposible, aseguran Carlos Tejerizo y Javier Martínez, diferenciar la materialidad romana de la visigoda en el siglo VI, tal es la adopción de la identidad y materialidad romana por las autoridades godas en la Península Ibérica. Tal aseveración recuerda el famoso artículo escrito por Andrew Wallace-Hadrill "To be Roman, go Greek" (1998), o el análisis que lleva a cabo Michael Dietler de la élite del siglo XIX europea, especialmente alemana, inglesa y francesa, que se "heleniza" sin necesidad de ser colonizada por los griegos para diferenciarse social, cultural y económicamente del resto de la población (2010: 27–43).

Organización del libro

La idea que subyace a la publicación de esta monografía es la comparación del colonialismo desde diferentes aparatos metodológicos, teóricos y materiales, para poder extraer las diferencias y similitudes que se han intentado subrayar en las líneas precedentes. Si bien los contextos trabajados reflejan geografías, comunidades y temporalidades específicas, puestos en común ejemplifican la complejidad de cada contexto colonial a la vez que facilitan la comprensión de los procesos coloniales de un modo holístico.

La monografía se presenta diacrónicamente, comenzando con el período histórico en el que la Península Ibérica fue colonizada, dominada y/o incorporada a otros pueblos o imperios; para versar después sobre el período en el que tanto Portugal como la Monarquía hispánica invadieron, conquistaron y gobernaron territorios más o menos lejanos que engrosaron sus imperios coloniales.

El objetivo último era reflexionar sobre las relaciones que se establecieron entre la población local y la colonial en distintos períodos y geografías a través del análisis de aspectos culturales, religiosos, políticos, económicos y/o sociales; y creo que este libro es prueba de que se ha logrado.

Referencias

Anzaldúa, G. (1987). *Borderlands = La frontera: the new mestiza*. San Francisco: Aunt Lute.

Bhabha, H. (1994). *The location of culture*. London: Routledge.

Castro-Gómez, S. y Grosfoguel, R. eds. (2007). *El giro decolonial. Reflexiones para una diversidad epistémica más allá del capitalismo global*. Buenos Aires: Pontificia Universidad Javeriana/Siglo del Hombre Editores.

Delgado Hervás, A. (2010). De las cocinas coloniales y otras historias silenciadas: domesticidad, subalternidad e hibridación en las colonias fenicias occidentales. En C. Mata Parreño, G. Pérez Jordá y J. Vives-Ferrándiz Sánchez (eds.), *De la cuina a la taula: IV Reunió d'economia en el primer mil·lenni aC* (pp. 27-42). València: Universitat de València.

Dietler, M. (2010). *Archaeologies of colonialism: consumption, entanglement, and violence in ancient Mediterranean France*. Berkeley, Los Angeles: University of California Press.

Fanon, F. (2009). *Piel negra, máscaras blancas*. Madrid: Akal.

Funari, P.P.A. y M.X. Senatore eds. (2015). *Archaeology of culture contact and colonialism in Spanish and Portuguese America*. Cham: Springer.

González Ruibal, A. (2014). *An archaeology of resistance: materiality and time in an African borderland*. Plymouth: Rowman & Littlefield.

Guha, R. (2002). *History at the limit of World-history*. New York: Columbia University Press.

Marín-Aguilera, B. (2016). Food, identity and power entanglements in South Iberia between the 9th-6th centuries BC. En L. Campbell, A. Maldonado, E. Pierce y A. Russell (eds.), *Creating material worlds: the uses of identity in archaeology* (pp. 195–214). Oxford: Oxbow.

Marín-Aguilera, B. (e.p.). Inhabiting domestic space: Becoming different in the Early Iron Age western Mediterranean. *Journal of Mediterranean Archaeology* 31(1).

Mignolo, W. (2003). *Historias locales/diseños globales: colonialidad, conocimientos subalternos y pensamiento fronterizo*. Madrid: Akal.

Montón Subías, S., Cruz Berrocal, M. y Ruiz Martínez, A. eds. (2016). *Archaeologies of Early Modern Spanish colonialism*. Cham: Springer.

Ortiz, F. (1978). *Contrapunteo cubano del tabaco y del azúcar*. Caracas: Biblioteca Ayacucho.

Quijano, A. (1993). 'Raza', 'etnia' y 'razón' en Mariátegui: Cuestiones Abiertas. En R. Forgues (ed.), *José Carlos Mariátegui y Europa: el otro aspecto del descubrimiento* (pp. 167-187). Lima: Empresa Editora Amauta.

Rodríguez Alegría, E. (2016). *The archaeology and history of colonial Mexico: mixing epistemologies*. Cambridge: Cambridge University Press.

Said, E.W. (1996). *Cultura e imperialismo*. Barcelona: Anagrama.

Said, E.W. (2002). *Orientalismo*. Madrid: Debate.

Santiago, S. (1978). O entre-lugar do discurso latino-americano. En S. Santiago (ed.), *Uma literatura nos trópicos: ensaios sobre dependencia cultural* (pp. 11-28). São Paulo: Editora Perspectiva.

Spivak, G.C. (1988) Can the Subaltern Speak. En C. Nelson y L. Grossberg (eds.), *Marxism and the interpretation of culture* (pp. 271-313). Basingstoke: Macmillan Education.

Wallace-Hadrill, A. (1998). To be Roman, go Greek. Thoughts on Hellenization at Rome. En M. Austin, J. Harries y C. Smith (eds.), *Modus operandi. essays in honour of Geoffrey Rickman* (pp. 79-91). London: Institute of Classical Studies, School of Advanced Study.

Walsh, C. (2007). Shifting the geopolitics of critical knowledge. *Cultural Studies* 21(2/3): 224–239.

PRIMERA PARTE:
IBERIA COMO COLONIA

¿Viejas vasijas rotas? Reflexiones sobre cultura material y contacto cultural en la Bahía de Cádiz a partir de algunos casos de estudio (siglos VIII-VI a.C.)

Antonio M. Sáez Romero

1. INTRODUCCIÓN[1].

Teorizar acerca del contacto y cambio cultural a partir de cacharros rotos en contexto, analizados desde perspectivas metodológicas renovadas. Ese puede considerarse *grosso modo* la espina vertebral de este trabajo, que toma como eje del análisis la evidencia proporcionada por los diversos yacimientos que componen el mosaico poblacional, económico, cultural y tecnológico que fue la Bahía de Cádiz durante los dos primeros tercios del I milenio a.C. Considerando el indudable interés de este escenario privilegiado elegido para desarrollar el estudio, el menú (científico) que se vislumbra para los apartados sucesivos excede el marco estrictamente local, y al menos una parte de las metodologías y conclusiones básicas pudieran ser aplicadas a otros focos de poblamiento fenicio con problemáticas complejas y muchas analogías con la gaditana. No se pretende sin embargo generar un modelo extrapolable sin matices, sino más bien subrayar las dificultades que comporta el análisis del contacto cultural, de las influencias, la hibridación y la generación/evolución de identidades a partir de elementos concretos de cultura material, por mucho que estos sean muy significativos en relación a procesos tan universales e importantes como la bebida o el cocinado de los alimentos.

1.1. Objetivos y metodología.

Tomando como objeto de estudio el caso de la bahía gaditana, se plantea en estas páginas un análisis de los procesos complejos derivados del contacto cultural establecidos desde inicios del I milenio a.C. entre

---

[1] Este trabajo ha sido desarrollado en el ámbito del proyecto HAR2015-68310-P "La Ruta de las Estrímnides. Comercio Mediterráneo e Interculturalidad en el Noroeste de Iberia" financiado por el Ministerio de Economía y Competitividad en el Plan Estatal 2013-2016. Asimismo, la redacción del texto ha sido completada gracias a la realización de una estancia breve en la Universidad de Oxford (Faculty of Classics) financiada por el Vicerrectorado de Investigación de la Universidad de Sevilla.

orientales y comunidades locales en función de las modificaciones (bidireccionales) observables en los registros cerámicos desde época arcaica, centrándonos en categorías clave como los vasos de bebida o los dedicados a cocinar al fuego los alimentos. Asimismo, extendiendo el arco cronológico considerado hasta el inicio de la fase helenística, atenderemos también a la evolución de estas identidades locales generadas a partir del complejo mosaico iniciado con el asentamiento fenicio, fijando el foco de nuevo en las cerámicas destinadas al servicio de bebida y a los fogones.

Del análisis tipológico y tecnológico de estos objetos, frecuentes en todo tipo de contextos alrededor de la bahía, pueden inferirse relaciones más complejas que una simple transmisión de saberes y modos de hacer hacia el medio indígena, tendencia interpretativa predominante hasta el momento. De este modo el análisis de los objetos, a pesar de sus bien conocidas limitaciones (Bats 1988; Dietler y Herbich 1994; Dietler 2007 y 2015), permite determinar la existencia de fenómenos de hibridación tecnológica desde momentos tempranos, dando lugar en la era post-arcaica a un discurso unificado (tipológica y culturalmente) que a su vez será influenciado por otras esferas culturales externas.

Así pues, el objetivo esencial del trabajo es el de demostrar la adaptabilidad de estos ítems a los diversos escenarios políticos, económicos y culturales en que las comunidades de la bahía debieron desenvolverse desde los inicios de la presencia fenicia hasta los siglos VI-V a.C., definiendo un modelo de ámbito local (esbozado ya desde otra perspectiva en Ferrer 2006) que permita plantear una tentativa de evolución de las identidades de las comunidades que habitaron la bahía en dicho lapso a partir del examen indirecto de procesos significativos ligados al consumo alimentario (bebida y cocinado). Se trata de una visión necesaria y que consideramos de interés puesto que como se ha afirmado recientemente "las cocinas y prácticas de consumo son un

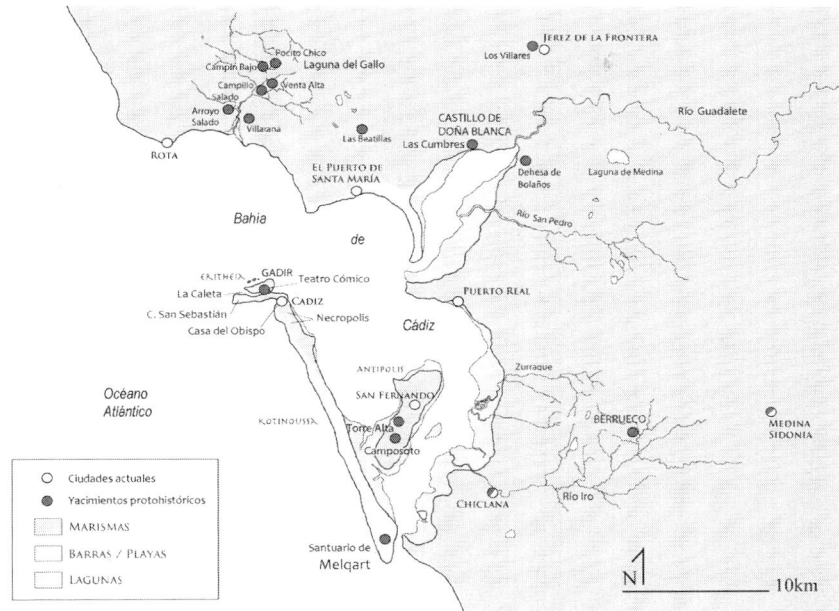

Fig. 1- Plano de la Bahía de Cádiz y su entorno continental inmediato, con indicación de los principales yacimientos mencionados en el texto (elaboración propia).

ámbito particularmente significativo en este sentido debido su relevancia en la construcción de la identidad personal, familiar, colectiva y social en las comunidades humanas" (Delgado Hervás 2016: 63)[2].

---

[2] Algunas primeras impresiones, desde una perspectiva menos restringida a tipos concretos y más enfocada a las transferencias técnicas vinculadas a la producción de cerámicas y a los cambios en las pautas de consumo, fue ofrecida en la ponencia (en colaboración con P. Johnston) "A shotgun wedding? Culture mixing as a Phoenician mercantile strategy in the Bay of Cadiz (c. 800-500 BCE)", en el marco del simposio *Les Phéniciens, les Puniques et les autres. Échanges et identités entre le monde phénico-punique et les différents peuples de l'Orient ancien et du pourtour méditerranéen* (Maison de la Recherche, París, 13-14 de mayo de 2016).

1.2. Antecedentes.

En realidad la problemática tratada en estas páginas no es una desconocida en la historiografía sobre Gadir, ni tampoco el uso de ciertos ítems como indicadores para el análisis étnico o identitario puede considerarse una novedad. De este modo, por ejemplo grupos cerámicos de los que se hablará más adelante ampliamente como las "copas tipo Campillo" han sido ya objeto de atención más o menos tímidamente en relación a estos aspectos, aunque en general cabe hablar de una sorprendente sequía de trabajos previos monográficamente centrados en desentrañar la evolución de las identidades culturales (y su proyección material en el registro arqueológico) de las comunidades que habitaron la bahía durante el I milenio a.C. Como señalamos en otro artículo reciente (Johnston y Sáez, en prensa) el estudio de la cultura material, y particularmente la cerámica, ha sido hasta el momento una vía instrumental para proporcionar información cronológica o funcional, y en pocos casos se ha traspasado esa barrera para exprimir el registro con el fin de obtener inferencias tecnológicas que permitiesen advertir aspectos relacionados con la identidad de los fabricantes/usuarios y de los procesos de contacto cultural operados en la bahía durante centurias.

Obviamente, en este debate la fase "arcaica" (el tramo inicial del I milenio a.C.) ha acaparado gran parte de los focos, siendo escasos el debate y la bibliografía referida a las fases posteriores del asentamiento (algunas excepciones notables en Ferrer 2006 y 2010; Ferrer y Álvarez 2009). Así, no es menos evidente que el epicentro de la discusión se ha situado hasta fechas muy recientes en el yacimiento de Castillo de Doña Blanca y en la campiña portuense, donde a partir del análisis de la cultura material de yacimientos de diverso rango se han planteado diversas propuestas sobre la interacción fenicios/indígenas y la adopción por parte de las comunidades locales de numerosos elementos como propios (añadiendo la variable arqueométrica

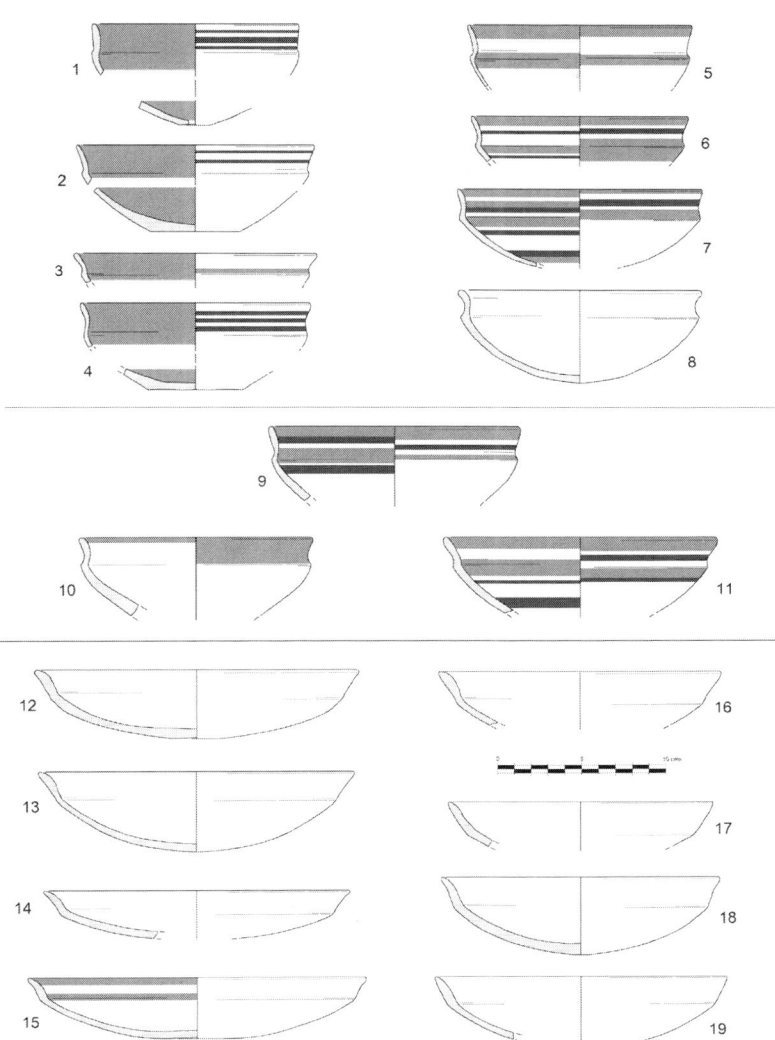

Fig. 2- Copas a torno "tipo Campillo" procedentes de los yacimientos de Pocito Chico (1-8), Campillo (9-11) y Calle Hércules de Cádiz (12-19) (a partir de dibujos originales en López Amador et al. 1996; Ruiz Gil y López Amador 2001; Sáez y Belizón 2014).

Fig. 3- Fotografías de copas a torno "tipo Campillo" procedentes de los yacimientos de Campillo (1-2) y Pocito Chico (3-5); en recuadro abajo, detalles de copas del mismo tipo *in situ* en la cremación de Calle Hércules de Cádiz (a partir de López Amador et al. 1996; Ruiz Gil y López Amador 2001; Sáez y Belizón 2014).

para sugerir la fabricación de estos "ítems de tipología fenicia" por los propios indígenas, con tecnologías igualmente provenientes de los colonos orientales). Todo ello con el trasfondo conceptual del eterno debate sobre la categorización de CDB como "indígena" o "asentamiento fenicio", una discusión inacabada iniciada hace ya casi dos décadas (Ruiz Mata 1999; 2016) y que ha servido de importante estímulo para trasladar la misma pregunta a muchos otros yacimientos diseminados por la bahía, incluso más allá del marco inicial del periodo colonial. Entre otras, el estudio del poblamiento de la Laguna del Gallo y del área del Salado (López Amador et al. 2008; Bueno, 2010), de la campiña jerezana (López Rosendo 2007) o el debate planteado tras el descubrimiento de un asentamiento amurallado en las alturas del casco antiguo de Chiclana (Bueno y Cerpa 2010) son algunas de las vías abiertas más significativas.

En el ámbito insular el debate ha venido marcado por la asunción tradicional de que el poblamiento en esta parte de la bahía, desde la llegada de los primeros orientales, debió ser exclusivamente fenicio, o al menos estar dominado por una "identidad fenicia" que sería plenamente palpable en el registro material hasta incluso bajo dominio romano. No han faltado indicios y voces que sin embargo han llamado la atención sobre este paradigma, aportando ejemplos como la "cabaña" exhumada en el área de la Casa del Obispo que permitían plantear ya hace algunos años un escenario mucho más complejo y diversificado identitariamente (Gener et al. 2014a). Los hallazgos recientes en diversos puntos del casco viejo de Cádiz han confirmado plenamente esta tendencia, y además de otros contextos arcaicos, son los registros materiales dados a conocer hasta el momento en el Teatro Cómico las muestras más elocuentes de la abundante presencia de elementos "indígenas" (como cerámicas a mano) en contextos considerados como fenicios (Torres et al. 2014). El descubrimiento de un enterramiento de cremación en el extremo noroeste insular (Calle Hércules) ha venido a añadir aún más leña a este incendiado debate, mostrando un registro cerámico dominado por "perfiles híbridos" combinado con fórmulas ceremoniales con analogías en otras necrópolis consideradas como "indígenas", como Las Cumbres (anexa a CDB) y algunos puntos del Bajo Guadalquivir (Sáez y Belizón 2014). En suma, un panorama de creciente complejidad, que sigue la estela de viejos debates ya iniciados a nivel regional hace varias décadas en torno a aproximaciones heterogéneas con el objetivo común de definir "lo tartésico" y distinguirlo -materialmente hablando- de "lo fenicio" (con un hito significativo en Martín Ruiz et al. 1992 o Martín Ruiz 1996, y la polvareda bibliográfica generada posteriormente).

Para momentos posteriores al final de la etapa arcaica, la sequía antes aludida es aún mayor, dado que es todavía más acusada la tendencia a un análisis de las cerámicas aséptico, funcional y cronológico, quizá motivado por la aparente falta de necesidad de una reflexión ante una "bahía púnica" donde todas sus comunidades compartirían ya unos rasgos identitarios y culturales homogéneos[3] (en contraste con la complejidad arcaica). Este modelo simplificado ha permitido en la mayor parte de ocasiones escurrir el bulto de tener que definir qué serían CDB y Chiclana en la fase post-arcaica en relación con el "núcleo fenicio" insular, y también ha inspirado propuestas muy sugerentes como la inclusión de los núcleos urbanos de la bahía en el conjunto de la Turdetania, diluyendo la tradicional distinción entre "lo púnico" y "lo indígena post-arcaico"[4] (Ruiz Mata 1997 y 1998; Ruiz y Pérez 1995a, entre otros). Sin embargo, en fechas recientes se ha llamado

---

[3] Algunas primeras reflexiones en clave identitaria fueron expuestas en la ponencia "Foodstuff, pottery and consumption patterns. A reflection on the interactions between Greeks, Punics and other western communities in the 5th c. BCE in Southwestern Iberia", presentada en el workshop *Interacting Beyond the Mediterranean* (Wolfson College, Universidad de Oxford, 25 de enero de 2017). Remitimos a las actas de este coloquio para completar la visión que aquí se ofrece, limitada por cuestiones de espacio a la etapa arcaica de la bahía y a una selección muy limitada de formas cerámicas.

[4] Una discusión que tiene un paralelismo muy cercano con la actualmente abierta acerca de la nomenclatura y modelos de interacción entre los núcleos de rango urbano de origen fenicio del noroeste magrebí y los reinos mauritanos centralizados, especialmente a partir del siglo III a.C. (Papi 2014).

la atención acerca de la poca consistencia de esta última propuesta a partir de un escrutinio en detalle de testimonios literarios, evidencias materiales y modelos territoriales, sugiriendo (acertadamente a nuestro parecer) que se trataría más bien de un momento de emergencia y cristalización de una nueva identidad en la cual los rasgos de cohesión locales primarían sobre las tradiciones indígenas y fenicias iniciales, tomando probablemente aspectos de ambas (Ferrer 2004 y 2006).

En cualquier caso, en todos estos vaivenes conceptuales, los estudios de cultura material han tenido generalmente un papel secundario, y poco interés han suscitado hasta ahora el análisis de las pautas de cocinado (Sáez Romero 2010) y consumo de líquidos (Ruiz Mata 1995a; López y Ruiz 2007; Niveau 2011) en la zona leídas desde dicho prisma material. Este texto constituye por ello una aportación, parcial, que como antes señalamos no pretende paliar estos déficits sino más bien mostrar el potencial de esta vía por ahora poco explorada más allá de su dimensión instrumental básica.

2. BRINDAR Y YANTAR. UNA PERSPECTIVA DE LA EVOLUCIÓN DE LAS COSTUMBRES CULINARIAS EN EL ÁMBITO GADIRITA DESDE EL ANÁLISIS DE LA CULTURA MATERIAL.

2.1. Las cerámicas usadas para beber y cocinar en la bahía arcaica. Algunos apuntes sobre interacción cultural y tecnológica temprana.

Cuestiones de espacio obligan a sintetizar, quizá en exceso para el lector no familiarizado con la zona y su historiografía, un aspecto tan complejo como resulta describir el escenario físico en el que desarrolla la historia que constituye el objeto central de estas páginas. Los datos disponibles en la actualidad permiten dibujar un asentamiento humano a inicios del I milenio a.C. que contaría al menos con tres núcleos de referencia: en la isla de Cádiz y en las cabeceras de los ríos Guadalete (Castillo de Doña Blanca) e Iro (Chiclana), al margen de otras aldeas o poblamiento disperso por ahora únicamente caracterizado en la campiña portuense. Estos ríos parecen haber sido el foco de asentamiento indígena antes de la llegada de los fenicios a inicios del milenio. Los orientales, que según la tradición clásica procedían de Tiro, parecen haber fijado el principal foco en la pequeña isla septentrional (Erytheia); en paralelo, en el extremo meridional de Kotinoussa las fuentes literarias y arqueológicas señalan que fundaron un santuario dedicado a Melqart. La importancia de esta zona sacra en las fuentes clásicas sugiere que se convirtió rápidamente en un hito para los habitantes de la bahía, proporcionando una primera base para el surgimiento de una identidad común (actuando quizá como referencia multicultural y "zona franca").

La posición geoestratégica de CDB y Chiclana es obvia, controlando el acceso a y desde los estuarios de las principales autopistas fluviales hacia el interior. Pequeños asentamientos indígenas salpican el paisaje septentrional de la bahía, a lo largo del río Salado y hasta las campiñas del actual Jerez, no lejos del notable yacimiento de Asta Regia. En el sur, es probable que la campiña de Chiclana también estuviera poblada por pequeños asentamientos del mismo tipo, articulados quizá desde asentamientos igualmente geoestratégicos como Cerro del Berrueco y Medina Sidonia (Escacena et al. 1994). La evidencia arqueológica sugiere una interacción regular entre todos estos asentamientos, puesto que la cerámica a torno producida en talleres insulares se encuentra en cantidades considerables en los enclaves amurallados de la orilla continental e incluso en el poblamiento rural disperso (Behrendt y Mielke 2011; Johnston y Sáez, en prensa), mientras que la presencia de cerámicas a mano de tipología "indígena" es cuantitativamente muy significativa todas las estratigrafías de la bahía durante los siglos VIII-VII a.C. (como se ha apuntado en Ruiz y Pérez 1995a; Torres et al. 2014; Bueno 2014, entre otros).

Considerando este marco general, cabe ahora centrarnos en el objeto de estudio seleccionado para este trabajo. Para ello, además de a las evidencias proporcionadas por el ya descrito mosaico de hábitats de diverso rango, quizá los testimonios más clarificadores puedan extraerse de los escasos registros funerarios disponibles datables en la primera mitad del I milenio a.C. Sin embargo, a pesar de sus limitaciones, el registro funerario ilustra procesos de contacto cultural y transferencia tecnológica incluso desde el siglo VIII.

En la orilla continental la lista de referencias se reduce por el momento al caso del túmulo 1 de Las Cumbres, junto al CDB, donde se depositaron (en torno a un posible *ustrinum*) enterramientos de cremación con urnas y ajuares de factura o tipología fenicia e/o indígena. Esta modalidad de enterramiento en túmulo es similar a muchos otros ejemplos situados a lo largo del Bajo Guadalquivir y considerados como ejemplos típicos de necrópolis tartésicas de cremación, aunque sin embargo, la cremación misma parece ser una innovación en los rituales extendida a partir de la presencia fenicia en la región (puesto que la inhumación parece ser exclusiva durante el II milenio en el entorno de la bahía). El denominado enterramiento 24 de este túmulo se ha utilizado como paradigma de la dificultad en adscribir estas cremaciones en urna a individuos indígenas o fenicios, inclinándose sus propios excavadores a pensar que podría tratarse de un individuo fenicio relevante que habría tenido lazos de parentesco con otros "indígenas" también enterrados en zonas más periféricas del túmulo (Ruiz y Pérez 1995a-b).

En las islas, en la zona que en teoría debiera ser "más fenicia", la evidencia es mucho más escasa, y sólo un entierro de cremación tipo bustum ha sido documentado en la zona noroeste de Erytheia (Calle

Hercules; Sáez y Belizón 2014), con un ajuar compuesto exclusivamente por piezas a torno y ofrendas cárnicas. El enterramiento presenta por tanto una tipología que se encuentra representada tanto en necrópolis costeras como del Bajo Guadalquivir, y se acompaña principalmente de elementos cerámicos de tipología fenicia, por lo que resulta al igual que la tumba 24 de Las Cumbres un ejemplo claro de la complejidad de lectura de la identidad de las poblaciones locales del siglo VIII a.C. a través de las evidencias materiales. Este tipo de enterramientos, con morfologías simples o con canal central, acompañados de ajuares dominados por joyería áurea y piezas cerámicas será el tipo de enterramiento propio del siglo VII y parte del VI a.C. (como atestiguan las decenas excavados en diversos puntos extramuros de la actual Cádiz; Muñoz 2008), aunque también se ha detectado la presencia de enterramientos de cremación en urna (Alarcón 2010).

2.1.1. Algo más que un brindis.

En lo tocante estrictamente al ámbito de análisis definido para este trabajo un hecho conecta ambas áreas de enterramiento desde el siglo VIII, y al mismo tiempo las formas destinadas al consumo de líquidos (y en particular de vino). En concreto, hay que resaltar la presencia de las denominadas copas carenadas "tipo Campillo" en la Calle Hércules, formando parte del ajuar, pero también de los materiales recuperados en las "hogueras rituales" documentadas en los niveles superficiales del Túmulo 1 de Las Cumbres (Córdoba y Ruiz 2000). Al mismo tiempo, también resalta la presencia a uno y otro lado de la bahía de "cazuelas carenadas" de tipología similar pero fabricadas a mano, atestiguando la coexistencia de dos tradiciones productivas y tecnológicas que parecen atender sin embargo a una demanda y a unas pautas de consumo de líquidos con características comunes.

Las copas carenadas "tipo Campillo" son un ejemplo temprano de hibridación cultural pero también tecnológica en la Bahía de Cádiz. Su forma ha sido interpretada desde su identificación inicial en el yacimiento homónimo (López Amador et al. 1996) como una traslación a torno de algunas formas de la cerámica hecha a mano del Bronce Final del suroeste. Sin embargo, la presentación reciente de secuencias como la de Plaza de las Monjas en Huelva (González de Canales et al. 2004 y 2010) o La Rebanadilla en Málaga (Sánchez et al. 2012) ha cuestionado la visión de estos prototipos como precedentes a la llegada fenicia y por tanto a la influencia oriental en los modelos de producción y consumo regionales. Formalmente, estos vasos carenados encuentran sus referentes formales más próximos en las "cazuelas" englobadas en los tipos A.I.a, A.II.a/b.1 y en menor medida B.I.a/b.1 de las Fases I-II de Ruiz Mata (1995b, 267-276, figs. 2, 6-7 y 16-20), características según este autor tanto de momentos precoloniales como de las fases iniciales del asentamiento oriental en la región.

En el caso de la bahía gaditana la presencia de "cazuelas carenadas" de este grupo fabricadas a mano en estratos del siglo VIII a.C. es bastante frecuente tanto en el ámbito insular como continental. Pueden ser ilustrativos a este respecto algunos contextos insulares de los Períodos II (Gener et al. 2012: 152, fig. 7e; Torres et al. 2014: 61-64, fig. 9) y III del Cine Cómico (Torres et al. 2014: 75-77, fig. 21), o la ocupación registrada en la calle Cánovas del Castillo (Córdoba y Ruiz 2005: 1304-1305, fig. 17). En la margen continental, además de por supuesto poblados de la campiña portuense como Pocito Chico (Ruiz Gil y López 2001:131-132), el asentamiento del Castillo de Doña Blanca (Ruiz y Pérez 1995a) y la ya citada necrópolis de Las Cumbres (Ruiz y Pérez 1995b) cabe también citar su presencia en contextos de la fase arcaica del poblado del Cerro del Castillo de Chiclana (Bueno y Cerpa 2010: 176-183, figs. 8-9).

En general estos recipientes, considerados de fabricación local en talleres aún no identificados (Johnston 2015), muestran cocciones de tendencia reductora con tratamientos de las superficies que incluirían bruñidos, motivos pintados y esgrafiados, características de la considerada como "cerámica gris" (Caro, 1989: 155-166, formas 18-19; Vallejo, 2005: formas 4-5). Siguiendo la propuesta crono-tipológica desarrollada por Ruiz Mata para estas cerámicas a mano, las mayores afinidades formales -aunque con un diámetro más amplio- las encontramos en el grupo B.I, datado en momentos "precoloniales" con paralelos en el Cabezo de San Pedro, El Carambolo, Cerro Macareno, Cerro César o Puerto del Barco (Ruiz Mata 1995b: 269, fig. 7). La dispersión de este tipo de "cazuelas" o copas carenadas es amplísima en todo el suroeste peninsular, destacando en relación a su enmarque tipo-cronológico la inclusión de perfiles muy similares a los ahora estudiados en las formas B1b-c/B2 de las cerámicas del Bronce Final onubense (Gómez Toscano 2008) y su hallazgo en contextos de un escenario tan significado para la transferencia tecnológica colonial como La Orden-Seminario (Gómez Toscano et al. 2014: 148-149, figs. 6-7).

Por su parte, las copas "tipo Campillo" se fabricaron a torno, con cocciones regulares oxidantes muy diferentes de las tradiciones artesanales indígenas, lo que sugiere que fueron producidas en talleres complejos con tecnología oriental, cocidas por tanto en ambientes controlados con hornos bicamerales fenicios. Su tamaño es en general reducido (más pequeño que el de los supuestos prototipos indígenas), lo que apunta a que se usaron como vasos individuales, una práctica de consumo que también parece encontrar raíces en la tradición oriental. De similar origen parecen tanto los acabados externos (con alisados muy cuidados) como la decoración a base de bandas rojas o bícroma (negro/pardo-rojo) que se encuentra en la mayor parte de los ejemplares conocidos. Estas copas fueron inicialmente consideradas como importaciones orientales por la calidad y, se identificaron como posibles producciones chiprofenicias (López Amador et al. 1996). Sin embargo, los análisis de pastas comparativos realizados junto a "cazuelas" a mano y ánforas arcaicas han colocado definitivamente a estas series carenadas como producciones propias de talleres aún no localizados pero situados en la bahía gaditana, siendo para algunos autores la ubicación más probable de sus centros de fabricación la campiña portuense o el propio CDB (López Amador et al. 2008: 228-233; Behrendt y Mielke 2011: 188-189, grupo 5).

La dispersión de estas copas "tipo Campillo" es tan significativa y sintomática como la descrita para las versiones a mano. Su presencia es notable en contextos considerados como pertenecientes a la fase inicial de los contactos fenicios-indígenas en la zona, desde poblados portuenses de cabañas como Campillo, Villarana o Pocito Chico (López Amador et al. 1996; Ruiz Gil y López 2001) hasta asentamientos de mayor rango como Mesas de Asta (en su necrópolis: González et al. 2000) o Castillo de Doña Blanca (López Amador et al. 2008: fig. 4), en horizontes entre el final del siglo IX y el siglo VIII a.C. También se ha citado la presencia de fragmentos de estas copas en yacimientos de la campiña jerezana como Cuervo Grande, Compañía, Painobo o Cestelo Alto, sugiriéndose incluso la presencia de un par de ejemplares en el "fondo de cabaña" de El Carambolo (Amores, 1995: 163; Ruiz y Gómez 2008: 347). Este conjunto de hallazgos localizados fundamentalmente en los valles entre el Guadalete y el Bajo Guadalquivir, llevó a interpretar estos ítems como representativos de los intercambios con las élites indígenas como bienes de lujo propio de ceremonias de consumo ritual del vino (manufacturadas por artesanos fenicios ya asentados en la bahía; vid. López Amador et al. 2008: 228-229).

La identificación del "tipo Campillo" en el ámbito insular es reciente y su presencia es más escasa, o al menos eso se infiere a partir de la documentación publicada hasta el momento. Sin embargo, componen buena parte del ajuar del enterramiento de Calle Hércules (Sáez y Belizón 2014), lo que podría ser un buen indicio de que su aparente escasez puede deberse a factores arbitrarios o a la tipología de los contextos arcaicos exhumados hasta ahora en la zona insular.

Fuera del marco de la bahía, pero sin salir de su área de influencia atlántica directa, debemos señalar que copas a torno con cubiertas parciales de engobe rojo muy similares en cuanto a forma y dimensiones fueron ya incluidas previamente en el estudio de P. Rufete (1989, fig. 3, tipo C2) sobre las cerámicas de barniz rojo de los yacimientos onubenses, apuntando también esencialmente a cronologías del siglo VIII y primera mitad del VII a.c. En la Plaza de las Monjas de Huelva, también se ha recuperado un conjunto de vasos carenados muy similares a los de la bahía gaditana, considerados por sus excavadores como posibles muestras de la temprana presencia de artesanos orientales especializados en estos ambientes coloniales (González de Canales et al. 2004: 33 y 50, lám. IX.1-26, encuadrados en el tipo 8 con medidas diversas). Cabe apuntar además en relación a la cronología que un ejemplar con pie indicado y cubierta parcial de engobe rojo fue incluido como tipo representativo del "horizonte At1" propio de la cerámica fenicia del área atlántica del Estrecho del siglo VIII a.C. (Ramon 2010: 231-233, fig. 8.121, procedente de Lixus). Se trata por tanto de una morfología que con leves variantes, y al igual que sus análogas a mano, cuenta con una significativa dispersión tanto en ámbito costero como hacia el interior de los principales valles del suroeste, lo que parece acomodarse sin dificultad a las rutas comerciales fenicias desplegadas desde la bahía y a los canales de conexión con el tráfico de metales onubenses.

Respecto a la cronología del fenómeno, tomando como referente tipológico las versiones a mano sistematizadas por Ruiz Mata o Gómez Toscano, las "cazuelas" poco profundas y de diámetros moderados (nunca superiores a 20 cm) parecen acercarse más a los perfiles atribuidos a momentos anteriores a la mitad del siglo VIII a.C., aunque según uno de estos autores el mayor volumen de algunos ejemplares podría ser indicio de un estadio transicional y por tanto constituir un significativo argumento cronológico (cfr. Ruiz Mata, 1995b, 181-183, figs. 10-11). Queda por tanto trabajo por realizar en cuanto a la definición de los primeros pasos de la producción de estas copas, y sobre todo a la determinación de un factor clave como es si las versiones a mano antecedieron a las torneadas, interpretación por el momento mayoritaria pero que no cuenta con un fundamento estratigráfico suficientemente sólido. En cualquier caso, ninguna estratigrafía publicada hasta ahora en la bahía permite extender la fabricación de estas copas más allá del siglo VIII o momentos muy iniciales del VII a.C. (incluyendo los dudosos fragmentos de El Carambolo, sobre los cuales no hemos podido realizar un examen directo aún).

En cuanto a su interpretación funcional, tanto las versiones a mano como las realizadas a torno han sido consideradas desde los inicios de su identificación como recipientes sin duda relacionados con "hábitos de bebida del vino" introducidos en las comunidades autóctonas por el contacto con los contingentes orientales (Ruiz Mata 1995a), destacando el carácter ápodo de muchas de ellas como característica propia de vasos destinados a la bebida (Ruiz y Gómez 2008: 349). Se trataría por tanto de elementos ligados fundamentalmente al consumo individual del vino en contextos determinados, lo que ayudaría a explicar su dispersión limitada y el tipo de escenarios en los cuales se ha detectado su presencia (particularmente las torneadas), como los ya citados posibles restos de ceremoniales funerarios y enterramientos a ambos lados de la bahía. Todo ello hay que enmarcarlo además en un contexto donde la aparición de restos de *vitis* en niveles arcaicos del CDB (Chamorro 1994) sugiere una infraestructura de cultivo de uva y producción de vino muy temprana en la bahía (en consonancia con lo mostrado en Huelva por los recientes descubrimientos de La Orden-Seminario; cf. Vera y Echevarría 2013; Pérez Jordà 2015).

Partiendo de su consideración como ítems característicos de esta primera fase colonial, se ha venido discutiendo este carácter de bien de lujo de estas copas (postura adoptada por la mayoría de autores desde su identificación en los años noventa, y que explica su confusión con importaciones chipriotas). Más recientemente las versiones a torno se han interpretado como posibles manufacturas de acceso social amplio fabricadas *in situ* por artesanos fenicios con el objetivo de maximizar los márgenes de beneficio de los intercambios haciendo desaparecer la necesidad de importar desde oriente cerámicas similares (Delgado 2011: 12-13). Se trataría por tanto de formas híbridas que habrían facilitado la introducción de la tecnología alfarera fenicia entre los bienes de consumo utilizados por las comunidades indígenas en contacto, al ser interpretaciones de tipos profundamente arraigados en el *modus vivendi* de las poblaciones autóctonas desde momentos tardíos del Bronce, pero que también serían reconocidas y consumidas por los colonos orientales (siguiendo la tradicional visión de las versiones a torno como "copias" de las fabricadas a mano; cf. Ruiz y Gómez 2008: 349, entre otros). Más allá de este caso particular, lo descrito para la bahía gaditana encuentra un paralelo en la transición Bronce-Hierro de fachada oriental de la Península Ibérica, donde se ha destacado el papel de copas con perfiles muy similares al "tipo Campillo" como forma hibridada con las tecnologías alfareras y formas de consumo orientales hasta dar lugar a versiones occidentales tanto en forma de piezas de engobe rojo como de pastas grises (Vives-Ferrándiz 2008: 116-119, figs. 6-7).

En resumen, considerando lo expuesto anteriormente parece razonable que las copas de "tipo Campillo" y sus paralelos a mano parecen haber formado parte de ceremonias de comensalidad compartidos por grupos indígenas y fenicios en la Bahía de Cádiz desde momentos tempranos de la presencia oriental en la zona. Además de representar un claro ejemplo de contacto cultural bidireccional, las mismas copas parecen haber sido producidas por ambos grupos con tecnologías propias (a torno en hornos bicamerales y a mano en horneras), lo que constituye además un indicio verdaderamente sugerente de una interacción tipológica que no se tradujo automáticamente en la sustitución de las técnicas y talleres autóctonos por los modelos artesanales orientales.

Los primeros resultados de los análisis arqueométricos llevados a cabo como parte de la investigación doctoral de Philip Johnston, fundamentada en muestras de Castillo de Doña Blanca y de yacimientos alfareros de la antipolis gaditana, sugieren que al menos algunas de las copas "tipo Campillo" fueron fabricadas en los talleres fenicios que creemos estaban situados en Antipolis, o genéricamente en el área insular (Johnston y Sáez e.p.), siendo bastante más probable que fuesen las versiones a mano las fabricadas en focos artesanales no identificados de la campiña gaditano-xericiense (algo también apuntado por el estudio de la cerámica gris de CDB, que sugiere a la perduración durante al menos los siglos VIII-VI a.C. de talleres autóctonos que habrían competido con los alfares locales de tecnología oriental; cf. Johnston 2015).

Basándose en estos resultados, parece probable que las copas "tipo Campillo" fueron producidas por alfareros fenicios desde momentos iniciales de la fundación colonial en la bahía. Resulta de interés en relación a esta cuestión que en el cercano hábitat del Cine Cómico se ha señalado la existencia de indicios sobre la existencia de un posible taller alfarero (Gener et al. 2012 y 2014b). Estos indicios, sumados a los recientes resultados arqueométricos antes citados, abren la puerta a la sugerente posibilidad de que estas "copas fenicias de perfil indígena" pudieran haber sido fabricadas en talleres cerámicos urbanos o periurbanos insulares, y posteriormente hubiesen sido redistribuidas hacia los poblados de las campiñas costeras circundantes, Huelva, Carambolo, etc. En cualquier caso, dadas las limitaciones de los análisis efectuados hasta el momento y de la ausencia de otras evidencias más explícitas sobre la existencia en época arcaica de hornos y talleres en la isla gaditana, se impone el mantener estas propuestas en el terreno de la hipótesis plausible, necesitada de nuevos hallazgos que permitan seguir avanzando.

En todo caso, no hay duda de que este escenario arcaico gaditano, en el cual las copas "tipo Campillo" son apenas un solo ingrediente mueble de escaso protagonismo cuantitativo, delinea un puzzle complejísimo de interacciones culturales, económicas y tecnológicas cuyas piezas apenas ahora comenzamos a sacar del embalaje. En este sentido, consideramos que el ejemplo aquí tratado, como el referido a las cerámicas "de cocina" (*vide infra*) plantean desafíos metodológicos e interpretativos de primer orden que pueden ayudar decisivamente a superar el actual estado del debate. Cabe preguntarse a este respecto si, como se ha venido sosteniendo hasta ahora, estas copas a torno copiaron deliberadamente un modelo a mano preexistente con una clara intencionalidad de penetrar en los mercados locales con mayor facilidad; o bien si, muy al contrario, fue la producción y consumo de estos productos a torno entre las élites de la bahía y de su área de influencia, lo que llevó a la producción generalizada en versiones a mano de copas carenadas de similares formas y tamaños[5]. En cualquier caso, aún siendo un debate muy suculento, nada cambia el hecho de

---

5 La respuesta debería decantarse hacia la primera opción si consideramos la secuencia ofrecida hasta el momento para las cerámicas a mano del Bronce Final onubense, donde copas B1b-c o B2 y otras formas afines han sido incluidas en un largo proceso de evolución que se desarrollaría entre el "Horizonte formativo" (c. 1250-1000 a.C.) y el "Horizonte clásico" (c. 1000-750 a.C.) (Gómez Toscano 2008; Gómez Toscano et al. 2014), algo por otra parte ya sugerido por D. Ruiz Mata (1995b). Desafortunadamente no contamos actualmente con una secuencia analítica tan explícita para la cerámica del Bronce Final de la propia bahía gaditana, por lo que la resolución definitiva del problema deberá venir de nuevos hallazgos en contexto y de la publicación amplia de los hallazgos en estratigrafías clave como Teatro Cómico o CDB.

que las copas representaban un *middleground* en el cual tanto las élites de origen local y de origen oriental podían sentirse cómodas funcional y culturalmente, propiciando así su éxito en todo tipo de contextos. Ello explicaría satisfactoriamente su presencia –coetáneamente- en Calle Hércules y en Las Cumbres, e igualmente ayuda decisivamente a entender uno de los mecanismos de la rápida adopción por parte de las poblaciones locales de ceremoniales de consumo de vino al modo oriental.

Desafortunadamente, si la información disponible para el siglo VIII a.C. es limitada, son quizá incluso más escasos y fragmentarios los datos publicados sobre los que cimentar un ensayo de reconstrucción de la evolución posterior de estos vasos de bebida. Sin entrar en un escenario que excede el objetivo marcado para estas páginas, parece que el repertorio a torno se habría diversificado en el siglo VII, aunque las formas carenadas seguirían teniendo un notable protagonismo, tal y como se infiere de los materiales dados a conocer para el CDB (Ruiz y Pérez 1995a). Como antes señalamos, la convivencia de fábricas a torno y a mano durante esta centuria en lo referido a vasos de bebida parece indudable, aunque se advierte una progresiva sustitución de los segundos que culminaría ya en la primera mitad del siglo VI a.C. (al menos en el ámbito estricto de la bahía costera).

Sería además en este momento cuando la recepción de importaciones griegas, como copas jonias documentadas en CDB (Ruiz Mata 1995a) o Teatro Cómico (Torres et al. 2014), aportarían un nuevo ingrediente externo a las recetas tipológicas vigentes, integrándose posiblemente sin problemas en una dinámica general de consumo habituada al uso de formas carenadas barnizadas para el vino. La evolución del repertorio en el siglo VI nos es casi totalmente desconocida debido a la falta de apoyos estratigráficos publicados, pero el hecho de que aún a finales de la centuria la producción de copas y páteras carenadas (pintadas a bandas o cubiertas de barniz rojo) tuviese un papel destacado en los talleres locales (Ramon et al. 2007) resulta sintomático por un lado del arraigo de estas fórmulas materiales y por otro del triunfo tecnológico definitivo de la manufactura cerámica "a la oriental" frente a las alfarerías de tradición indígena. Un esqueleto científico este que convendrá cimentar a corto plazo con nuevos datos estratificados que permitan tras casi medio siglo de investigaciones ininterrumpidas dar a luz una referencia sólida sobre la evolución de los contextos materiales de la bahía arcaica.

2.1.2. *Interacciones cocinadas a fuego lento.*

El panorama en relación a las cerámicas destinadas al fuego en la cocina presenta llamativas similitudes -y disonancias- con lo concluido para las "copas" destinadas a la bebida, mostrando también *grosso modo* un escenario de extendido mestizaje formal, tecnológico y funcional que únicamente se vería modificado de forma generalizada a partir de la segunda mitad del siglo VII a.C. Desafortunadamente las referencias contextualizadas no son excesivamente abundantes y por ahora sólo permiten trazar un esquema, necesariamente provisional, de la evolución de los propios ítems y de sus asociaciones contextuales[6] (con otros objetos y con estructuras destinadas a la cocción, o espacios especializados en ámbito doméstico, industrial, funerario, etc.). Estas referencias las encontramos principalmente en los periodos II a IV del Teatro Cómico de Cádiz (Torres et al. 2014), además de en otros contextos más modestos publicados hasta el momento localizados en el casco antiguo gaditano,

---

6 Un examen en detalle de las piezas destinadas a la cocción de alimentos en la bahía gaditana prerromana fue incluido recientemente en la ponencia expuesta por el autor en el simposio "La alimentación en el Mundo Púnico: procesos, productos y consumo. Homenaje a Antonella Spanò Giammellaro", celebrado en la Universidad de Valencia los días 15-16 de Junio de 2017. Remitimos a dicha publicación para una exposición más amplia de aspectos tipológicos, así como una visión diacrónica de la evolución de los repertorios locales hasta el siglo II a.C.

en la necrópolis de cremación insular (diseminada en diversos puntos extramuros de la ciudad vieja) o en los niveles arcaicos del Castillo de Doña Blanca (de los cuales conocemos una fracción mínima del material, y por tanto de su complejidad, como sugieren trabajos recientes; Cf. Johnston 2015).

La secuencia conocida por ahora del Teatro Cómico puede servir como esqueleto vertebrador de la pauta general, dado el tratamiento contextual de los materiales y la existencia de una superposición de fases desarrolladas entre los inicios de la presencia fenicia estable y la transición a la fase post-arcaica (Torres et al. 2014). En el denominado como "Periodo II" (datado entre el final del s. IX y mediados s. VIII a.C.) destaca el importante lote de cerámica a mano, que se estima entre el 30 y el 40% del material recuperado. Las ollas de cocina, ampliamente documentadas en los hogares u hornillas existentes junto a los hornos de tipo *tannur*, indican su utilización exclusiva en las labores culinarias. Hasta el momento, no se ha podido identificar ninguna de las típicas *cooking pots* orientales en estos estratos iniciales, dominando las ollas con morfologías ovales y fondos planos de tradición formal autóctona (sin embargo, dado el escaso número total de materiales, cabe tomar con precaución estos datos preliminares).

Será en el transcurso del Periodo III (mediados del siglo VIII a inicios del VI a.C.) cuando se produzcan modificaciones sensibles en este patrón. En esta fase se documentan tanto cerámicas a torno como a mano relacionadas con la gestión culinaria del asentamiento. Destaca la presencia de dos tipos de morteros a torno (solo 3 fragmentos), y también una cantidad escasa de ollas a torno. La mayor parte de ellas de borde recto inclinado al exterior y cuerpo globular sin tratamiento, aunque algunas presentan ya líneas incisas paralelas en el hombro (Torres et al. 2014: 72, fig. 19). Mayoritariamente en estos estratos del Periodo III los elementos de cocina van a seguir siendo fabricados a mano (circa 30% del total de las cerámicas de estos niveles estratigráficos). Destacan las ollas normalmente de cuello corto y estrangulado, o de perfil en "S", de cuerpo globular y fondo plano, con o sin decoración en la parte alta del cuerpo (incisiones, digitaciones, etc.), sin que se registren perfiles completos (Torres et al. 2014: 77, fig. 22, j-l). Desafortunadamente no se explicita si son pastas locales o se advierte la presencia de importaciones para ninguno de ambos periodos, aunque cabe suponer que se trataría probablemente de elementos de fabricación "local". Asimismo, tampoco disponemos de datos acerca de la evolución de estas tendencias en el Periodo IV (tramo central del siglo VI a.C.), aunque lo presentado hasta el momento sugiere un rápido ascenso de las producciones a torno –ollas globulares similares a las del Periodo III– en sustitución de las hechas a mano (López Rosendo et al. en prensa).

Recientes investigaciones en diversos puntos de la zona norte insular han sumado indicios de interés para fijar este proceso de evolución de los repertorios de ollas destinadas al fuego y su asociación con otros ítems, dada la crónica ausencia de cazuelas u otras formas de "cerámicas de cocina". Un ejemplo significativo, aunque desafortunadamente con escasa entidad cuantitativa, lo encontramos en los contextos fenicios del siglo VIII a.C. exhumados en la Calle Ancha número 29 (Ruiz Mata et al. 2014). En este solar, en un escenario insular considerado genuinamente fenicio y no alejado del Teatro Cómico, se han recuperado apenas un borde de una olla a torno (*Idem*, fig. 13, 10) y dos perfiles incompletos de ollas a mano (fig. 23, 1-2), en un contexto general dominado por la cerámica torneada y caracterizado por el predominio de formas de vajilla abiertas y ánforas. La pieza a torno presenta rasgos que la acercan a las producciones de labio exvasado y cuerpo oval ya descritas anteriormente, mientras que los individuos a mano también presentan íntimas similitudes con ejemplares del Teatro Cómico, CDB o la campiña portuense (*vide infra*).

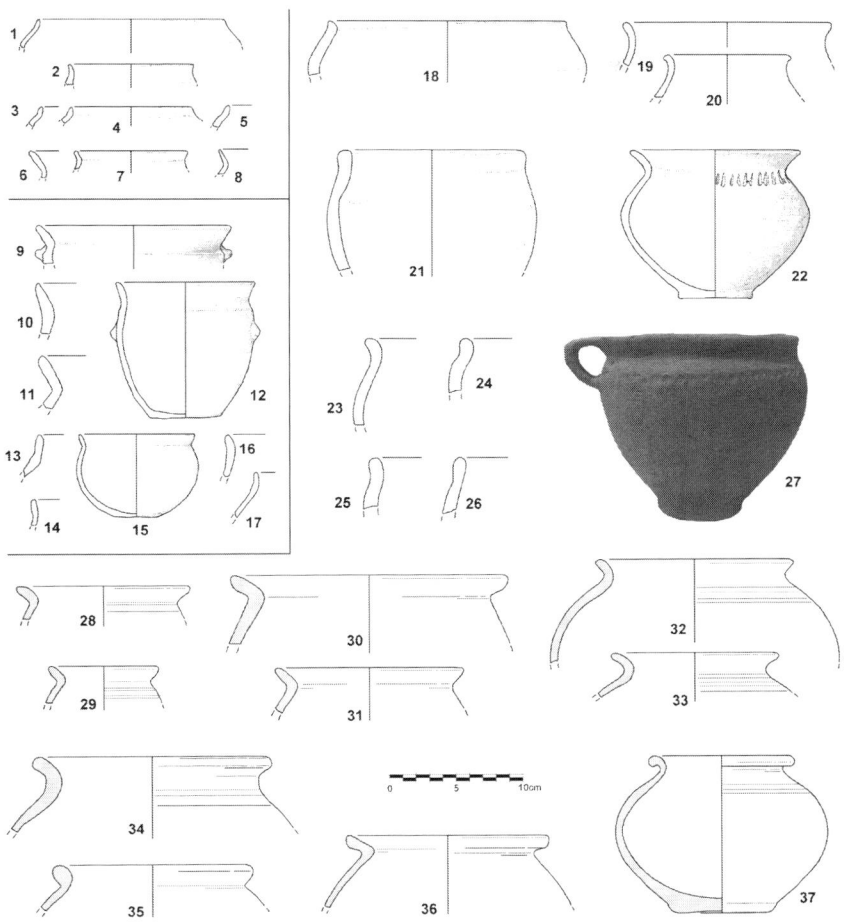

Fig. 4- Cerámicas "de cocina" u "ollas" identificadas en Campillo (1-8), Pocito Chico (9-17) y niveles del siglo VIII (18-20 y 27), VII (21-26), VI (28-33) y V-IV (34-37) de Castillo de Doña Blanca (secciones en blanco para las cerámicas a mano y en gris, a torno) (a partir de dibujos originales en López Amador et al. 1996; Ruiz Gil y López Amador 2001; Ruiz y Pérez 1995a; Ruiz Mata 1997).

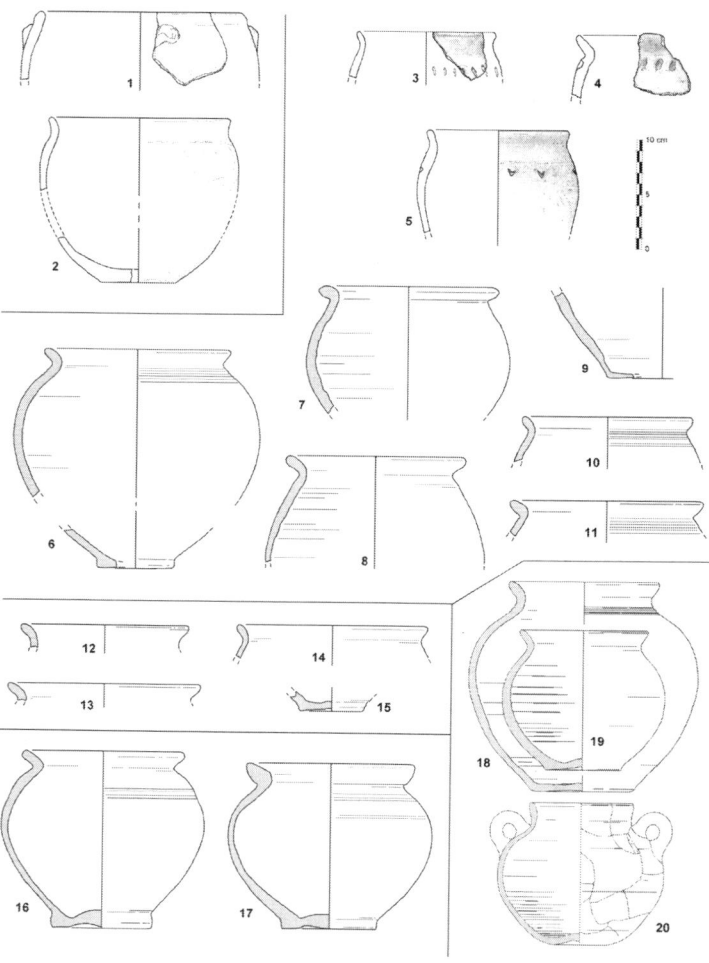

Fig. 5- Cerámicas "de cocina" u "ollas" identificadas en Calle Ancha (1-2), el Periodo III del Teatro Cómico (3-11), Castillo de San Sebastián (12-15), enterramiento 6 de Calle Ciudad de Santander esquina a Avenida Andalucía de Cádiz (16-17) y alfar de Camposoto (18-20) (secciones en blanco para las cerámicas a mano y en gris, a torno); (a partir de dibujos originales en Ruiz Mata et al. 2014; Torres et al. 2014; Perdigones et al. 1991; Ramon et al. 2007).

Cercano a los anteriores, en el caso del yacimiento documentado en el solar de la Calle Cánovas del Castillo 38 -aparentemente un contexto unifásico del siglo VIII a.c.- cabe señalar que dentro de la categoría de "cerámicas autóctonas a mano del Bronce Final" se cita (no se ilustra) la presencia de "numerosas ollas de cocina, de pequeños cuellos estrangulados y superficies rugosas, junto a otras formas toscas" y al "material a torno fenicio", emplazando los autores a la publicación de la memoria definitiva para un análisis algo más detallado de este grupo (Córdoba y Ruiz 2005: 1305). La ausencia aún de dicha memoria final impide establecer conexiones y diferenciar particularidades respecto del resto de contextos gaditanos citados, aunque si lo escrito en este avance corresponde formal y cuantitativamente a la conclusión definitiva, cabe sospechar un ambiente bastante similar al observado en el cercano Teatro Cómico en el que la mayoría (si no la totalidad) de las cerámicas para el fuego serían realizadas a mano siguiendo patrones formales de tradición local, combinándose además con la presencia de un vaso *a chardòn* quizá para funciones de almacenaje. No se cita, en cualquier caso, la presencia de ollas o cazuelas a torno en el contexto.

Un punto que ha revelado indicios sugerentes de la fase inmediatamente posterior es el Castillo de San Sebastián, en el brazo meridional que rodea el canal portuario de La Caleta. Los sondeos practicados en el interior de la fortaleza moderna han revelado estructuras y materiales que sugieren una ocupación como mínimo desarrollada entre los siglos VII-VI a.C., y que sus excavadores vinculan a la posible localización de una zona de culto identificada con el Kronion citado por Estrabón (Maya et al. 2014). En estos contextos las cerámicas a mano parecen ser minoritarias, en contraste con lo visto para los horizontes del siglo IX-VIII en este mismo escenario insular septentrional o en CDB, con escasa presencia en general de "vajillas a mano de uso culinario o de almacenamiento" (Maya et al. 2015: 444), estableciendo sus excavadores un paralelismo con el material del Periodo III del Teatro Cómico. Las ollas a torno presentes en estos contextos corresponden a cuatro individuos, con base plana indicada y bordes engrosados levemente y vueltos al exterior, sugiriendo cuerpos de tendencia globular (sin que ninguno presente incisiones horizontales en la transición cuerpo/labio), estando totalmente ausentes las ollas a mano y los vasos acampanados de almacenaje (Maya et al. 2014: 170 y 174, fig. 17). En unión a esta información del reborde terrestre de La Caleta, no deja de ser significativo que ollas también a torno del mismo tipo se hayan documentado en diversos contextos subacuáticos (en los cuales hay materiales que también se fechan desde el siglo VII a.C.), y que estén ausentes por completo las formas a mano propias de la fase anterior (Sáez e Higueras-Milena, 2016a-b). En cualquier caso, y aunque se haya especulado sobre la ritualidad de este escenario como posible causa de esta selección de los ítems de cocina, el conjunto de datos disponible sugiere que a partir al menos de mediados del siglo VII las ollas a mano fueron progresivamente sustituidas por los modelos globulares a torno en todo tipo de contextos de la bahía gaditana.

También en los contextos funerarios del final de la etapa arcaica el uso de ollas globulares a torno con fondo plano o indicado está atestiguado como parte de los ajuares o como elementos intervinientes en los rituales funerarios (en este último caso, como sugiere su presencia en fosas con materiales del siglo VI en el solar de las Bodegas Abárzuza; vide Belizón et al. 2014: 218-219, fig. 17, 1 y 3). La tumba de cremación de tipo *bustum* número 100 de este mismo solar ofrece un ejemplo adicional del uso de estas ollas como parte del ajuar (Belizón et al. 2014: 210, fig. 15, 5), práctica que se encuentra documentada de forma más explícita en otra cremación excavada en 1986 en un solar de la calle Ciudad de Santander esquina a Avenida de Andalucía en la cual se recuperaron dos ejemplares completos (Perdigones et al. 1991: 14-16, fig. 30, 2-3). Existen otros ejemplos en las fosas de la Plaza de Asdrúbal (Muñoz 1997: 84, fig. 14) o en la tumba 2 de un solar situado en la Avenida Segunda Aguada esquina a calles San Mateo y Medina Sidonia (Córdoba Alonso 1999: 343-344, fig. 4, 2). Se trata, en todo caso, de una forma documentada en otros ambientes funerarios del sur peninsular como Huelva o Jardín, como ya ha sido señalado en trabajos anteriores (Torres 2010: 48-49).

La secuencia protohistórica del Castillo de Doña Blanca, en la desembocadura del Guadalete, ofrece un interesante contrapunto continental a esta visión insular de la evolución del uso de elementos cerámicos de cocina a pesar de la escasa información publicada hasta el momento (particularmente desde un enfoque "contextual" y no tipológico). Lo más llamativo, en contraposición a lo sugerido por los ambientes insulares conocidos hasta el momento, es que se cita la presencia en los estratos del siglo VIII de "ollas que por lo general poseen borde corto y perfil en S" a torno (no ilustradas), al mismo tiempo que se señala la abundancia de las ollas a mano, en general con "bordes cortos estrangulados, cóncavos, cuerpos ovoides y superficies toscas y rugosas, ofreciendo una variada gama de tamaños" (Ruiz Mata y Pérez, 1995a: 57-59, fig. 16, 14-15 y fig. 22, 10-15). Parece que esta situación, con formas a torno escasas aún por definir formalmente y abundantes piezas a mano de tradición tipológica autóctona, habría sido la dominante durante los siglos VIII-VII (tal y como parecen confirmar las recientes investigaciones arqueométricas efectuadas; Johnston 2015). A partir de avanzado el siglo VII, o ya en el VI, proliferan en los contextos del yacimiento ollas a torno similares a las descritas para el Periodo III del Teatro Cómico, sin que aparentemente se documenten otras formas destinadas al fuego en estos horizontes (Ruiz Mata y Pérez 1995a: 70, fig. 24, 16-19). El uso de estas ollas continuaría en auge en CDB en centurias posteriores, al menos hasta el siglo IV a.C. (Ruiz Mata 1997: 344, fig. 7, 1-8).

Resultan además de gran interés datos también contextualizados procedentes de otros puntos del litoral continental de la bahía. Por una parte, de las consideradas como "cabañas autóctonas" de Campillo y Pocito Chico, con horizontes de uso-amortización datados en los siglos IX-VIII a.C. (López Amador et al. 1996; Ruiz Gil y López Amador 2001: 128-130). En ambos casos, y particularmente en el primero, se encuentran en los contextos finales de la cabaña exclusivamente ollas a mano, con formas que conectan formalmente con las registradas en la zona insular en Teatro Cómico o Calle Ancha. El perfil en general destaca por un labio ligeramente vuelto al exterior y un "hombro" levemente diferenciado de un cuerpo oval o tendente a globular, siendo siempre las bases planas y normalmente no indicadas. Algunos de los ejemplares en estos contextos presentan mamelones, destacando la ausencia de decoraciones incisas o digitadas similares a las documentadas en Teatro Cómico. Una tipología similar a estos formatos repetidamente descritos para las "ollas" a mano parece presente también en las fases 1 a 3 del Cerro del Castillo de Chiclana, donde la escasísima información publicada hasta el momento permite únicamente sospechar que las formas a torno no habrían tenido cierto protagonismo hasta al menos el tramo final del siglo VII, dominando a partir del VI a.C. (Bueno 2014: 238 y 245, fig. 33).

El corpus de datos enumerados en los párrafos anteriores, así como los resultados de los análisis arqueométricos llevados a cabo por Johnston (2015) sobre materiales de CDB conducen a unas conclusiones similares a las esbozadas para las copas "tipo Campillo", al menos en lo referido a una larga perduración como mínimo hasta el inicio del siglo VI a.C. de alfares locales que usaban técnicas de producción de origen autóctono. En este caso sin embargo no parece darse una dualidad productiva reseñable, con una competencia clara de ollas a mano y torneadas de tipología similar, y más bien parece que el material a mano habría sido cuantitativamente predominante hasta la segunda mitad del siglo VII a.C., momento en el que parece atisbarse la irrupción de las ollas globulares de borde vuelto al exterior que serán protagonistas de las cocinas locales en las centurias posteriores. Se trata, en cualquier caso, de una temática que ha recibido escasa atención específica, y que necesita de muchos más mimbres contextualizados para poder ser definida más allá de estas tendencias generales.

Desde una perspectiva instrumental, la escasez de investigaciones específicas sobre estos espacios domésticos y de sus ajuares determina que sea actualmente imposible definir los ítems que compondrían el utillaje básico de estas cocinas gaditanas arcaicas. Los vasos a mano tomados del repertorio de cocina indígena incluyen ollas globulares con incisiones o mamelones, las cazuelas carenadas profundas y vasos "a chardon" que probablemente harían las veces de vasos de almacenamiento de fondo plano. Sin embargo, desconocemos la asociación a otros elementos muebles clave para entender el procesado de los alimentos y el calado de las influencias mutuas. Así, sería de enorme utilidad una publicación completa de contextos de este tipo en Teatro Cómico, CDB o Chiclana que permitiese por ejemplo dilucidar la presencia junto a las cerámicas a mano de los siglos VIII-VII de piezas a torno como lebrillos, morteros u otros vasos propios de ambientes de cocina fenicios, así como su conexión espacial con molinos y hornos.

La configuración de los repertorios de cocción detectados en el Teatro Comico de Cádiz y en el Castillo de Doña Blanca, tal y como se perciben según la información publicada, son elocuentes respecto de unas cocinas en ambas orillas de la bahía en las que el mestizaje sería nota común (buena muestra de ello sería el uso de estos elementos muebles en espacios de arquitectura oriental y dotados en ambos casos de hornos tipo *tannur*, también parte de la impedimenta técnica alimentaria llegada con los fenicios). Como se ha propuesto para Cerro del Villar o Mozia (entre otros, Delgado 2008, 2010; Delgado y Ferrer 2007), es posible que los matrimonios mixtos con mujeres de grupos indígenas llevados a cabo desde momentos iniciales pueda estar detrás de esta configuración híbrida de las cocinas coloniales, siendo la fabricación de cerámicas según patrones autóctonos en contextos fenicios un posible indicador de esta tendencia (aunque como se ha alertado recientemente, mujeres orientales o de otras colonias debieron también integrar los contingentes coloniales y debieron ser un vehículo importante en estas interacciones; Delgado 2016). En definitiva, un panorama complejo similar al determinado por la evolución de los vasos de bebida pero alejado de los escenarios elitistas que se presumen para el consumo del vino, y en el cual a pesar de una implantación tecnológica oriental en los principales hábitats de la bahía (*tannur*, espacios con funcionalidad exclusiva, etc.) la incidencia de los modos y técnicas autóctonas parece haber tenido una trascendencia más profunda, cristalizada en el nacimiento de formas a torno (ollas globulares) características de las fases avanzadas del periodo arcaico.

3. CONCLUSIONES: UNA SOBREMESA AGRIDULCE.

Sobre la base del menú arqueológico presentado en los apartados precedentes pueden extraerse tentativamente algunas ideas esenciales acerca de las tendencias y características esenciales de los procesos de interacción culturales operados en la bahía desde los inicios de la presencia fenicia en lo referido al consumo y procesado de alimentos, aspecto que es sin duda apenas una pequeña ración de una digestión mucho más compleja que apenas ha comenzado:

Desconocemos la identidad de las comunidades fenicias e indígenas que se vieron involucradas en el proceso colonial desarrollado en la bahía gaditana al menos desde el siglo IX a.C. y es posible que la diversidad identitaria viajase ya a bordo desde Oriente. Del mismo modo, parece posible pensar que las comunidades asentadas tanto en las islas gaditanas como en las áreas continentales en torno al Guadalete, al Iro y a las zonas lacustres del valle del Salado pudiesen haber pertenecido a entidades étnicas diferenciadas, o al menos distintas desde el punto de vista identitario entre ellas y a ojos de los colonos orientales.

Es posible que una vez conformado el asentamiento inicial de los colectivos fenicios y trazados los primeros lazos con las comunidades indígenas, con rapidez comenzase a crearse una "conciencia colectiva" o identidad cívica propia al estilo de las propias ciudades-estado fenicias orientales. Si este fue el caso, no es posible saber en el estado actual de conocimientos si esto implicó una paulatina pérdida de la conciencia de identidad (tiria, sidonia, etc.) que los orientales traían desde la metrópolis, y una disolución de la misma hasta crear una híbrida con las poblaciones locales. Quizá las necesidades propias de un ambiente inestable e inseguro como las pequeñas colonias occidentales pudiesen haber empujado a sus élites rectoras a la creación de esta conciencia identitaria propia, como una manera de mantener y tensar los lazos internos y hacer frente a otras colonias o a las comunidades indígenas no incluidas. En todo caso sería un proceso, el de conformación de una autoimagen cohesionada y de un perfil cívico, que no aparecería plenamente cristalizado hasta el siglo VI a.C.

El estudio de la cerámica de los niveles arcaicos de Castillo de Doña Blanca, incluyendo análisis arqueométricos desarrollados por Philip Johnston (2015), sugiere que el uso del torno rápido, del horno bicameral y la propia existencia de artesanos especializados al modo oriental podrían haber sido tecnologías introducidas en el medio indígena de la bahía de una forma lenta y selectiva, quizá en un proceso dirigido por las élites fenicias y autóctonas (que serían las implicadas probablemente en los primeros pasos del mestizaje de ambas comunidades). No se conocen indicios de alfarerías en CDB o Chiclana y en general en todo el territorio continental de la bahía, en contraposición con los datos de Teatro Cómico (o los indicios arqueométricos aportados en Johnston y Sáez, e.p.), mientras que tampoco es posible ubicar ni caracterizar los talleres cerámicos autóctonos coetáneos. En todo caso en todos los yacimientos conocidos es muy elevada la proporción de cerámicas a mano de tipología local entre los siglos VIII-VII, descendiendo en el VI a.C. y desapareciendo en la fase tardoarcaica.

3.1. Digestión final, crítica culinaria y recetas para el futuro.

El postre de este menú de dos platos ha de ser necesariamente breve, por lo que apenas habrá oportunidad de detenerse en reflexionar sobre la evolución de estas cuestiones en el siglo VI a.C., apuntando en la servilleta solo algunas ideas fundamentales que deberán ser exploradas adecuadamente en otros trabajos.

Después de la llamada "crisis del siglo VI" o "crisis del metal", es posible observar un cambio radical en la organización territorial en la Bahía de Cádiz, tanto en sus patrones de asentamiento como en la explotación de los recursos marítimo-terrestres. Las aldeas dispersas de la campiña parecen ser abandonadas en su mayoría, siendo sustituidas por una ocupación más densa distribuida a lo largo de la línea costera del norte de la bahía y de las propias islas. De este modo, desde finales del siglo VI a.C. se alzan en estas áreas granjas y talleres especializados, que producen vino y aceite de oliva, pescado salado y manufacturas alfareras (especialmente ánforas de transporte). Un desarrollo artesanal, probablemente que también incluyó salinas, astilleros y otras infraestructuras que dotaron a los núcleos de la bahía de una enorme potencia económica proyectada hacia el mar, con un progresivo aumento del radio de acción de sus productos que culminaría en la fase tardoarcaica con la distribución de sus famosas salazones hacia Grecia.

El santuario insular de Melqart continuó, presumiblemente, siendo el punto de referencia religioso esencial en la bahía, quizás tomando también una función simbólica adicional (relacionada con su antigüedad fundacional y la custodia de los restos del dios) que sería uno de los faros de la conformación de la nueva identidad de la población local. La necrópolis insular continuó creciendo en tamaño y riqueza, mostrando el registro disponible la emergencia de agrupaciones de tumbas de cremación primaria (s. VI) y posteriormente de inhumación (a partir del siglo V a.C.). Conformaría a partir de esta fase tardoarcaica, quizá ya desde el siglo VI, un verdadero campo funerario ordenado y visiblemente situado en relación al creciente núcleo urbano insular, sin que por ahora dispongamos de registros contrastables en la orilla continental. La parquedad de las fuentes arqueológicas y el mutismo de las literarias (Ferrer 2006) impide sin embargo determinar las relaciones establecidas entre los principales núcleos habitacionales de la bahía, que a pesar de renovaciones y cambios, continuarían dominando las cabeceras de los ríos y el norte del archipiélago.

Por lo que se refiere a la evolución de la producción cerámica, y en concreto de las formas destinadas al consumo de vino y a la cocina, los cambios son muy ilustrativos y se relacionan proporcionalmente a esta modificación substancial del patrón de asentamiento secundario en la bahía (y quizá de la jerarquización de los asentamientos principales, ahora acaso con un peso mayor en el área insular). Como antes señalamos, un cambio revelador deviene de la desaparición en el curso del siglo VI de la cerámica a mano tanto en los asentamientos secundarios como en los principales (quedando su uso limitado a funciones muy concretas, normalmente en ambientes industriales; cf. Johnston 2015). En paralelo, parece surgir un conjunto homogéneo de materiales representativo de las pautas de consumo y necesidades de los habitantes de la bahía, con un estilo diferenciado de la fase anterior (aunque no exento de vínculos en formas, decoraciones, técnicas, recetas de pastas, etc.) y que parece ser consumida en enormes cantidades en todo tipo de contextos, sin distinción de orillas ni funciones.

Esto conllevó la generación inmediata de una notable masa de alfarerías en el ámbito insular, imprescindibles para abastecer todo esta demanda antes repartida con pequeñas áreas artesanales "indígenas" y ahora aparentemente canalizadas a través de la capacidad productiva de alfares como Camposoto (Ramon et al. 2007). Los repertorios locales diseccionados en esta y en otras muchas instalaciones artesanales a lo largo y ancho de la bahía permiten certificar esta notable homogeneidad tecnológica y formal de la producción arcaica final y tardoarcaica, con lazos evidentes en la tradición insular precedente (que parece imponerse por encima de otras existentes en los entorno de la bahía en los primeros compases de la presencia fenicia). Las ánforas pueden servir como un buen indicador de este proceso de sustitución y consolidación de una nueva identidad, dando lugar a partir de finales del siglo VI a formas propias de la bahía derivadas de las T-10121 arcaicas (las T-11213), formas concebidas probablemente con criterios técnicos pero que también tendrían como resultado la conformación de una identidad visual renovada.

Tanto en lo referido a la propia materialidad de las cerámicas como a las pautas de consumo que determinaron su fabricación local o importación, el panorama gaditano arcaico tardío se complica aún más por la aparición en estos momentos de nuevos factores externos, como la propagación de la cerámica griega y la cerámica etrusca (presente desde momentos anteriores en el suroeste de Iberia, pero que comenzó a fluir a partir de entonces en la fachada atlántica peninsular con mucha más intensidad;

Cf. Domínguez y Sánchez 2001). El contacto con el mundo griego habría modificado el frágil *status quo* cultural que se había forjado tras varias generaciones de presencia fenicia en la bahía, introduciendo variantes materiales y conceptuales en la bebida y la cocina. Botón de muestra de estos cambios puede ser, en el marco de la bahía, el que los artesanos locales comenzaron a imitar las cerámicas griegas "extranjeras" al menos en el siglo VII y especialmente del VI (Johnston 2015), siendo especialmente visibles arqueológicamente en relación a los vasos de bebida individuales (kotylai, skyphoi, etc.).

Los testimonios disponibles para la etapa tardoarcaica son muy elocuentes respecto a la continuidad de esta tendencia hasta más allá del siglo V a.C., con imitaciones locales de ánforas o vajillas de barniz negro (Sáez Romero 2014), delineando quizá en conjunto una identidad local "unificada" influida a su vez por elementos externos como otros centros púnicos o el comercio griego. Para nosotros, en definitiva, estos cambios del siglo VI permiten clasificarlo como un período de transición o formativo que fue el crisol para la cristalización de una singular identidad regional que abarcó a todos los diversos habitantes de la Bahía de Cádiz, bajo el topónimo Gadir o *Gadeirà* (como algunas de las fuentes griegas sugieren; Cf. Ferrer 2006), solapando en el curso de dos-tres generaciones la diversidad de identidades de procedencia características de la etapa arcaica. Consecuentemente, sólo desde de la enorme transformación operada en el modelo territorial, social y económico de Gadir a partir de 525/500 a.C. parece que podría hablarse "identidad gadirita" en el plano cerámico, la cual colateralmente indica jugosas modificaciones en las pautas locales de cocinado y consumo.

Evidentemente la complejidad de estos procesos de interacción cultural y cambio en los hábitos de procesamiento y consumo de alimentos trasciende ampliamente la estricta esfera material definida por ollas o copas tanto a nivel local como mediterráneo, y a nivel internacional tiene una referencia indudable en la dialéctica mantenida entre la esfera cultural griega y la púnico-cartaginesa. Para la fase post-arcaica, y más allá de la entrada en escena del influjo griego, factores como el triunfo definitivo del modelo urbano y el surgimiento de economías de mercado conectadas en red (vinculadas a la emergencia de los sistemas monetarios) también ayudaron decisivamente a lograr una cierta homogenización de las prácticas culinarias, pasando de entornos menos domésticos (orientados al autoconsumo) a más urbanos (con la existencia de excedentes, mercados, producción organizada y distribución de productos básicos, etc.). El comercio a larga distancia de productos como el vino griego o el pescado salado púnico podrían ser un buen ejemplo de estos cambios en el siglo V a.C. Estos son, en todo caso, aspectos que no pueden desarrollarse en este trabajo, pero que permiten contextualizar un fenómeno muy complejo que forma parte de una primera "globalización" de los lenguajes culinarios de las culturas mediterráneas, tendencia en la cual la bahía gaditana quedaría inmersa al ser el puerto de referencia internacional más allá de las Columnas de Hércules (Sherrat & Sherrat 1998; Hodos 2009).

Desde nuestra perspectiva actual resulta indudable que queda un mundo por aclarar sobre el proceso de interacción fenicios-indígenas en la Bahía de Cádiz y sus consecuencias para el desarrollo de la región, del mismo modo que no es posible aplicar modelos simples para explicar el cambio cultural en estos escenarios o para su materialidad arqueológica. En este sentido, será importante para futuros ejercicios de conceptualización o de definición del reflejo material de estas interacción considerar que en la configuración de estas identidades intervinieron múltiples procesos que se superponen y entrelazan, tal y como se ha visto en las páginas anteriores para el caso de la producción cerámica. En el mismo sentido, será imprescindible trascender el estadio inicial que representa este trabajo superando la dependencia de cualquier tipo de "fósil director" para tratar de explicar el cambio cultural y tecnológico, para lo que será necesario disponer de una información más precisa cuantitativa y cualitativamente (desde estudios del territorio a análisis arqueométricos, reconstrucciones paleoambientales y geoarqueológicas, estudios antropológicos y, *last but not least*, la publicación de contextos muebles y memorias de excavaciones completos).

El estudio de las copas "tipo Campillo" o de las cocinas arcaicas son excelentes ejemplos de los recientes avances de la investigación en este sentido. Los nuevos análisis arqueométricos han demostrado que contrariamente a lo sostenido hasta el momento, las primeras fueron realizadas en talleres situados en la zona insular gaditana y no en talleres de la campiña, mientras que para las segundas se detecta una diversidad de talleres notable que presumiblemente involucró a muchos núcleos de la bahía. Esto parece reflejar, indirecta y sutilmente, una dinámica distinta en los ambientes continentales respecto del proceso tecnológico alfarero, lo que podría constituir un marcador identitario (si bien las copas a torno fueron consumidas a ambos lados de la bahía y mucho más allá en los valles del Guadalete y Guadalquivir). En todo caso la evidencia arqueométrica parece reforzar la idea de que el foco original de uso y difusión de la tecnología alfarera oriental debió ubicarse inicialmente en las islas gaditanas, quizá en talleres aún no excavados en la actual San Fernando o en zonas inmediatas al posible taller descubierto en el Teatro Cómico.

BIBLIOGRAFÍA

Alarcón Castellano, F., (2010). Enterramientos fenicio-púnicos hallados en 1997 en un solar de la C/ Tolosa Latour (Cádiz). En A. Mª Niveau y V. Gómez (eds.), *Las necrópolis de Cádiz. Apuntes de arqueología gaditana en homenaje a J. F. Sibón Olano* (pp. 93-120). Cádiz: Diputación Provincial de Cádiz.

Amores Carredano, F. (1995). La cerámica pintada estilo Carambolo: una revisión necesaria de su cronología. En *Actas del Congreso Conmemorativo del V Symposium Internacional de Prehistoria Peninsular. Tartessos 25 años después, 1968-1993* (Comp.) (pp. 159-178). Jerez de la Frontera.

Bats, M. (1988). *Vaiselle et alimentation à Olbia de Provence (v. 350 – 50 av. J.-C.): modèles culturels et catégories céramiques.* París. (Revue Archéologique de Narbonnaise, Supplément 18).

Behrendt, S. y Mielke, D. P., (2011). Provenienzuntersuchungen mittels Neutronenaktivierungsanalyse an phönizischer Keramik von der iberischen Halbinsel und aus Marokko. *Madrider Mitteilungen, 52,* 139-237.

Belizón Aragón, R., Botto, M., y Legupín Tubío, I. (2014). Conjunto funerario fenicio en el extremo sureste de la necrópolis de Gadir. En M. Botto (Ed.) *Los Fenicios en La Bahía de Cádiz. Nuevas investigaciones.* Collezione di Studi Fenici 46) (pp. 202-224). Roma: Fabrizio Serra Editore.

Bueno Serrano, P. (2010). El tránsito Bronce Final-Hierro en la campiña gaditana (El Puerto de Santa María, Rota y Sanlúcar. En E. Mata (coord.) *Cuaternario y Arqueología. Homenaje a Francisco Giles Pacheco* (pp. 245-252). Chiclana.

Bueno Serrano, P. (2014). Un asentamiento del Bronce Final - Hierro I en el Cerro del Castillo, Chiclana, Cádiz. Nuevos datos para la interpretación de Gadeira. En M. Botto (Ed.) *Los Fenicios en La Bahía de Cádiz. Nuevas investigaciones* (Collezione di Studi Fenici 46) (pp. 225-251). Roma: Fabrizio Serra Editore.

Bueno Serrano, P., y Cerpa Niño, J. (2010). Un nuevo enclave fenicio descubierto en la Bahía de Cádiz: el Cerro del Castillo (Chiclana), *Spal,* 17 (2008), 169-206.

Córdoba Alonso, I. (1999). Nuevos datos para el conocimiento de la extensión de la necrópolis fenicia de Cádiz. En *XXV Congreso Nacional de Arqueología* (Comp.) (pp. 342-347), Valencia.

Córdoba Alonso, I., y Ruiz Mata, D., (2000). Sobre la construcción de la estructura tumular del Túmulo 1 de Las Cumbres (Castillo de Doña Blanca). En M. E. Aubet y M. Barthélemy (eds.) *IV Congreso Internacional de Estudios Fenicios y Púnicos,* volumen II (pp. 759-770). Cádiz: Universidad de Cádiz.

Córdoba Alonso, I., y Ruiz Mata, D., (2005). El asentamiento fenicio arcaico de la calle Cánovas del Castillo (Cádiz). Un análisis preliminary. En S. Celestino y J. Jiménez (eds.) *Congreso Internacional El Periodo Orientalizante. III Simposio de Arqueología de Mérida,* «Anejos de Archivo Español de Arqueología», XXXIII (2) (pp. 1269-1322), Madrid: CSIC-IAM.

Caro Bellido, A. (1989). *Cerámica gris a torno tartesia.* Cádiz.

Chamorro, J. G. (1994). Flotation strategy: Method and Sampling Plant Dietary Resources of Tartessian Times at Doña Blanca. En E. Roselló y A. Morales (Eds.) *Castillo de Doña Blanca. Archaeo-environmental investigations in the Bay of Cádiz, Spain (750-500 B.C.)* (pp. 21-35) (BAR International Series 593). Oxford: Tempus Reparatum.

Delgado Hervás, A. (2008). Alimentos, poder e identidad en las comunidades fenicias occidentales. *Cuadernos de Prehistoria de La Universidad de Granada,* 18, 163–188.

Delgado Hervás, A. (2010). De las cocinas coloniales y otras historias silenciadas: domesticidad, subalternidad e hibridación en las colonias fenicias occidentales. En C. Mata, G. Pérez y J. Vives (Eds.) *De la cuina a la taula. IV reunió d'Economía en el Primer Mil·lenni a.C.* (Saguntum Extra 9) (pp. 28-43). Valencia: Universidad de Valencia.

Delgado Hervás, A. (2011). La producción de cerámica fenicia en el Extremo Occidente: hornos de alfar, talleres e industrias domésticas en los enclaves coloniales de la Andalucía mediterránea (siglos VIII-VI a.C.). En B. Costa y J. H. Fernández (eds.) *Yōserim: la producción alfarera fenicio-púnica en occidente. XXV Jornadas de Arqueología Fenicio-Púnica* (Treballs del Museu Arqueològic d'Eivissa i Formentera 66) (pp. 9-48), Ibiza: Consell Insular d'Eivissa i Formentera.

Delgado Hervás, A. (2016). Mujeres, grupos domésticos y prácticas cotidianas en las comunidades fenicias y púnicas occidentales. En B. Costa (Ed.) *Aspectos de la vida y de la muerte en las sociedades fenicio-púnicas* (Treballs del Museu Arqueològic d'Eivissa i Formentera, 74) (pp. 47-83), Ibiza: Consell Insular d'Eivissa i Formentera.

Delgado Hervás, A. y Ferrer, M. (2007). Cultural contacts in colonial settings: the construction of new identities in Phoenician settlements of the Western Mediterranean. *Stanford Journal of Archaeology*, 5, 18-42.

Dietler, M. (2007). Culinary encounters: food, identity and colonialismo. En K. C. Twiss (dir.) *The Archaeology of Food and Identity* (pp. 218-242). Carbondale: Southern Illinois University.

Dietler, M. (2015). Rencontres culinaires : la culture matérielle incorporée. En *Contacts et acculturations en Méditerranée occidentale : Hommages à Michel Bats. Actes du colloque d'Hyères* (pp. 153-169). Paris: Errance.

Dietler, M. y Herbich, I. (1994). Ceramics and Ethnic Identity: Ethnoarchaeological observations on the distribution of pottery styles and the relationship between the social contexts of production and consumption. En *XIVe Rencontres Internationales d'Archéologie et d'Histoire d'Antibes «Terre cuite et Societé. La céramique, document technique, économique, culturel»* (pp. 459-472). Juan-les-Pins: Éditions APDCA.

Domínguez Monedero, A. y Sánchez, C. (2001). *Greek Pottery from the Iberian Peninsula. Archaic and Classical periods*. Leiden: Brill.

Escacena Carrasco, J.L., Montañés Caballero, S., Ladrón de Guevara, I., y Perdigones, L. (1994). De la fundación de Asido. *Spal*, 3, 179-207.

Ferrer Albelda, E. (2004). Sustratos fenicios y adstratos púnicos: los bástulos entre el Guadiana y el Guadalquivir. *Huelva Arqueológica*, 20, 281-298.

Ferrer Albelda, E. (2006). La bahía de Cádiz en el contexto del mundo púnico: aspectos étnicos y políticos, *Spal*, 15, 267-280.

Ferrer Albelda, E. (2010). La necrópolis fenicio-púnica de Gadir. Reflexiones a partir de un discurso identitario no esencialista. En A.M. Niveau y V. Gómez (eds.) *Las necrópolis de Cádiz. Apuntes de arqueología gaditana en homenaje a J.F. Sibón Olano* (pp. 69-92). Cádiz: Universidad de Cádiz.

Ferrer Albelda, E., y Álvarez Martí-Aguilar, M. (2009). Comunidad cívica e identidad en la Iberia púnica. En F. Wulff & M. Álvarez (eds.) *Identidades, culturas y territorios en la Andalucía prerromana* (pp. 205-236). Málaga: Universidad de Málaga.

Gener Basallote, J.M., Jurado Fresnadillo, G., Pajuelo Sáez, J.M., y Torres Ortiz, M. (2014a). El proceso de sacralización del espacio en Gadir: el yacimiento de la Casa del Obispo (Cádiz). Parte I. En M. Botto (Ed.) *Los Fenicios en La Bahía de Cádiz. Nuevas investigaciones* (Collezione di Studi Fenici 46) (pp. 123-155). Roma: Fabrizio Serra Editore.

J. M. Gener, M. A. Navarro, J. M. Pajuelo, M. Torres, y S. Domínguez-Bella, (2012). Las crétulas del s. VIII a.C. de las excavaciones del solar del Cine Cómico (Cádiz). *Madrider Mitteilungen*, 53, 134-186.

Gener, J.M.; Navarro, M.A.; Pajuelo, J.M.; Torres, M.; y López Rosendo, E. (2014b). Arquitectura y urbanismo de la Gadir fenicia: el yacimiento del "Teatro Cómico" de Cádiz, en M. Botto (Ed.) *Los Fenicios en La*

Bahía de Cádiz. Nuevas investigaciones. (Collezione di Studi Fenici 46) (pp. 14-50). Roma: Fabrizio Serra Editore.

Gómez Toscano, F., (2008). Cerámicas del Bronce Final en Huelva (1200-600 a.C.). Nueva tipología para explicar su amplitud cronológica. *Tabona*, 16, 85-100.

Gómez Toscano, F.; Beltrán Pinzón, J. M.; González Batanero, D.; y Vera Rodríguez, J. A. (2014). El Bronce Final en Huelva. Una visión preliminar del poblamiento en su ruedo agrícola a partir del registro arqueológico de La Orden-Seminario. *Complutum*, 25-1, 139-158.

González de Canales Cerisola, F., Serrano Pichardo, L. y Llompart Gómez, J., (2004). *El emporio fenicio precolonial de Huelva (c. 900-770 a.C.)*. Madrid: Biblioteca Nueva.

González de Canales Cerisola, F., Serrano Pichardo, L. y Llompart Gómez, J., (2010). El inicio de la Edad del Hierro en el Suroeste de la Península Ibérica. Las navegaciones precoloniales y cuestiones en torno a las cerámicas locales de Huelva. En J. A. Pérez Macías y E. Romero Bomba (eds.), *IV Encuentro de Arqueología del Suroeste Peninsular / IV Encontro de Arqueología Peninsular* (pp. 648-698). Universidad de Huelva.

González Rodríguez, R., Barrionuevo, F. y Aguilar, L. (2000). Presencia fenicia en el territorio tartésico de los esteros del Guadalquivir. En M.E. Aubet y M. Barthelemy (eds.) *IV Congreso Internacional de Estudios Fenicios y Púnicos*, volumen II (pp. 785-794). Cádiz: Universidad de Cádiz.

Hodos, T., (2009). Colonial engagements in the global Mediterranean Iron Age. *Cambridge Archaeological Journal*, 19, 221-241.

Johnston, P.A. (2015). *Pottery Production at the Phoenician Colony of El Castillo de Doña Blanca (El Puerto de Santa María, Spain) c. 750-550 BCE*. Tesis doctoral inédita, Harvard University, Cambridge.

Johnston, P.A. y Sáez Romero, A.M. (en prensa). The potters of Phoenician and Punic Gadir. State of the field and new archaeometric insights. *Trabajos de Prehistoria.*

López Amador, J. J.; Bueno Serrano, P., Ruiz Gil, J. A., y Prada Junquera, M. (1996). *Tartesios y fenicios en Campillo (El Puerto de Santa María, Cádiz). Una aportación a la cronología del Bronce Final en el Occidente de Europa.* El Puerto de Santa María.

López Amador, J. J., y Ruiz Gil, J. A. (2007). Arqueología de la Vid y el vino en El Puerto de Santa María. *Revista de Historia de El Puerto,* 38, 11-36.

López Amador, J.J., Ruiz Mata, D., y Ruiz Gil, J.A. (2008). El entorno de la Bahía de Cádiz a fines de la Edad del Bronce e inicios de la Edad del Hierro. *Revista Atlántica-Mediterránea de Prehistoria y Arqueología Social,* 10, 215-236.

López Rosendo, E., (2007). El yacimiento arqueológico de Los Villares/ Monte Alto y los orígenes tartésicos y romanos de la población de Jerez. *Revista de Historia de Jerez,* 13, 9-34.

López Rosendo, E., Pajuelo Sáez, J.M., Navarro García, M.A., Gener Basallote, J.M., y Torres Ortiz, M., (en prensa). Materiales cerámicos del tránsito entre los siglos VII y VI a.C. hallados en las intervenciones arqueológicas realizadas en el Teatro Cómico (Gadir/Cádiz), en *VIII Congresso Internazionale di Studi Fenici e Punici* (Carbonia – Sant'Antioco, octubre 2013). *Folia Fenicia,* Roma: Fabrizio Serra Editore.

Martín Ruiz, J. A. (1996). Indicadores arqueológicos de la presencia indígena en las comunidades fenicias de Andalucía. *Mainake,* XVII-XVIII, 73-90.

Martín Ruiz, J.M., Martín Ruiz, J.A., Esquivel, J.A., y García, J.R., (1992). Una aplicación del análisis Cluster a las necrópolis tartésicas y fenicias: contraste y asociación. *Cuadernos de Prehistoria y Arqueología de la Universidad de Granada,* 16-17 (1991-92), 303-324.

Maya Torcelly, R., Jurado Fresnadillo, G., Gener Basallote, J.M., López Rosendo, E., Torres Ortiz, M., y Zamora, J.A. (2014). Nuevos datos sobre la posible ubicación del Kronion de Gadir: las evidencias de época fenicia arcaica. En M. Botto (Ed.) *Los Fenicios en La Bahía de Cádiz. Nuevas investigaciones.* (pp. 156-180) (Collezione di Studi Fenici 46). Roma: Fabrizio Serra Editore.

Maya Torcelly, R., Jurado Fresnadillo, G., Gener Basallote, J.M., López Rosendo, E., y Torres Ortiz, M., (2015). Nuevos datos sobre el Kronion de Gadir: resultados de la intervención arqueológica en el castillo de San Sebastián (Cádiz). En *VII Encuentro de arqueología del Suroeste Peninsular Aroche-Serpa* (Comp.) (pp. 429-451). Aroche.

Muñoz Vicente, A., (2008). Topografía y ritual en la necrópolis fenicio-púnica de Cádiz. En F. J. Guzmán Armario y V. Castañeda (coords.), *Vida y Muerte en la Historia de Cádiz* (pp. 57-84). Chiclana: Cemabasa.

Niveau de Villedary, A.M. (2011). El consumo de vino en la Bahía de Cádiz en Época Púnica. *Revista de historia de El Puerto*, 46, 9-50.

Papi, E. (2014). Punic Mauretania?. En J. C. Quinn y N. C. Vella (Eds.) *The Punic Mediterranean. Identities and Identification from Phoenician settlement to Roman rule* (pp. 202-218). Cambridge: Cambridge University Press.

Perdigones, L., Muñoz, A., y Pisano, G., (1991). *La necrópolis fenicio-púnica de Cádiz: siglos VI-IV a. de C.* Roma: Università degli Studi di Roma.

Pérez Jordà, G., (2015). El cultivo de la vid y la producción de vino en la Península Ibérica durante el I milenio ANE. En R. Francia Verde (ed.) *Historia y arqueología en la cultura del vino* (pp. 47-56). Logroño: Instituto de Estudios Riojanos.

Ramon Torres, J. (2010). La cerámica fenicia del Mediterráneo extremo-occidental y del Atlántico (s. VIII - 1r. 1/3 del VI AC). Problemas y perspectivas actuales. En L. Nigro (ed.) *Motya and the Phoenician ceramic repertoire between the Levant and the West. 9th-6th century BC.* (Quaderni di Archeologia Fenicio Punica, V) (pp. 211-253). Roma: La Sapienza.

Ramon Torres, J., Sáez, A., Sáez Romero, A. M., y Muñoz, A., (2007). *El taller alfarero tardoarcaico de Camposoto.* Serie: Monografías de Arqueología 26. Sevilla: Junta de Andalucía.

Rufete Tomico, P. (1989). La cerámica con barniz rojo de Huelva. En M. E. Aubet (ed.) *Tartessos. Arqueología protohistórica del Bajo Guadalquivir* (pp. pp. 375-394). Sabadell: AUSA.

Ruiz Gil, J.A., y López Amador, J.J., (coords.) (2001). *Formaciones sociales agropecuarias en la Bahía de Cádiz. 5000 años de adaptación ecológica en la Laguna del Gallo, El Puerto de Santa María. Memoria Arqueológica de Pocito Chico I, 1997-2001.* Cádiz.

Ruiz Mata, D. (1995a). El vino en época prerromana en Andalucía occidental. En S. Celestino (ed.) *Arqueología del vino. Los orígenes del vino en Occidente* (pp. 157-211). Jerez de la Frontera.

Ruiz Mata, D. (1995b). Las cerámicas del Bronce Final. Un soporte tipológico para delimitar el tiempo y el espacio tartésico. En *Actas del Congreso Conmemorativo del V Symposium Internacional de Prehistoria Peninsular. Tartessos 25 años después, 1968-1993* (Comp.) (pp. 265-313). Jerez de la Frontera: Ayuntamiento de Jerez de la Frontera.

Ruiz Mata, D. (1997). Fenicios, tartesios y turdetanos. En J. Fernández, C. García y P. Rufete, (eds.) *La Andalucía ibero-turdetana (siglos VI-IV a.C.)* (Huelva Arqueológica XIV) (pp. 325-365). Huelva: Diputación Provincial de Huelva.

Ruiz Mata, D. (1998). Turdetanos: origen, territorio y delimitación del tiempo histórico. *Revista de Estudios Ibéricos*, 3, 153-222.

Ruiz Mata, D., (1999). La fundación de Gadir y el Castillo de Doña Blanca: contrastación textual y arqueológica, *Complutum*, 10, 279-317.

Ruiz Mata, D., y Gómez Toscano, F. (2008). El final de la Edad del Bronce en el suroeste ibérico y los inicios de la colonización fenicia en Occidente. En S. Celestino, N. Rafel y X.-L. Armada (Eds.) *Contacto cultural entre el Mediterráneo y el Atlántico (siglos XII-VIII ane). La precolonización a debate* (pp. 323-354). Madrid: CSIC.

Ruiz Mata, D., y Pérez, C. J., (1995a). *El poblado fenicio del Castillo de Doña Blanca (El Puerto de Santa María, Cádiz)*. El Puerto de Santa María.

Ruiz Mata, D., y Pérez, C. J., (1995b). Aspectos funerarios en el mundo orientalizante y colonial de Andalucía occidental. En R. Fábregas, F. Pérez, y C. Fernández (eds.) *Arqueoloxia da Morte na Peninsula Iberica desde as Orixes ata o Medioevo* (pp. 169-221). Xinzo de Limia: Universidad de Vigo.

Ruiz Mata, D., Pérez, C.J. y Gómez Fernández, V. (2014). Una nueva zona fenicia de época arcaica en Cádiz: el solar de la calle Ancha, n° 29. En M. Botto (Ed.) *Los Fenicios en La Bahía de Cádiz. Nuevas investigaciones* (Collezione di Studi Fenici 46) (pp. 83-122). Roma: Fabrizio Serra Editore.

Sáez Romero, A.M. (2010). Comercio, procesado y consumo. Análisis evolutivo de algunas familias cerámicas gaditanas de época púnica y tardopúnica. En C. Mata, G. Pérez y J. Vives-Ferrándiz (eds.) *De la cuina a la taula. IV Reunió d'Economia en el Primer Mil·lenni a.C.* (Sagvntvm Extra-9) (pp. 303-312). Valencia: Universidad de Valencia.

Sáez Romero, A. M. (2014). Imitaciones de vajillas de mesa en la Bahía de Cádiz desde la transición tardoarcaica hasta la época tardopúnica. Actualización de datos y nuevas propuestas. En F. J. García Fernández y E. García Vargas (eds.) *Comer a la moda. Imitaciones de vajilla de mesa en el Valle del Guadalquivir y sus vínculos atlánticos (s. VI a.C. - VI d.C.)* (Col·lecció Instrumenta 46) (pp. 33-77). Barcelona: Universidad de Barcelona.

Sáez Romero, A.M. y Belizón Aragón, R. (2014). Excavaciones en la calle Hércules, 12 de Cádiz. Avance de resultados y primeras propuestas acerca de la posible necrópolis fenicia insular de Gadir. En M. Botto (Ed.) *Los Fenicios en La Bahía de Cádiz. Nuevas investigaciones* (Collezione di Studi Fenici 46) (pp. 181-201). Roma: Fabrizio Serra Editore.

Sáez Romero, A. M. y Higueras-Milena, A. (2016a). Cerámicas fenicias arcaicas de procedencia subacuática del área de La Caleta (Cádiz): ensayo de contextualización e interpretación histórica. *Cuadernos de Prehistoria y Arqueología de la Universidad Autónoma de Madrid*, 42, 119-142.

Sáez Romero, A. M. y Higueras-Milena, A. (2016b). Nuevas investigaciones arqueológicas subacuáticas en el área de La Caleta (Cádiz, España). Estudio de las evidencias de época púnica (siglos VI-III a.C). *Lucentum*, 36, 9-41.

Sánchez Sánchez-Moreno, V.M., Galindo San José, L., Juzgado Navarro, M. y Dumas Peñuelas, M., (2012). El asentamiento fenicio de La Rebanadilla a finales del siglo IX a.C. En E. García Alfonso (ed.), *Diez años de arqueología fenicia en la provincia de Málaga (2001-2010)* (pp. 67-86). Sevilla: Junta de Andalucía.

Sherratt, S., y Sherratt, A. (1998). Small worlds: interaction and identity in the ancient Mediterranean. En E.H. Cline y D. Harris-Cline (eds.) *The Aegean and the Orient in the Second Millennium* (Aegaeum 20) (pp. 329-342). Lieja: Universidad de Lieja.

Torres Ortiz, M. (2010). Sobre la cronología de la necrópolis fenicia arcaica de Cádiz. En A.M. Niveau y V. Gómez (eds.) *La necrópolis de*

Cádiz. *Apuntes de arqueología gaditana en homenaje a J. F. Sibón* (pp. 31-67). Cádiz: Diputación Provincial de Cádiz.

Torres Ortiz, M., López Rosendo,. Gener Basallote, J.M., Navarro García, M.A., y Pajuelo Sáez, J.M. (2014). El material cerámico de los contextos fenicios del Teatro Cómico de Cádiz: un análisis preliminar. En M. Botto (Ed.) *Los Fenicios en La Bahía de Cádiz. Nuevas investigaciones* (Collezione di Studi Fenici 46) (pp. 51-82). Roma: Fabrizio Serra Editore.

Vallejo Sánchez, J. I. (2005). Las cerámicas grises orientalizantes de la Península Ibérica: una nueva lectura de la tradición alfarera indígena. En S. Celestino Pérez y J. Jiménez Ávila (eds.) *El Periodo Orientalizante. Actas del III Simposio Internacional de Arqueología de Mérida: Protohistoria del Mediterráneo Occidental* (Anejos de Archivo Español de Arqueología XXXV) (pp. 1149-1172). Mérida: CSIC-IAM.

Vera Rodríguez J.C., y Echevarría Sánchez A., (2013). Sistemas agrícolas del I milenio a.C. en el yacimiento de La Orden-Seminario de Huelva. Viticultura protohistórica a partir del análisis arqueológico de las huellas de cultivo. En S. Celestino y J. Blánquez (eds.) *Patrimonio Cultural de la Vid y el Vino* (pp. 95-106). Madrid: Universidad Autónoma de Madrid.

Vives-Ferrándiz, J. (2008). Intercambios y consumo en espacios coloniales: dos casos de estudio entre el Ebro y el Segura (siglos VIII-VI a.C.). En D. Garcia i Rubert, I. Moreno y F. Gracia (coords.), *Contactes. Indígenes i fenicis a la Mediterrània occidental entre els segles VIII i VI ane* (pp. 113-134). Alcanar: Ayuntamiento de Alcanar.

A colonização fenícia a Ocidente das Colunas de Melqart: uma aproximação metodológica a partir da expansão portuguesa

Pedro Albuquerque

1. PALAVRAS PRÉVIAS

O tema geral desta monografia constitui uma oportunidade para apresentar uma reflexão, necessariamente breve, sobre o estudo das colonizações proto-históricas a partir de uma abordagem comparativa que discute processos aparentemente diferentes, mas que coloca problemas comuns à investigação histórica e arqueológica (cf. Albuquerque, 2013; 2014; 2015). A utilidade do método comparativo parece residir, essencialmente, na potencialidade que tem para criar novas interrogações que, de outro modo, não poderiam ser colocadas.

Este olhar comparativo valoriza, sobretudo, as consequências dos contactos interculturais na formação de novas realidades ao nível do registo material e da reconstrução (ou desconstrução) de manifestações identitárias (cerâmica, organização da sociedade e do trabalho, arquitectura, alimentação, etc.). Neste sentido, o enriquecimento do questionário sobre estes temas incide sobre o encontro entre grupos com percepções territoriais e objectivos políticos diferentes em contextos africanos, bem como sobre metodologias "africanistas" que pretendiam, essencialmente, levar a cabo uma emancipação face à visão colonial(ista) destes encontros. As várias leituras destes processos podem, no âmbito do Ocidente peninsular entre os sécs. IX e VI a.C., ser utilizadas no estudo de contactos desta natureza, tanto nas fontes escritas como no registo arqueológico, principalmente nos casos em que um grupo impõe a outro uma nova ideologia.

A escolha deste objecto de estudo é uma entre várias possíveis. Aliás, o aumento de casos analisados no âmbito de estudos comparativos (p.ex., a expansão europeia na América ou os contactos no Mediterrâneo) poderá vir a criar novos questionários e revisões críticas da hermenêutica das fontes, do papel das comunidades residentes nestes processos, do alcance e dos avatares das designações étnicas que as representações europeias deixam transparecer, da análise das tradições orais, entre outros aspectos. O conhecimento de África e dos Africanos foi, durante várias décadas, transmitido única e exclusivamente através do "filtro" europeu, o que em boa medida limitava o estudo de temas como, por exemplo, a violência implícita e explícita dos contactos entre estes grupos e o papel activo dos autóctones na construção das identidades coloniais (cf. Gosden 2008).

A existência de vários tipos de fontes (relatos de viagem, documentos políticos, crónicas, iconografia, oralidade, etc.) é, nesse sentido, duplamente aliciante: por um lado, pelo reconhecimento de problemas que têm no momento em que são ponto de partida para o estudo das comunidades residentes. Por outro, revelam dados invisíveis para os arqueólogos e lançam novos desafios de interpretação. Assumindo *a priori* que existem diferenças entre as comunidades estudadas, é possível analisar o modo como estes contactos influenciaram os seus agentes a vários níveis através da comparação.

É a partir desse momento que começamos a lidar com ideias já estabelecidas entre os estudos peninsulares: a existência de elites fascinadas com o "progresso" que o comerciante fenício traz consigo, o uso de novos elementos como símbolos de prestígio e uma transformação de gostos, hábitos de consumo e costumes (enterramentos, religião, etc.) como resultado mais evidente de contactos (estritamente) comerciais. A comparação pode servir, nesse sentido, para verificar até que ponto comunidades em circunstâncias de relações comerciais são influenciadas nesses aspectos e, ao mesmo tempo, analisar o impacto de colonizações ao nível do registo material.

Esta breve reflexão permite pensar na comparação como ponto de partida para a caracterização e interpretação de processos de interacção e representação de entidades em territórios pouco conhecidos pelo observador. Tal questionário é útil, por exemplo, no estudo da chamada "questão tartéssica", tanto dos textos que a sustentam, como da própria interpretação do registo arqueológico (Albuquerque, 2014). Ou seja, uma abordagem como esta, que valoriza diversos tipos de informação, revela-se de extrema utilidade na caracterização dos contactos e, sobretudo, de comportamentos.

Esta opção, convém desde já aclarar, não pressupõe o recurso a uma "arqueologia antropológica" nos moldes defendidos por Binford (1962), uma vez que tal perspectiva recorre a estudos sobre determinadas sociedades *num momento presente* e extrapola as informações recolhidas para a análise do funcionamento dos grupos identificados no registo arqueológico. Nesse sentido, o facto de se analisar grupos africanos não substitui o estudo histórico pelo estudo antropológico, sobretudo quando se questiona um processo de transformação resultante de contactos numa perspectiva diacrónica e não sincrónica. Por esta razão, os aspectos aqui assinalados não pretendem ser uma analogia etnográfica, uma vez que a Antropologia não analisa, ao contrário dos estudos que sustentam a argumentação do presente trabalho, o processo histórico de uma comunidade e as suas transformações.

2. A COMPARAÇÃO COMO TEMA DE ESTUDO

Nos finais do século XIX, iniciou-se um importante debate sobre a relação entre a História e outras ciências sociais no âmbito dos estudos comparados (entre outros, Braudel, 1969, p. 98 – 99; Lefebvre, 1981, p. 330 – 331; Lévi – Strauss, 1983; Bintfliff, 1991, pp. 4 – 5), com claro destaque para os trabalhos de Marc Bloch (1928). Este autor defendeu a comparação entre sociedades vizinhas no mesmo período e, ao mesmo tempo, entre entidades separadas no tempo e no espaço, com o objectivo de formular novas questões, testar e validar hipóteses de explicação e, em última instância, identificar singularidades (Kocka, 1999).

No caso aqui tratado – a colonização fenícia no Ocidente – a comparação permite formular novos questionários sobre o impacto da chegada de novos contingentes populacionais ou mesmo de novas referências culturais a territórios que, aparentemente, são reorganizados. Um primeiro exemplo seria a construção de santuários em áreas estratégicas de circulação e acesso a matérias – primas, o que parece ser um sintoma da imposição de novos mecanismos de marcação e organização de territórios, que até então eram desconhecidos entre as populações locais.

A introdução de novidades deste tipo pode provocar alterações nos sistemas que interagem nestes processos, dependendo do tipo, profundidade e natureza da interacção. Atendendo, por exemplo, ao caso de São Jorge da Mina (doravante, SJM), uma fundação com objectivos comerciais (actual Elmina, Gana), a multiplicação de tipos de produtos que chegavam às comunidades africanas, tanto nas zonas costeiras ou próximas da costa, e até mesmo no interior, não teve uma influência demasiado evidente no registo material destas comunidades, no seu sentido mais abrangente (DeCorse, 2001, pp. 175ss.). Por outro lado, o desmantelamento sistemático dos marcadores territoriais em Angola provocou um conjunto de alterações significativas, precisamente pelo facto de se registar a imposição de um novo modelo territorial com implicações profundas no quotidiano das populações e nas suas manifestações materiais (cf. Henriques, 2004, *passim*).

A comparação interessa a partir do momento em que há um registo diacrónico que permita avaliar o impacto destes contactos no seio das comunidades. Assim, os hábitos de consumo, o uso de determinadas tecnologias ou arquitectura, ou mesmo as percepções das comunidades sobre o território, tanto do ponto de vista económico como do ponto de vista social, são aspectos que podem ser considerados na análise da presença fenícia no Ocidente da Península Ibérica, bem como do seu impacto entre as comunidades residentes. A comparação é também útil para a discussão sobre as representações dos grupos peninsulares da Antiguidade nas fontes escritas, mas esse tema não será aqui abordado, não obstante o seu interesse.

Deste modo, trataremos dois aspectos que sobressaem de um questionário comparativo: as consequências dos contactos interculturais na percepção territorial das comunidades residentes, em que um grupo impõe uma nova forma de pensar, perceber e explorar o espaço envolvente, e a formação de novas identidades eventualmente "híbridas". Evidentemente, esta análise pode estender-se a outros temas, mas por agora importa salientar que casos como SJM (Ballong, 1993; DeCorse, 2001), Angola no contexto da colonização portuguesa (Henriques, 2004) ou a formação da identidade luso – africana na Guiné de Cabo Verde (Horta, 2009), fornecem alguns dados interessantes que podem ser contrastados com as fontes orientais e clássicas, bem como com o registo arqueológico.

Por exemplo: num texto de Heródoto, pode ler-se que os Espartanos recusam pactuar com os Persas porque estes destruíram e incendiaram imagens e templos dos deuses (8.144). Tais actos "exigem de nós [Espartanos] uma implacável vingança, em vez de colaborar com o autor de tais sacrilégios" (baseado na tradução de C. Schrader, 2006). Independentemente da historicidade deste diálogo, parece evidente que a destruição de marcadores territoriais (sobre os tipos de marcadores territoriais, cf. Henriques, 2004, pp. 14– 22; Albuquerque, 2014, p. 83), bem como a imposição de novos, é um comportamento comum em vários contextos. Assim, os exemplos de marcadores que são removidos, destruídos, ocupados, remodelados, etc., encontram-se tanto no contexto da construção do território colonial em Angola, em cenários de guerra na Antiguidade e, inclusivamente, nos dias de hoje.

Torna-se, portanto, necessário analisar a questão da relação de pertença que um grupo mantém com o seu território. Para I. Castro Henriques, "o território é o espaço necessário à instalação das estruturas e das colectividades inventadas pelos homens, sendo também indispensável à criação, manutenção e reforço da identidade. O território fornece a garantia da autonomia colectiva. [...] O território é sempre simultaneamente o invólucro (o continente) e o suporte físico, espiritual e identitário das sociedades e das suas relações com as naturezas e os outros" (2004, p. 20). Ou seja, o território e os seus marcadores são elementos fundamentais na construção da memória históricas de um grupo, o que aliás se confirma em vários testemunhos escritos da Antiguidade (entre muitos outros, Dt. 12; Hdt. 8.144; Th. 1.8; Albuquerque, 2014, pp.80 - 92).

3. SÃO JORGE DA MINA E ANGOLA

Estes dois exemplos representam processos muito diferentes na sua natureza: SJM foi uma fortaleza construída em 1482 com o objectivo de levar a cabo trocas comerciais com as várias comunidades vizinhas e, indirectamente, com outras que se localizavam mais no interior. O domínio político exercido por esta fundação era diminuto quando se compara com posterior colonização, neste caso representada por Angola. No primeiro, as escavações arqueológicas realizadas nos últimos anos complementaram as informações textuais e orais que serviam de apoio ao estudo da história da sua ocupação (Ballong, 1993; Hair, 1995). No segundo, apesar da falta de escavações, a investigação dispõe de um conjunto de documentos (escritos, fotográficos e desenhos) que revela as operações portuguesas na construção do território colonial e o seu impacto entre as comunidades residentes.

Um primeiro aspecto que chama a atenção é o facto de o lugar de implantação de SJM, na extremidade de uma península, ser privilegiado para os objectivos dos portugueses, tanto na relação com as comunidades do interior, como no que diz respeito à defesa do sítio face a possíveis incursões marítimas, às condições de ancoragem e à sua posição no contexto do comércio marítimo (cf. Pina, *apud* Ballong, 1993, p. 71, n. 58).

Esta situação parece contrastar com as necessidades de ocupação do território por parte dos grupos africanos, pelo menos na primeira fase da fundação da fortaleza junto à chamada *Aldeia das duas partes*. O lugar estava numa área fronteiriça, mas a construção da fortaleza foi autorizada por Nana Kwamena Ansah, rei de Eguafo/ Comane, que residia a uma dezena de quilómetros da costa (Ballong, 1993: 59), indicando que o centro de poder estaria mais no interior. No entanto, não se sabe ao certo se o local estava, ou não, ocupado por alguma população anterior, uma vez que o registo arqueológico não é muito claro nesse sentido (cf. DeCorse, 2001, pp. 47 - 49). Por outro lado, há que considerar que os territórios interiores acabavam por ser um "filtro" para a chegada dos produtos à costa: "aucun marchand ne peut approcher la factorerie pare voie de terre sans le consentement des Africains" (Ballong, 1993, p. 73). Além disso, uma carta de Duarte Pacheco Pereira, datada de 8 de Agosto de 1520, indica a ordem de doação de "huma masoa, & huma arjerevia pequena & duas varas & meya de lenço nabal & um barrete vermelho!" ao rei dos Abermus "por ser ordenança do dito senhor de se lhe dar por estar no caminho dos mercadores [...]" (Basto, 1892, p. XXII)

Esta situação indica, claramente, um panorama muito diferente de um cenário de colonização como o de Angola. As negociações com as autoridades africanas eram por vezes acompanhadas por escaramuças, algumas das quais relacionadas com o tema aqui tratado: a destruição de marcadores territoriais. De acordo com uma passagem das *Décadas*, de João de Barros (1.3.2), os autóctones reagiram negativamente ao uso de uma das colinas envolventes como pedreira, uma vez que se tratava de um lugar sagrado. Começava aqui um processo de contactos, de promessas não cumpridas, mas, sobretudo, de degradação do poder das autoridades locais. Num princípio, estas teriam o objectivo de garantir o controlo das rotas comerciais que chegavam àquela região, mas uma política de presentes com interesses unilaterais (dos europeus) acabou por ser o ponto de partida para uma relação desigual. Por outro lado, nem todos estariam de acordo com a presença externa, deixando entrever um cenário de aparente desconfiança mútua (Ballong, 1993, p. 60ss.).

Não é, portanto, descabido pensar que a integração dos grupos locais num novo cenário económico terá levado a realidades sociais diferentes das anteriores, em que as populações se veriam obrigadas a integrar-se num novo sistema ou a proteger-se dele. O comércio de escravos é um dos exemplos em que a procura de mão-de-obra provocou alterações significativas a grande escala, levando ao abandono de algumas regiões, à formação de elites guerreiras especializadas neste tipo de actividade, ou mesmo ao crescimento exponencial de alguns centros populacionais (McIntosh, 2001). Tratava-se de uma actividade extremamente lucrativa (ANTT, NA 887, fol. 1, *apud* Ballong, 1993, p. 493), como se pode constatar em textos como o de E. de la Fosse, que relata uma viagem que passa, precisamente, pela *Mina de Ouro*[1].

Paralelamente, surgem grupos dedicados a novas actividades económicas e assiste-se a uma cada vez maior concentração populacional

---

1 "[...] eles nos traziam mulheres e crianças para venda, que nós comprávamos, e depois revendíamos nos mesmos sítios ou onde nos aprouvesse [muito bem]. Custavam-nos mãe e filho uma navalha de barbear, e ainda 3 ou 4 grandes anéis de latão no acto da compra. Depois, quando estávamos já na Mina de Ouro, vendíamos mulheres e crianças por uns bons 12 ou 14 pesos de ouro, e cada peso valia 3 estrelinos de ouro. O lucro era muito grande" (E. De la Fosse, trad. P. Alvim, 1992: 62).

em grandes aglomerados, mercê do desenvolvimento de alguns desses centros económicos (DeCorse, 2001, pp. 31 - 32). Isto levaria à formação de comunidades de origens diversificadas (Ballong, 1993, p. 83ss., sobre o número de comunidades envolvidas no comércio da Mina) e, sobretudo, à reorientação de um sistema baseado nas comunicações com o interior a como consequência dos contactos com regiões costeiras (DeCorse, 2001, p. 31ss.). Algumas regiões receberiam, certamente, *outsiders* com várias origens (Guiné do Cabo Verde: Horta, 2009; cf. as *Spirit Provinces* da Guiné – Bissau: Crowley, 1993; Albuquerque, 2014: 88 - 89).

É interessante constatar que, na perspectiva da análise dos materiais que circulavam nestas redes, os produtos europeus não eram tão cobiçados como os de outras regiões africanas (por exemplo, da Nigéria). As relações entre Europeus e Africanos materializaram-se numa interessante variedade de produtos, entre os quais cerâmicas, elementos associados ao consumo de tabaco e armas (DeCorse, 2001, pp. 151 - 174; sobre a introdução de armas, cf. Moreno Arrastio, 1999; 2000) que serviriam tanto para a captura de escravos como para a protecção das caravanas nas suas certamente perigosas viagens das rotas do interior.

Do ponto de vista demográfico, a população europeia era extremamente diminuta, não obstante as dificuldades no acesso a informação desta natureza, e de origens muito diversificadas, tanto social como etnicamente (DeCorse, 2001, pp. 36 - 37). Esta diversidade, embora não nos detenhamos neste aspecto, pode ser assinalada no caso dos chamados "Luso-africanos" da Guiné de Cabo Verde (Horta, 2009), refectindo a formação de grupos mistos, num processo irreversível de confluências, estudadas noutros contextos (Bernand y Gruzinski, 2007, pp. 617 - 622). Situações desta natureza encontram também eco nos textos antigos (Albuquerque, 2014, p. 74ss.).

O panorama apresentado, embora exposto com brevidade, permite tecer algumas considerações sobre a presença de agentes externos – claramente minoritários – num novo ambiente e a participação das comunidades residentes em processos que se circunscrevem a contactos estritamente comerciais. Atendendo a uma situação como a de SJM, em que se funda uma fortaleza num lugar privilegiado para as necessidades do novo ocupante, as mudanças não são, pelo menos no que diz respeito ao registo material, muito profundas. Efectivamente, os Portugueses serviram de intermediários de produtos essencialmente africanos, tal como se aprecia na produção textual. Mas, sem esses textos, como seria possível estabelecer uma relação entre esses produtos e os europeus, numa perspectiva estritamente arqueológica?

Retomaremos este assunto mais adiante. As mudanças nos padrões de fixação nas comunidades do interior africano, e até mesmo nas áreas próximas da costa, reflectem a introdução de novas circunstâncias históricas que parecem provocar reacções muito diversificadas. Não são um reflexo de uma imposição política europeia, mas antes de relações entre grupos cujos interesses são, naturalmente, diferentes. Do ponto de vista da ocupação do território, não se assiste à construção de novos marcadores territoriais fora das novas fundações europeias. Seria necessário esperar pelo século XIX para se assistir, em África, a uma presença politicamente mais evidente e, consequentemente, a transformações mais profundas dos grupos africanos.

Voltando agora o olhar para outro período e outro território, verifica-se que a construção da Angola colonial apresenta outro tipo de situação (veja-se, sobretudo, o estudo de I. Castro Henriques, 2004). A ausência de marcadores territoriais europeus no "sertão" (i.e., *hinterland*) da fase que acabámos de descrever em SJM contrasta com o desmantelamento sistemático dos elementos que configuravam as percepções africanas do território. Aliás, o conhecimento do interior africano é um fenómeno tardio que encontra eco em vários textos de finais do século XIX e inícios do seguinte, como *Cinco Semanas em Balão* (J. Verne, 1863), *De Angola à Contracosta* (Capelo e Ivens, 1882) e *O Coração das Trevas* (J. Conrad, 1902), entre outros. O impacto do sistema colonial implica, neste caso, uma organização territorial totalmente adaptada às necessidades do agente externo (Henriques, 2004) e que se impõe gradualmente consoante as situações.

Depois de uma longa fase de contactos, em que os Portugueses levam a cabo trocas comerciais com as autoridades africanas, passa-se para uma fixação discreta numa aldeia ou nas suas imediações, em que o grupo externo está separado ou dependente destes soberanos. Esta situação criaria condições para uma terceira fase, marcada pela convergência e reorganização de espaços comerciais. A quarta e última implica a destruição das "casas comerciais" africanas e a instalação de Portugueses com ideias de domínio, que por sua vez acompanha o aumento numérico da população "branca" em Angola (Henriques, 2000, p. 77).

A instalação, neste caso, parece ter provocado um choque entre percepções territoriais e modos de organização ou "lógicas civilizacionais". O colonizador procedeu à anulação dos "sistemas africanos de ocupação e gestão do território, substituindo-os pela violência da propriedade individual e pela lógica de produção industrial destinada ao comércio" (Henriques, 2004, pp. 14 – 15). Um exemplo interessante nesse sentido é a construção de linhas e caminho de ferro, que constitui uma novidade no contexto africano e implica uma nova forma de comunicação.

A imposição destas novas circunstâncias não se fez, obviamente, sem a cumplicidade das autoridades locais, mas parece ter resultado no desenvolvimento de estratégias de adaptação destinadas, sobretudo, à manutenção das identidades num cenário de mudança da relação económica e social que estes grupos mantinham com o seu território. Deste modo, "obrigados a entrar na engrenagem dos portugueses, os africanos organizam estratégias e inventam novas fórmulas culturais capazes de permitir a preservação dos valores essenciais da sua identidade, sem todavia recusar a dinâmica da mudança. Assim, participam e orientam o sentido da metamorfose do território e organizam uma identidade angolana" (*ibid.*, p. 46).

Constata-se, portanto, que os africanos não foram espectadores deste processo, mas sim intervenientes activos. As transformações na paisagem humana levaram a uma africanização dos elementos externos e esta servia, ao mesmo tempo, como instrumento para garantir a autonomia e identidade da população residente. Um desses sintomas reside, precisamente, nos comportamentos individuais, em particular na estética do corpo (*ibid.*, p. 46ss., com vários exemplos).

Centrando estas observações na relação de pertença com o território, parece evidente que os marcadores permitem a uma comunidade transmitir, para si e para os outros, uma determinada imagem do seu passado. É, por isso, comum constatar, tanto nos exemplos até agora expostos como nos que veremos no próximo capítulo, a destruição destes elementos no contexto da imposição de um novo grupo e, sobretudo, dos seus referentes culturais e modos de marcação. Estes processos podem provocar situações de tensão e conflito. O colonizador, para além de não ter os antepassados enterrados num determinado território, não dispõe de marcadores que estruturam essa pertença, pelo menos num primeiro momento. Ou seja, uma nova ocupação cria a necessidade de construir, e exprimir, uma imagem histórica adaptada ao ambiente natural e social que a rodeia. Cria também a necessidade de desenvolver mecanismos de integração e de exclusão que mudam ao longo dos anos e que estruturam as relações que os membros de uma comunidade mantêm entre si e com as outras.

4. ELEMENTOS PARA UM QUESTIONÁRIO SOBRE A PRESENÇA "FENÍCIA" NA PENÍNSULA IBÉRICA

Como se disse, o uso da comparação no estudo de processos históricos é diferente de propostas baseadas em analogias etnográficas e requer uma perspectiva, sempre que possível, diacrónica. Aos dois casos que aqui se expõem poderiam juntar-se outros, lançando outros desafios à leitura dos processos coloniais e revelando que os estudos comparativos permitem, muitas vezes, revelar a complexidade de processos que, tendencialmente, se simplificam na análise do registo arqueológico associado à chegada de agentes externos.

Isto é especialmente evidente quando se fala de "colonização" ou "colónias", dois conceitos que encerram ideologias e carregam o peso das ideologias dos colonialismos europeus dos séculos XIX e XX (cf. Sommer, 2011) ou, por outras palavras, do modo como os colonizadores viram os outros e o seu papel nos contactos interculturais. Isto não significa que, na Antiguidade, aqueles que denominamos também colonizadores tivessem a mesma ideia ou objectivos nos seus processos de expansão. Ou seja, o que os gregos entendiam por *apoikìa* ou os romanos por *colonia* não é, necessariamente, o que os ingleses de época vitoriana entendiam por *colony* (Sommer, 2011; 2012; Celestino y López, 2016, p. 125ss.).

Uma das premissas da leitura pós-colonial destes processos é, precisamente, a análise das mudanças que ocorrem nos grupos intervenientes a partir do momento em que iniciam contactos. O "indígena" deixa aqui de ser visto como um receptor passivo dos elementos "civilizadores" do grupo exógeno, para passar a desempenhar um papel activo no discurso histórico e, sobretudo, em conceitos agora tão comuns como *"encounters, entanglements and transformations"* (*ibid.*, p.127, com bibliografia pertinente). A História e a Arqueologia começaram, nos últimos anos, a procurar adaptar-se à leitura de *logiques métisses*, para utilizar um título de J. - L. Amselle (1990), mas um primeiro ponto de interrogação pode ser colocado ao modo como estas perspectivas excluem, implícita ou explicitamente, a existência de violência (não necessariamente física) nestes contextos, ou a imposição de relações desiguais (A.M. Arruda, *apud* Celestino y López, 2016, p. 129).

Pelo que foi exposto até este momento, o estudo da violência não é obrigatoriamente incompatível com a valorização do papel dos "colonizados" nos processos de interacção. Pelo contrário, reafirma a necessidade de não relegar para segundo plano a imposição tantas vezes violenta do colonizador. Nos últimos anos, alguns investigadores têm vindo a assinalar a necessidade de ver esse lado dos contactos interculturais no âmbito de uma visão "pessimista" (entre outros, Moreno Arrastio, 1999; 2000; 2008; Wagner, 2005, p. 178ss.; Henriques, 2004, pp. 14 - 15; Arruda, 2010, p. 448; Albuquerque, 2014, pp. 82 - 84).

O caso das percepções territoriais é, neste contexto, fundamental para abordar uma das vertentes da violência que, implícita ou explicitamente, está presente na afirmação de um grupo em detrimento de outro num mesmo espaço. Assinalou-se a construção da Angola colonial (Simatei, 2005, sobre o Kenia) e as diferenças em relação a SJM para ilustrar essa situação e para ter um pronto de partida para a formulação de questões sobre a presença fenícia na Península Ibérica ou, em última instância, sobre outros processos ocorridos na bacia do Mediterrâneo durante a primeira metade do I Milénio a.C., no que diz respeito à construção, destruição e/ou reconstrução de marcadores territoriais. Estas interrogações podem ser colocadas tanto ao registo escrito como ao registo arqueológico.

Vejamos um primeiro exemplo, retirado do Deuteronómio (12, 1-3):

> "Eis as leis e os preceitos que devereis pôr em prática na terra que o Senhor, Deus de vossos pais, vos deu em propriedade;

guardai-os todos os dias da vossa vida. Destruí todos os santuários, em que os povos, por vós desalojados, tiverem prestado culto aos seus deuses, nos altos montes, nas colinas e debaixo das árvores frondosas. Derrubai os altares, quebrai os monumentos, queimai os bosques sagrados e abatei as imagens dos deuses; fazei desaparecer daquela terra a sua lembrança" (trad. Alves, coord., 2008).

Este texto enquadrar-se-ia nos séculos V e IV a.C. e encontra alguma relação com outros documentos próximo-orientais, bem como com uma visão aparentemente herdada das reformas de Josias de finais do séc. VII a.C. (Albuquerque, 2014, II, p. 13, com bibliografia). Esta imagem histórica passa, necessariamente, pela substituição de elementos materiais que fazem parte da afirmação da identidade de um grupo que habita um determinado território. Esta ideia repete-se em 2Rs., 23, 1 – 19, no qual Josias procede à destruição de alguns elementos que contrariam os desígnios, inventados pela mente humana, de Yahveh.

Outro exemplo: a "purificação de Delos" por parte de Pisístrato consistiu, segundo Heródoto e Tucídides, em desmantelar as sepulturas que estavam no ângulo de visão do santuário (Hdt. 1.64; Th. 1.8). Isto parece indicar que tanto as necrópoles como os santuários são instrumentos de construção da memória colectiva de um grupo e, em suma, de humanização da paisagem (cf. Albuquerque, 2014, p. 167).

Recordando que o território é também uma criação social inventada por um colectivo, outros textos parecem concorrer nesse sentido. A fundação de Gadir (D.S. 5.20.1; Str. 3.5.5; Vell. 1, 2), por exemplo, seria um caso mais próximo do tema aqui tratado, embora evidentemente tardio, que também parece transmitir a ideia de um marcador territorial que estrutura a percepção do próprio Mediterrâneo na Antiguidade, uma vez que assinala os confins do mundo habitado e a sua conquista (Philostr., *Vit. Ap.* 5,1; Pi., *N.* 3.19 – 25; Albuquerque, 2014, pp. 84 – 85). E, muito provavelmente, o domínio sobre este e outros territórios envolventes, bem como o discurso identitário dos seus fundadores (cf. Hdt. 8.144).

É possível, portanto, questionar a importância dos santuários, das necrópoles, do urbanismo ou da arquitectura na afirmação de identidades de grupos que, ao que parece, ocupam lugares estratégicos de comunicação fluvial, marítima e terrestre. A funcionalidade económica, religiosa e política destas construções parece ser o sintoma da afirmação de uma nova ideologia dominante e de novos modelos de marcação e organização do território. Independentemente do que se conhece ou não das fases anteriores, parece evidente que estes novos sistemas são uma novidade no momento em que se implantam estruturas desta natureza. Neste sentido, as questões que se colocam ao papel destes marcadores territoriais permitem estabelecer um ponto de partida para analisar o impacto que os santuários tiveram nos territórios onde foram construídos.

Não obstante as cautelas necessárias, uma breve incursão a alguns textos orientais que referem a construção destas estruturas pode ser útil. O maior rigor utilizado na construção das "casas das divindades", a sua planificação e execução está patente em documentos como KTU 1.4v 10 – 19 (*apud* Olmo, 1992, p. 25), noutros textos ugaríticos que referem o Divino Arquitecto, conhecido como Kôtaru, Khotar ou Košer (cf. ANET[3]: 130ss.; Albuquerque, 2014, p. 152, com bibliografia), ou mesmo no Antigo Testamento (Ex. 35, *apud* Olmo, 1992, p. 25). O lugar de implantação reproduziria, em princípio, a ideologia do lugar de origem, fazendo com que a escolha não seja fruto do acaso (Str. 3.5.5). Em última instância, esta escolha poderia ser motivada pela importância que o lugar em si teria para as comunidades residentes. Tratar-se-ia, na ausência de elementos construídos, de um *marcador natural* cuja identificação arqueológica é impossível (Albuquerque, 2014, p. 158ss, com exemplos de fontes escritas).

Estes marcadores são, no essencial, lugares inseridos na paisagem natural que são associados (ou não) ao nome de uma divindade e, eventualmente, a uma hierofania. Alguns chegam a ser elementos não controlados, ou mesmo interditos à comunidade, nomeadamente cerros, rios, cabos, ilhas, fontes, bosques, grutas, entre outros que podem ser reconhecidos pelas comunidades residentes, mas não por outras (v. *supra*, o caso da pedreira de SJM em Barros, *Décadas*, 1.3.2).

Os *marcadores artificiais* ou *fabricados* são, pelo contrário, estruturas que se destinam a ser visíveis (cf. Ez. 48, 8) para a comunidade que o funda e para aqueles que chegam. As razões que conduzem à sua implantação podem ser muito variadas: assinalar uma conquista (espiritual ou militar), uma união e/ ou tratado (1Rs. 16, 29 - 33; Hdt. 1.171.6, etc.), uma fundação (Hdt. 2.44; Str. 3.5.5, etc.); servir de ponto de referência para a circulação fluvial, marítima ou terrestre; ressacralizar um lugar previamente visto como um marcador natural. Nesta perspectiva, a construção de uma estrutura legitima uma ocupação e representa, se recorda uma hierofania, a apropriação das percepções de um espaço pertencente a uma memória colectiva anterior (Dt. 7,5 e 12, 1-7; Sl. 2,6; 3,5; Is. 27; Ez. 20, 40; De Vaux, 1992, pp. 372 – 373).

Assinalou-se que, em Angola, a colonização provocou mudanças mais profundas a vários níveis, como resultado do desmantelamento sistemático dos marcadores territoriais e da imposição de novos. Essas transformações podem incidir sobre outros tipos de marcadores: os móveis e os comportamentais. Os primeiros destinam-se à comunicação visual no seio de uma comunidade, nomeadamente o vestuário, o armamento, estética do corpo (cabelo, barba, etc.), adornos e, eventualmente, artefactos relacionados com o culto. Todos estes elementos podem estar associados ou limitados a determinados sectores da comunidade, manifestando-se sobretudo nos enterramentos. Os segundos integram a conduta, o consumo de alimentos e/ou bebidas, bem como normas que presidem a ambos (cf. Dt. 14, 1-10 e 21; 1Sm. 14, 31 – 35, *apud* Margueron, 1991, p. 239, n. 17). Tanto a conduta como os hábitos de consumo podem estar reservados a um grupo, convertendo-se numa "fronteira social" que o diferencia de outros (Albuquerque y García, 2017, pp. 178 – 180; cf. Sáez Romero, neste volume)[2].

A "rede" de santuários pode, portanto, operar como um sistema de implantação de marcadores territoriais que reproduzem uma ideologia oriental. Pode haver, nesse sentido, uma diferença mais ou menos significativa entre os edifícios que são construídos fora ou dentro do espaço habitado. No primeiro caso incluem-se sítios como El Carambolo e Abul, e no segundo o Castro dos Ratinhos, Castro Marim, Coria del Río e Tavira, para dar alguns exemplos. Debruçar-nos-emos sobre alguns destes sítios com o propósito de lançar algumas questões para um debate sobre a construção de marcadores territoriais e a sua importância na organização económica e política das regiões onde se implantaram.

5. ALGUNS CASOS DE ESTUDO

O Castro dos Ratinhos (Moura, Portugal) merece ser destacado neste debate. Este povoado fortificado, que ocupa uma colina dominante na margem esquerda do Guadiana (230m), caracteriza-se pela existência de casas circulares e de materiais enquadráveis no Bronze Final. Na área mais alta deste cerro, implantou-se uma estrutura cuja estética

---

[2] Podemos também integrar neste contexto a proibição de contracção de matrimónios com "estrangeiros" no AT, destinada a preservar as pautas comportamentais dos "filhos de Israel" (Dt. 7, 3; Ex. 34, 15-16; Jz. 3, 5-7; 1Rs. 11, 2, etc.).

oriental é inegável, que contrasta com as restantes casas. Estas, durante o relativamente curto período de funcionamento do santuário, não sofreram quaisquer alterações, do mesmo modo que o acervo cerâmico, registando-se a ausência de ferro e uma tímida aparição de cerâmicas a torno. Aparentemente, a construção do santuário pode ser relacionada com um paulatino abandono dos povoados desta região e parece contradizer a ideia de que existiriam contactos prévios que resultariam na adaptação, por parte das comunidades residentes, de elementos externos. Assim, é tentador considerar que o santuário dos Ratinhos pode reflectir a imposição de uma nova, mas relativamente efémera, linguagem de poder (Berrocal y Silva, 2012; Albuquerque, 2014, pp. 188 – 191). Neste sentido, atendendo ao que se comentou em relação à procura de produtos africanos em detrimento dos europeus em SJM, esta situação não seria estranha.

O estudo de outros casos revela, no entanto, algumas diferenças em relação a este. Um dos santuários mais importantes do Ocidente da Península Ibérica é, sem grande margem para dúvidas, El Carambolo, não só pelos dados que fornece, como também pela discussão que suscita no âmbito da chamada "Arqueologia tartéssica", sobretudo nos últimos vinte anos, em torno da sua funcionalidade e definição da origem, indígena ou fenícia, dos seus construtores (cf. Belén y Escacena, 1997; Bandera y Ferrer, coords., 2010; recentemente, Torres, 2016, com um interessante debate sobre a cronologia e sequência ocupacional).

Os dados indicam, claramente, que se trata de um santuário que controla uma área estratégica no acesso ao interior do Guadalquivir e que foi construído a Ocidente de *Spal*, cuja fundação parece ser "fenícia", a julgar pelo topónimo (Belén y Escacena, 1997, p. 113; Correa, 2000; sobre as escavações, Fernández y Rodríguez, 2007; sobre a ocupação de Sevilha, Escacena y García, 2012). Chama a atenção a primeira fase de construção deste santuário – Carambolo V – pela possível identificação de uma ocupação anterior, cujo carácter autóctone foi recentemente defendido por M. Torres Ortiz (2016, p. 92). A interpretação do processo, atendendo à proposta apresentada no presente trabalho, permite ver nesta sequência a apropriação de um espaço cuja importância não está suficientemente definida. Poderá ser uma alternativa à consideração de que se trata de uma transformação exclusivamente local, mas em todo o caso não parece haver razão para excluir um cenário de cumplicidade. No entanto, o facto de essa transformação estar mais relacionada com um quadro de referência oriental pode dar azo a interpretá-la como um sintoma do desmantelamento ou reconstrução das percepções territoriais a partir, pelo menos, do séc. IX a.C.

Este processo de fundações desenvolveu-se, numa primeira grande fase, até ao séc. VI a.C., com um notório apogeu no séc. VII a.C., a julgar por El Carambolo. É durante esse século que se multiplicam edifícios de natureza similar noutros lugares do Ocidente da Península Ibérica, em particular no Guadalquivir (*Caura, Carmo*), Tinto e Odiel (Aljaraque, C/ Méndez Núñez e Saltés, em Huelva), Guadiana (*Baesuris*/ Castro Marim) e no Sado (Abul A), para dar alguns exemplos. Todos estes edifícios, pela sua implantação, não parecem ter sido elementos discretos na paisagem. Pelo contrário, a sua posição nas vias de comunicação revela que o seu papel na organização económica e política era relevante. Estas fundações parecem corresponder à introdução dos novos elementos externos em vários sítios dos respectivos territórios como, por exemplo, Setúbal, Abul e Alcácer do Sal (Albuquerque, 2014, p. 148ss., com bibliografia).

Chama também a atenção, nesse sentido, a existência de ocupações particularmente bem defendidas, natural ou artificialmente. Seria este um indicador de relações violentas entre as comunidades, a par dos vários achados de armas, quer em depósitos quer em enterramentos? A resposta a estas questões pode não residir única e exclusivamente na afirmação de "prestígio" dos portadores das armas (cf. Moreno, 1999). À parte destas interrogações, que merecem um tratamento que não pode ser aqui dado, torna-se evidente que se registou um processo irreversível de transformações que se manifestou, na fundação de novos edifícios em áreas como, por exemplo, o interior do Guadiana (cf. Celestino y Rodríguez, 2017, com uma perspectiva comparativa entre os rios Guadalquivir, Guadiana e Tejo).

6. DISCUSSÃO E CONCLUSÕES

A fundação de santuários no Ocidente Peninsular parece reflectir a expansão de uma ideologia oriental (independentemente da origem dos construtores) que os utiliza como instrumento de afirmação política, económica ou religiosa. É possível, portanto, questionar esta expansão como uma acção consciente de desmantelamento das percepções territoriais das comunidades residentes e de imposição de mecanismos de controlo.

Uma vez mais, os exemplos expostos permitem lançar algumas questões sobre este problema. A fundação de SJM levou à chegada de um pequeno contingente populacional que controlava a circulação marítima, mas que não conseguiu lograr o controlo das rotas do interior, ou mesmo conhecer as fontes de algumas matérias – primas que chegavam por essas vias à costa. As comunidades residentes, por seu turno, adquiriram alguns novos elementos (uns mais prestigiantes, certamente, que outros) que não afectaram profundamente os fundamentos do seu *modus vivendi*. No entanto, registaram-se importantes movimentações populacionais que foram, efectivamente, uma consequência da chegada dos europeus à costa.

Estes movimentos não foram acompanhados pela construção de marcadores territoriais europeus ora das novas fundações até à colonização propriamente dita, traduzindo-se este último processo numa profunda reconfiguração dos territórios e, inclusivamente, das estruturas sociais africanas. A adaptação aos novos cenários foi, nesse sentido, muito mais profunda do que na primeira fase, em que imperavam somente interesses comerciais, pelo menos no que diz respeito à organização social e à manipulação dos elementos trazidos pelos colonos. O uso destes elementos por parte das comunidades residentes acabou por ser uma estratégia destinada à manutenção de identidades em cenários completamente novos, em que a própria memória histórica, transmitida através da paisagem, havia sido sistematicamente varrida.

A aplicação deste questionário às fontes próximo-orientais e clássicas revelou-se, neste sentido, profícua, na medida em que se verificam comportamentos similares que podem ter no registo arqueológico alguma correspondência, nomeadamente nas formas de humanização da paisagem (*habitat*, santuários, necrópoles) e nas várias mudanças ao nível do registo material nos territórios onde se implantaram.

Por outro lado, a metodologia de escavação é um aspecto de extrema importância na interpretação das sequências de ocupação, por um lado, e da relação entre sítios, por outro. Comparando, por exemplo, a estratégia de intervenção do Castro dos Ratinhos (Silva y Berrocal, 2005: 137ss.) com a de El Carambolo (Fernández y Rodríguez, 2007), registam-se algumas diferenças que podem ter implicações, sobretudo no primeiro caso, na leitura da cronologia de ocupação e abandono do sítio. ora das novas fundações como em Aljaraque, a área de intervenção é exígua, não permitindo tecer muitas considerações sobre a funcionalidade do sítio (cf. Albuquerque, 2014, p. 184ss., com bibliografia). Para não abusar dos exemplos, contentemo-nos com afirmar que o conhecimento obtido é desigual e, como tal, deve ser visto com alguma prudência.

A análise destes processos deve, não obstante, incidir sobre fenómenos de mais ampla escala, nomeadamente o abandono de alguns sítios como aparente consequência das novas fundações, como parece registar-se na área do actual Alentejo. Este espaço só voltaria a ser ocupado com mais intensidade depois do séc. VI a.c., a julgar pelas várias necrópoles identificadas nos últimos anos na região de Beja e pelo crescimento exponencial que se verifica em sítios como *Myrtilis*, no limite da navegabilidade do Guadiana e bem comunicada com esta região.

Importa então referir que até ao séc. VI a.C., a expansão de ideologias de clara matriz oriental parece ter tido um impacto importante nas comunidades locais e, muito provavelmente, na construção de identidades. A adaptação destas informações a novos contextos poderia, porém, ser o resultado da confluência de registos diferentes, em que a diversidade é integrada no património colectivo de uma comunidade. Esta abordagem tem a vantagem de destacar influências mútuas que, para simplificar, poderíamos chamar de "ocidentalização" e "orientalização", mas por outro lado não permite responder a questões como o papel dos marcadores territoriais na reconfiguração de identidades e o modo como a sua fundação pode responder a objectivos menos benévolos.

Nas linhas precedentes procurou-se apresentar elementos para um questionário sobre o impacto da presença "fenícia" na Península Ibérica entre os sécs. IX e VI a.C., partindo da comparação com outros casos africanos. Apesar de todas as diferenças que podemos apontar, parece evidente que a percepção social do território é um aspecto que está presente em vários contextos sociais e origina episódios de violência como alguns dos que tivemos oportunidade de assinalar. Aceitar a existência de contactos menos pacíficos entre grupos não pressupõe a negação do papel das comunidades indígenas; foi, aliás, objectivo deste trabalho assinalar a importância do elemento autóctone na construção da sua própria identidade, mesmo depois de ver os seus marcadores destruídos ou substituídos por outros.

BIBLIOGRAFIA[3]

Albuquerque, P. (2013). Alguns pontos de interrogação sobre identidade(s) e território(s) em Tartessos. *Spal, 21*, 39-52.

Albuquerque, P. (2014). *Tartessos: a construção de identidades através do registo escrito e da documentação arqueológica. Um estudo comparativo.* 2 vols. Manuscrito no publicado, Faculdade de Letras da Universidade de Lisboa, Lisboa.

Albuquerque, P. (2015). Um olhar comparativo sobre a "questão tartéssica". *Revista de Arqueologia Pública, 9 (1)*, 73 – 97.

Albuquerque, P.; García Fernández, F.J. (2017). Sobre o conceito de fronteira: o Guadiana numa perspectiva arqueológica. En S. Celestino Pérez y E. Rodríguez González (eds.), *Territorios comparados: los valles del Guadalquivir, el Guadiana y el Tajo en época tartésica. Actas de la reunión científica, Mérida (Badajoz, España), 3 – 4 de diciembre de 2015. Anejos de AEspA*, LXXV (pp.175 – 182). Mérida: CSIC.

Alves, H., coord. (2008). *Bíblia Sagrada*. Lisboa, Fátima: Difusora Bíblica.

Amselle, J.-L. (1990). *Logiques Métisses. Anthropologie de l'identité en Afrique et ailleurs*. Paris: Payot.

ANET[3] (= Pritchard, 1969)

Arruda, A.M. (2010). Fenícios no território actualmente português: e nada ficou como dantes. En M.ª L. de la Bandera Romero y E. Ferrer Albelda (coords.), *El Carambolo. 50 años de un tesoro* (pp. 439-453). Sevilla: SPUS.

---

3 As abreviaturas das fontes clássicas seguem *The Greek – English Lexicon* (Liddell y Scott) y *Oxford Latin Dictionary*.

Ballong-Wen-Mewuda, J. B. (1993). *São Jorge da Mina: 1482 - 1637*. 2 vols. Lisboa, Paris: Fondation Calouste Gulbenkian, Centre Culturel Portugais.

Bandera Romero, M.ª L.; Ferrer Albelda, E., coords. (2010). *El Carambolo: 50 años de un tesoro*. Sevilla: SPUS.

Basto, R.E.A. (1892). *Duarte Pacheco Pereira: Esmeraldo de Situ Orbis*. Lisboa: Imprensa Nacional

Belén Deamos, M.ª; Escacena Carrasco, J.L. (1997). Testimonios religiosos de la presencia fenicia en Andalucía Occidental. *Spal, 6*, 103-131

Berrocal-Rangel, L.; Silva, A.C. (2012). *O Castro dos Ratinhos (Barragem do Alqueva, Moura). Escavações num povoado proto-histórico do Guadiana, 2004-2007*. Suplemento de O Arqueólogo Português, 6, Lisboa.

Binford, L.R. (1962). Archaeology as Anthropology. *Current Anthropology*, 28 (2), 217 – 225.

Bintliff, J. (1991). The contribution of the Annaliste/ Structural History approach to Archaeology. En: J. Bintliff (ed.), *The Annales School and Archaeology* (pp. 1 – 33). Leicester: Leicester University Press.

Bloch, M. (1928). Pour une histoire comparée des sociétés europeénes. *Revue de Synthèse Historique*, 46, 15 – 50.

Braudel, F. (1969). *Écrits sur l'Histoire*. Paris Flamarion.

Celestino Pérez, S.; López Ruiz, C. (2016). *Tartessos and the Phoenicians in Iberia*. Oxford: OUP.

Celestino Pérez, S. y Rodríguez González, E., eds. (2017), *Territorios comparados: los valles del Guadalquivir, el Guadiana y el Tajo en época tartésica. Actas de la reunión científica, Mérida (Badajoz, España), 3 – 4 de diciembre de 2015. Anejos de AEspA*, LXXX. Mérida: CSIC.

Correa, J.A. (2000). El topónimo Hispal(is). *Philologia Hispalensis*, 14, 181- 190.

De la Fosse, E. (1992) – *Crónica de uma viagem à costa da Mina no ano de 1480* (Traducción de P. Alvim). Lisboa: Vega.

De Vaux, R. (1992). *Instituciones del Antiguo Testamento*. Barcelona: Herder.

DeCorse, Ch. R. (2001). *An Archaeology of Elmina. Africans and Europeans on the Gold Coast*. Washington, London: Smithsonian Institution Press.

Escacena Carrasco, J.L.; García Fernández, F.J. (2012). La Sevilla Protohistórica. En J. Beltrán Fortes y O. Rodríguez Gutiérrez, O. (coords.), *Hispaniae urbes. Investigaciones arqueológicas en ciudades históricas* (pp. 763-814). Sevilla: SPUS.

Fernández Flores, A.; Rodríguez Azogue, A. (2007). *Tartessos desvelado: la colonización fenicia del suroeste peninsular y el origen y ocaso de Tartessos*. Córdoba: Almuzara.

Gosden, C. (2008). *Arqueología y colonialismo. El contacto cultural desde 5000 a.C. hasta el presente*. Barcelona: Bellaterra.

Henriques, I.C. (2000). Comércio e organização do espaço em Angola (c. 1870 - 1950). En M.ªE.M. Santos (dir.), *A África e a instalação do sistema colonial (c. 1885 - c. 1930). III Reunião Internacional de História de África* (pp. 71 – 90). Lisboa: Centro de Estudos de História e Cartografia Antiga/ Instituto de Investigação Científica Tropical.

Henriques, I.C. (2004). *Território e Identidade. A construção da Angola Colonial (c. 1872 – c. 1926)*. Lisboa: Universidade de Lisboa/ Centro de História.

Horta, J.S. (2009). Ser "Português" em terras africanas: vicissitudes da construção identitária na "Guiné do Cabo Verde" (sécs. XVI - XVII). En: S.C. Matos, S.C., I.C. Henriques, H. Fernandes y J.S. Horta, (eds.), *Nação e Identidades. Portugal, os portugueses e os outros* (pp. 261 –

274). Lisboa: Centro de História da Faculdade de Letras de Lisboa/ Caleidoscópio.

Kocka, J. (1999). Storia comparata. En *Enciclopedia delle Scienze Sociali*, Vol. 8 (pp. 389 – 396). Roma: Istituto della Enciclopedia Italiana.

Lefebvre, G. (1981). *O Nascimento da moderna historiografia*. Lisboa: Sá da Costa.

Lévi – Strauss, Claude (1983). Histoire et ethnologie. *Annales: Économies, Sociétés, Civilisations*, 38 (6), 1217 – 1231.

Margueron, J. – C. (1991). L'espace sacrificiel dans le Proche – Orient ancien. En R. Étienne y M.-T. Le Dinahet (eds.), *L'espace sacrificiel dans les civilisations méditerranéennes de l'antiquité: Actes du colloque tenu à la Maison de l'Orient, Lyon, 4-7 juin 1988* (pp. 235 – 242), Paris: Boccard.

McIntosh, S.K. (2001). Tools for understanding transformation and continuity in Senegambian Society: 1500-1900, en Ch. R. DeCorse (ed.), *West Africa during the Atlantic Slave Trade: Archaeological Perspectives* (pp. 14-37). London, New York: Leicester University Press.

Moreno Arrastio, F.J. (1999). Conflictos y perspectivas en el periodo precolonial tartésico. *Gerión, 17*, 149-177.

Moreno Arrastio, F.J. (2000). Tartessos, Estelas, Modelos Pesimistas. In P. Uriel; C.G. Wagner y F. López Pardo, F. (eds.), *Intercambio y Comercio preclásico en el Mediterráneo* (pp. 153-174), Madrid: CEFYP.

Moreno Arrastio, F.J. (2008). En El Corazón de las tinieblas. Forma y dinámica en la colonización fenicia de Occidente. *Gerión, 26*, 35-60.

Olmo Lete, G. (1992). *La religión cananea según la liturgia de Ugarit: estudio textual*. Sabadell: Ausa.

Pritchard, J.B., ed. (1969). *Ancient Near Eastern texts: relating to the Old Testament* (3ª ed.). Princeton: Princeton University Press (= ANET).

Silva, A.C.; Berrocal – Rangel, L. (2005) - O Castro dos Ratinhos (Moura), povoado do Bronze Final do Guadiana: primeira campanha de escavações (2004). *Revista Portuguesa de Arqueologia, 8(2)*, pp. 129 – 176.

Simatei, T. (2005). Colonial Violence, Postcolonial Violations: Violence, Landscape, and Memory in Kenyan Fiction. *Research in African Literatures, 36 (2)*, 85 – 94.

Sommer, M. (2011). Colonies – Colonization – Colonialism: A Typological reappraisal. *AWE, 10*, 183 – 193.

Sommer, M. (2012). Heart of darkness? Post – colonial theory and the transformation of the Mediterranean. *AWE, 11*, 235 – 245.

Torres Ortiz, M. (2016). Algunas consideraciones cronológicas sobre el yacimiento tartésico de El Carambolo. *Cadernos do Museu da Lucerna*, I, *Actas da Mesa redonda Turdetânea e Turdetanos*. Castro Verde, 79 – 96.

Wagner, C.G. (2005). Fenicios en el Extremo Occidente. Conflicto y violencia en el contexto colonial arcaico. *Revista Portuguesa de Arqueologia, 8 (2)*, 177- 192.

ns en Iberia.
Un caso atípico de "colonización"

Adolfo J. Domínguez Monedero

1. ALGUNA OBSERVACIÓN SOBRE EL CONCEPTO DE "COLONIZACIÓN GRIEGA"

Cuando en la terminología histórica o arqueológica se utiliza la palabra "colonización" para referirse a procesos históricos que han tenido lugar en la Antigüedad, lo habitual es que quien emplea dicho concepto tenga que realizar una introducción más o menos amplia para justificar su uso. De hecho, en los últimos tiempos se ha reavivado un debate acerca de la conveniencia o no de seguir empleando esas palabras con propuestas, incluso, de crear otras nuevas para referirse al caso griego, que es en el que nos centraremos aquí (De Angelis 2009: 48-64; *Id.* 2016: 97-104). En nuestra opinión este debate tiene algo de nominalista puesto que a veces se trata más de poner nombre a un proceso que de definirlo. Algunos autores, incluso, han llegado a negar la existencia de la "colonización griega" (Osborne 1998: 251-269) empleando argumentos de diversos tipos con una innegable dosis de generalidades que, en muchas ocasiones, no resisten a un debate serio ni a una presentación objetiva de los datos (Domínguez 2011: 195-207; Greco y Lombardo 2012: 37-60).

Yo no quiero entrar en ese debate y menos aun cuando en el caso de la Península Ibérica que aquí nos va a ocupar la situación que se da difiere bastante de la que conocemos en otros puntos del Mediterráneo. Pero, precisamente para destacar lo que va a ocurrir en este territorio, conviene dar algunos datos. Más allá del nombre que le demos, podemos decir que a partir de mediados del s. VIII a.C. diferentes grupos de griegos, vinculados a comunidades humanas que están organizándose en estructuras de mayor complejidad, empezarán a moverse por el Mediterráneo para acabar estableciéndose de manera permanente en diversos entornos más o menos alejados de sus lugares de origen. Desde un primer momento estos grupos que se trasladan desarrollan un control del territorio, establecen distinciones entre espacios públicos y privados, entre áreas de residencia y áreas de aprovechamiento económico y aspiran a ejercer un control absoluto sobre un territorio propio que les servirá de base económica y de sustento. Creo que, en el estado actual de nuestros conocimientos, podemos llamar a estos establecimientos "colonias", sin entrar en más debates de tipo terminológico, pero sabiendo que los griegos, en su propia lengua, denominarán a ese fenómeno *apoikia*, que implica la idea de un establecimiento permanente en un lugar diferente del original (a partir del verbo *oikeo*, vivir hábitar, que da lugar a la palabra *oikos*, casa). Pues bien, este proceso, como tal, no parece haberse dado en la Península Ibérica en el caso de los griegos por lo que su presencia y establecimiento en ella parece haber tenido un carácter en cierto modo atípico con respecto a los procesos que los griegos desarrollan contemporáneamente en otros lugares. Hay, sin embargo, otras formas de desplazamiento e instalación fuera del lugar originario que los griegos practican, con más frecuencia que la "colonización" propiamente dicha, en donde encaja mejor esa presencia griega en Iberia. En las siguientes páginas iremos analizando dichos procesos.

2. LOS INICIOS DE LA PRESENCIA GRIEGA EN LA PENÍNSULA IBÉRICA: EL ÁREA TARTÉSICA

Es algo fuera de duda que son los fenicios los primeros navegantes mediterráneos que llegan hasta la Península Ibérica, quizá a partir de mediados del s. IX a.C. o algo antes, si bien los problemas cronológicos no permiten por el momento establecer una fecha exacta. Tras un periodo más o menos largo de intercambios comerciales, en especial en el sudoeste de la Península y muy en particular en el área de Huelva, acabarán estableciendo ciudades permanentes, siendo la primera de ellas, y la más importante, Gadir (Domínguez 2012c: 153-197). De este panorama parecían estar ausentes los griegos hasta mucho tiempo después; sin embargo, algunos hallazgos arqueológicos, en especial en la ciudad de Huelva, permiten volver a replantear la posibilidad de que haya habido griegos implicados en estos contactos tempranos con Iberia.

En alguno de los solares excavados o prospectados en la ciudad de Huelva (Calle de Méndez Núñez, 8-13; Calle de la Concepción, 3) han aparecido diversas cerámicas griegas que pueden datarse en torno al Geométrico Medio II o algo antes en alguno de los casos. Se trata, en su mayor parte, de cerámicas de producción eubea, que presentan tanto los tipos frecuentes de estas cerámicas, como los semicírculos colgantes, como otros tomados de la producción ática, que es bastante imitada en talleres eubeos, como los meandros en ángulo recto (González de Canales et al. 2004; *Id.* 2006: 13-39; *Id.* 2017: 1-61). El hallazgo de algunas cerámicas de tipologías semejantes, esto es, próximas al Geométrico Medio II en otros puntos como La Rebanadilla (Málaga) (Sánchez et al. 2012: 67-85) o el Carambolo (Sevilla) (Fernández y Rodríguez 2007: 204-205), muestra que este fenómeno observable en Huelva, aunque en esta ciudad con una mayor representación, no es un caso aislado. Desde un punto de vista cronológico estas cerámicas nos llevarían, en varios casos, a la primera mitad del s. VIII a.C. e, incluso, en otros, podríamos remontar su fecha a la última parte del s. IX a.C. (García 2016: 101-132).

Es difícil pronunciarse con certeza acerca de la cuestión de los transportistas de estas cerámicas. La visión tradicional ha sido siempre atribuir la llegada de estos ejemplares al comercio fenicio lo que es también posible. Sin embargo, esta visión reduccionista minimiza el papel y la importancia que las navegaciones eubeas de entre finales del s. IX e inicios del s. VIII a.C. han tenido y que, además, están bien atestiguadas en otros ámbitos, tantos del Egeo como del Mediterráneo central (Domínguez 2017: 215-234). En ocasiones se han aducido también otros datos a favor de una temprana presencia eubea en el Extremo Occidente, como ciertas tradiciones vinculadas al mismo, tales como la denominación de lo que luego se conocería como Columnas de Heracles, como Columnas de Briareo, que remite a ambientes eubeos y no de otras procedencias (Antonelli 1997; López 2004: 1-42; Boffa y Leone 2017: 381-390). Sigue siendo, pues, un tema controvertido pero la posibilidad de que algunos grupos de griegos hayan podido participar en los viajes y en las empresas comerciales que los fenicios están desarrollando es algo que, por otro lado, aparece bien atestiguado en tradiciones griegas como algunas presentes en los Poemas Homéricos.

Estas posibles presencias griegas tempranas habrían tenido un interés comercial y, por lo que sabemos, muy vinculadas a los centros en los que los fenicios están activos. No observamos ningún intento o interés de establecer asentamientos permanentes ("colonias") en la Península en los mismos momentos en los que, en otras partes del Mediterráneo, estos están surgiendo. A partir de mediados del s. VIII se inicia este proceso que lleva a la aparición de lo que con el tiempo se convertirán en ciudades griegas. Pitecusas, Cumas, Naxos, Siracusa, Mégara Hiblea, Catania, Leontinos, etc. irán surgiendo en las costas italianas y sicilianas, establecidas por eubeos, corintios, megarenses y otras gentes, solos o compartiendo con otros grupos de otras procedencias, pero afines, los riesgos y las ventajas del proceso. Nada de eso ocurre en la Península Ibérica, que queda al margen de este proceso. En ocasiones, y a partir de una información bastante tardía transmitida por el geógrafo Estrabón (XIV, 2, 10) que habla de antiguas fundaciones rodias antes, incluso, de los Juegos Olímpicos (776 a.C.) durante mucho tiempo se pensó que, en efecto, los rodios habrían establecido alguna colonia en Iberia, en especial Rhode, la actual Rosas. La ausencia de datos arqueológicos y los análisis internos llevados a cabo sobre esa información han desmentido esa posibilidad. Más adelante volveremos sobre el sentido a darle a la misma. Rechazada, pues, esta posibilidad, podemos decir que Iberia no se vio afectada ni durante el s.

VIII ni durante el s. VII por los procesos colonizadores que tuvieron lugar en otros ámbitos del mundo mediterráneo, tanto en las ya mencionadas Península Italiana y Sicilia como en el Mar Negro o norte de África.

Es cierto que a lo largo del s. VII a.C. aparecen algunas cerámicas griegas en diversos puntos de la Península Ibérica y quizá no haya que descartar la posibilidad de que, con carácter esporádico, algunas naves griegas pudieran haber llegado hasta estos territorios. Sin embargo, su escasa representación mostraría que, de haberlo hecho, habría sido para aprovecharse de los intercambios que los centros fenicios estaban desarrollando con las poblaciones locales de la Península. Pero, de cualquier modo, estas actividades parecen haber sido bastante esporádicas.

Esta escasa presencia griega en Iberia durante los siglos VIII y VII a.C. dará paso, a partir del último tercio de este último siglo, a un cambio bastante notable y mucho más atestiguable, tanto a partir de la tradición literaria como de la arqueología. Por lo que se refiere a la primera, Heródoto habla del viaje de Coleo de Samos, que intentando llegar a Egipto, acaba atravesando las Columnas de Heracles y llegando a Tarteso donde obtuvo unos grandes beneficios que le permitieron dedicar, con el diezmo, un fastuoso monumento en su ciudad natal (Hdt., IV, 152). Por el sincronismo que establece el autor con la fundación de la colonia terea en Cirene, ese viaje podría situarse en torno al 630 a.C., sin que podamos aportar más precisiones. El mismo autor, pero bebiendo en fuentes diferentes, asegura que los habitantes de Focea fueron los primeros griegos que descubrieron Iberia y Tarteso (Hdt., I, 163); la noticia de las navegaciones de los foceos hasta llegar al Atlántico aparece también mencionada por otros autores (Justino, XLIII, 3, 5). El hecho de que Heródoto, en dos pasajes diferentes de su obra, hable de griegos de diversos orígenes, samios y foceos, llegando a Tarteso y reclamando, cada uno de ellos, el haber sido los primeros en hacerlo, nos indica varias cosas. En primer lugar, y como hemos apuntado, que Heródoto está usando fuentes de diverso origen, habiendo recibido informaciones tanto de samios como foceos, cada uno de los cuales quería establecer su primacía en la llegada a Tarteso. Cuando Heródoto escribe, en la segunda mitad del s. V a.C. este territorio, Tarteso, del que ya empezaba a perderse el recuerdo, gozaba de importantes resonancias gloriosas, puesto que ya poetas del s. VI a.C. como Estesícoro o Anacreonte habían aludido a él, lo que le había situado en el imaginario colectivo griego.

El escueto relato referido a Coleo no aporta muchas más informaciones, más allá de resaltar la riqueza que allí se podía obtener y de la definición de Tarteso como lugar especialmente apto para el comercio, palabra que en griego se dice *emporion*. Las informaciones sobre los foceos en Heródoto son mucho más jugosas, tal vez porque la implicación de estos griegos en ese territorio fue mucho más intensa y duradera. Destaca, en especial, la referencia al rey que gobernaba allí, cuyo nombre es Argantonio. Esta figura debe de haber alcanzado ya un estatus casi mítico no demasiado tiempo después de que los griegos entrasen en contacto con el Sudoeste peninsular puesto que el poeta Anacreonte, al que ya hemos mencionado, y que vive en el s. VI a.C. ya alude a un rey de Tarteso, cuyo nombre no menciona, que habría reinado ciento cincuenta años (Frag. 16 Page). Que se está refiriendo a este Argantonio lo confirma Heródoto cuando da una información no exacta pero bastante semejante al asegurar que este personaje vivió ciento veinte años y reinó ochenta (Hdt., I, 163).

Estamos en una geografía de los confines, y así lo perciben los griegos, en la que pueden suceder cosas maravillosas como estos reinados larguísimos dentro de vidas longevas. Lo que todo ello nos dice es que los ecos de estos contactos que pronto debieron de circular en relatos que mezclaban la realidad y la fantasía han sido acogidos por los poetas, que se encargan de darles una mayor difusión al tiempo que aumentan su carácter legendario. Pero eso no quiere decir que el hecho al que aluden sea falso sino tan solo que el instrumento principal del que disponen los griegos del arcaísmo para dar a conocer esos hechos es sobre todo el relato oral, cuya propia naturaleza lo hace susceptible de recibir nuevos detalles, exagerando o magnificando aquellos aspectos más sorprendentes según va pasando de un narrador a otro. En muchas ocasiones, estos relatos sirven, dentro del mundo griego, para justificar actos de colonización: el buen indígena que invita a los griegos extranjeros a establecerse en su territorio, de donde surgen beneficios para ambos. Ejemplos de estos comportamientos los encontramos en la historia de la fundación de Lámpsaco, una colonia focea o en el de la fundación de Mégara Hiblea, en Sicilia; queda implícito en la fundación de Locris Epicefiria, en el sur de Italia y, sobre todo, en el del origen de Masalia, que es también una colonia focea que tendrá gran importancia para entender parte de la presencia griega en Iberia (Domínguez 2012d: 29-49).

Sin embargo, y es un dato que debemos tener en cuenta, en el caso de los foceos y Argantonio este resultado no se produce y no por causa de la actitud del rey indígena, sino de los deseos griegos. Heródoto precisa en su narración que Argantonio les ofreció a los griegos "que se estableciesen en la parte de su territorio que quisieran" aunque estos no aceptaron; no obstante, Argantonio les entregó grandes riquezas para construir la muralla de su ciudad.

Vamos a dejar por el momento el relato herodoteo, que no debemos despreciar sin más por cuanto tiene de recuerdo elaborado dentro de Focea sobre acontecimientos de su pasado, para tratar de ver qué datos podemos obtener de los testimonios arqueológicos. En primer lugar, hay que decir que cualquier intento de ubicar geográficamente el "territorio" de Argantonio o el emplazamiento del *emporion* al que arriba Coleo de Samos está abocado al fracaso, al menos en el momento presente. Sin embargo, la arqueología sí que nos marca algunos lugares en los que la presencia griega es más destacable que en otros. De entre ellos destaca, en el momento presente, la ciudad de Huelva, aun cuando la misma se ve afectada por los problemas que plantea el conocimiento arqueológico de ciudades que han sido habitadas de forma ininterrumpida durante milenios. El más importante deriva de la fragmentación de la información, la dificultad de obtener una visión de conjunto, las disfunciones en la publicación y tutela de los restos arqueológicos y muchas otras circunstancias que hacen que nuestro conocimiento sea parcial. Sin remontarnos mucho más en el tiempo, podemos decir que desde inicios del primer milenio a.C., y como ya habíamos apuntado antes, los fenicios empiezan a hacer acto de presencia en esta región, en busca de los recursos minero-metalúrgicos, de gran riqueza, situados en las tierras interiores onubenses. Desde el s. IX a.C. los fenicios inician su interacción con las poblaciones locales, que será continuada durante los siglos siguientes. Como ya sugeríamos antes, quizá en esos primeros momentos puedan haberse visto acompañados por griegos, en especial de la isla de Eubea, que pudieron haber participado en los beneficios de esa empresa aun cuando, como en el resto de la Península, esta presencia griega se hace más imperceptible según avanzamos en el s. VIII y entramos en el s. VII. Durante estas épocas la acción fenicia en el área onubense no hace sino crecer y las elites locales se benefician de estos contactos como muestra la necrópolis de La Joya en la que parecen haberse enterrado algunos personajes relevantes de estos círculos dirigentes indígenas (Orta y Garrido 1961: 7-36; Garrido 1970; Garrido y Orta 1978). A lo largo de todo este periodo, y durante el siglo VI, la actividad fenicia seguirá siendo muy destacable en Huelva (Fernández 1985: 49-60) como muestra la arqueología, a pesar de que a partir del último tercio del s. VII empezamos a observar, de nuevo, la presencia de gentes griegas actuando en la zona.

En el área más próxima a la línea de costa, al pie de las colinas o "cabezos" que caracterizaban el paisaje onubense, parece haber existido una zona abierta a los extranjeros que frecuentaban Huelva, sobre todo fenicios. Allí parecen haber existido zonas de culto, de almacenamiento, de elaboración y transformación metalúrgica y de residencia de estos grupos de extranjeros. Los materiales hallados en las decenas de solares que se excavaron, sobre todo durante los años ochenta y noventa del s. XX y que están, en su mayor parte, inéditos, sacaron a la luz, junto a estructuras que podían responder a esas diversas tipologías, un gran repertorio cerámico en el que destacaban, sobre todo, cerámicas de tradición local y cerámicas fenicias. Sin embargo, en los niveles que se databan a partir de la última parte del s. VII eran cada vez más frecuentes las cerámicas griegas y ya durante la primera mitad del s. VI su número y, sobre todo el porcentaje que representan dentro total de cerámicas halladas, es ya considerable.

A pesar de que miles de fragmentos de cerámicas griegas aguardan en los depósitos del Museo de Huelva su publicación, a partir de los escasos solares que han sido objeto de estudio, podemos decir que las primeras que aparecen representadas son cerámicas de la Grecia del Este, tanto decoradas como sin decorar, y que pueden datarse a finales del s. VII a.C. (cuencos de pájaros, copas jonias). Ya en los primeros decenios del s. VI a.C. continúan llegando estos productos de la Grecia del Este de forma mayoritaria, pero también lo hacen las cerámicas corintias, aunque no en gran número y las primeras producciones áticas, entre ellas las copas de comastas.

A partir de, más o menos, el 580 a.C. junto al predominio de cerámicas de tipologías greco-orientales, sobre las que luego haremos alguna precisión, aumenta el número y la calidad de las cerámicas áticas, con producciones de los primeros grandes pintores áticos, como el Pintor de la Gorgona así como copas de comastas, copas de Siana, copas Gordion y un vaso que se atribuyó al pintor Clitias, junto con otras cerámicas contemporáneas. Al repertorio ático se le suman también vasos de producción laconia, aunque bastantes escasos y siguen siendo minoritarias las cerámicas corintias. Empiezan a aparecer también productos elaborados en Masalia (Fernández 1984; Cabrera 1988-89: 41-100).

A partir de mediados del s. VI se observa una disminución en las importaciones griegas y una menor calidad de las mismas, lo que se ha interpretado habitualmente dentro de procesos históricos más amplios como la muchas veces mencionada "crisis de Tarteso".

Me centraré, sobre todo, en la fase de la primera mitad del s. VI porque es la que aporta datos más significativos acerca de los procesos que tienen lugar en Huelva y en otros puntos de las costas peninsulares. Esta gran afluencia de cerámicas griegas, dentro de contextos en los que predominan, no obstante, las cerámicas fenicias y las locales, solo puede interpretarse hoy día como resultado de la intervención directa de griegos del Este en los intercambios con las poblaciones que allí residían, es decir, indígenas pero también fenicios. La plata y los metales que utilizaban Huelva como salida hacia el exterior atraen a otros agentes comerciales, entre los cuales los griegos están en excelentes condiciones de participar. La apertura del mercado egipcio a los griegos desde el último tercio del s. VII a.C., las intensas relaciones que las ciudades de la Grecia del Este mantienen con las culturas locales anatolias (lidios, carios), a su vez abiertas a contactos con territorios situados más al Este y otra serie de circunstancias, representan una oportunidad para estos griegos de buscar materias primas, sobre todo plata, que tiene una extraordinaria demanda en estos territorios orientales. Podríamos decir que, aunque los fenicios habían sido los principales actores implicados en la distribución de la plata tartésica por el Mediterráneo, las nuevas oportunidades permiten la intervención en estos procesos de nuevos agentes como los griegos.

Del relato legendario que explicaba, para el público griego, las relaciones entre los foceos y Argatonio, destaca un hecho interesante y es el propio deseo del rey tartésico por contar con los griegos a los que, en esta misma óptica favorable, acaba colmando de "regalos". No podemos saber si los fenicios fueron o se sintieron perjudicados por la mayor participación de los griegos en el negocio de la plata como a veces se ha pensado, sobre todo porque en ocasiones se proyectan hacia el pasado ideas actuales, pero no hay motivos de peso para aceptarlo. Aunque no en todos los casos conocemos los contextos de aparición de las cerámicas griegas, siempre en conexión, como hemos dicho, con productos fenicios y locales, en algún caso sí se ha podido precisar. En una excavación, de la que por desgracia solo se conoce un breve informe, se identificó un espacio de culto, al parecer de tipología oriental (fenicia) en el que, sin embargo, una cantidad importante de ofrendas estaba constituida por cerámicas griegas, en especial vasos destinados para la bebida (copas de diversos tipos) (Osuna *et al.* 2001: 177-188). Esto sugeriría que los griegos aprovechan templos o santuarios preexistentes para realizar allí ritos religiosos propiciatorios, indispensables en la Antigüedad para cualquier actividad que se quisiese emprender.

Hasta ahora hemos estado hablando, sobre todo, de cerámicas pero, como ya hemos tenido ocasión de mencionar antes, siempre puede haber dudas de quiénes son sus transportistas. En el caso de Huelva hay algún indicio que muestra, al menos, que puede haber griegos residiendo allí. Se trata, en primer lugar, de *graffiti* escritos sobre cerámica, tanto de origen griego como, sobre todo, de cerámicas grises de manufactura local. La presencia de estos breves textos griegos en cerámicas locales confirma que hubo griegos en Huelva durante la primera mitad del s. VI sin que podamos precisar, por supuesto, ni su número ni su relevancia dentro de las gentes que residían en ese centro. Sin embargo, el panorama de importaciones griegas presente en Huelva, que muestra bastantes semejanzas en cuanto a su composición (no en cuanto a su número) con el que se ha hallado en otros sitios que sabemos que estuvieron frecuentados por griegos en esos mismos momentos como, por ejemplo, Náucratis en Egipto o Gravisca en la costa tirrénica de Italia, parece confirmar esta presencia. A ello contribuye también el testimonio literario, en parte contemporáneo, que habla de esos viajes y esas presencias griegas en el área tartésica (Domínguez 2013a: 581-604).

A ello puede añadirse otro dato de reciente valoración. Ya hemos dicho que, de entre las cerámicas griegas presentes en Huelva durante la primera mitad del s. VI, una gran mayoría se vincula a producciones de la Grecia del Este. Dentro de ellas se han identificado cerámicas de Samos, que parecen ser abundantes, algunas quiotas y quizá otras de otras procedencias. Junto a ellas, y con una proporción superior al resto de las producciones greco-orientales ya se habían definido unas cerámicas tipológica y decorativamente encuadrables dentro de las producciones de la Grecia del Este pero sin que hubiese sido posible averiguar su lugar de elaboración. Algunos autores habían sugerido ya su posible manufactura local y eso es algo que parece por fin haberse confirmado con diversos análisis mineralógicos sobre cerámicas de este tipo y su comparación con canteras de arcilla del área onubense que han arrojado marcadores semejantes (González de Canales y Llompart 2017: 125-145). Por consiguiente, estas cerámicas de tipología y decoración greco-oriental y de no demasiado empeño estético han sido producidas, casi podríamos decir que de forma masiva, en Huelva, sin duda con destino a una clientela para la cual ese tipo de vasija resultaba necesario e imprescindible. Sin entrar en la identidad de los alfareros (¿indígenas?, ¿fenicios residentes en Huelva? ¿griegos residentes en Huelva y, eventualmente, discípulos suyos?) lo cierto es que su producción indica la existencia de una clientela griega en Huelva que necesita estas cerámicas, junto con otras de carácter más lujoso e importadas de otros centros mediterráneos (la propia Grecia del Este, Atenas, Laconia, Corinto) para poder desarrollar su estilo de vida propio y, además, para ofrecérselas a los dioses.

Con respecto a estos últimos, los ya mencionados *graffiti* nos presentan posibles nombres de divinidades indígenas, como Nietho, y nombres de dioses griegos que pueden corresponder, asimismo, a sincretismos establecidos por estos griegos con deidades adoradas ya en Huelva. En este caso se atestigua tanto Heracles como Hestia y Nike (Domínguez 2014: 249-255).

Todos estos datos apuntan a que, desde finales del s. VII y durante la primera mitad del s. VI en Huelva residen dos o tres generaciones de griegos que se vinculan a las actividades relacionadas con la transformación y la comercialización de la plata y de otros productos. No se trata, en ningún caso de una "colonia" sino de un *emporion*, un espacio destinado al desarrollo de las actividades comerciales, reguladas y protegidas por las autoridades locales mediante instituciones que, en el caso onubense no podemos precisar, pero entre las que un papel fundamental viene desempeñado por los santuarios como espacios de mediación y dispensadores de seguridad a sus usuarios (Domínguez 2001: 221-257). La presencia de divinidades entre los *graffiti* que hemos mencionado sugiere la importancia de estos sincretismos de los que se beneficiaban los griegos presentes en Huelva durante buena parte del s. VI.

3. LA EXTENSIÓN DE LOS INTERESES GRIEGOS A OTRAS COSTAS PENINSULARES

Si ampliamos nuestra visión, podremos observar cómo en numerosos puntos de las costas peninsulares empiezan a aparecer por vez primera productos griegos durante la primera mitad del s. VI que dan cuenta de cómo estas navegaciones griegas que llegan hasta aguas atlánticas van tocando diversos puntos costeros en los que van realizando transacciones económicas con las poblaciones locales. En algunos casos, sin embargo, quizá más importantes o quizá mejor conocidos arqueológicamente, la abundancia de cerámica griega (siempre relativa, en relación con otras producciones) podría sugerir también la existencia de comerciantes griegos residiendo en esos entornos. Sería el caso, tal vez, del asentamiento fenicio de La Fonteta (Guardamar del Segura) (García 2011: 531-560) y, sobre todo, el de Malaka, la actual Málaga (Gran-Aymerich 1988: 201-222; Recio 1990). El reflejo literario de estos puntos de comercio o emporios será magnificado en la tradición griega posterior que acabará considerándolos fundaciones griegas cuando no eran más que lugares de intercambio frecuentados por griegos y a los que estos les asignaron nombres griegos. Uno de estos ejemplos sería Mainake, mencionada por varios autores (Avieno, *Ora Maritima*, 420-426; Ps. Scym., 146-149; Str. III, 4, 2) y considerada por algunos de ellos como la ciudad griega más occidental; esta visión, sin embargo, no ha sido corroborada por la arqueología que desconoce establecimientos permanentes griegos en estas zonas. La interpretación más plausible, en la línea aquí apuntada, sería considerar que estamos ante el nombre dado por los griegos a alguna de las localidades donde ha surgido alguno de sus emporios y que autores griegos posteriores han interpretado dicho nombre como si fuese el de una verdadera ciudad. En nuestra opinión, el emplazamiento de Mainake habría que ubicarlo en la fenicia Malaka, la actual Málaga (Dominguez 2006a: 49-78).

Ahora es necesario que retrocedamos un poco en el tiempo, hasta ese periodo de los primeros contactos de los griegos con el Extremo Occidente. Estos griegos, sobre todo foceos, no se limitan a visitar Tarteso aunque sin duda era uno de los territorios más provechosos para ellos. En sus viajes, y teniendo en cuenta las limitaciones de la navegación antigua, era necesario ir haciendo paradas periódicas en diversos entornos costeros para cargar agua y alimentos y, al tiempo, iniciar contactos con las poblaciones locales de los que podían derivarse intereses mutuos para ambas partes. Es lo que viene a decirnos Heródoto, si bien como si fuese un proceso lineal, cuando aseguraba que los foceos habían "descubierto" además de Iberia y Tarteso, como habíamos visto, el Adriático y el Tirreno. Huellas arqueológicas de estos primeros contactos aparecen, de forma esporádica en diversos entornos de las costas peninsulares y del sur de Francia y de ellas quedan huellas, ya mencionadas, en Huelva.

Una de las regiones que llegará a ser fundamental en estos contactos es la amplia zona comprendida entre el nordeste de la Península Ibérica y el sur de Francia. Regiones como el Ampurdán, el Rosellón, el Languedoc y la Provenza, caracterizadas por unos entornos costeros, en algunas partes conservados hasta hoy día, de amplias zonas lagunares que permitían el acceso de barcos hasta los enclaves costeros empiezan a ser visitados en primer lugar por los fenicios del sur de la Península y, más adelante, por griegos y, tal vez, por etruscos. Son frecuentaciones en apariencia esporádicas a tenor del escaso número de productos mediterráneos importados hallados en las diversas excavaciones llevadas a cabo en muchos de estos sitios que puedan datarse en el último tercio del s. VII a.C. Entre todos ellos, nos interesa sobre todo lo que ocurre en el nordeste peninsular. En el sitio de la Vilanera, en las proximidades de la actual localidad de L'Escala se excavó hace unos años y se está aún a la espera de la publicación definitiva, una importante necrópolis indígena de incineración en la que se identificaron algo más de setenta tumbas. Entre el repertorio material encontrado hay diversos objetos de manufactura fenicia, tanto ánforas, usadas con frecuencia como cinerarios, como urnas tipo Cruz del Negro, *pithoi*, platos trípodes, ollas, objetos en metal y huevos de avestruz. Su cronología se sitúa entre la segunda mitad del s. VII a.C. e inicios del s. VI a.C. y esta necrópolis presupone que los grupos que residen en la zona han recibido ya el impacto de los navegantes mediterráneos, entre ellos los fenicios (Agustí *et al.* 2000-2001: 99-114; Santos 2003: 87-132; Aquilué *et al.* 2008: 171-190; *Id.* 2012: 75-90).

Por esos mismos años, y para facilitar el acceso de esos navegantes a los intercambios que ellos propician este grupo humano, cuyo lugar exacto de habitación aún no ha sido excavado, decide establecer un pequeño asentamiento junto al mar, en la entonces isla (o península) de San Martín de Ampurias. Las excavaciones que se realizaron allí muestran la aparición de un poblado de cabañas durante la segunda mitad del s. VII a.C. que, hacia el final del mismo, empieza a recibir productos mediterráneos tanto fenicios y etruscos como griegos. Estos últimos empiezan a aumentar a partir de inicios del s. VI a.C., quizá en relación con la fundación de Masalia (Aquilué 1999). Conviene, antes de seguir viendo la situación en la Península Ibérica, hablar un poco de esta última.

Las navegaciones que los foceos llevaban desarrollando por el Mediterráneo occidental y el atlántico durante los últimos decenios del s. VII terminan propiciando, por factores que no conocemos con precisión, el establecimiento de una "colonia" en el sur de Francia. A diferencia de otros lugares en los que los foceos estaban realizando intercambios de tipo comercial, Masalia surge con una clara vocación urbana. Para ella disponemos de una historia de fundación (en realidad, de dos puesto que parece que se produjo algo parecido a una refundación a mediados del s. VI a.C.) en la que, siguiendo la tónica habitual de muchas de las que conocemos en otras colonias griegas, los griegos y los indígenas llegan a un acuerdo de cohabitación, sellado por un matrimonio de carácter dinástico y político (Arist., Frag. 549 Rose; Just., XLIII, 3, 6-13) (Domínguez 2012a: 61-82). Del mismo modo, los datos arqueológicos confirman un primer establecimiento griego de varias hectáreas y con muestras de una embrionaria organización urbana (Tréziny 2009-2011: 41-54; *Id.* 2010: 247-252; *Id.* 2014: 9-18) . Da la impresión de que, a diferencia de lo que ocurría en los emporios, en los que los griegos podían realizar sus actividades aprovechando la autorización y el permiso de los dueños del espacio, en el caso de Masalia los griegos se garantizan el control soberano de un área urbana y de un territorio circundante, aunque no demasiado grande en un primer momento. Además de iniciar contactos con las poblaciones locales del entorno, los masaliotas inician también su propia proyección comercial por territorios más alejados de su núcleo principal; en este proceso tocan distintos puntos de las costas del sur de Francia y del nordeste peninsular, entre ellas, la zona de San Martín de Ampurias que, como hemos visto antes, ya llevaba varios decenios abierta a los contactos mediterráneos (Domínguez 2009-2011: 9-24).

Hoy se tiende a pensar, a partir de las excavaciones arqueológicas, que fueron los masaliotas los responsables de consolidar este espacio de intercambio comercial que ya existía en San Martín de Ampurias; de hecho, en torno al 580 a.C. se observa un cambio importante en el sitio, con una remodelación total del espacio habitado, la aparición de casas rectangulares con zócalos de piedra y alzados de arcilla que sustituyen a las cabañas anteriores. Aumenta también el número de importaciones griegas y se atestigua asimismo la construcción de un primer taller alfarero que elaborará cerámicas del mismo tipo que las que en esos momentos se están produciendo en Masalia. Sería el momento del surgimiento de un *emporion* tutelado por los indígenas del entorno. Desde allí se controlaba una rada que hacía las funciones de puerto y que se hallaba comunicada con el interior por el curso del río Fluviá que en la antigüedad desembocaba en la zona (Aquilué 1999; Aquilué *et al.* 2001: 285-337; Plana 2012: 157-178). Con el paso del tiempo, y cuando la ciudad se extienda al sur de esa rada, los ampuritanos llamarán a este núcleo la *palaia polis*, la ciudad antigua (Str. III, 4, 8).

Será la expansión y el crecimiento de esta ciudad, tal vez con la llegada de nuevos habitantes procedentes de Focea que caerá en manos persas hacia el 545 a.c. (Hdt., I, 163) y quizá de otros establecimientos foceos, la que permitirá la transformación del emporio inicial en una ciudad, que, sin embargo, mantendrá como nombre propio el de *Emporion*, quizá resaltando así la vocación netamente comercial que seguirá conservando durante toda su historia. Las excavaciones de los últimos años, centradas sobre todo en el área septentrional de esta parte de la ciudad, han sacado a la luz restos del acceso al puerto, áreas cultuales, y residenciales que, cuando hayan sido publicadas por completo, contribuirán a caracterizar mejor las fases más antiguas del área urbana de la ciudad griega (Santos *et al.* 2013: 103-113; Castanyer *et al.* 2015: 121-129).

4. EL DESARROLLO DE EMPORION

Aunque no tenemos demasiados datos acerca de si Emporion se convirtió en ciudad siguiendo los procedimientos habituales en la colonización griega, da más bien la impresión de que lo que se ha producido ha sido la transformación de un primer establecimiento comercial en una comunidad política griega, en una *polis* (Oller 2013: 187-202). Sería, por lo tanto, un caso algo atípico con respecto a lo que era habitual en otras partes del mundo griego. Si la transformación en ciudad de Ampurias significó su independencia de Masalia o si siguió vinculada políticamente a ella es algo que no podemos saber con certeza. No obstante, si echamos un vistazo a la numismática, la misma nos muestra que ya desde los últimos decenios del s. VI a.C. Emporion había empezado a acuñar su propia moneda, divisores de la estátera focea de plata de diversas denominaciones, y muy vinculada a las acuñaciones propias de Masalia, bien representadas en el Tesoro de Auriol, un gran repertorio de más de 2.000 monedas hallado en esa localidad provenzal en 1867, y entre las que había ya algunas monedas ampuritanas;

el tesoro fue ocultado hacia el 475 a.C. (Furtwängler 1978; *Id.* 2002: 93-111). El que a partir de hacia el 520 a.C. Emporion empiece a acuñar moneda sería un indicio para pensar que ya estamos ante una comunidad política independiente que, aunque utiliza algún tipo semejante a los masaliotas, introduce su propio repertorio iconográfico (Ripollés y Chevillon 2013: 1-21); su proximidad a los modelos monetarios de Masalia sugiere, por otro lado, que las relaciones con esta ciudad debían de ser muy estrechas e intensas.

Aunque no demasiado abundantes, las fuentes literarias nos dan también alguna información sobre Emporion. Estrabón asegura que es una fundación de Masalia y que, como en ella, se venera como divinidad principal a la Ártemis Efesia (Str., III, 4, 8). Tito Livio (XXXIV, 9, 1), por su parte, que utiliza como fuente a Catón que, a su vez, recibió sus informaciones de los propios ampuritanos, asegura que tanto Emporion como Masalia eran colonias de Focea. Es muy posible que, siglos después del origen de la ciudad, los ampuritanos hubiesen desarrollado una tradición propia que los situaba al mismo nivel, como colonos de Focea, que a su poderosa vecina frente a la idea del origen masaliota. La relación de Emporion con los indígenas circundantes parece haber sido bastante intensa, como indica tanto la arqueología como las tradiciones literarias. Por lo que se refiere a estas últimas los dos autores a los que hemos aludido, Estrabón y Tito Livio mencionan estas relaciones; aunque a veces se ha intentado combinar ambas informaciones da la impresión de que las mismas corresponden a momentos distintos. La que menciona Tito Livio (XXXIV, 9, 1-10) parece aludir a la situación creada en Ampurias en el periodo que va desde el desembarco allí de Cneo Cornelio Escipión en el 218 a.C. (Liv., XXI, 60, 1-2) y el momento de la llegada de Catón en el 195 a.C. (Liv. XXXIV, 8, 7). La información de Estrabón es más difícil de ubicar en algún momento concreto y las propuestas de adscripción cronológica han variado a lo largo del tiempo, aunque en el momento actual creemos que debe situarse en una fase tardía del desarrollo de la ciudad, tal vez entre el s. II a.C. y la propia época de Estrabón (Domínguez 2013b: 23-36).

A pesar de la fecha tardía que, creemos, debe asignarse a esas informaciones, que hablan de distintas formas de convivencia y coexistencia entre los griegos y las poblaciones locales, ello no impide que en periodos anteriores hayan existido otros fenómenos de convivencia e interacción que, a falta de informaciones literarias fiables, podemos analizar a través de los restos arqueológicos. En primer lugar, y dentro de la distribución de las necrópolis ampuritanas, que se situaban en torno a la ciudad antigua, como solía ser habitual en el mundo griego, la que se llamó de la Muralla Nordeste, por estar situada en esta zona de la muralla de la posterior ciudad romana. Su cronología se sitúa entre la mitad del s. VI y los inicios del s. V a.C. y se componía de 17 incineraciones y cuatro inhumaciones. Entre las primeras había varias que contenían armas y partes de armadura, y elementos de adorno metálicos (fíbulas, broches de cinturón) semejantes a los existentes en necrópolis indígenas contemporáneas así como, con frecuencia, urnas hechas a mano, aun cuando la presencia en ellas de cerámicas griegas las sitúa en una cronología en la que los griegos ya están establecidos en el área. Del mismo modo, y aunque no se hallasen armas, en la necrópolis Martí, que se sitúa al sur de la anterior, y de la que quizá sea la continuación, se siguen observando diferencias, durante el s. V, entre los rituales empleados en las tumbas de inhumación y las incineraciones (Almagro Basch 1953: 47-127; *Id.* 1955: 31-54; Gailledrat 1995: 31-54). Aunque pueda parecer simplista la identificación entre tumbas con armas y elementos metálicos de adorno con los indígenas y tumbas de inhumación sin armas con los griegos, lo cierto es que la selección de objetos y de rituales tiene un claro componente identitario que tiene que ver con tradiciones propias con las que los difuntos y sus allegados se quieren identificar. Creemos que es un buen marcador mediante el que los grupos que utilizaban tales rituales querían dejar presente su etnicidad, además de otras consideraciones como el género o el nivel económico y social y que el uso de distintos rituales en la Emporion de los s. VI y V a.C. era un modo de hacer visibles estas diferencias. Ello nos habla de que el área en torno a Emporion es un espacio compartido por comunidades que pueden haber llegado a entendimientos acerca del uso del mismo y que pueden haber establecido relaciones fuertes y duraderas pero que, siquiera en el terreno de los rituales funerarios, prefieren vincularse a tradiciones culturales que resalten su identidad étnica, algo que quizá era mucho más acuciante en situaciones de contacto cultural.

Si en las necrópolis puede resultar más fácil identificar identidades étnicas o, al menos, detectar mecanismos objetivos de adscripción y pertenencia a diversas agrupaciones étnicas, sociales o de género, en el campo del hábitat eso resulta más complicado, en especial para las fases más antiguas que son, en Ampurias, las menos estudiadas, en buena parte por las necesidades de conservación de la ciudad monumental de época tardo-helenística que surge a mediados del s. II a.C. y que se superpone a etapas anteriores. No obstante, algunos sondeos que se hicieron hace ya tiempo en el área meridional de la ciudad, y que se datan entre finales del s. V y el primer cuarto del s. IV resultan de interés. Se trata de zonas que fueron amortizadas hacia el 375 a.C. con motivo de la construcción de la muralla meridional de la ciudad griega. Aunque de pequeña extensión, en el llamado sondeo 7000 se localizaron restos de viviendas de tipología no demasiado clara pero que mostraban, en todo caso, zócalos realizados en piedra con alzados en materiales de menor consistencia (tapial o adobe). Entre los materiales hallados destacaban cantidades y porcentajes importantes de cerámicas griegas (ática y producciones coloniales), pero las cerámicas de tipologías no griegas, incluyendo las de origen púnico, constituían en torno al 14 %. También se halló un lote interesante de cerámica de cocina, tanto a mano como a torno, lo que confirmaría el carácter doméstico de la zona excavada, así como morteros. Entre estas vasijas de cocina se distinguían vasos de tipología griega y otros que se asemejaban a la cerámica de cocina ibérica a mano, aunque en este caso todas ellas estaban hechas a torno; junto a ellas también había cerámica de cocina realizada a mano. Junto a estas cerámicas para comer, beber y preparar los alimentos había un alto porcentaje (casi un 22 %) de ánforas de distintos orígenes (griegas orientales, masaliotas, etruscas, púnicas e ibéricas). En algunas de las cerámicas áticas aparecieron grafitos en lengua y escritura ibérica que parecen marcas de propiedad de otros tantos individuos (Sanmartí et al. 1986: 141-217; *Id.* 1994: 203-214; Sanmartí 1988: 99.137; *Id.* 1993: 87-101).

A pesar de que en las publicaciones iniciales se insistía en el carácter ibérico de estas estructuras y de sus habitantes, tal vez esa lectura no sea del todo precisa. Es cierto que los grafitos ibéricos aludirían a que sus propietarios tenían como propia esa lengua y gustaban de marcar sus vasos con sus nombres; sin embargo, considerarlos "indígenas" puede ser engañoso puesto que están residiendo en el ámbito de la ciudad griega, junto a la zona sobre la que se alzaban algunos de los santuarios que marcaban el límite meridional de la misma. La presencia de materiales de diversos orígenes lo único que hace es resaltar el carácter portuario de Emporion, que recibe productos de múltiples puntos del Mediterráneo, que parecen distribuirse entre los diferentes sectores que residían en la ciudad. Ese mismo repertorio muestra un buen nivel económico, puesto que aparecen cerámicas áticas de buena calidad y, en todo caso, importadas, así como una nutrida presencia de ánforas diversas, que sugieren que los habitantes de esa casa tenían acceso también a productos como el vino o el aceite que procedían del exterior. Del mismo modo, las vajillas de cocina muestran bien la presencia de diversas tradiciones culinarias ya se hayan combinado para dar lugar a una manera propia ("ampuritana") de elaborar los alimentos ya puedan ser utilizadas más allá de la tradición cultural a la que se adscriben.

Uno de los pasajes de Estrabón a los que aludía antes y que consideramos que correspondería a un momento del s. II a.C. puede, no obstante, estar comprimiendo en un relato sintético acontecimientos que han ido ocurriendo a lo largo de diversos momentos. Así, el autor alude a que los indígenas, llamados indicetes, aunque tenían leyes propias, quisieron compartir con los griegos la misma muralla por razones de seguridad, aunque con un muro medianero que separaba los dos sectores; con el tiempo, acaba asegurando Estrabón que "convergieron hacia la misma constitución política (*politeuma*), mezcla de leyes bárbaras y griegas, cosa que sucedió también en otros muchos lugares" (Str., III, 4, 8).

Como he argumentado en otro lugar (Domínguez 2013b: 23-36) la idea de una muralla común para las dos comunidades pero con un muro interno que separaba cada parte parece corresponder al periodo posterior a la llegada romana, y más aún después del descubrimiento de un muro de época republicana que parece incluir un espacio bastante mayor que el de la posterior ciudad de época cesariana y augustea (Tremoleda *et al.* 2016: 47-74); del mismo modo, la comunidad doble parece corresponder también al momento en el que los romanos integran a la comunidad griega con la comunidad indígena que se ha visto promovida por la presencia romana. La prueba de esa única estructura política, pero con dos órganos políticos autónomos vendría dada, entre otras cosas, por la coexistencia, durante los s. II-I a.C. de una moneda en plata, de tipología y epigrafía griega (*emporiton* = de los emporitanos) con una moneda en bronce, con tipos parecidos pero con leyenda indígena (*untikesken* = ¿de los de Untika-Indica?) (García-Bellido y Blázquez 2002: 127-141, 387-396). Esas dos monedas parecen ser complementarias y parecen corresponder a una sola entidad política puesto que parecen acuñadas en los mismos talleres y, todas juntas, muestran un modelo monetario coherente que sirve a una comunidad política única, pero cuyos dos elementos constitutivos reafirman sus identidades, una griega y otra hispana (los *emporitani hispani* mencionados por algunas fuentes). Ambas series serán sustituidas por las emisiones provinciales romanas desde la época de la conversión en *municipium* de Ampurias (Ripollés 2012: 131-138).

A pesar de ello, no podemos dejar de observar cómo ya entre finales del s. V y el primer cuarto del s. IV se ha podido dar en el ámbito emporitano un proceso, si no semejante, al menos parecido entre los distintos grupos que residen en Emporion, los de origen griego y los de origen indígena, que comparten espacio de residencia, espacio funerario, una cultura material semejante y unas costumbres que van acomodándose entre sí. Que en estos momentos antiguos se haya podido producir este proceso no impide que, en siglos posteriores, y bajo la influencia o autoridad romana, se hayan dado procesos quizá de naturaleza más compleja, pero mejor atestiguados, tanto por las fuentes literarias, como por la arqueología.

No hablaremos aquí de la proyección comercial de Emporion más allá de su ámbito territorial inmediato porque no podemos considerar a la misma como un fenómeno de colonización sino tan solo de búsqueda de nuevas áreas con las que negociar. Tanto documentos epigráficos (Decourt 2004: 179-184; De Hoz 2014: 117-122) como la propia distribución de la cerámica griega en la Península atestiguan esta importante actividad comercial (Domínguez y Sánchez 2001). Del mismo modo, las influencias culturales ejercidas sobre las poblaciones ibéricas, en especial en el Sudeste de la Península son testimonio de esta importantísima interacción entre griegos e indígenas. Se trata, entre otras manifestaciones, de escultura en piedra o testimonios de escritura, a cuyo estudio hemos dedicado algunos trabajos (Domínguez 2006b: 429-505). En nuestra opinión, consideramos que estaríamos en este caso ante un proceso que podríamos definir "colonialismo sin colonización" (Domínguez 2002: 65-95). Del Sudeste de la Península Ibérica (sobre todo el área murciana) procede una parte al menos de la plata que la ciudad griega utilizaba en sus acuñaciones monetarias (Castanyer *et al.* 2008: 270-291; Rafel *et al.* 2010: 175-202).

En cuanto a su área de interés inmediato, Ampurias mantiene intensos contactos con numerosas comunidades indígenas del entorno, que le surten de productos agrícolas o de artículos que llegan a esas comunidades a través de rutas internas. A cambio Emporion entregaría bienes y servicios diversos, aun cuando los mejor observables son las cerámicas. Algunos de estos centros son Ullastret, donde la presencia de cerámica griega importada desde Ampurias es enorme (Picazo 1977) y donde su uso forma parte de las costumbres sociales. Otro, que lleva siendo objeto de investigación durante los últimos años y que está aportando informaciones de gran importancia es Mas Castellar de Pontós que parece estar vinculado, a lo largo de sus diversas fases, con la ciudad griega a la que, entre otros productos, parece estar aprovisionando de cereal, ya sea para el propio consumo de los ampuritanos ya, sobre todo, para su exportación (Pons 2002; Pons *et al.* 2010: 105-118; *Id.* 2016a: 17-43; *Id.* 2016b: 13-46). Además, muchos otros sitios indígenas detectados en un área situada entre los 10 y 17 km. de distancia de la ciudad griega parecen haber mantenido contactos con ella durante buena parte del periodo prerromano, recibiendo artículos griegos y aportando a Emporion materias primas, en especial productos agropecuarios (Plana 2012: 157-178).

5. EL SURGIMIENTO DE ROSAS

En un momento que puede situarse, a partir del registro arqueológico, hacia el segundo cuarto del s. IV, surgiría la otra ciudad griega atestiguada en Iberia, Rhode, situada en la actual localidad de Rosas. También los autores antiguos nos informan de su fundación y tampoco en este caso hay unanimidad. Prescindiendo de los orígenes rodios, que es una idea que quizá los propios habitantes de esta ciudad elaboraran, o aceptaran, en algún momento de su historia (Domínguez 1990: 13-25; Santiago 1994:

51-64; Pena 2000: 109-112), las fuentes literarias dan dos posibilidades (Pena 2006: 41-52). En el Pseudo-Escimno (203-204) se habla de las dos ciudades griegas fundadas por Masalia, Emporion la primera y Rhode la segunda; en Estrabón (III, 4, 8) se la califica de "pequeña ciudad" (*polichnion*), fundación de los emporitanos, aunque según otros lo habría sido de los rodios algo que, como ya hemos dicho, debe descartarse en el estado actual de la investigación. La tendencia actual es considerar a Rhode una fundación masaliota, ubicable dentro de la política de la ciudad de expandir su dominio sobre territorios costeros. El hecho de que, según Estrabón, también se veneraba allí a la Ártemis Efesia (Str. III, 4, 8) así como el registro arqueológico avalaría esta idea. A un primer asentamiento en el Turó de Santa María le seguiría, desde final del s. IV-inicios del s. III a.C. una expansión hacia el sudeste, donde surgiría el llamado "barrio helenístico", dedicado a tareas artesanales y vinculado a actividades relacionadas con el puerto de la ciudad que se ha localizado en esa zona (Puig y Martín 2016).

A partir de finales del s. IV-inicios del s. III a.C., quizá coincidiendo con la apertura de esta nueva zona, se iniciarían la acuñaciones monetales en Rosas, con monedas de plata de diversas denominaciones y, más adelante, de bronce. En el anverso suelen llevar una cabeza femenina y en el reverso una rosa vista desde diversas posiciones. Ya en las primeras series aparece el epígrafe *Rhodeton* (de los habitantes de Rhode). Esta moneda, sin embargo, parece tener poca duración y quizá ya no se acuñase en plata durante la segunda mitad del s. III, aunque la producción en bronce duraría hasta la Segunda Guerra Púnica (Campo 2006: 575-583).

La acuñación de moneda y las claras referencias a las monedas de Rodas, con imitación incluso de sus tipos en el caso de algunas series de bronce, muestra el claro interés de los habitantes de Rhode por desarrollar una identidad rodia, como medio de remarcar su autonomía, quizá tanto frente a su (probable) metrópolis, Masalia, como a su vecina y, tal vez rival, Emporion. De cualquier modo, la parquedad de las informaciones literarias no permite resolver el problema y los datos arqueológicos no aportan demasiada información que podamos leer en clave política.

6. OTRAS INFORMACIONES SOBRE POSIBLES CIUDADES GRIEGAS EN IBERIA

Para acabar este panorama, mencionaré otro pasaje de Estrabón, que alude a la existencia de otras tres pequeñas ciudades masaliotas situadas entre el río Sucro (Júcar) y el área donde surgiría Cartago Nova, no muy lejos del río. De esas tres menciona por su nombre solo a Hemeroscopio, donde dice que se venera a la Ártemis Efesia y que, por ello mismo, equipara con Dianium (Denia) a cuenta de la identificación de la griega Ártemis con la romana Diana (Str., III, 4, 6) (Pena 1993: 61-77). El posible nombre de las otras dos se ha intentado suplir utilizando otras fuentes y ya desde hace tiempo se ha venido aceptando que debía de tratarse de Alonis y Akra Leuke (García y Bellido 1948: I-239-241; II-51-55, 58-61). De ellos, el segundo es el menos seguro porque se basa en una suposición muy débil; una de las fundaciones que realizará Amílcar Barca en la Península se llamó Akra Leuke (Diod., XXV, 10, 3) y algún autor supuso que este nombre griego tenía que implicar que allí había un asentamiento helénico previo (García y Bellido 1948: II-59-60), una teoría que no se sostiene de ningún modo, máxime cuando hoy día tampoco se acepta que el área que controlaba Amílcar llegase a extenderse hasta el Mediterráneo. En cuanto a Alonis, hay una referencia en un lexicógrafo tardío que la considera isla y ciudad masaliota (Steph. Byz., s.v. *Alonis*), aunque no da su ubicación. Mela (II, 93) menciona una Allon en el área del *Sinus Ilicitanus* y Tolomeo (II, 6, 14) ubica una Alonai en la misma zona. Un yacimiento arqueológico que se excavó hace unos años, La Picola, en Santa Pola, que en la Antigüedad era el *Portus Ilicitanus* reabrió el debate sobre esta localidad, aunque sin llegarse a una solución incontrovertible (Badie *et al.* 2000).

Volviendo a Hemeroscopio, que ya Estrabón identifica con Dianium, la arqueología no ha comprobado la existencia de ningún establecimiento masaliota en el área de Denia.

Por consiguiente, y con respecto a estos tres *polichnia* que menciona Estrabón, podemos decir que solo conocemos con certeza el nombre de uno, Hemeroscopio, podemos aceptar que otro de ellos era Alonis y desconocemos el nombre del tercero. Si realmente se trataba de fundaciones masaliotas, no sabemos ni dónde, ni cuándo, ni cómo se fundaron y hay razones sólidas para pensar que, como mucho, estamos ante lugares situados en territorio ibérico frecuentados por el comercio griego y a los que autores griegos, como Estrabón, o alguna de sus fuentes, en un afán de resaltar las raíces griegas de Iberia, fenómeno bien conocido y estudiado (Domínguez 1998: 44-65; *Id.* 2012b: 23-54), han convertido en ciudades griegas lo que quizá no fuesen más que topónimos con los que los griegos designan aquellos entornos con los que entran en contacto, pero que no tienen por qué ser griegos.

7. CONCLUSIONES

Para concluir este trabajo, querría resaltar que el panorama de la "colonización" griega en Iberia presenta unas características peculiares dentro del fenómeno colonial griego. En realidad, solo existieron dos ciudades griegas, primero Emporion y luego Rhode. Si ambas surgieron como resultado de actos formales de fundación, como parece ocurrir con buena parte de las colonias griegas, incluyendo Masalia, o si, por el contrario, se va pasando de un establecimiento comercial o *emporion* a una ciudad, es algo que no podemos saber con certeza. Es significativo, sin embargo, que en el caso de Emporion la ciudad acabe asumiendo como su nombre propio el término genérico que indica cuál había sido la función principal del primer asentamiento del que derivará la misma. Por otro lado, estas dos ciudades son de un tamaño minúsculo en comparación con lo que suele ser habitual en las colonias griegas pero, sin embargo, su proyección comercial fue mucho mayor que lo que su tamaño permitiría sugerir. Del mismo modo, la arqueología ha comprobado las estrechas relaciones que ambas ciudades mantuvieron, a lo largo de toda su historia, con las poblaciones indígenas que vivían en sus respectivos entornos y algunos autores han utilizado este caso para ejemplificar procesos de hibridación cultural (Myers 2017: 105-121), lo que parece bastante pertinente. Pero esta importante presencia indígena no impide que, con seguridad absoluta, estemos ante dos comunidades políticas que, a pesar de que podamos percibir su carácter híbrido, proclaman su helenidad en aquellos aspectos que son relevantes para una ciudad griega, como puede ser su aspecto externo, sus cultos, sus leyes o su moneda. Aunque fragmentarios, conocemos lo suficiente de estos aspectos en ambas ciudades como para asegurarlo. Eso no impide, y puede observarse sobre todo en el caso de Emporion, que al tiempo que la ciudad asumía, ya en época romana, a partir del s. II a.C. un aspecto exterior manifiestamente griego helenístico, expresado en una serie de monumentos y edificios públicos (desde la muralla hasta la estoa, pasando por las grandes mansiones aristocráticas) el elemento indígena dentro de la misma manifestase su presencia y su nivel político acuñando moneda con el nombre de esa comunidad indígena, Untika o Indica. Y poco antes, cuando las poblaciones ibéricas se revuelven contra Roma en el 197 a.C. la ciudad de Rhode, donde el elemento indígena debía de ser importante, abandona la alianza con Roma y se pasa al enemigo (voluntaria o involuntariamente), aunque la llegada de Catón acabó, por la fuerza, con la revuelta (Liv., XXXIV, 8, 6) y, sin duda, con la independencia de la ciudad griega (Nolla 1984: 150-157).

Las dos ciudades griegas de Iberia, pues, aunque hayan asumido los rasgos propios de las *poleis* o comunidades políticas griegas, siguieron desempeñando, durante toda su historia, la función de centros de intercambio de mercaderías diversas así como la de redistribución de las mismas tanto a sus entornos inmediatos como a otras regiones más alejadas. Como hemos visto, esta sería la ocupación principal de los primeros griegos que, desde finales del s. VII (o, quizá incluso, desde antes) empezaron a visitar y a establecer sus emporios en el área tartésica. Mientras que en esta zona esa presencia griega se diluye y va desapareciendo a partir de mediados del s. VI a.C., en el nordeste peninsular, en el área de Ampurias, será ese el momento en el que el *emporion* inicial no solo se consolida sino que, incluso, aumenta su tamaño y, a partir de ese momento, inicia su proyección comercial que todavía mantenía en los albores de la época romana. Como muestra el ya mencionado testimonio de Catón que recoge Tito Livio (XXXIV, 9, 9) este autor cifra la prosperidad de la ciudad en el hecho de que los iberos deseaban comprar los artículos que llegaban a Ampurias por mar y dar salida a los productos de sus campos a través de la ciudad griega. Aunque no cabe duda de que tanto Ampurias como Rosas desarrollaron sus propios territorios agrícolas, cuya extensión y organización aún desconocemos casi por completo, su principal actividad fue la comercial y es la misma la que ha dejado huellas en el registro arqueológico. Ello, y el desarrollo de la presencia griega en la Península Ibérica que hemos esbozado a lo largo de estas páginas confirman, en nuestra opinión, un caso bastante atípico de "colonización" griega.

BIBLIOGRAFÍA

Agustí, B., Codina, D., Dehesa, R., Llinàs, J., Merino, J., Montalban, C., Vargas, A. (2000-2001). Excavacions arqueològiques a Vilanera (l'Escala, Alt Empordà). *Tribuna d'Arqueologia*, 99-114.

Almagro Basch, M. (1953). *Las necrópolis de Ampurias. I. Introducción y necrópolis griegas*. (Monografías Ampuritanas, 3). Barcelona: C.S.I.C.

Almagro Basch, M. (1955). *Las necrópolis de Ampurias. II. Necrópolis romanas y necrópolis indígenas*. (Monografías Ampuritanas, 3). Barcelona: C.S.I.C.

Antonelli, L. (1997). *I Greci oltre Gibilterra. Rappresentazioni mitiche dell'estremo occidente e navigazioni commerciali nello spazio atlantico fra VIII e IV secolo a.C.* (Hesperia. 8). Roma: L'Erma di Bretschneider.

Aquilué, X. (dir.) (1999). *Intervencions arqueológiques a Sant Martí d'Empúries (1994-1996). De l'assentament precolonial a l'Empúries actual*. (Monografies Emporitanes, 9). Gerona: Museu d'Arqueologia de Catalunya-Empúries.

Aquilué, X., Castanyer, P., Santos, M., Tremoleda, J. (2001). Les ceràmiques gregues arcaiques de la Palaià Polis d'Empòrion. En P. Cabrera, M. Santos (eds.) *Ceràmiques Jònies d'època arcaica: Centres de producció i comercialització al Mediterrani Occidental*. (Monografies Emporitanes, 11). (pp. 285-337). Barcelona: Generalitat de Catalunya.

Aquilué, X., Castanyer, P., Santos, M., Tremoleda, J. (2008). Noves evidències del comerç fenici amb les comunitats indígenes de l'entorn d'Empúries. En D. García, I. Moreno, F. Gracia (coords.) *Contactes. Indígenes i fenicis a la Mediterrània occidental entre els segles VIII i VI ane*. (pp. 171-190). Alcanar: Ajuntament d'Alcanar.

Aquilué, X., Castanyer, P., Santos, M., Tremoleda, J. (2012). El paisatge funerari en el territori d'Empúries, entre el Bronze Final i la Primera Edat del Ferro. En M.C. Rovira Hortalá, F.J. López Cachero, F. Mazière (eds.) *Les necròpolis d'incineració entre l'Ebre i el Tiber (segles IX-VI a.C.): metodologia, pràctiques funèraries i societat*. (pp. 75-90). Barcelona: MAC.

Badie, A., Gailledrat, E., Moret, P., Rouillard, P., Sánchez, M.J. (2000). *Le site antique de La Picola à Santa Pola (Alicante, Espagne)*. París, Madrid: Éditions Recherche sur les Civilisations, Casa de Velázquez.

Boffa, G.; Leone, B. (2017). Euboean cults and myths outside Euboea: Poseidon and Briareos/Aigaion. En Z. Tankosic, F. Mavridis, M. Kosma (eds.) *An Island Between Two Worlds. The Archaeology of Euboea from Prehistoric to Byzantine Times*. (Papers and Monographs from the Norwegian Institute at Athens, 6). (pp. 381-390). Atenas: Norwegian Institute at Athens.

Cabrera Bonet, P. (1988-89). El comercio foceo en Huelva: cronología y fisonomía. En *Tartessos y Huelva. Vol. 3. Huelva Arqueológica*, 10-11, 41-100.

Campo, M. (2006). La moneda à Rhode: Producció i circulació. En A.M. Puig, A. Martín (coords.) *La colònia grega de Rhode (Roses, Alt Empordà)*. (pp. 575-583). Gerona: Museu d'Arqueologia de Catalunya.

Castanyer, P., Santos, M., Aquilué, X., Tremoleda, J., Pons, E., Martín, A., Rovira, M.C., Mata, J.M. (2008). Elaboración y comercio de plata y plomo en la Emporion griega y en los hábitats ibéricos de su entorno. *Revista d'Arqueologia de Ponent*, 18, 270-291.

Castanyer, P.; Santos, M.; Tremoleda, J. (2015). Nuevos datos arqueológicos sobre la evolución urbana de Emporion. En R. Roure (ed.) *Contacts et acculturations en Méditerranée occidentale. Hommages à Michel Bats*. (pp. 121-129). París, Aix-en-Provence: Errance, Centre Camille Jullian.

De Angelis, F. (2009). Colonies and colonization. En G. Boys-Stones, B. Graziosi, P. Vasunia (eds.) *The Oxford Handbook of Hellenic Studies*. (pp. 48-64). Oxford: Oxford University Press.

De Angelis, F. (2016). E pluribus unum: The Multiplicity of Models. En L. Donnellan, V. Nizzo, G.J. Burgers (eds.) *Conceptualising early Colonisation*. (pp. 97-104). Bruselas, Roma: Institut Historique Belge de Rome.

Decourt, J.C. (2004). *Inscriptions grecques de la France (IGF)*. (Travaux de la Maison de l'Orient et de la Méditerranée, 38). Lyon: Maison de l'Orient et de la Méditerranée Jean Pouilloux.

Domínguez Monedero, A.J. (1990). La ciudad griega de Rhode en Iberia y la cuestión de su vinculación con Rodas. *Boletín de la Asociación Española de Amigos de la Arqueología*, 28, 13-25.

Domínguez Monedero, A.J. (1998). Más allá de Heracles: de la Iberia real a la recreación de una Iberia griega. En P. Cabrera, C. Sánchez (eds.) *Los griegos en España. Tras las huellas de Heracles*. (pp. 44-65). Madrid: Ministerio de Cultura.

Domínguez Monedero, A.J. (2001). La religión en el emporion. *Gerión*, 19, 221-257.

Domínguez Monedero, A.J. (2002). Greeks in Iberia: Colonialism without Colonization. En C.L. Lyons, J.K. Papadopoulos (eds.) *The Archaeology of Colonialism*. (pp. 65-95). Los Angeles: The J. Paul Getty Trust.

Domínguez Monedero, A.J. (2006a). Fenicios y griegos en el Sur de la Península Ibérica en época arcaica. En *De Onoba a Mainake. Tiempos de Púrpura. Málaga antigua y antigüedades hispanas, I. Mainake* 28, 49-78.

Domínguez Monedero, A.J. (2006b). Greeks in the Iberian Peninsula. En G.R. Tsetskhladze (ed.) Greek Colonisation. An Account of Greek Colonies and Other Settlements Overseas. Vol. I. (pp. 429-505). Leiden: Brill

Domínguez Monedero, A.J. (2009-2011). Los foceos y sus ciudades, entre Jonia, la Magna Grecia y el Occidente. Diversidad material e idenetidad étnica. *Empúries*, 56, 9-24.

Domínguez Monedero, A.J. (2011). The origins of Greek colonisation and the Greek polis: some observations. *Ancient West and East*, 10, 195-207.

Domínguez Monedero, A.J. (2012a). The first century of Massalia: foundation, arrival of migrants and consolidation of a civic identity. En A. Hermary, G. Tsetskhladze (eds.) *From the Pillars of Hercules to the Footsteps of the Argonauts*. (Colloquia Antiqua, 4). (pp. 61-82). Lovaina: Peeters.

Domínguez Monedero, A.J. (2012b). Las fuentes clásicas y su relación con Iberia. En *Iberia Graeca. El legado arqueológico griego en la península Ibérica*. (pp. 25-34). Gerona: Iberia Graeca.

Domínguez Monedero, A.J. (2012c). Gadir. En C. Fornis (ed.) *Mito y Arqueología en el nacimiento de ciudades legendarias de la Antigüedad*. (pp. 153-197). Sevilla: Universidad de Sevilla.

Domínguez Monedero, A.J. (2012d). Griegos y no griegos en ámbitos coloniales. conflictos e interacciones. *Minius*, 20, 29-49.

Domínguez Monedero, A.J. (2013a). Elementos religiosos mediterráneos en Tarteso. Un debate sobre la religión tartésica. En J.M. Campos Carrasco, J. Alvar Ezquerra (eds.) *Tarteso. El emporio del metal*. (pp. 581-604). Córdoba: Almuzara.

Domínguez Monedero, A.J. (2013b). Greeks and non-Greeks in the City of Emporion and the Construction of their Different Identities. (Colonization in the Ancient World). *Electrum*, 20, 23-36.

Domínguez Monedero, A.J. (2014). (Algunos) griegos (más) en Tarteso. En P. Bádenas de la Peña, P. Cabrera Bonet, M. Moreno Conde, A. Ruiz Rodríguez, C. Sánchez Fernández, T. Tortosa Rocamora (eds.) *Homenaje a Ricardo Olmos. Per speculum in aenigmate. Miradas sobre la Antigüedad*. (Estudios y Textos de Erytheia, 7). (pp. 249-255). Madrid: Asociación Cultural Hispano-Helénica.

Domínguez Monedero, A.J. (2017). Euboeans in the Far West? New data and interpretations. En Z. Tankosic, F. Mavridis, M. Kosma (eds.) *An Island Between Two Worlds. The Archaeology of Euboea from Prehistoric* to Byzantine Times. (Papers and Monographs from the Norwegian Institute at Athens, 6). (pp. 215-234). Atenas: Norwegian Institute at Athens.

Domínguez, A.J.; Sánchez, C. (2001). *Greek Pottery from the Iberian Peninsula. Archaic and Classical Periods.* Leiden: Brill.

Fernández Flores, A.; Rodríguez Azogue, A. (2007). *Tartessos desvelado. La colonización fenicia del Suroeste peninsular y el origen y ocaso de Tartessos.* Córdoba: Almuzara.

Fernández Jurado, J. (1984). *La presencia griega arcaica en Huelva.* Huelva; Diputación Provincial de Huelva.

Fernández Jurado, J. (1985). Die Phönizier in Huelva. *Madrider Mitteilungen,* 26, 49-60.

Furtwängler, A.E. (1978). *Monnaies grecques en Gaule. Le trésor d'Auriol et le monnayage de Massalia. 525/520-460 av. J.C.* (TYPOS, III). Friburgo: Office du Livre.

Furtwängler, A.E. (2002). Monnaies grecques en Gaule: nouvelles trouvailles (6ème-5ème s. av. J.-C.). En *La monetazione dei Focei in Occidente. Atti dell'XI Convegno del Centro Internazionale di Studi Numismatici.* (pp. 93-111). Roma. Istituto Italiano di Numismatica.

Gailledrat, E. (1995). Grecs et Ibères dans la nécropole d'Ampurias (VIe-IIe siècles av. J.-C.). *Mélanges de la Casa de Velázquez,* 31, 31-54.

García Alfonso, E. (2016). Las primeras importaciones griegas en Occidente y la cronología de la cerámica geométrica: hacia un nuevo paradigma (I). *Menga,* 7, 101-132.

García Martín, J.M. (2011). Las cerámicas griegas. En A. González Prats (ed.) *La Fonteta. Excavaciones de 1996-2002 en la colonia fenicia de la actual desembocadura del río Segura, Guardamar del Segura (Alicante). Vol. I.* (pp. 531-560). Alicante: Universidad de Alicante.

García y Bellido, A. (1948). *Hispania Graeca*. Barcelona: Instituto Español de Estudios Mediterráneos.

García-Bellido, M.P., Blázquez, C. (2002). *Diccionario de cecas y pueblos hispánicos. II.- Catálogo de cecas y pueblos*. Madrid: C.S.I.C.

Garrido Roiz, J.P. (1970). *Excavaciones en la necrópolis de La Joya. Huelva. (1ª y 2ª campañas)*. (Excavaciones Arqueológicas en España, 71). Madrid: Ministerio de Educación y Ciencia.

Garrido Roiz, J.P., Orta García, E.M. (1978). *Excavaciones en la necrópolis de 'La Joya', Huelva. II. (3ª, 4ª y 5ª campañas)*. (Excavaciones Arqueológicas en España, 96). Madrid: Ministerio de Educación y Ciencia.

González de Canales, F.; Serrano, L.; Llompart Gómez, J. (2004). *El emporio fenicio precolonial de Huelva (ca. 900-770 a.C.)*. Madrid: Biblioteca Nueva.

González de Canales, F.; Serrano, L.; Llompart, J. (2006). The Pre-colonial Phoenician Emporium of Huelva, ca. 900-770 B.C. *BABesch*, 81, 13-29.

González de Canales, F., Serrano Pichardo, L., Llompart Gómez, J., García Fernández, M., Ramón Torres, J., Domínguez Monedero, A.J., Montaño Justo, A. (2017). Archaeological Finds in the Deepest Anthropogenic Stratum at 3 Concepcion Street in the City of Huelva. *Ancient West and East*, 16, 1-61.

Gonzalez de Canales, F.; Llompart, J. (2017). Producción de cerámicas griegas arcaica en Huelva. *Archivo Español de Arqueología*, 90, 125-145.

Gran Aymerich, J.M.J. (1988). Cerámicas griegas y etruscas de Málaga. Excavaciones de 1980 a 1986. *Archivo Español de Arqueología*, 61, 201-222.

Greco, E.; Lombardo, M. (2012). La colonizzazione greca: modelli interpretativi nel dibattito attuale. En *Alle origini della Magna Grecia. Mobilità migrazioni fondazioni. Atti del L Convegno di Studi sulla*

Magna Grecia. (pp. 37-60). Taranto: Istituto per la Storia e l'Archeologia della Magna Grecia.

Hoz García-Bellido, M.P. (2014). *Inscripciones griegas de España y Portugal (IGEP)*. (Bibliotheca Archaeologica Hispana, 40). Madrid: Real Academia de la Historia.

López Pardo, F. (2004): Crono y Briareo en el umbral del Océano. Un recorrido por la historia mítica de los viajes al confín del Occidente hasta los albores de la civilización. En V. Peña, A. Mederos, C.G. Wagner (eds.) *La navegación fenicia. Tecnología naval y derroteros*. (pp. 1-42). Madrid: CEFYP.

Myers, P. (2017). Hybridity and the ancient western Mediterranean. En N. Lemay-Hébert, R. Freedman (eds.) *Hybridity: Law, Culture and Development*. (pp. 105-121). Londres: Routledge.

Nolla, J.M. (1984). La campanya de M.P. Cató a Empúries el 195 a.C.. Algunes consideracions. *Revista de Girona*, 30, 150-157.

Oller Guzmán, M. (2013). Griegos e indígenas en Empórion (siglos VI-IV a.C.): un estado de la cuestión. En R.A. Santiago Álvarez, M. Oller Guzmán (eds.) *Contactos de poblaciones y extranjería en el mundo griego antiguo. Estudio de fuentes. Vol. 1*. (Faventia Supplementa 2). pp. 187-202. Bellaterra: Univerisdad Autónoma de Barcelona.

Orta, M.E.; Garrido, J.P. (1961). La tumba orientalizante de 'La Joya', Huelva. *Trabajos de Prehistoria*, 11, 7-36.

Osborne, R. (1998). Early Greek colonization?. The nature of the Greek settlement in the West. En N. Fisher, H. van Wees (eds.) *Archaic Greece: New Approaches and New Perspectives*. (pp. 251-269). Londres: Duckworth.

Osuna Ruiz, M.; Bedia García, J.; Domínguez Rico, A.M. (2001). El santuario protohistórico hallado en la calle Méndez Núñez (Huelva). En P. Cabrera, M. Santos (eds.) *Ceràmiques Jònies d'època arcaica:*

Centres de producció i comercialització al Mediterrani Occidental. (Monografies Emporitanes, 11). (pp. 177-188). Barcelona: Generalitat de Catalunya.

Pena Gimeno, M.J. (1993). Avieno y las costas de Cataluña y Levante (II). Hemeroskopeion-Dianium. *Faventia*, 15, 61-77.

Pena Gimeno, M.J. (2000). 'EPI SOTERIA TON ANTHROPON'. Encore sur la colonisation rhodienne de Rhodé. *Zeitschrift für Papyrologie und Epigraphik,* 133, 109-112.

Pena Gimeno, M.J. (2006). Fuentes literarias sobre la colonia griega de Rhode (Iberia). En A.M. Puig, A. Martin (coords.) *La colònia grega de Rhode (Roses, Alt Empordà).* (pp. 41-52). Gerona: Museu d'Arqueologia de Catalunya-Girona.

Picazo, M. (1977). *Las cerámicas áticas de Ullastret.* Barcelona: Instituto de Arqueología y Prehistoria.

Plana Mallart, R. (2012). La présence grecque et ses effects dans le Nord-Est de la péninsule Ibérique (VIIe-début du IVe siècle av. n.è). En L. Martinez-Sève (ed.) *Les diasporas grecques du VIIIe à la fin du IIIe siècle av. J.-C. Pallas,* 89, 157-178.

Pons I Brun, E. (ed.) (2002). *Mas Castellar de Pontós (Alt Empordà). Un complex arqueològic d'època ibèrica (Excavacions 1990-1998).* Gerona: Museu d'Arqueologia de Catalunya.

Pons, E., Asensio, D., Fuertes, M., Bouso, M. (2010). El yacimiento de Mas Castellar de Pontós (Alt Empordà, Girona): un núcleo indígena en la órbita de la colonia focea de Emporion. En H. Tréziny (ed.) *Grecs et indigènes de la Catalogne à la Mer Noire. Actes des rencontres du programme européen Ramses 2. (2006-2008).* (pp. 105-118). Paris, Aix-en-Provence: Éditions Errance: Centre Camille Jullian.

Pons, E., Asensio, D., Fuertes, M. (2016a). Casas, sociedad y economía en el oppidum de Mas Castellar de Pontós-Alt Empordà (425-350 a.C.). Poblamiento y conflicto en el entorno de la colonia griega de Emporion. En C.A. de Chazelles, M. Schwaller (eds.) *Vie quotidienne, tombes et symboles des sociétés protohistoriques de Méditerranée Nord-Occidentale. Mélanges offerts à Bernard Dedet. Vol. I.* (pp. 17-43). Lattes: ADAL.

Pons, E., Asensio, D., Morer, J., Jornet, R. (2016b). Un edifici singular del segle V a.C. trobat sota la torre de defensa de l'oppidum ibèric (Mas Castellar-Pontós, Alt-Empordà). *Annals del Institut d'Estudis Empordanesos*, 47, 13-46.

Puig, A.M., Martín, A. (coords.) (2006). *La colònia grega de Rhode (Roses, Alt Empordà).* (Sèrie Monogràfica Girona, 23). Gerona: Museu d'Arqueologia de Catalunya.

Rafel, N., Montero Ruiz, I., Castanyer, P., Aquilué, X., Armada, X.L., Belarte, C., Fairén, S., Gasull, P., Gener, M., Graells, R., Hunt, M., Martín, A., Mata, J.M., Morell, N., Pérez, A., Pons, E., Renzi, M., Rovira, C., Rovira, S., Santos, M., Tremoleda, J., Villaba, P. (2010). New Approaches on the Archaic Trade in the North-Eastern Iberian Peninsula: Exploitation and Circulation of Lead and Silver. *Oxford Journal of Archaeology*, 29, 175-202.

Recio Ruiz, A. (1990). *La cerámica fenicio-púnica, griega y etrusca del sondeo de San Agustín (Málaga).* Málaga: Diputación Provincial.

Ripollés, P.P. (2012). La numismática. En X. Aquilué (ed.) *Empúries. Municipium Emporiae.* (Ciudades romanas de Hispania, 6). (pp. 131-138). Roma: L'Erma di Bretschneider.

Ripollés, P.P., Chevillon, J.A. (2013). The Archaic Coinage of Emporion. *Numismatic Chronicle*, 173, 1-21.

Sánchez Sánchez-Moreno, V.M., Galindo, L., Juzgado, M., Dumas, M. (2012). El asentamiento fenicio de La Rebanadilla a finales del siglo IX a.C. En E. García Alfonso (ed.) *Diez años de arqueología fenicia en la* provincia de Málaga (2001-2010). *María del Mar Escalante Aguilar in memoriam.* (pp. 67-85). Sevilla: Junta de Andalucía.

Sanmartí Grego, E. (1988). Datación de la muralla griega meridional de Ampurias y caracterización de la facies cerámica de la ciudad en la primera mitad del s. IV a.C. *Revue des Études Anciennes,* 90, 99-137.

Sanmartí Grego, E. (1993). Els íbers a Emporion (segles VI-III a.C.). El poblament ibèric a Catalunya. *Laietania,* 8, 87-101.

Sanmartí Grego, E., Castanyer, P., Santos, M., Tremoleda, J. (1994). Testimonios epigráficos de la presencia de población indígena en el interior de Emporion. En P. Cabrera, R. Olmos, E. Sanmartí (eds.) *Iberos y Griegos: Lecturas desde la diversidad. Huelva Arqueológica,* 13, 2, 203-214.

Sanmartí Grego, E., Castanyer, P., Tremoleda, J., Barbera, J. (1986). Las estructuras griegas de los siglos V y IV a. de J.C. halladas en el sector sur de la Neapolis de Ampurias (Campaña de excavaciones del año 1986). *Cuadernos de Prehistoria y Arqueología Castellonenses,* 12, 141-217.

Santiago Álvarez, R.A. (1994). Enigmas en torno a Saguntum y Rhoda. *Faventia,* 16, 51-64.

Santos Retolaza, M. (2003). Fenicios y griegos en el extremo N.E. peninsular durante la época arcaica y los orígenes del enclave fenicio de Emporion. En B. Costa, J.H. Fernández (eds.) *Contactos en el extremo de la oikouméne. Los griegos en Occidente y sus relaciones con los fenicios.* (XVII Jornadas de Arqueología Fenicio-Púnica). (pp. 87-132). Ibiza: Museo Arqueológico de Ibiza y Formentera.

Santos Retolaza, M., Castanyer, P., Tremoleda, J. (2013). Emporion arcaica: los ritmos y las fisonomías de los dos establecimientos originarios, a partir de los últimos datos arqueológicos. En S. Bouffier, A. Hermary (eds.) *L'Occident grec de Marseille à Mégara Hyblaea. Hommages à*

Henri Tréziny. (pp. 103-113). París, Aix-en-Provence: Ed. Errance, Centre Camille Jullian.

Tremoleda, J., Santos, M., Castanyer, P. (2016). Una nova fortificació d'època republicana a Empúries. Una base militar per a la conquista d'Hispània. *Annals del Institut d'Estudis Empordanesos*, 47, 47-74.

Tréziny, H. (2009-2011). Marseille antique. Topographie, urbanisme, architecture. *Empúries*, 56, 41-54.

Tréziny, H. (2010). Cinquante ans de recherches archéologiques à Marseille (1959-2009). En X. Delestre, H. Marchesi (eds.) *Archéologie des rivages méditerranéenes. 50 ans de recherche*. (pp. 247-252). París: Éditions Errance.

Tréziny, H. (2014). Marseille, une ville ionienne dans l'Occident grec. En S. Bouffier, D. Garcia (eds.) *Les territoires de Marseille antique*. (pp. 9-18). Arles: Éditions Errance.

Un hilo del collar.
La idea de colonia en la Hispania republicana desde una perspectiva no arqueológica

Estela García Fernández

El debate y la renovación teórica que en los últimos años se ha venido desarrollando en torno al concepto y significado del término "romanización" especialmente desde el ámbito de la arqueología (Merryweather y Prag 2003; Woolf 2014; Versluys 2014) y los análisis ligados al desarrollo de las teorías poscoloniales (Hingley 2005 ; Mattingly 2013) ha llevado a la revisión de conceptualizaciones históricas que parecían razonablemente bien asentadas como es la idea misma de "colonia" tradicionalmente entendida como uno de los principales instrumentos de expansión (Salmon 1969) y aculturación del estado romano (cfr. Pelgrom y Stek 2014). Por esta razón antes de abordar directamente el tema a tratar en estas páginas, parece conveniente acercarse, aunque sea brevemente, a alguno de los nuevos planteamientos críticos sobre el proceso colonial romano que han encontrado una gran acogida en la investigación. Me refiero a los trabajos firmados por E. Bispham y G. Bradley publicados en el volumen *Greek and Roman Colonization. Origins, Ideologies and Interactions* (Bradley y Wilson 2006), que parece que han debilitado, a juzgar por su repercusión, las razonables certidumbres existentes hasta el momento sobre el carácter de la colonización romana, su función y tipología, especialmente en el mundo anglosajón.

Con independencia de que el ángulo desde el que ambos autores miran es el que ofrece la postmodernidad (la realidad es múltiple e inefable), las razones y argumentos que ambos aducen son de carácter técnico-gremial, de ahí la necesidad de permanecer en este horizonte. Dos ideas principales constituyen la estructura argumentativa de este planteamiento que se quiere renovador; en primer lugar la censura del uso confuso de la documentación literaria que ha venido realizando la historiografía tradicional y sobre el que se ha construido todo el edificio colonial existente (el carácter y función de las colonias, la variedad tipológica o la cronología misma del proceso colonial romano), y en segundo lugar la llamada de atención sobre la asunción acrítica de un modelo colonial romanizante descrito por Aulo Gelio y los errores de interpretación a que conduce su aplicación indiscriminada a todo proceso colonial (Bispham 2006: 78-92).

Se advierte de este modo que los relatos canónicos utilizados (T. Livio, Dionisio de Halicarnaso o Veleyo Patérculo entre otros) no sólo tienen una datación tardía respecto a los hechos que narran, sino que la historiografía ha pasado por alto el proceso de reelaboración que se inició en el marco del anticuarismo romano en el que se procedería a la formalización de las características y a la creación de distintas tipologías coloniales que en realidad no existían como tales en los siglo IV y III a.C. (y mucho menos en época arcaica, Martínez-Pina 2017; cfr. Chiabá 2011). Por ello la idea de colonia que se venía utilizando en la historiografía tradicional es en realidad una construcción de finales de la república y comienzos del Imperio, momento en el que se desarrollaría una ideología de la colonización que redefiniría a la colonia como un todo ordenado, un proceso controlado por el estado y a la que se confirió un papel importante en el éxito del Imperio (Bispham, 2006, 73-76; Bradley, 2006, 161-164). De este modo las categorías coloniales utilizadas habitualmente en investigación, *priscae Latinae coloniae, coloniae Latinae, coloniae maritimae, coloniae civium Romanorum* (Salmon 1969) podrían ser invenciones de este periodo de "racionalización" romana del saber y la experiencia (Moatti 2008); se recuerda además, a modo de prueba adicional, que la referencia más antigua a cualquier clase de colonia se encuentra en un epígrafe de Aquileia de comienzos del siglo II a.C. (Bispham, 2006: 81). Esta deficiencia de la documentación literaria disponible obligaría entonces a dar un mayor peso heurístico al material arqueológico en el análisis de los procesos coloniales como vía más veraz para reconstruir la dinámica colonial y sus características.

De esta deficiencia de las fuentes literarias deriva el segundo argumento utilizado y es el uso acrítico de lo que se define como "modelo geliano" de colonia. Con esta expresión se alude al discurso del emperador Adriano ante el senado que transmite Aulo Gelio (*N.A.* 16.13.9) donde se define a la colonia (romana) como imagen y copia del pueblo de Roma (*quasi effigies parvae simulacraque*); al ser asumida dicha declaración como verdad universal este hecho ha generado la falsa idea de que todo núcleo colonial está modelado a imagen de la ciudad de Roma (Bradley, 2006: 161-164; Bispham, 2006: 78-80; Zanker 2000: 41 sobre la correcta traducción del pasaje). Se partiría entonces, en la historiografía tradicional, de la idea preconcebida de que en una colonia pueden ser identificados todos los elementos urbanísticos y arquitectónicos que asemejarían una ciudad a la Urbe. Este conjunto de elementos se ha denominado, no sin ironía, "kit" colonial. De ahí que todos sepamos, se dice, qué es una colonia romana "sin haber visto una" (Bispham, 2006: 74) y esto porque habitualmente se asume como real lo que no es más que una idea estereotipada. De este modo se espera que en toda colonia además de la preceptiva deducción de población romana y de sus rituales fundacionales, se pueda identificar un *arx* con un templo dedicado a la triada capitolina, un *forum*, un *comitium* o una *curia* como expresiones materiales de la romanidad que le es propia (Zanker, 2000). Esta idea preconcebida afecta de manera especial a la valoración del registro arqueológico. Un ejemplo de espejismo interpretativo al que puede llevar esta asunción acrítica del modelo colonial es, a juicio de Bispham, el trabajo realizado por Frank Brown en la colonia latina de Cosa (Brown, 1980) quien, dejándose llevar por un falso modelo colonial romanizante, interpretó erróneamente como edificios públicos destinados al gobierno de la ciudad las grandes estructuras localizadas en torno al foro (Bispham, 2006: 95-105 para una detallada valoración; Bradley 2006: 161-162). Los trabajos posteriores de Elisabeth Fentress parecen haber modificado sin embargo esta interpretación demostrando que dichas estructuras correspondían a edificios privados, y no públicos, pertenecientes a la oligarquía de la colonia constituida por aquella primera clase de colonos que recibieron una más alta asignación de *iugera*. De este modo estas estructuras, por su tamaño y ubicación central, serían reflejo no de la vida política de la colonia, sino de las diferencias de rango existentes entre los colonos (Fentress, 2003: 23 y 25), jerarquización social, que no jurídica, que por otro lado ya se conocía por las fuentes escritas (Liv. 35, 9, 7-8; 37, 57, 7-8). La misma visión abstracta e idealizada de lo que debía ser una ciudad romana afectó también a la valoración de otros ámbitos de la vida ciudadana como son los cultos coloniales y las estructuras asociadas a los mismos interpretadas generalmente como capitolios (Bispham, 2006: 92-105). De forma similar en la colonia latina de Carteia se interpretó en un primer momento como Capitolio el templo republicano a causa de una errónea percepción de la planta identificada como un templo de triple *cella* (Roldan et al., 2006: 377-378). Esta interpretación se ha descartado definitivamente hoy en día al considerarse que el templo se ajustaría más bien, a modelos itálicos característicos de la transición en los tiempos helenísticos, entre las fórmulas etrusco-itálicas antiguas y las aportadas por la creciente helenización (Roldán et al., 2006: 392).

Ahora bien, con independencia del rendimiento histórico que puede traer consigo la revisión de los fundamentos historiográficos e ideas preconcebidas que se han podido venir incorporando al discurso colonial en el ámbito de la historia de Roma, también es cierto que en ocasiones, como la que nos ocupa, esta corriente renovadora deja la impresión de que no ejerce la crítica sobre los verdaderos materiales a demoler, sino sobre aquellos otros que ha construido al efecto. En este sentido llama en primer lugar la atención, en los dos trabajos mencionados, que la crítica no se ejerza sobre la plurilingüe tradición historiográfica en su conjunto, algo que en sí tendría sumo interés, sino sobre un territorio previamente acotado de carácter monolingüe y centrado de un modo recurrente en dos autores y sus correspondientes obras, las ya mencionadas de T. Salmon (1969) sobre la colonización romana y el trabajo de F. Brown sobre la colonia latina de Cosa (1980). El trabajo de este último además, a modo de *exemplum* ciceroniano, parece poseer más bien una función didáctica e instrumental en la construcción del argumento crítico ya que a su través quedan a la vista los errores de análisis y de interpretación histórica en los que cae el incauto investigador que asume como real un modelo estereotipado de colonia que ofrece Aulo Gelio. A esto se añade una tendencia a la indefinición jurídica de las tipologías coloniales cubiertas bajo la expresión "Roman colonization/Roman colonies" (también Pelgrom y Steck 2014: 11), el desentenderse rápidamente del problema estructural de fuentes que tiene la historia de la República romana y que acumula una importante bibliografía (cfr. Rodríguez Mayorgas 2007) y unas referencias bibliográficas recurrentes (y cruzadas) que procuran cierta circularidad a los argumentos. De este modo con escasos materiales se ha construido todo un caso historiográfico con firme vocación revisionista respecto a una historiografía que se denomina "tradicional" pero cuyos integrantes y obras no se concretan (el grueso de la bibliografía utilizada está referenciada para los análisis específicos del registro material de una u otra colonia, no para el argumento principal).

Ahora bien difuminar las acusadas (y decisivas) diferencias existentes entre el expediente colonial romano y el colonial latino, no siendo la menor la de carácter jurídico, y hacer extensivo a este último la definición geliana de colonia no parece que haya encontrado mucho eco real en la investigación "tradicional" (un análisis más ajustado por ejemplo de la obra de Salmon, Pelgrom y Stek 2004:11-44). Para un investigador procedente de un ámbito académico no anglosajón, resulta sorprendente esta insistencia en el uso de modelos estandarizados que se atribuye a buena parte de la historiografía. De una mirada verdaderamente atenta a la bibliografía no anglosajona referida a la colonización latina de época republicana, no se deriva necesariamente esa idea de uniformidad acrítica de la colonia, ni mucho menos la idea de que las colonias latinas eran imágenes en miniatura de Roma (o de su *maiestas* como precisa Zanker 2000: 41), entre otras razones, porque cuando el emperador Adriano insiste en las diferencias entre el municipio (romano) y la colonia (romana) hacía mucho tiempo que la colonia (latina) republicana había dejado de existir. De hecho autores como M. Humbert (1978), U. Laffi (1973; 2007), G. Bandelli (2008 y 2013) o Capogrossi Colognesi (2000) entre otros, desde una perspectiva no necesariamente arqueológica (o no exclusivamente al menos), han venido defendiendo la idea de la existencia de una gran variedad organizativa interna como rasgo característico de las colonias latinas de Italia (incluso de los municipios de derecho romano anteriores a la Guerra Social) que ha de reflejar necesariamente el registro material de las ciudades. La uniformidad de las ciudades de Italia, en las que se incluye obviamente a las colonias, sólo existe a base de negar las excepciones (Humbert 1978: 289-290) e históricamente sólo se inicia la lenta y compleja uniformización interna después de la Guerra Social (Laffi 1973).

Asimismo la complejidad y ambigüedad ínsitas en el texto de Aulo Gelio no se resuelve con un par de observaciones como demuestran la conocida monografía de F. Grelle (1972) y especialmente el denso trabajo de M. Talamanca (2006) entre otros. Es cierto que tanto Grelle como Talamanca prestan más atención al análisis de la condición municipal expuesta por Gelio que a la colonial, pero porque aquélla es el núcleo del pasaje geliano al ser una petición de los munícipes italicenses el motivo del discurso de Adriano. En ninguno de estos trabajos se advierte, ni siquiera como posibilidad, que pueda ser aplicada la descripción geliana de las colonias romanas de época imperial para describir el carácter y condición de las colonias latinas de época republicana. Y esto a pesar de los elementos republicanos que se recogen en el pasaje analizados por Talamanca, por ejemplo la referencia a los Caerites como *cives sine suffragio* o la alusión al instituto de la *fundi factio*. Cualquiera de estas dos menciones ancla el pasaje en un contexto contemporáneo. La mención a los *cives sine suffragio* hecha por el anticuario está condicionada totalmente por el contexto, el interés de Gelio por la historia de Caere y sus relaciones con Roma se limitan a intentar encontrar un paralelo a la afirmación de Adriano sobre lo preferible que es la condición de munícipes a la de colonos (Talamanca 2006: 470). Lo mismo puede afirmarse de la republicana *fundi factio*. Este instituto, mal conocido por otro lado, permitía hacer uso de la legislación romana tanto a las ciudades federadas de Italia como a las ciudades integrantes del *nomen Latinum* (Cic. Balb. 21). Lo paradójico es que esta capacidad estaría indicando indirectamente que las colonias latinas republicanas ni estaban obligadas a utilizar la legislación romana (puesto que se les confiere tal derecho), ni tenían por qué regirse estrechamente por el derecho romano lo que en sí es indicio de autonomía y con ello del inevitable desarrollo de características organizativas propias (Talamanca 2006: 511).

En realidad, como Bradley reconoce son los estudios arqueológicos los que a la hora de estudiar el registro material han aplicado un modelo romanizante (2006: 161). El problema es que de una circunstancia concreta y particular, el hecho de que F. Brown haya interpretado (erróneamente) el registro material de Cosa a la luz de un modelo estereotipado de romanización que no se ajusta ni cronológica, ni jurídicamente a lo que son las características posibles de una colonia de derecho latino como es Cosa, se ha construido un caso historiográfico que al menos en los términos en que se denuncia sólo existe en el texto de Bispham y Bradley.

En este sentido el testimonio excepcional de la colonia latina de Carteia (San Roque, Cádiz) permite dos cosas a mi juicio importantes: en primer lugar aproximarse a lo que ha de entenderse como colonia en Hispania republicana y en segundo lugar, demuestra la importancia decisiva que puede adquirir la información literaria, epigráfica y jurídica para reorientar e interpretar el registro material.

Quisiera recordar previamente que el tipo de asentamiento colonial que vamos a encontrar en ámbito peninsular en época republicana será de derecho latino y no romano, pues hasta época de César no parecen deducirse las primeras colonias romanas en la Península. Este hecho es importante tenerlo presente porque previene de caer en cualquier tipo de fundamentalismo colonial que conduzca a esperar la existencia de grandes ciudades en Hispania a imagen de Roma.

Una colonia latina es en principio un expediente mucho más versátil que una colonia romana pues su propia configuración jurídica ya la sitúa desde el momento mismo de su fundación "fuera del estado" al carecer su población de ciudadanía romana con independencia de su procedencia. Además de esta característica en la que me detendré más adelante porque oculta cierta complejidad, el elemento cultural indígena suele estar presente como factor configurador de la propia identidad colonial, como puede ser observado a través del registro material de las colonias de Carteia o de Corduba en el que se observa la pervivencia de las tradiciones culturales locales, púnicas y turdetanas, a lo largo de la república. Es cierto que la presencia de este elemento indígena es mucho más intensa en la colonización latina provincial por razones que imponen el medio y las circunstancias que en las colonias latinas de Italia, pero aún en estas la libertad de modificar el modelo constitucional recibido o de desarrollar peculiaridades propias es muy alto (Capogrossi-Colognesi, 2000: 127-148; aquí especialmente: 141). La variedad organizativa interna es precisamente una de las características de este tipo de colonización. Que la fundación de la colonia latina de Carteia en el 171 a.C. (Liv. 43, 3, 1-4) no sólo no haya sido seguida de reformas urbanísticas y arquitectónicas significativas, sino que incluso se observe una clara continuidad de la estructura de la ciudad púnica (Roldán et al., 1998: 160 y 169-170) o que en Corduba se detecte la pujanza del elemento local turdetano no se debe únicamente al reaprovechamiento de la infraestructura urbana por parte de Roma (Bendala, 2002: 165). El propio perfil jurídico del expediente latino creó el marco necesario que había de permitir la incorporación del elemento indígena a la fundación colonial.

Desde un punto de vista jurídico-institucional el principal rasgo que caracteriza a la colonia latina es su independencia formal. Aunque los límites de esta independencia quedan claramente señalados por sus obligaciones militares para con el estado romano y la imposibilidad de desatenderlas (Ilari, 1974: 80-83), desde una perspectiva jurídica esta autonomía es real y tiene un efecto importante en la condición ciudadana de su población, pues a diferencia de la colonia romana cuya ciudadanía no es otra que la de Roma, la colonia latina posee una ciudadanía propia. Esto significa que existe una ciudadanía placentina o cremonense, pero también carteiense o cordubense que es la propia del colono y que dicha ciudadanía compite con la ciudadanía romana. Desde el punto de vista romano los habitantes de una colonia latina, ya sean de origen romano, itálico o indígena, son considerados ciudadanos de otro estado como expresamente recuerda Gayo (Inst. I.131: *alterius civitatis cives*). Esta circunstancia puede traducirse, como de hecho ocurre, en la existencia de un registro material muy variado en el que conviven patrones culturales locales y romano-itálicos, y que sin embargo responden a una sola realidad jurídica.

Prueba de esta independencia o autonomía es el hecho de que Roma clasificó a estas colonias y a sus habitantes *in numero peregrinorum*, "en la clase de los extranjeros" (Gayo *Inst.*, 1, 79), como corrobora además la consideración del territorio de la colonia latina de Fregellae como *ager peregrinus* (Liv., 43, 13, 6). No ha de entenderse que la condición jurídica latina sea equivalente a la peregrina *sensu stricto*, en todo caso deberán entenderse más bien como una clase de peregrinos o extranjeros con privilegios en la medida en que es inherente a su condición la posibilidad de establecer relaciones legales en un medio romano (García Fernández, 2009: 380). Tanto los gaditanos que se federaron con Roma en el 205 a.C. por ejemplo, como los carteienses aceptados como colonos en el 171 a.C. en la nueva colonia latina son peregrinos, extranjeros, y en cuanto tales se consideran población jurídicamente ajena al estado romano. Ahora bien, los carteienses en cuanto que población de condición latina tienen una relación de privilegio con el estado romano, que se concreta entre otras cosas en la posibilidad de realizar matrimonios legales con ciudadanos romanos, derecho en principio vetado a la población hispana que habitaba en ciudades de condición estipendiaria y federada. Precisamente la deducción de la colonia latina de Carteia fue a causa de la existencia de "más de cuatro mil" personas nacidas de ciudadanos romanos y mujeres indígenas con las que no existía derecho de matrimonio (*conubium*) y que solicitaron al senado de Roma "una ciudad donde vivir" (Liv., 43, 3, 1-4)

Para entender cuál es la razón por la que un colono con ciudadanía romana acaba ingresando en el grupo de los extranjeros hay que tener presente una característica, quizá la principal, que posee la ciudadanía romana y que explica en parte la apertura al mundo indígena que experimentó el expediente colonial latino en Hispania. Cicerón expresa con precisión la circunstancia que el *ius civile* romano impone al ciudadano: "ningún ciudadano romano puede serlo de dos ciudades" de este modo pierde la ciudadanía romana quien la adquiere en otra ciudad (Cic. *Balb.*, 28 y 30; *Caec.*, 100). A consecuencia de ello todo romano que se enrolaba como colono en una colonia latina perdía automáticamente su ciudadanía y adquiría la de la colonia (Cicerón *Caec.*, 98, *Dom.*, 78). Esto no fue un simple impedimento retórico que las necesidades prácticas obligarían posteriormente a pasar por alto. Al menos durante la república el principio de la incompatibilidad de la ciudadanía romana con cualquiera otra estaba en vigor y fue la causa probable del rechazo que expresó una unidad de caballería prenestina cuyos miembros prefirieron recibir, antes que la ciudadanía romana que se les ofrecía, otras recompensas a su valor (Liv. 23.20.2). La aceptación de la ciudadanía romana obligaría a perder la propia y con ello los vínculos jurídicos con el entorno familiar y social (cfr. Raggi 2006, 109-149; *lex Irnitana* caps 22 y 23, entre otros). De hecho la pérdida de ciudadanía romana que afectaba a todo ciudadano enrolado en una de las colonias latinas fue una de las causas probables, después de la II Guerra Púnica, del abandono del expediente colonial latino en beneficio del romano que a partir de este momento será el único empleado por Roma en Italia, aunque lo mantendrá en ámbito provincial.

Todos estos condicionantes jurídicos se activan necesariamente cuando se entra a valorar el tipo de población que se asienta en una colonia latina. La incorporación de veteranos romanos a cualquiera de las ciudades fundadas por Roma en Hispania sólo puede hacerse a costa de perder la ciudadanía romana que poseen y adquirir la de la ciudad de destino. Por ello es muy poco probable que en Itálica, Carteia o Corduba entre otras fundaciones viniesen a dar ciudadanos romanos que habrían de perder necesariamente su ciudadanía romana para adquirir la de la colonia, lo que supondría una *deminutio* de su estatus ciudadano. Este condicionante subyace por ejemplo en la valoración que hace Fentress del tipo de población con la que se repobló la colonia latina de Cosa en el 197 a.C. En dicho año el senado accede a autorizar el repoblamiento reiteradamente solicitado, pero no envía ciudadanos romanos para ello sino que simplemente se permitió que la colonia reclutase por su cuenta mil colonos de cualquier parte de Italia siempre y cuando no hubiesen sido enemigos de Roma desde el 218 a. C. (Liv. 33, 24, 8). La población reclutada a juicio de Fentress (2003: 25) serán veteranos, pero no provenientes de las legiones (pues habrían de perder su ciudadanía romana), sino de los aliados, es decir de las tropas reclutadas *ex formula togatorum* y por tanto peregrinos que adquirirán la condición jurídica de la colonia.

La población alóctona que pobló las fundaciones romanas en Hispania fue muy probablemente de origen itálico, y por tanto de condición peregrina. Además de esto la ubicación transmarina y no exenta de peligros de las provincias hispanas (por ejemplo App., *Iber.*, 66), el mayor interés de los soldados licenciados por recibir tierras en Italia o en la Galia Cisalpina (Bandelli 2002: 122), la necesidad de enviar suplementos de población romana a las diezmadas colonias latinas de Italia tras la II Guerra Púnica y la revalorización que experimenta la ciudadanía tras vencer Roma a Cartago hacen poco probable el envío de contingentes romanos para poblar estas colonias (Vell., 1.15.1).

El perfil poblacional se modifica en Hispania no sólo por la ausencia de población romana, sino especialmente por la incorporación a las fundaciones coloniales de población indígena en mayor medida que en Italia donde el elemento romano siempre fue el predominante. Es cierto que el registro material de algunas de sus colonias deja entrever la existencia de población local en el territorio colonial como es la circunstancia de Ariminium, Paestum, Luceria, Venusia o el caso recientemente citado de Cosa (Bradley, 2006: 171-178), pero no desde luego con la rotundidad que se detecta en Hispania, donde tanto la información literaria como la arqueológica documentan la existencia de un importante sustrato indígena en las fundaciones de tipología colonial.

La inclusión de efectivos locales, en calidad de colonos, es expresa en el caso de la fundación de la colonia latina de *Carteia* donde el senado romano dio la posibilidad a la población púnica de la ciudad de enrolarse como colonos si ese era su deseo sumando a ello la asignación de tierra (Liv. 43,3,4) Circunstancia que se repite también en Corduba, ciudad que se constituyó con efectivos itálicos y locales seleccionados por Claudio Marcelo, "*gentes escogidas (*andres epílektoi*) de los romanos y los indígenas*" (Str., 3, 2, 1), seguramente en función de un criterio militar (sobre el pasaje y significado del término *Phomaioi*, Garcia Fernández, 2014: 179-181). Con menor evidencia textual podría ser también el caso de Gracurris, topónimo que se construye con sufijación indígena y raíz romana en alusión al nombre de su fundador, Tiberio Sempronio Graco (Liv., *Per.*, 41; Festo 86L) y donde la arqueología documenta abundantes fragmentos de cerámica de barniz negro cuya cronología abarca desde la etapa de fundación hasta el siglo I a. C. junto a numerosas cerámicas indígenas (Hernández Vera, 2002: 179-180). De hecho esta fórmula parece haber sido ya ensayada en *Italica*, fundada sobre un núcleo preexistente, arqueológicamente difícil de detectar dado el nivel de arrasamiento de la *uetus urbs* (Caballos, 1994: 22 ss.; Canto, 1999: 145-172). Pero también del propio texto apianeo (App., *Iber.*, 38) puede deducirse la reutilización de algún centro turdetano, pues el autor griego da a entender que a los soldados heridos, se les asentó en una ciudad preexistente (*sunoikise.... es polin*) a la que se llamó *Italica* (Galsterer, 1997: 196). Igualmente en el material arqueológico de *Corduba* republicana se detecta en la zona norte de la ciudad romana un "horizonte fundacional" con materiales itálicos fechables en el segundo cuarto del siglo II, y lo que es más importante, se presentan asociados a construcciones que muestran una técnica edilicia de raigambre turdetana que quizá corresponda a las primera unidades de habitación estables construidas tras la fundación. El mantenimiento del topónimo indígena además de la inclusión de los mencionados "indígenas selectos" demuestra la pujanza del elemento local turdetano (Murillo y Jiménez, 2002: 184-85), circunstancia que no es incompatible con una articulación del espacio urbano y una morfología ciudadana similar a la de las colonias latinas de Italia (Murillo, y Jiménez, 2002: 187-189; y Murillo, 2004: 44).

Aunque en los casos citados la integración de la población indígena, o al menos de parte de ella, pasó por su inclusión in numero colonorum, las circunstancias de la población local respecto a las nuevas fundaciones coloniales podían ser variadas. Sumariamente y sin detenerme en los casos de desplazamiento de la población local y expropiación de las tierras (Pina Polo, 2004), la práctica más habitual, o al menos mejor documentada, era la conversión de la población local en *incolae*. Con este término se hace referencia a la población de una zona conquistada que despojada de sus tierras, generalmente con motivo de una fundación, sigue residiendo en el territorio colonial asentados en las peores tierras como residentes sin ciudadanía y por tanto sin derechos y sin marco legal al que acogerse. Este sería el caso por ejemplo de los *Samnites inquolae* reducidos a tal condición cuando Roma deduce en su territorio la colonia latina de Aesernia (263 a.C.), o el caso de los Ausones, cuya ciudad desaparecía jurídica y administrativamente a la vez que Roma fundaba en su territorio la colonia latina de Suessa Aurunca (313 a.C.), y posiblemente de los *Astures incolae* (Floro 2, 33,59-60) entre otros muchos. La supresión de los derechos de propiedad sobre la tierra, la extinción de la ciudadanía indígena y la reducción de la población local a meros residentes sin derechos posiblemente era un procedimiento previsto en toda deducción colonial con independencia de su efectiva aplicación como da a entender el cap. 103 de la ley colonial de Urso (García Fernández, 1997: 177-180). Con el tiempo suele ser habitual la devolución de la tierra, o al menos parte de la misma a la población indígena produciéndose con ello su incorporación al cuerpo ciudadano de la colonia. Precisamente el acceso a la propiedad del *ager* puede traer consigo un cambio en la denominación de la colonia que introduce en su nomenclatura el nombre de la antigua población perdiendo su antigua titulación. Un buen ejemplo lo proporciona la antigua *Colonia Julia Firma Secundanorum,* fundación augustea del año 35 a.C. que más tarde pasa a denominarse *Colonia Flavia*

Tricastinorum en referencia a la antigua población indígena del territorio a cuya propiedad acceden los *Galli Tricastini* (Canto, 1989: 155). En otros casos la población local o parte de la misma podía integrarse en calidad de ciudadanos en las fundaciones coloniales desde el momento mismo de la deducción (Gagliardi, 2006: 155-302 y 2014: 95-100). Esta última circunstancia poco frecuente en las colonias romanas, sí parece serlo más en las colonias de derecho latino y es al menos el caso de la población indígena de las mencionadas Carteia y Corduba. Aunque los modos de incorporación en una y otra son algo diferentes; en el caso de Carteia a juzgar por la información transmitida por Livio la incorporación de la población a la colonia acompañada además de asignación de tierra es voluntaria, mientras que parece tener un carácter más coactiva en el caso de Corduba, como indica el término *epílectoi* transmitido por Estrabón (García Fernández, 2014: 181-183). De cualquier modo, en ambos casos, tanto la población de origen itálico como la indígena se convierten en *coloni* de condición jurídica latina. Ahora bien esta equiparación jurídica suele quedar compensada con la diferenciación social que se produce en el seno de la colonia. Posiblemente sea la población de origen itálico la que pase a integrar la oligarquía local y por tanto a monopolizar el gobierno de la ciudad como puede deducirse en ocasiones de la onomástica que presenta el numerario de época republicana; para ello el magistrado *cum imperio* procederá a realizar la primera *lectio senatus* entre la población de la colonia como está documentado en Aquileia o Brindisi (Zaccaria, 2014: 536-37). En Cosa por ejemplo puede detectarse la jerarquización social de la colonia (por otro lado ya prevista en las fundaciones coloniales Liv. 35.9.7-8; 40, 5-6; 40. 34, 2-4) por el distinto tamaño y ubicación de las casas privadas de la misma. La presencia de grandes casas en tres lados del foro frente a otras unidades de habitación más pequeñas en zonas menos centrales estaría reflejando la existencia al menos dos clases de colonos y el desigual reparto de la tierra (Fentress, 2003: 23-26).

Este origen mixto de la población que en Hispania nutre estas colonias, en las que no parece haber población romana (a diferencia de la colonización latina de Italia) explicaría otra de las características que se observan en el proceso colonial hispano y es la simplificación de su procedimiento fundacional. Si atendemos a la información disponible relativa a las fundaciones efectuadas en Hispania se observa en primer lugar la ausencia de mandatos senatoriales o del pueblo de Roma que autoricen la deducción colonial (el único caso documentado es una vez más Carteia quizá porque en este caso sí había población romana implicada indirectamente a través de sus descendientes); y en segundo lugar la no intervención de comisiones triunvirales en el proceso de deducción como es habitual sin embargo en la colonización de Italia (García Fernández, 2001; Bandelli, 2002: 124). Por el contrario el general asume una mayor responsabilidad en el protocolo colonial al encargarse personalmente de la fundación y de la elección *in situ* de los contingentes poblacionales que van a integrar la nueva ciudad. Este protagonismo absoluto de los generales en la fundación (en el caso de Gracurris la ciudad toma incluso su nombre del cognomen de su fundador, Tiberio Sempronio Graco *Per.* 41; Fest. *Gloss. Lat.* 86L) y la presencia de cierta informalidad de procedimiento ha generado en la investigación muchas dudas sobre la real condición colonial de estas fundaciones, principalmente porque se duda de que los generales tuvieran competencias para realizar estas fundaciones que sólo podría autorizarlas el senado o el pueblo de Roma (Galsterer, 1997, 197). A mi modo de ver con independencia del amplio margen de actuación que tuvieron los generales con destinos ultramarinos, no es posible que el senado no estuviera al tanto de las fundaciones realizadas en Hispania habida cuenta de la ratificación posterior que iban a requerir todas las acciones llevadas a cabo, a lo que se añade que ninguna de las fundaciones fue desautorizada posteriormente por el senado romano como indica su larga vida posterior (Espinosa 2014, sobre la existencia de colonias latinas en Hispania). Hay ocasiones sin embargo en las que parece que en la propia Italia también los trámites constitucionales habituales, es decir, la necesidad de un mandato previo del senado o del pueblo y el nombramiento de una comisión triunviral encargada de llevar a efecto la deducción sólo se sigue escrupulosamente cuando la población que se deduce es romana; si no es así parece que el proceso fundacional de una colonia se vuelve constitucionalmente más informal, probablemente porque desde el punto de vista romano se considera que técnicamente no se asiste a una deducción al no haber ciudadanos de Roma entre los contingentes poblacionales de la colonia (Liv. XXXIII 24, 8; García Fernández, 2014: 181-182). Por ello la presencia reiterada de un único general con imperium corrobora indirectamente el carácter no romano de los efectivos asentados en Hispania que serían básicamente itálicos provenientes de las unidades de la *formula togatorum* enviadas a Hispania y población indígena local, es decir población peregrina en ambos casos y ajena por tanto jurídicamente al pueblo de Roma. De ahí la aparente inhibición del estado. En caso contrario no se habría autorizado la fundación. De hecho cuando el patrón colonial se modifica y se abandona el expediente latino para deducir colonias romanas con población del mismo derecho comienza a documentarse la autorización del pueblo de Roma a través de la aprobación de leyes comiciales para tal fin. Cuando se trata de ciudadanos romanos el procedimiento de reclutamiento colonial no puede hacerse en ámbito provincial, sino en Roma y a la vista del pueblo romano (*in conspectu populi Romani* Cic. *leg. agr.* I 3, 7; II 20, 55) puesto que éste tenía el derecho a ejercer el control, al menos formal, de sus efectivos y patrimonio.

A este respecto la monumental ciudad púnica de Carteia constituye no sólo un excelente "laboratorio arqueológico" como afirman los responsables de su excavación y estudio (Roldan *et al.* p. 49), sino también una excepcional muestra de la complejidad del proceso de construcción de nuevas realidades culturales y de la existencia de dimensiones históricamente condicionantes que en ausencia de información escrita son difíciles de detectar, al menos en una primera fase. La constancia de su condición colonial latina gracias a la noticia transmitida por Livio (43,3,4) permite valorar la información que suministra su registro arqueológico dentro de un marco histórico y político-institucional preciso y cerrar con ello el camino a otras interpretaciones posibles; pero sobre todo Carteia se erige en un sólido referente para el análisis del proceso colonizador hispano y las variantes que presenta éste frente al itálico. Las excavaciones arqueológicas en curso y la publicación detallada de sus resultados permiten saber que Carteia no sufrió cambios o reestructuraciones sustanciales en la primera fase de su historia romano-republicana, y habrá que esperar a finales del II a. C. para empezar a detectar modificaciones en la estructura de la ciudad (Roldán et al. 1998: 160, 169-170). De hecho la continuidad material en la colonia parece ser la tónica dominante en distintos ámbitos. Mientras que la continuidad del registro anfórico y cerámico (en el que conviven escasas cerámicas itálicas con producciones locales y regionales) indicaría que el cambio de estatus jurídico no debió alterar en exceso a la vida cotidiana de sus gentes "al menos hasta momentos muy avanzados del periodo republicano, posiblemente ya en el siglo I a.C" (Roldán et al.: 374); en el ámbito religioso la construcción del templo republicano en el último cuarto del siglo II a.C. quizá coincidiendo con la gran remodelación de la ciudad de época republicana detectada en el sector de los muros púnicos, muestra también un importante elemento de continuidad tanto religiosa como urbanística. Aunque para la construcción del templo republicano se amortizó un altar púnico, los muros del templo romano siguieron la misma orientación lo que indica a juicio de Roldán no sólo la perpetuación del carácter sagrado del lugar, sino también un relevante rasgo de continuidad urbanística (Roldán et al. : 311-316 y 390-391).

La remodelación que se atisba en Carteia junto con la erección del templo republicano a finales del II a.C. quizá pueda estar sugiriendo una refundación de la colonia. Este parece haber sido el proceso sufrido por la colonia latina de Aquileia, cuya refundación años después de su deducción, fue acompañada de la *dedicatio* de un templo que en un principio, y en ausencia de edificios específicos reservados para la actividad política como el *comitium* y la *curia*, podría haber acogido también la actividad pública de la colonia (Zaccaria, 2014: 533-535). La refundación colonial, muy frecuente por otro lado, puede tener como fin una reorganización constitucional ya que la puesta en marcha del ordenamiento político de una colonia lleva tiempo y de hecho es frecuente que transcurra un lapso de tiempo, más o menos largo, entre la instalación de los colonos y la organización política definitiva de una comunidad (David, 2006: 726-729). La refundación colonial también puede realizarse con motivo de la llegada de nuevos colonos como ocurrió en Cosa donde la reorganización urbanística de la ciudad no data de la fecha fundacional de la colonia, sino de la fecha de su segunda deducción colonial del año 197 a.C. (Fentress, 2003: 25). En Carteia, al igual que en Antium donde también se permitió a la población local inscribirse como colonos si querían (Livio, 8.14.8; 9.20.10), la situación podía ser potencialmente conflictiva por la diversidad de origen de su población. La existencia de una normativa legislativa clara y coherente era un factor importante para resolver cualquier conflicto entre intereses locales divergentes (David, 2006: 727). De hecho dada la perpetuación del carácter sagrado del lugar donde se erige el templo republicano puede ser lícito, tal y como defiende Roldán, que el templo romano de Carteia, cuya dedicación se desconoce, pudiera haber estado dedicado a una divinidad asimilable a la púnica objeto de culto en el mismo lugar como símbolo de integración y concordia. En paralelo con la iconografía que testimonian las emisiones monetales de la primera etapa romana se propone la dedicación del templo a una divinidad sincretica, tipo Júpiter-Saturno o bien a Melkart/Hércules (Roldán et al. :391-392). Ahora bien, a juzgar por el testimonio de la onomástica monetal carteiense de data republicana, tampoco ha de ser descartada la presencia de una segunda deducción en la colonia puesto que al lado de los *nomina* de origen romano, vinculados a la deducción del 171 a.C., se documenta otro grupo de individuos cuya onomástica es de clara ascendencia etrusco-itálica (Hernández, 1994: 92-106).

A mi modo de ver la ciudad de Carteia es clave para el análisis del modelo de implantación colonial latina en Hispania y no porque sea la primera colonia fundada por Roma, prioridad que Livio no señala en ningún rincón de su pasaje, sino por ser la única documentada con seguridad hasta la fecha. La información que suministra el texto literario inserta a la ciudad con seguridad en la trama misma de la historia de la colonización latina y por tanto suministra las coordenadas históricas y jurídicas precisas desde las cuales ha de ser valorado el complejo registro arqueológico y numismático de la ciudad. La valoración conjunta de los distintos registros documentales demuestra, muy lejos de cualquier visión estandarizada de lo que puede ser una colonia, que la implantación colonial en Hispania no necesitó en un principio de grandes modificaciones estructurales en las ciudades. De hecho sin el pasaje de Livio difícilmente podría atribuirse una condición promocionada a la ciudad dado que la reorganización de la misma se inició tiempo después de la fundación colonial. El registro material de una colonia latina no refleja necesariamente la existencia de un intenso programa de intervención romana. Sólo desconociendo o prescindiendo de la información que suministran las fuentes literarias y jurídicas puede presentarse como novedad la inexistencia de un patrón plenamente romano en una colonia de *ius Latinum*.

Es evidente que nunca llegaremos a tener "toda la historia", ahora bien la reconstrucción en sus propias coordenadas del proceso colonial hispano (o cualquier otro) depende de que verdaderamente interactúe la documentación escrita (literaria y epigráfica) con la arqueológica. Y si bien la arqueología proporciona una información más variada, compleja y dilatada en el tiempo de las especificidades de todo proceso colonial, el escrito, cuando existe, permite precisar y por tanto poner un límite a las interpretaciones posibles que puedan derivarse del registro material (Morris, 1998).

AGRADECIMIENTOS

Un agradecimiento especial a Ana Mayorgas. Este trabajo se enmarca dentro del proyecto de investigación *Nuevas bases documentales para el estudio histórico de la Hispania romana de época republicana: Onomástica y Latinidad (III-I a.C.)* Ref. HAR2015-66463-P. Ministerio de Economía y Competitividad. Gobierno de España

BIBLIOGRAFÍA

Bandelli, G. (2002). *La colonizzazione romana della Penisola iberica da Scipione Africano a Bruto Callaico*, in G. Urso (cur.), Hispania terris omnibus felicior. *Premesse ed esiti di un processo di integrazione.* «Atti del Convegno Internazionale, Cividale del Friuli, 27- 29 settembre 2001», Pisa, 105-142.

Bandelli, G. (2008). *Epigrafie indigene ed epigrafia dominante nella romanizzazione della Cisalpina. Aspetti politici e istituzionali (283-89 a.C.)*, in M. Letizia Caldelli - G. L. Gregori - S. Orlandi (cur.),

EPIGRAFIA 2006. «Atti della XIVe Rencontre sur l'épigraphie in onore di Silvio Panciera, Roma, 18-21 ottobre 2006», con altri contributi di colleghi, allievi e collaboratori (Tituli, 9), Roma, 43-66

Bandelli, G. (2013). *Ancora sulle amministrazioni locali della Transpadana orientale in età repubblicana (225/222 – 42/41 a.C.)*, in E. Ortiz de Urbina Álava (cur.), *Magistrados locales de Hispania. Aspectos históricos, jurídicos, lingüísticos.* «Atti del Curso "Los magistrados locales de Hispania", Santander, 21 y 22 de marzo de 2011» (Anejos de Veleia. Series Acta, 13), Vitoria- Gasteiz, 39-60.

Bendala, M. et alii (2002). "Carteia: de ciudad púnica a colonia latina", en J.L. Jiménez, J. L., y A. Ribera. (coords.), *Valencia y las primeras ciudades romanas de Hispania.* Valencia, pp. 157-172.

Bishpam, E. (2006). Coloniam Deducere: How Roman was Roman Colonization During the Middle Republic?. EN G. Bradley, J.-P. Wilson (eds.), *Greek and Roman Colonization. Origins, Ideologies and Interactions,* Classical Press of Wales: Swansea: 73–160.

Bradley, G.J. y Wilson, J.-P. (eds). (2006). *Greek and Roman Colonization: Origins, Ideologies and Interactions* Classical Press of Wales: Swansea

Bradley, G. (2006) "'Colonization and identity in Republican Italy', in G. J. Bradley, J.-P. Wilson (eds, *Greek and Roman Colonization: Origins, Ideologies and Interactions* (Classical Press of Wales: Swansea, 2006) 161-87

Brown, F. (1980). *Cosa. The making of a Roman town,* Ann Arbor

Caballos, A. (1994). *Itálica y los italicenses.* Sevilla

Canto, A. (1989). "Colonia Iulia Augusta Emerita: consideraciones en torno a su fundación y territorio", *Gerión* 7 pp. 149-205

Canto, A. (1999). "La *vetus urbs* de Itálica, quince años después. La planta hipodámica de D. Demetrio de los Ríos, y otras novedades", *CuPauAm,* 25.2, pp. 145-191.

Capogrossi Colognesi, L. (2000). *Cittadini e Territorio. Consolidamento e trasformazione della "civitas Romana"*, Roma: La Sapienza Editrice

Chiabá, M. (2011). *Roma e le priscae Latinae coloniae, POLYMNIA, Collana di Scienze dell'antichità. Studi di Storia romana* 1, Trieste

David, J.-M. (2006). "Les fondateurs et les cités", *en* L. Capogrossi Colognesi y E.

Espinosa, D. (2014). *Plinio y los 'oppida de antiguo Lacio'. El proceso de difusión del Latium en Hispania Citerior.* Oxford: BAR International Series.

Gabba (a cura di) (2006). *Gli statuti Municipali*, Pavia, pp. 723-741

Fentress, E. (2003). *Cosa V. An Intermittent Town. Excavations 1991-1997*, An Arbor, Michigan

Gagliardi, L. (2006). *Mobilità e integrazione delle persone nei centri cittadini romani -- Aspetti giuridici -- I -- La classificazione degli incolae.* Milano

Gagliardi, L. (2014). Colonizzazioni e sottrazione delle terre ancestrali agli indigeni. Spunti comparatistici tra diritto moderno e diritto romano, *Legal Roots (LR)* 3 2014 pp. 71-115

Galsterer, H. (1997). "La ciudad de Itálica: estatuto y administración", *Italica MMCC*. Sevilla

Garcia Fernández, E. (1997), "Incolae contributi y la lex Ursonensis" *Studia Historica* 15, pp. 171-180

Garcia Fernández, E., (2001). *El municipio latino. Origen y desarrollo constitucional. Anejo V Gerion*, Madrid.

Garcia Fernandez, E., (2009). "Reflexiones sobre la latinizacion de Hispania en epoca republicana", en J. Andreu et alii (eds.), *Hispaniae. Las provincias hispanas en el mundo romano*, pp. 377-390.

García Fernández, E. (2014). "Estrabón (III.2.1) y la fundación de Córdoba. Una nueva propuesta de interpretación" *POLYMNIA, Collana di Scienze dell'antichità. Studi di Storia romana*, Trieste pp. 173-187

Grelle, F. (1972). *L'autonomia cittadina fra Traiano e Adriano. Teoria e prassi dell'organizzazione municipale*, Napoli

Hernández Fernández, J.S. (1994). "Tito Livio XLIII, 3 y los nomina de los magistrados monetales de Carteia", *Faventia* 16/2 pp. 83-109

Hernández Vera, J.A. (2002). "La fundación de Gracurris", en *Valencia y las primeras ciudades romanas de Hispania*. Valencia, pp. 173-182.

Hingley, R. (2005). *Globalizing Roman Culture: Unity, Diversity and Empire*. London and New York: Routledge

Humbert, M. (1978). *Municipium et civitas sine suffragio. L'organisation de la conquête jusqu'à la guerre Sociale*. París.

Ilari, V. (1974). Gli Italici nelle strutture militari romane, Milano

Laffi, U. (1973). "Sull'organizzazione amministrativa dell'Italia dopo la guerra sociale", Akten del VI. Internationalen Kongresse für Griechische und Lateinische Epigrafhik, München pp. 37-53.

Laffi, U. (2007). Colonie e municipi nello stato romano. Storia e Letteratura, Raccolta di Studi e Testi 239. Roma: Edizioni di Storia e Letteratura, 2007.

Martínez-Pinna, J. (2017): *Roma y los latinos.¿Agresividad o imperialismo?*, Madrid.

Mattingly, D. J. (2013). *Imperialism, Power, and Identity Experiencing the Roman Empire*, Princeton.

Merryweather, A.D. y Prag, J.R.W. (2003). *Romanization'?* –Proceedings of a post-graduate colloquium, held at The Institute of Classical Studies, University of London, 15 November 2002 *Digressus* Supplement 1.

Morris, I. (1998). Archaeology and archaic Greek history, en Nick Fisher, Hans van Wees, *Archaic Greece: New Approaches and New Evidence*. London and Swansea: Duckworth and The Classical Press of Wales.

Moatti, C. (2008). *La razón de Roma. El nacimiento del espíritu crítico a fines de la República*, Madrid

Murillo, J.F. (2004). "Topografía y evolución urbana", en *Las capitales provinciales de Hispania, Córdoba. Colonia Patricia Corduba*. Roma, pp. 39-54.

Murillo, J.F. y Jiménez, J. F. (2002). "Nuevas evidencias sobre la fundación de Corduba y su primera imagen urbana", EN J. L. Jiménez, y A. Ribera, (coords.): *Valencia y las primeras ciudades romanas de Hispania*. Valencia, pp. 183-193.

Pelgrom, J. y Stek, T.D. (2014). "Roman Colonization under the Republic: historiographical contextualisation of a paradigm", en Roman Republican Colonization: new perspectives from archaeology and ancient history (Stek T.D. & J. Pelgrom eds.), 11-41.

Pina Polo, F. (2004). "Deportaciones como castigo e instrumento de colonización durante la república hispana. El caso de Hispania",Vivir en tierra extraña: emigración e integración cultural en el mundo antiguo, coord. Por José Remesal et al. Barcelona, pp. 211-246

Raggi, A. (2006). *Seleuco di Rhosos. Citradinanza e privilegi nell'Oriente greco in età tardo-repubblicana* Pisa.

Rodríguez Mayorgas, A. (2007). *La memoria de Roma: oralidad, escritura e historia en la República romana*, BAR International Series 1641, Oxford

Roldán Gómez, L. Bendala Galán M., Blánquez Pérez J. y Martínez Lillo S. (1998). *Carteia*. Universidad Autónoma de Madrid, Junta de Andalucía y CEPSA.

Roldán Gómez, L., Bendala Galán, M., Blánquez Pérez, J., Martínez Lillo, S. (1994-1999). (2006). *Estudio histórico-arqueológico de la ciudad de Carteia. (San Roque, Cádiz) 1994-1999* Vol. I, Junta de Andalucía, Universidad Autónoma de Madrid

Salmon, E.T. (1969). *Roman Colonisation under the Republic*, Lund

Sherwin-White, A.N. (1973). *The Roman Citizenship* Oxford

Stek T.D. & J. Pelgrom eds. (2014). *Roman Republican Colonization. New perspectives from archaeology and ancient history. (Papers of the Royal Netherlands Institute in Rome 62)*, Rome: Palombi Editori.

Talamanca, M. (2006). "Aulo Gellio ed i "municipes". Per un'esegesi di "Noctes Atticae" 16,13", en *Gli statuti municipali*, L. Capogrossi Colognesi y E. Gabba (a cura di) pp. 443-513

Versluys, M. J. (2014). "Understanding objects in motion. An archaeological dialogue on Romanization" *Archaeological Dialogues* 21 (1) pp. 1–20.

Woolf, G. (2014). "Romanization 2.0 and its alternatives". *Archaeological Dialogues* 21, pp 45-50

Zanker, P. (2000). "The city as symbol: Rome and the creation of an urban image", EN Elizabeth Fentress (ed.), *Romanization and the City. Creation, transformations, and failures*. Portsmouth: Journal of Roman Archaeology Supplementary Series 38, pp. 25-41

De colonizados a colonizadores.
Apuntes para una lectura poscolonial de los "tiempos oscuros"

Carlos Tejerizo-García y
Javier Martínez Jiménez

1. INTRODUCCIÓN[1]

Gotthi intra Hispanias sedes acceperunt.

Con esta lacónica frase, los *Consularia Caesaraugustana* (497; 75a: 23)[2], un documento probablemente de la segunda mitad del siglo VI, dan constancia de la entrada física de los godos, futuros visigodos[3], en la historia de la Península Ibérica. En realidad, esta no es la primera vez que la agencia de estos "visigodos" tiene como marco geográfico el territorio peninsular. Antes que los *Consularia*, el cronista Hidacio hace varias referencias a su presencia política y militar al sur de los Pirineos durante el período de la monarquía tolosana (Koch, 2006). Sin embargo, no será hasta finales del siglo V y principios del VI, cuando la desarticulación del antiguo aparato imperial romano ya sea definitiva, que la presencia de este grupo se hará constante. Y no sólo eso, sino que acabará por materializarse en una monarquía que, con períodos de mayor o menor efectividad, perdurará más de dos siglos. Dentro de una visión lineal y determinista de la historia, los visigodos vendrían a sustituir a los romanos como poder político en la Península y, desde un punto de vista tradicional, a ejercer como potencia colonizadora sobre la población local.

---

[1] Este trabajo ha sido escrito dentro del proyecto "The Impact of the Ancient City" dirigido por el Prof. Andrew Wallace-Hadrill, de la Facultad de Clásicas de la Universidad de Cambridge. Este proyecto ha recibido fondos European Research Council (ERC) dentro del programa de innovación e investigación de la Unión Europea Horizonte 2020 (beca nº 693418). Igualmente forma parte del Proyecto "Agencia campesina y complejidad sociopolítica en el noroeste de la Península Ibérica en época medieval" (Ministerio de Economía, Industria y Competitividad, HUM2016-76094-C4-2-R), el Grupo de Investigación en Patrimonio y Paisajes Culturales (Gobierno Vasco, IT936-16) y el Grupo de Estudios Rurales (Unidad Asociada UPV/EHU-CSIC).

[2] Se ha utilizado la versión de Cardelle de Hartmann, C. (2001). *Victoris Tunnunensis Chronicon : cum reliquiis ex Consularibus Caesaraugustanis et Iohannis Biclarensis Chronicon.* Turnhout: Brepols.

[3] Paradójicamente, los visigodos ("godos occidentales") nunca se refirieron a sí mismos como tal. El término "visigodo" fue acuñado en el contexto de la corte de Teodorico (454-526 d.C.) por personajes como Casiodoro, refiriéndose fundamentalmente a funciones políticas (envío de embajadores) o militares (combatir en el ejército).

Este proceso de construcción de nuevas relaciones de poder en época tardoantigua es el que tradicionalmente es conocido como el de las migraciones o invasiones bárbaras. Un proceso por el cual, desde una visión apocalíptica y romántica, un amplio conjunto de gentes provenientes de Europa central se instalarían definitivamente en la Península Ibérica para, en palabras de Ortega y Gasset, "tener algún reposo" (Ortega y Gasset, 2005: 494 y ss.). Una visión que dibuja tribus de miles de personas moviéndose por el espacio durante generaciones, a la espera de poder encontrar un nicho en el que asentarse, siempre en constante oposición a unas comunidades nativas "romanas" con las que establecerán diferentes tipos de relaciones hasta que finalmente, de forma teleológica, se lograrían fusionar (Härke, 2014).

Las palabras de Ortega y Gasset son también un indicativo de la gran carga simbólica que tiene el período de las invasiones (Figura 1). Para cierta tradición historiográfica, será el momento de emergencia del concepto de nación española tras la unificación política y religiosa del reino durante la segunda mitad del siglo VI. Más aún, la (corta) lucha de los visigodos contra el Estado omeya durante la octava centuria será tomado como un referente para la justificación política de diversos regímenes en la construcción del Estado-nación español (Tejerizo García, 2016a). De esta carga simbólica se deriva el interés que puede suscitar este período, tanto en términos sociales como académicos.

Sin embargo, no son pocas las voces que han cuestionado esta visión determinista y casi mítica sobre el período de las invasiones bárbaras. En las últimas dos décadas, y en gran medida gracias a las aportaciones de la arqueología y los marcos teóricos propuestos por investigadores anglosajones, se ha iniciado un proceso de crítica estructural a algunos de los conceptos fundamentales de esta interpretación (algunos trabajos importantes en este sentido podrían ser Brather, 1998; Buchberger, 2015; Halsall, 2007; Heather, 2005; Koch, 2006; Ward-Perkins, 2006; Wickham, 2005, 2009). Categorías como "visigodo", "migraciones bárbaras", "Estado" o "época oscura" han sido sometidas a una profunda deconstrucción que han revuelto las bases de una historia tradicional del período que parecía asentada y definitiva. Lo que había sido un "tradicional" proceso difusionista de llegada de gentes, asentamiento y aculturación se ha diluido en una compleja madeja de agencias y relaciones sociales en los que la materialidad actúa de una forma igualmente compleja y determinante. En otras palabras, los antiguos paradigmas parece que ya no son válidos para explicar los procesos sociales ocurridos en la Península Ibérica entre los siglos V y VIII. Así mismo, considerábamos que la Arqueología, fundamentada en una perspectiva teórica crítica, puede jugar un papel fundamental en su reconfiguración.

En la línea propuesta para este volumen, lo que se intentará explorar en este trabajo es una forma alternativa de entender la construcción de los sujetos y agentes y sus relaciones políticas y sociales en el territorio peninsular durante este "período visigodo" a partir de una aproximación de- y poscolonial (Haber, 2012; Rowlands, 1987; Van Dommelen y Rowlands, 2012; Vives-Ferrándiz, 2005). Poscolonial en cuanto que entendemos que una "colonización" es fundamentalmente un proceso político, económico y cultural que desborda un traslado puntual de población o su institucionalización a través de instrumentos particulares, como son los asentamientos o "colonias". De esta manera, proponemos que este período puede analizarse como el desarrollo de una compleja relación política asimétrica entre unos "colonizadores", a través de la progresiva -y no exenta de contradicciones-, construcción de un aparato de poder como es el Estado visigodo, sobre unos "colonizados" que son introducidos y normalizados dentro de este proyecto hegemónico. Quiénes son estos colonizadores y quiénes son estos colonizados en cada momento histórico, qué tipo de agencias y relaciones desarrollaron y cómo se materializó arqueológicamente serían algunos de los puntos fundamentales de esta propuesta.

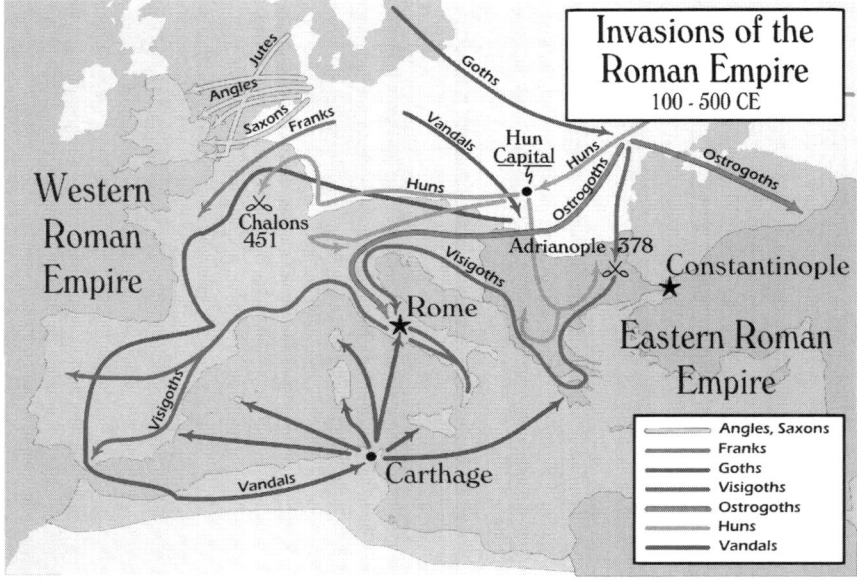

Figura 1: Forma tradicional de representar las invasiones bárbaras (Wikimedia Commons).

Más aún, entendemos que la construcción de los sujetos políticos en este período no solo se ve determinada por esta compleja relación política entre colonizadores y colonizados, sino también que ha de analizarse como una construcción social y contextual, dependiente del lugar y el tiempo en el que se desarrolla. Las categorías sociales y políticas en este proceso de colonización son en sí mismas un proceso histórico. Así por ejemplo, no es lo mismo el significado político, social y simbólico que el ser "godo", "romano" o, de forma más genérica, "nativo" puede tener en el mundo rural durante siglo V o en los centros políticos durante el siglo VII, y que se expresa materialmente de diversas maneras (Buchberger, 2012, 2015; Greatrex, 2000). Esta diversidad material y contextual es uno de los vectores esenciales de atención de este trabajo.

Ésta es sin embargo también una propuesta decolonial, en cuanto que entendemos que esta perspectiva poscolonial aplicada al pasado sirve igualmente para deconstruir nuestras propias percepciones en el presente histórico dentro de su propio contexto de colonialidad. La colonización entendida como una historia de largo recorrido que llega hasta la actualidad y que implica a una variedad de colectivos (Haber, 2011; Mignolo, 2000). Entender en definitiva que las relaciones de poder subjetivadas en las sociedades "otras" -en este caso, las sociedades de los siglos V-VIII - tienen consecuencias y paralelos en las sociedades "nuestras" del presente del que podemos extraer conclusiones e incluso enseñanzas.

El capítulo se dividirá en tres partes, siguiendo una lógica cronológica y contextual. En el primer apartado se analizará el proceso de construcción material del sujeto "godo" y su relación con el poder romano durante la cuarta y la quinta centuria, momento en el que entendemos que estos sujetos políticos son objeto de un proceso de colonización cultural y política por parte del aparato imperial romano. Esta relación determinará en gran medida su posterior construcción política. En el segundo apartado, analizaremos cómo esta relación se invierte, y estos sujetos y grupos pasan a ser los agentes fundamentales de un proceso colonizador asociado a la emergencia y construcción de un Estado que recoge elementos de lo anterior y que los desarrolla de forma novedosa a la hora de imponer un proyecto político y hegemónico a los grupos subalternos, colonizados. Este proceso se analizará desde dos perspectivas, en lo que constituye la tercera parte del capítulo. En primer lugar, desde los centros de construcción del poder estatal, a través de los cuales se generaron y se expandieron las relaciones de poder colonizadoras. En segundo lugar, desde el mundo rural, en el que mejor se pueden observar las dialécticas, resistencias y adaptaciones del proceso general.

2. LOS GODOS COMO PRODUCTO COLONIAL: LOS SIGLOS IV Y V

A través del análisis de las fuentes escritas, los "godos"[4], desde el punto de vista de los intelectuales contemporáneos, aparecen en la historia del Imperio de Occidente a finales del siglo IV y comienzos del siglo V, ya formados como un grupo heterogéneo de *gentes* y colectivos muy diversos que incluirían también desertores, esclavos, *coloni* y bárbaros federados (no todos ellos germánicos; Heather, 1998b). A la hora de entender quiénes eran estos "godos" de las fuentes, es importante destacar que

---

4 Esto, en sí mismo, es ya un proceso colonizador, similar al desarrollado por los geógrafos griegos y romanos en los siglos III a.C - I d.C. (González Ruibal, 2006-2007; Marín Suárez, 2005)

cuando se hace referencia a este sujeto político es principalmente a sus élites dirigentes y no tanto al conjunto de la población bajo su mando (Koch, 2006), por lo que, en general, habría que asociar el término "godo" a una élite política y militar y no tanto a una etnia coherente y cerrada (Buchberger, 2015; Tejerizo García, 2015).

Dentro de una estructura caudillista del poder (primero con Fritigerno, luego con Alarico), estos godos consiguieron primero cruzar el Danubio a finales del siglo IV, y tras un periodo de tiempo, rompiendo el tratado con Roma (incluyendo la batalla de Adrianópolis), entrando en Italia, saqueando Roma (410) y, al final consiguiendo del emperador Honorio una concesión de tierras en la Galia para asentarse. Este pacto es el conocido como *foedus* de Walia del año 418, por el cual los godos obtenían las tierras entre Tolosa y Burdeos a lo largo del Garona según los términos de la *hospitalitas,* un sistema legal romano para alojar a las tropas federadas en un tercio de las tierras (Goffart, 1980:42, 45-50), que acabó evolucionando en un subsidio que los godos recibían en forma de renta.

Esta transición desde un heterogéneo grupo de *gentes* -social y étnicamente hablando- a una élite diversa con un proyecto político particular, integrado en el sistema administrativo romano es la que permite identificar a los godos como un producto cultural, una invención, de Roma (Goffart, 2008). La introducción de estos grupos -o mejor, dicho, estas nuevas élites- en el entramado imperial romano es uno de los momentos fundamentales en un largo proceso de colonización cultural y política por parte del Imperio. Esto ocurrió sobre grupos que le eran estructuralmente necesarios (sujetos económicos, políticos y militares), pero que debían ser al mismo tiempo introducidos, controlados y normalizados dentro de unas relaciones de poder específicas. Con una definición muy laxa del término, podría decirse que los godos, y fundamentalmente sus élites, fueron colonizados culturalmente por los romanos, puesto que se integraron dentro del sistema administrativo imperial y, posteriormente, imitaron sus estructuras de poder.

Durante las décadas en torno al asentamiento de 418, los godos se configuran como un grupo germánico (en tanto en cuanto la mayoría de sus componentes eran reconocidos como un grupo etno-lingüísticamente particular y diferenciado). Este grupo desarrolla una cohesión interna ligada directamente a la posición político-social que tienen dentro del mundo tardorromano y a su inserción dentro de un proyecto político estatal, dependiente del imperio, como es la monarquía de Tolosa. La pertenencia a una facción goda en este período, por lo tanto, deriva de una contraposición política entre los locales y los recién llegados. En este sentido, los godos se forman como una nueva élite con rasgos culturales particulares dentro del mundo romano: una élite política y administrativa, pero no necesariamente cultural o económica (Castellanos, 2007: 48-51), con elementos de cohesión identitaria como fueron el arrianismo,[5] los antropónimos (pero no necesariamente el uso general del godo como lengua vehicular) y las relaciones de patrocinio y fidelidad entorno a la figura del rey, tomado del modelo militar romano.

De esta manera, y desde su base en el sur de Francia (Figura 2), los godos se integraron en el modelo imperial del siglo V como federados "romanos", con una función militar y represiva, luchando en diversas partes del

---

[5] Aunque esta adscripción religiosa ha de verse más como un factor político que como uno necesariamente étnico (Koch 2014: esp. p. 269), y que puede que para la población general las ligeras diferencias teológicas no fueran tan obvias, importantes o relevantes.

Imperio de Occidente contra otros grupos que pretendían disputar el papel colonizador romano. Encontramos, por lo tanto, un grupo políticamente coherente sometido a un proceso de colonización cultural pero que se constituye como un agente político autónomo. Es en este contexto cuando estas élites comienzan a tener la Península Ibérica como espacio performativo de sus agencias políticas y sociales (Koch, 2006).

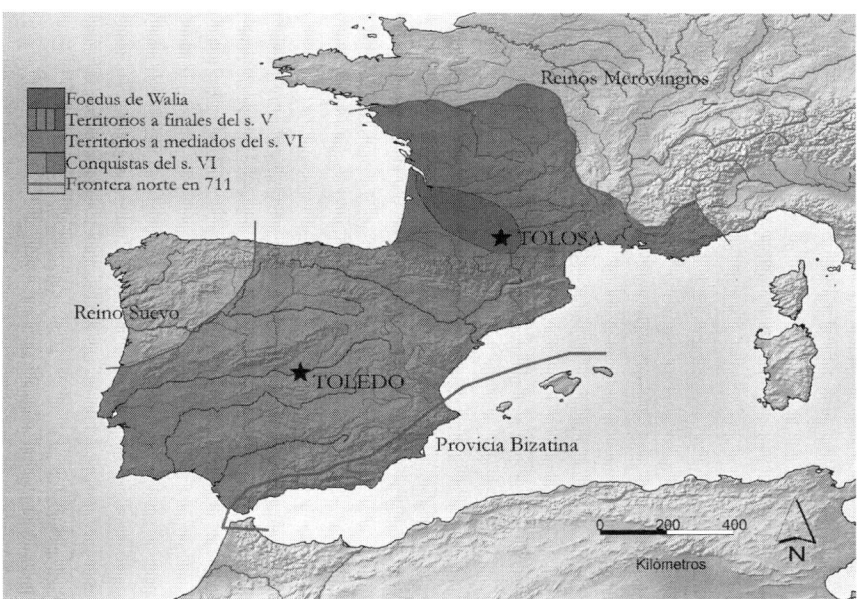

Figura 2: Mapa del occidente mediterráneo mostrando la evolución del marco político del reino visigodo, desde el foedus de Walia a la caída del reino en 711.

Esta relación de subordinación entre las élites godas y las romanas no duraría demasiado. La progresiva debilidad del aparato imperial sumado a la acumulación de poder político por parte de las nuevas élites godas –

dentro aún del sistema romano- comenzó a generar fuertes contradicciones estructurales. En la segunda mitad del s. V los godos retomaron las pretensiones imperiales que ya se habían iniciado en la macropolítica, por ejemplo, con el matrimonio de Ataulfo con Gala Placidia, y comenzaron a presionar cada vez más, llegando incluso a nombrar a un colaborador galorromano como emperador: Avito (c. 385-456). A partir de este momento, y sobre todo durante el reinado de Eurico (466-484), los godos fueron reclamando y conquistando cada vez más territorios a los romanos a ambos lados de los Pirineos. A finales del siglo V, el reino de Tolosa incluía la Galia cisligerina y la Península exceptuando la Gallaecia.

El proceso de materialización arqueológica de este proceso político es muy interesante, precisamente por los elementos ausentes. Así, lo más significativo es que durante este período los godos no llegan a desarrollar una materialidad diferenciable de la propiamente romana, asumiendo en lo esencial sus códigos culturales. Incluso en sus centros políticos principales no se logra distinguir con claridad esta diferenciación material. Salvando los posibles complejos palatinos de Tolosa (excavaciones de Hôpital Larrey, Saint-Pierre-des-Cuisines, École d'économie), la iglesia de La Daurade (Guyon, 2000; Pailler, 2002: 445-453, 489, 496-449) o los edificios de Narbona (iglesia San Félix y capitolio; Riess, 2013: 112, 121), es difícil ver arqueológicamente elementos que ejemplifiquen el proceso de formación estatal. Un Estado que, sin embargo, sabemos que está en pleno funcionamiento. La compilación de textos legales como el Código de Eurico o el Breviario de Alarico por otro lado, y el ceremonial de la corte de Tolosa que recoge Sidonio Apolinar (*Epistulae* I.2), muestran claramente a la monarquía goda como un agente político activo integrado dentro del sistema romano.

Esta "ausencia arqueológica" subrayaría varias cuestiones de interés. En primer lugar, que en el contexto de los siglos IV y V las élites godas no requerirían de una materialidad diferenciable, asumiendo esencialmente las formas de representación material romana para su propia identificación dentro del proceso de colonización cultural que se está describiendo. Por otro lado, también demostraría un momento de debilidad política propia. El control efectivo de los reyes godos más allá de su entorno inmediato (territorial y personal) es muy limitado – especialmente en la Península, donde actuaron simplemente como contingentes militares tras la salida de las legiones en el 410 (Collins, 2005: 19; Koch, 2006: 88-97; Kulikowski, 2004: 175-186). Por otro lado, en grandes zonas de la península, la retirada de las tropas y la llegada de los godos implicó un vacío de poder efectivo, donde las élites locales se vieron separadas de la autoridad central romana y sin un control fuerte o activo por parte del nuevo poder godos (Martínez Jiménez y Tejerizo García, 2015). Esto podría explicar la presencia del *dux* Sala en Mérida como un agente político relevante, mencionado en la inscripción de la reparación del puente que llevó a cabo el obispo Zenón como un agente regio en la capital romana de Hispania. Esta situación se mantuvo durante las primeras décadas del siglo VI , incluso después de la batalla de Vouillé tras la pérdida de la mayoría de los territorios visigodos en la Galia a manos de Clodoveo (Arce, 2010: 76-77).

En resumen, los siglos IV y V suponen el momento de la construcción del sujeto político godo dentro de los parámetros culturales del Imperio Romano; el godo como una invención de Roma. Un proceso -solo relativamente exitoso, al fin y al cabo- de colonización en el que las élites políticas godas incorporaron y normalizaron las relaciones de poder emanadas del Imperio. Como ya se ha comentado, su desestructuración como tal imperio dejó un vacío de poder aprovechado por las nuevas élites (tanto las "nuevas godas" como las "antiguas romanas"; (Fernández Delgado, Martínez Jiménez, y Tejerizo García, 2013) para la construcción de una nueva forma de poder a través de una monarquía, ahora sí, plenamente "goda", iniciando así un proyecto de hegemonía política que implicó un nuevo proceso de colonización y normalización por parte de estas nuevas élites.

3. ¿COLONIZADOS COLONIZADORES? DEL SIGLO VI AL 711

Una vez fragmentado y desestructurado el poder romano, se diluyó igualmente su proyecto de colonización, dejando a las nuevas élites en una ventajosa posición de vacío de poder que sería aprovechado, en el caso de la Península Ibérica, por los godos. No puede decirse que los godos actúen activamente como colonizadores hasta el último tercio del s. VI, que es cuando se forma un Estado (moderadamente) efectivo , en realidad una condición *sine qua non* para que pueda haber un proceso colonizador (Jessop, 2007; Poulantzas, 1979). Proceso que tuvo un desarrollo y características distintas en función del contexto performativo. Así, distinguiremos por un lado los centros estatales de construcción de este nuevo entramado político y, por otro, los contextos rurales donde se implantaron las nuevas relaciones de poder.

3.1. Los centros estatales de colonización.

La construcción el Estado godo en la Península Ibérica, y su proyecto hegemónico, tuvo lugar fundamentalmente a partir de la segunda mitad del s.VI. Hasta entonces, y aunque hubo acciones directas de la monarquía para ejercer su poder teórico, éstas fueron poco visibles en el registro arqueológico. Un factor fundamental será la aparición de las tropas romanas en el sur peninsular para tomar parte en la guerra civil de Atanagildo. La presencia de estas tropas causaría una serie de reacciones internas en el reino, que necesitaba tanto de una administración eficaz para poder hacer frente a la amenaza como una retórica de poder con la cual posicionarse políticamente ante el Imperio de Oriente. Estas reacciones han sido conceptualizadas como la *aemulatio imperii*, o proceso de imitación del ceremonial y del modo administrativo del Imperio de Oriente.

El éxito del proceso de formación estatal dependió de la unificación territorial, incluyendo las conquistas del reino de los suevos, de las zonas 'autónomas' al norte (vascones, cántabros, etc.) y al sur (Orospedia, Córdoba, etc.), la expulsión de las tropas imperiales, y las guerras en la Septimania. Esta unificación territorial hay que entenderla no desde la perspectiva idealizada, ideológica y teleológica a partir de la lectura sesgada de Isidoro de Sevilla de la "Unidad de España", sino como una consecuencia de la pésima capacidad impositiva de la administración visigoda, donde era mucho más beneficioso (en términos económicos y de prestigio) el botín de guerra (*manubia*). Esta deficiencia administrativa es heredada del sistema tardoimperial. Necesariamente ligado a esta cuestión se encuentra la reactivación (no realmente una reforma, puesto que no se introduce ningún componente nuevo) del sistema fiscal y monetario como se puede ver con la acuñación de moneda real (Pliego Vázquez, 2009) y que en parte elogia Isidoro en su *Historia Gothorum* (49-51)[6].

Otros elementos centralizadores o unificadores que caracterizan el proceso de formación estatal visigodo fueron la abolición de la prohibición de los matrimonios mixtos (que permitía a las élites visigodas acceder a las redes de patronazgo y de poder de la aristocracia hispanorromana más fácilmente) o la unificación religiosa: primeramente con el fallido intento de Leovigildo de reforma del arrianismo e invitación a la comunidad católica a aceptar este nuevo credo y luego ya con la famosa conversión de los godos al credo Niceno en el III Concilio de Toledo. Aquí entrarían ya en juego otros agentes legitimadores como la Iglesia o la nobleza terrateniente, que, tras esta serie de transformaciones, obtuvieron la legitimidad de integrarse en el sistema político visigodo – como por ejemplo ocurriría con el *dux* Paulo de Mérida. Por último, también cabe mencionar la reorganización legal de Leovigildo, cuyo *Codex Revisus* complementaría los códigos legales previos como los de Eurico y de Alarico II[7]. Es en este contexto de construcción de un proyecto estatal en el que las diferencias entre un otros-romano y un nosotros-godo (siempre, claro, visto desde el punto de vista del colonizador, desde el poder) se intenta diluir dentro de un proceso ideológico de creación de una unidad del pueblo. De esta manera, en los textos oficiales comienzan a generalizarse fórmulas como *gens Gothorum,* que harían referencia a todos

---

6 Isidoro de Sevilla, *Historia de Regibus Gothorum, Wandalorum et Sueborum*. Editado en *MGH AA* 11, 241-303

7En este caso debemos recalcar que los códigos legales visigodos, contrariamente a lo que se suele explicar, no tenían un carácter étnico. Es decir: no existían una serie de leyes para godos y otra para romanos. Esto es algo que está especificado únicamente en el reino Burgundio y que se ha extrapolado a los demás reinos germánicos. Godo y romano eran dos categorías jurídicas dentro de un mismo sistema legal integrado y complementario.

(fundamentalmente los nobles los residentes del reino). No casualmente reyes como Leovigildo o Recaredo se identifican en los textos como *rex gothorum*, rey de los godos entendidos como el conjunto del pueblo y no únicamente a una parte de él[8].

Este nuevo Estado, que integra modelos romanos orientales dentro de unos patrones pre-condicionados por la situación del mundo urbano en las provincias del occidente posromano, muestra una materialidad muy significativa. Tradicionalmente se han subrayado objetos únicos como las coronas de Guarrazar[9] o la construcción de Iglesias como San Juan de Baños (que, igualmente, no puede afirmarse que sea del siglo VII; Caballero Zoreda, 2000) como elementos vinculados con estos centros estatales. Por su parte, las excavaciones de Recópolis (Olmo Enciso, 2008) o de El Tolmo de Minateda (Gutiérrez Lloret y Sarabia Bautista, 2013) muestran grandes proyectos constructivos, fechables arqueológicamente a las décadas de formación del Estado visigodo. En el primero de estos casos (Figura 3), las excavaciones han sacado a la luz una serie de grandes estructuras palatinas y religiosas, junto con muestras de actividad artesanal (vidrio, oro), acuñación de moneda, y otros elementos de prestigio urbano (murallas, acueducto) que miran directamente a modelos orientales e imperiales (cf. Rizos, 2017). Éstos, además, están ligados a la expansión política del poder regio, capaz de llevar a cabo grandes proyectos constructivos como es la fundación de nuevas ciudades (junto con los centros menos conocidos como Victoriacum u Ologicus), desde las cuales se ejercería la administración (Martínez Jiménez y Tejerizo García, 2015).

---

8 En este párrafo recogemos y resumimos las ideas de la tesis de Erica Buchberger (Buchberger, 2012), a quien agradecemos que nos haya facilitado su trabajo y comentarios.

9 Cuya autoría visigoda está actualmente en entredicho, puesto que podrían verse como regalos diplomáticos de Constantinopla: Walker, 2016: 114-5.

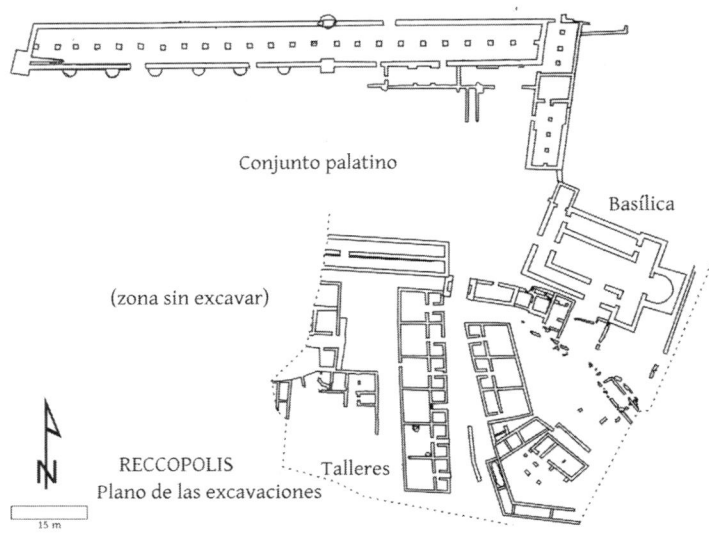

Figura 3: Planta de los restos excavados en el centro de Recópolis (según Olmo Enciso 2008).

En estos contextos de transformación de la identidad política visigoda, con la aparición de la alteridad imperial, propiciaría la necesidad de un nuevo discurso "colonial" tanto cara al exterior como al interior. Los centros políticos más íntimamente ligados a las élites políticas visigodas o a los núcleos administrativos romanos fueron los puntos principales donde la monarquía visigoda podía asumir este nuevo rol. Y aunque podemos hablar de una fase de recuperación o renovación urbana en estos contextos de época visigoda (Olmo Enciso, 2008), ésta no es una "colonización" monumental del espacio urbano por los visigodos, sino que recalca más aún cómo las élites visigodas se comportan a la romana.

En este sentido, las construcciones urbanas que caracterizan este proceso de renovación estatal (la arquitectura del poder colonial visigodo) se pueden separar en construcciones civiles y religiosas. Las primeras se pueden ligar directamente a la intervención estatal, y forman el conjunto de edificios que el nuevo Estado necesita para poner en marcha la administración territorial (centrada en las ciudades), y que por otro lado permite crear una arquitectura de poder que sirve también como instrumento de propaganda del nuevo Estado. Las construcciones palatinas de Toledo (Olmo Enciso, 2010) y Córdoba (Vaquerizo Gil y Murillo, 2010: 524-525), junto con el posible palacio del *comes* en Barcelona (Beltrán de Heredia, 2008) serían unos claros ejemplos arqueológicos de construcciones urbanas ligadas a la administración visigoda, junto con el posible edificio administrativo del foro de Mérida (Mateos Cruz y Sastre de Diego, 2004).

Estos edificios vendrían a sustituir (física y administrativamente) a los foros y las basílicas del alto imperio como focos del poder municipal, no solo porque habían ya quedado obsoletos al desaparecer la administración curial durante el bajo imperio, sino que también forman parte del modelo administrativo tanto del tardoimperio como del mundo bizantino (Liebeschuetz, 1992). La reparación de fortificaciones y murallas en las ciudades, como en Itálica (Ahrens, 2002), Conímbriga (De Man, 2007), Valencia (Ribera Lacomba, 2008) o Toledo (Olmo Enciso, 2009) sería otro ejemplo de construcciones llevadas a cabo por la monarquía visigoda para afianzar su control sobre los centros urbanos, que en la mitad sudeste de la Península formaban el foco principal de la administración (Figura 4).

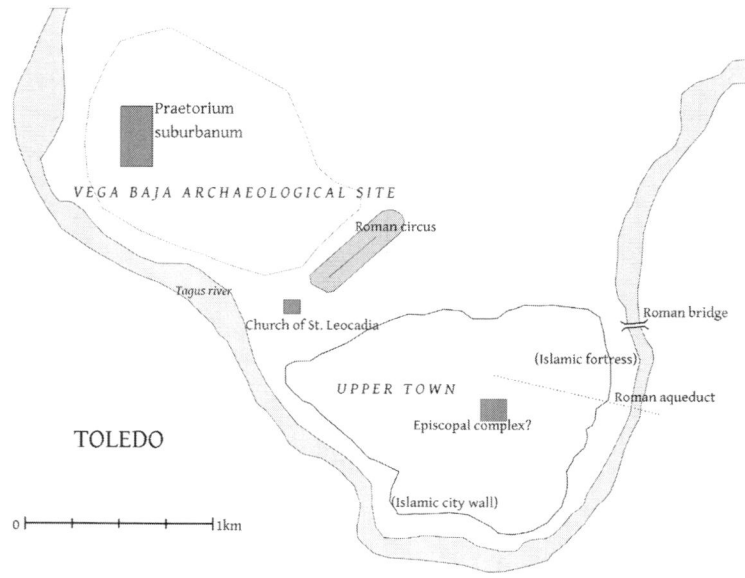

Figura 4: Esquema del Toledo arqueológico en época visigoda, incluyendo las estructuras excavadas en la zona de la Vega Baja, que forman un conjunto probablemente palatino y suburbano fuera de la ciudad alta (que no excluye que hubiera estructuras similares en esa zona; Martínez Jiménez, Sastre de Diego y Tejerizo García 2018, fig. 5.12).

3.2. Las relaciones colonizador-colonizado en el campo: las aldeas y las interacciones culturales

La desarticulación del entramado imperial romano y de sus instituciones económicas y sociales principales -en el caso del campo, principalmente del sistema de latifundios y de villas- durante la segunda mitad del siglo V llevó al campesinado a adquirir cuotas significativas de poder y autonomía a la hora de gestionar su producción (Wickham, 2005). La aparición de nuevos contextos de tipo aldeano amortizando antiguos espacios vilicarios es una imagen material que evidencia este proceso (Figura 5) (Tejerizo García, 2016b). Esto no implicó la ausencia de poderes regionales o la ausencia de relaciones de explotación verticales, sino que estas se rearticularon profundamente. Una de las evidencias más significativas en este sentido es la aparición durante este período de un conjunto muy numeroso de ocupaciones fortificadas en altura en contextos rurales. Ocupaciones que debieron funcionar como los centros de poder a escala territorial que articularon las relaciones entre las élites regionales y las comunidades campesinas posromanas (Martínez Jiménez y Tejerizo García, 2015).

Figura 5: Vista aérea de la aldea de época visigoda de La Mata del Palomar (Nieva, Segovia). Fotografía de STRATO S.L.

Como ya se ha discutido, a partir de la segunda mitad del siglo VI el proceso de construcción del Estado visigodo y la rearticulación de las élites estaba plenamente en marcha. Uno de los objetivos políticos fundamentales fue la inclusión de toda esta masa de población dentro de un proyecto hegemónico común, de unas nuevas relaciones de control y explotación. Una masa heterogénea étnica, social y culturalmente que habría de ser integrada dentro de una idea de unidad; la *gens gothorum* antes mencionada cuyo objetivo era unificar lo heterogéneo, sobre todo de un mundo rural profundamente fragmentado durante el período posromano (Quirós Castillo y Vigil-Escalera, 2006). Arqueológicamente, dos son los tipos de contextos que nos servirán para argumentar esta idea. En primer lugar, centraremos la atención sobre los espacios cementeriales de la sexta centuria y en el uso de nuevas formas de ritualidad. En segundo lugar, en la extensión de las iglesias rurales durante la séptima y octava centuria.

A lo largo de la sexta centuria, pero sobre todo centrado en la segunda mitad, se observan cambios muy significativos en la ritualidad funeraria del mundo rural. Quizá el más llamativo, y el que sin duda ha recibido más atención por parte de la Academia, es la aparición dentro de los cementerios comunitarios de un tipo específico de ajuares, caracterizados por la presencia de suntuosos objetos de orfebrería, con especial mención a un cierto tipo de fíbulas de arco y un tipo de broche de forma cuadrangular con decoración mediante *cloisonné* de vidrios (Palol y Ripoll, 1988; Pinar Gil, 2012). Tradicionalmente estas son las denominadas *inhumations habillés* y han sido reiteradamente asociadas a personajes godos llegados a territorio peninsular tras la derrota de Vouillé de 507. Más aún, una lectura funcionalista y etnicista de la distribución espacial de estos cementerios ha dado como resultado la identificación de lo que se menciona en las fuentes como *Campus Gothorum* con la actual Tierra de Campos castellana.

Sin embargo, una crítica arqueológica sobre este tipo de cementerios y de ajuares ha llevado a cuestionar una asociación lineal y determinista entre el tipo de ajuar y la identidad étnica del individuo (Quirós Castillo y Vigil-Escalera, 2011). Más aún, una interpretación alternativa lleva a leer en esta materialidad las tensiones y contradicciones de las comunidades rurales posromanas que utilizarían este ritual funerario como medio de normalización de estas tensiones (Halsall, 1995; Tejerizo García, 2015). Siguiendo estas interpretaciones, se puede proponer una lectura política e ideológica de este tipo de ajuares.

Los análisis arqueometalúrgicos realizados en objetos similares provenientes del área franca sugieren la presencia de complejas cadenas operativas muy alejadas de las posibilidades técnicas de las comunidades en las que se localizan estos cementerios y estos ajuares (Calligaro, Périn, Vallet, y Poirot, 2006-2007) y que, por lo tanto, deben ser externos a los propios contextos en los que se localizan. La posibilidad que surge es que este tipo de objetos sean fabricados en talleres centrales -sin descartar que puedan estar situados en entornos rurales puntuales, como se ha mostrado en el mundo anglosajón (Hamerow, 2012)- controlados por las élites estatales que distribuían estos objetos. Objetos que servirían, dentro de esta interpretación, como elementos identificadores de una identidad fundamentalmente política y una adscripción a un proyecto cultural concreto, el del Estado visigodo. Objetos, por tanto, como elementos de colonización del medio rural, de asociación de un conjunto de individuos particulares a un proyecto cultural colonizador específico más que a una etnia determinada (Heather, 1998a; Pohl, 1998). De esta manera, la distribución espacial de estos objetos puede releerse, no como signos de las zonas de ocupación principal de las primeras oleadas de godos que penetrarían en la Península Ibérica, sino dentro de una estrategia geopolítica, como los ámbitos de intervención política del Estado visigodo en el mundo rural.

Otro elemento rastreable arqueológicamente que puede vincularse con los procesos de colonización cultural y política del mundo rural son las iglesias. La alianza estratégica que la monarquía visigoda estableció con la Iglesia tuvo como consecuencia la consolidación de esta última como un agente político de primer orden, desarrollando sus propios intereses estratégicos. La creación y desarrollo de obispados y diócesis, como un largo proceso histórico rastreable desde el siglo IV y la promoción imperial, fue uno de sus principales elementos de establecimiento de su poder (Prieto Vilas, 2002). Las iglesias funcionarían de esta manera como la materialización de esta creciente colonización religiosa -y, por tanto, ideológica y política- de la Iglesia sobre el mundo rural, con un punto de desarrollo muy importante durante la séptima y la octava centuria (Chavarría Arnau, 2010).

Así, en amplios sectores de la Península Ibérica se localizan iglesias en el mundo rural cuya construcción original se puede datar en este momento (Figura 6)[10]. Si bien las estructuras visibles actualmente no

---

[10] Sobre la datación de estas iglesias hay un importante debate que ha dividido a la academia desde hace ya más de una década. De forma resumida, la discusión se centra en la cronología "visigoda", "omeya" o "mozárabe" de estas iglesias . Sin embargo, este debate no modifica en lo sustancial la discusión que aquí se hace. Para un reciente trabajo sobre el tema, ver (Sánchez Pardo, Blanco Rotea, y Sanjurjo Sánchez, 2017).

puede confirmarse que sean originarias de este período, no hay duda de que parten de iniciativas de grupos de poder con una gran capacidad de captación de capital económico y social, sobre todo si los comparamos con la arquitectura doméstica existente en los contextos rurales contemporáneos (Vigil-Escalera, 2003). Esto mostraría, por tanto, la agencia de unas élites que tratarían de insertarse en las formas de vida de las comunidades locales.

Por el momento, la relación física de estos edificios con sus aldeas y granjas contemporáneas no está del todo clara, ante la falta de excavaciones que contextualicen estos monumentos con el paisaje. Sin embargo, por el momento todo parece indicar que, al menos en el período que aquí estamos tratando, estos edificios se mantendrían alejados de los núcleos aldeanos. En ninguna de las granjas y aldeas excavadas por el momento se han localizado edificios cultuales tipo iglesias ni en las escasas excavaciones en torno a los edificios religiosos (San Juan de Baños, por ejemplo) se han documentado estructuras campesinas previas (Chavarría Arnau, 2010; Palol, Tuset, y Cortes, 1983; Utrero Agudo, 2010). Una lectura que podría realizarse de este hecho, a modo de hipótesis futura, es una potencial resistencia por parte de estas comunidades locales a la presencia física de estos edificios y a los procesos de colonización cultural que supondrían. Únicamente durante la novena y décima centuria es cuando se observa claramente la presencia de edificios religiosos en contextos aldeanos, dentro de un agresivo proceso de las élites territoriales por colonizar políticamente estos contextos (Martín Viso, 2014). Hipótesis que, sin embargo, solo podrá ser contrastada a medida que se excaven los contextos arqueológicos de estas iglesias.

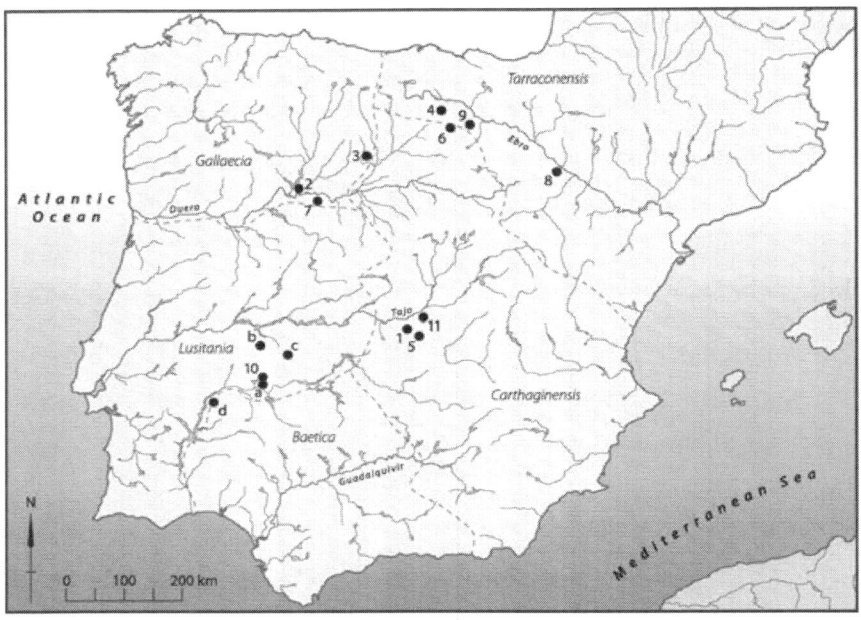

Figura 6: Principales iglesias rurales de época visigoda en la península ibérica (Chavarría 2010).

4. DE COLONIZADORES A COLONIZADOS. UNA VISIÓN POSCOLONIAL DE LA "ÉPOCA OSCURA" EN LA PENÍNSULA IBÉRICA.

El fin del Imperio Romano en Europa occidental es, quizá, uno de los acontecimientos macropolíticos más traumáticos de su historia (Ward-Perkins, 2005). En menos de dos generaciones, prácticamente todos los ámbitos de la vida cotidiana cambiaron, obligando a los distintos grupos sociales a adaptarse (o resistir) a los profundos cambios que estaban teniendo lugar. Las invasiones/migraciones bárbaras, sin duda un proceso mucho más complejo y de larga duración más allá de una imagen eventual, apocalíptica y mitificadora, actuaron mayormente como un catalizador, fundamental sin duda, de transformaciones que ya estaban en marcha.

En el caso de la Península Ibérica, la entrada de los visigodos en escena jugaría un papel de primer orden a la hora de re-configurar las relaciones de poder durante el conocido popularmente como "período oscuro". Frente a la visión determinista de las invasiones de los germanos, asentamiento y mera sustitución de un poder "romano" por otro "visigodo", lo que se ha propuesto en este trabajo es una interpretación en términos de colonización por parte de unas élites en proceso de reestructuración de su poder hacia los grupos subalternos en un contexto en el que estos habían adquirido una significativa cuota de autonomía en sus decisiones políticas y económicas. "Nuevas" élites godas que, como hemos visto, tienen su propia genealogía dentro de otro proceso de colonización; el de los propios godos dentro de las estructuras culturales y políticas romanas, que determinarán en gran medida la imposición y características del nuevo orden político durante la sexta y séptima centuria.

Estos cambios en las relaciones de poder en la Península Ibérica en época posromana estuvieron vertebrados en torno a la construcción de un nuevo poder estatal, como fue el de la monarquía visigoda. Bajo nuestro punto de vista, este es el elemento fundamental que permite entender el período desde las relaciones de poder y la contraposición de proyectos y agencias políticas diversas. Un proceso de construcción estatal que, como tal, requiere de un proyecto hegemónico e ideológico para crear una (falsa) sensación de unidad (Valverde Castro, 2000), materializada, como en los ejemplos analizados, en las nuevas construcciones edilicias, en la inserción dentro de los rituales funerarios o en la creación de nuevas formas de ideología religiosa.

De esta manera, a través de la emergencia del Estado visigodo se generaron nuevos canales y posibilidades para las relaciones sociales de los diversos agentes políticos. Agentes que no deben de confundirse, como a menudo se ha hecho, con una dicotomía simplista entre godo/romano, sino que se relacionan con los múltiples grupos y colectivos (campesinos, élites urbanas y rurales, aparato estatal, terratenientes, mujeres, esclavos, clero, etc.) inmersos en las nuevas relaciones de poder (Buchberger, 2015). Así, creemos que es fundamental insertar este proceso de colonización dentro de contextos específicos con agentes concretos que permitan entender sus complejidades y particularidades. Como se ha analizado, las relaciones establecidas entre los diversos sujetos políticos vienen determinadas por su localización espacial y temporal, sea un centro de poder estatal o las aldeas rurales de la séptima centuria. Más aún, no hay que olvidar que este proceso de colonización se ve enfrentado con otros que tienen lugar contemporáneamente. En el caso de la Península Ibérica durante los siglos V y VII es fundamental tener también en cuenta la presencia de los Estados suevo y bizantino a la hora de delimitar la agencia del Estado visigodo, así como la presencia de otros proyectos de corte más local y territorial[11]. Sin embargo, este análisis quedaría muy lejos de los propósitos sugestivos de este trabajo (ver Díaz Martínez, 2011; Vizcaíno Sánchez, 2009)[12].

---

11 Como por ejemplo la presencia de los sappos o de los vascones (Poveda Arias, 2013)

12 Sobre todo en el caso del mundo bizantino en occidente (no solo en la Península), donde sí se puede ver un modelo de imposición colonial sobre el territorio en el que una potencia foránea controla manu militari a una población local, e impone un nuevo modelo administrativo.

En definitiva, se trataría de entender este período, bajo nuestro punto de vista, desde una perspectiva poscolonial y de las relaciones asimétricas de poder entre distintos proyectos políticos mediados por la construcción del Estado visigodo. Una perspectiva que permite a nuestro entender sobrepasar las limitaciones de lecturas deterministas y simplificadoras más allá del *Gotthi intra Hispanias sedes acceperunt* de los *Consularia Caesaraugustana*. Igualmente, permite dar una voz ecuánime a los grupos subalternos, asignándoles un rol en la historia, con una agencia y con unos intereses propios. Finalmente, a modo de ejercicido de auto-reflexión, nos permite deconstruir la Historia de forma crítica como una dialéctica de relaciones de poder, de forma que también nos ayude a decolonizar nuestras propias mentes en el presente histórico.

BIBLIOGRAFÍA

Ahrens, S. (2002). Arquitectura y decoración arquitectónica de época paleocristiana y visigoda en Itálica. *Rómula*(1), 107-124.

Arce, J. (2010). El siglo V en Galia e Hispania. En J. Morín De Pablos, J. López Quiroga & A. M. Martínez Tejera (Eds.), *El tiempo de los "bárbaros". Pervivencia y transformación en Galia e Hispania (ss. V-VI d.C.)* (pp. 66-76). Alcalá de Henares: Museo Arqueológico Regional.

Beltrán De Heredia, B. (2008). Barcino durante la Antigüedad Tardía. En L. Olmo Enciso (Ed.), *Recópolis y la ciudad en la época visigoda* (pp. 275-291). Alcalá de Henares: Museo Arqueológico Regional.

Brather, S. (1998). Ethnic identities as constructions of Archaeology: the case of the *Alamanni*. En H. Reimitz & W. Pohl (Eds.), *Strategies of* distinction: the construction of ethnic communities, 300-800 (pp. 149-175). Leiden: Brill.

Buchberger, E. (2012). *From Romans to Goths and Franks: ethnic identities in sixth- and seventh-century Spain and Gaul.* Unpublished thesis. University of Oxford.

Buchberger, E. (2015). The growth of Gothic identity in Visigoth Spain: the evidence of textual sources. En J. A. Quirós Castillo & S. Castellanos Martínez (Eds.), *Identidad y etnicidad en Hispania. Propuestas teóricas y cultura material en los siglos V-VIII* (pp. 87-101). Bilbao: Universidad del País Vasco.

Caballero Zoreda, L. (2000). La arquitectura denominada de época visigoda ¿es realmente tardorromana o prerrománica? En L. Caballero Zoreda & P. Mateos Cruz (Eds.), *Visigodos y Omeyas: un debate entre la Antigüedad Tardía y la Alta Edad Media* (pp. 207-247). Madrid: CSIC.

Calligaro, T., Périn, P., Vallet, F., & Poirot, J.-P. (2006-2007). Contribution à l'étude des grenats mérovingiens (Basilique de Saint-Denis et autres collections du musée d'Archéologie nationale, diverses collections publiques et objets de fouilles récentes. *Antiquités nationales*(38), 111-144.

Castellanos Martínez, S. (2007). *Los godos y la cruz. Recaredo y la unidad de Spania.* Madrid: Alianza.

Collins, R. (2005). *La España visigoda, 409-711.* Barcelona: Crítica.

Chavarría Arnau, A. (2010). Churches and aristocracies in seventh-century Spain: some thoughts on the debate on Visigothic churches. *Early Medieval Europe, 18*(2), 160-174.

De Man, A. (2007). A muralha tardía de Conimbriga. En A. Rodríguez Colmenero & I. Rodá De Llanza (Eds.), *Murallas de ciudades romanas en el occidente del imperio. Lucus Augusti como paradigma* (pp. 699-714). Lugo: Diputación provincial de Lugo.

Díaz Martínez, P. d. l. C. (2011). *El Reino Suevo (411-585)*. Tres Cantos: Akal, D.L.

Fernández Delgado, A., Martínez Jiménez, J., & Tejerizo García, C. (2013). Old and new elites in the Visigothic kingdom (AD 550-650). En E. M. Van Der Vilt (Ed.), *Tough times: the archaeology of crisis and recovery* (pp. 161-170). Oxford: Archaeopress.

Goffart, W. (1980). *Barbarians and Romans. The techniques of accomodation*. Princeton: Princeton University Press.

Goffart, W. (2008). Rome´s final conquest: the barbarians. *History Compass, 6*(3), 855-883.

González Ruibal, A. (2006-2007). Galaicos. Poder y comunidad en el Noroeste de la Península Ibérica (1200 a.C-50 d.C). *Brigantium, 18*.

Greatrex, G. (2000). Roman identity in the sixth century. En S. Mitchell & G. Greatrex (Eds.), *Ethnicity and Culture in Late Antiquity*. Swansea: The Classical Press of Wales.

Gutiérrez Lloret, S., & Sarabia Bautista, J. (2013). The episcopal complex of Eio-El Tolmo de Minateda (Hellín, Albacete, Spain). Architecture and spatial organization. 7th to 8th centuries AD. *Hortus Artium Medievalium* (19), 267-300.

Guyon, J. (2000). Tolouse, la première capital du royaume Wisigoth. En G. Ripoll (Ed.), *Sedes regiae ann 400-800* (pp. 241-266). Barcelona: Real Academia de las Buenas Letras.

Haber, A. F. (2011). Nometodología payanesa: notas de metodología indisciplinada. *Revista de Antropología* (23), 9-49.

Haber, A. F. (2012). Tiempo de carnaval. Colonialidad de la arqueología y semiopraxis de la serpiente. *Complutum, 23*(2), 117-126.

Halsall, G. (1995). *Early Medieval Cemeteries*. Glasgow: Cruithne Press.

Halsall, G. (2007). *Barbarian Migrations and the Roman West, 376-568*. Cambridge: Cambridge University Press.

Hamerow, H. (2012). *Rural Settlements and Society in Anglo-Saxon England*. Oxford: Oxford University Press.

Härke, H. (2014). Migrations and State Formation in the Early Middle Ages: a view from the West. En T. Jackson (Ed.), *The Earliest States of Eastern Europe* (pp. 116-130). Moscow: Dmitriy Pozharskiy University.

Heather, P. (1998a). *The goths*. Malden: Blackwell Publishers.

Heather, P. (1998b). Goths and Huns. En A. Cameron & P. Gamsey (Eds.), *Cambridge Ancient History. Volume XIII. The Late Empire, AD 337-425*. Cambridge: Cambridge University Press.

Heather, P. (2005). *The Fall of the Roman Empire*. London: Macmillan.

Jessop, B. (2007). *State Power. A strategic-Relational Approach*. Cambridge: Polity Press.

Koch, M. (2006). Gotthi intra Hispanias sedes acceperunt. Consideraciones sobre la supuesta inmigración visigoda en la Península Ibérica. *Pyrenae, 37*(2), 83-104.

Kulikowski, M. (2004). *Late Roman Spain and its cities*. Baltimore: The Johns Hopkins University Press.

Liebeschuetz, W. (1992). The End of the Ancient City. En J. Rich (Ed.), *The City in Late Antiquity* (pp. 1-50). London: Ashgate.

Marín Suárez, C. (2005). *Astures y asturianos. Historiografía de la Edad de Hierro en Asturias*. Madrid: Toxosoutos.

Martín Viso, I. (2014). El espacio del más acá: las geografías funerarias entre la Alta y la Plena Edad Media. En E. López Ojeda (Ed.), *De la tierra al cielo. Ubi sunt qui ante nos in hoc mundo fuere. XXIV Semana de estudios medievales* (pp. 75-140). Logroño: Gobierno de la Rioja.

Martínez Jiménez, J., & Tejerizo García, C. (2015). Central places in the post-Roman Mediterranean: regional models for the Iberian Peninsula. *Journal of Mediterranean Archaeology, 28*(1), 81-103.

Mateos Cruz, P., & Sastre De Diego, I. (2004). Elementos arquitectónicos tardoantiguos y altomedievales en el templo de Diana (Mérida, España). *Mérida. Excavaciones arqueológicas* (7), 397-415.

Mignolo, W. (2000). La colonialidad a lo largo y a lo ancho: el hemisferio occidental en el horizonte colonial de la modernidad. En E. Lander (Ed.), *La colonialidad del saber: eurocentrismo y ciencias sociales. Perspectivas latinoamericanas* (pp. 55-85). Buenos Aires: FLACSO.

Olmo Enciso, L. (2009). La Vega Baja en época visigoda: una investigación arqueológica en construcción. En A. García & D. Perís (Eds.), *La Vega Baja de Toledo* (pp. 69-94). Toledo: Toletum Visigodo.

Olmo Enciso, L. (2010). Ciudad y estado en época visigoda: Toledo, la construcción de un nuevo paisaje urbano. En A. García, R. Izquierdo Benito, L. Olmo Enciso & D. Perís (Eds.), *Espacios urbanos en el occidente mediterráneo, ss. VI-VIII* (pp. 87-112). Toledto: Toletum Visigodo.

Olmo Enciso, L. (2008). Recópolis: una ciudad en una época de transformaciones. En L. Olmo Enciso (Ed.), *Recópolis y la ciudad en la época visigoda* (pp. 40-62). Alcalá de Henares: Museo Arqueológico Regional.

Ortega Y Gasset, J. (2005). *Obras completas. Tomo III*. Madrid: Fundación Ortega y Gasset.

Pailler, J. M. (2002). *Tolosa. Nouvelles recherches sur Toulouse et son territoire dans l'Antiquité*. Tolouse: Privat.

Palol, P. d., & Ripoll, G. (1988). *Los godos en el occidente europeo*. Madrid: Ediciones Encuentro.

Palol, P. d., Tuset, F., & Cortes, J. (1983). Excavaciones en la iglesia visigoda de San Juan de Baños, Palencia. *Publicaciones de la Institución Tello Téllez de Meneses*(49), 241-264.

Pinar Gil, J. (2012). A crossroads of cultures in a mosaic of regions? The early visigothic regnum from the perspective of small finds. *Archaeologia Baltica*(18), 103-116.

Pliego Vázquez, R. (2009). *La moneda visigoda (2 vols.)*. Sevilla: Universidad de Sevilla.

Pohl, W. (1998). Introduction: strategies of distinction. In W. Pohl & H. Reimitz (Eds.), *Strategies of distinction: the construction of ethnic communities, 300-800* (pp. 1-15). Leiden: Brill.

Poulantzas, N. (1979). *Estado, poder y socialismo*. México D.F.: Siglo XXI.

Poveda Arias, P. (2013). El concepto de frontera en la Hispania tardoantigua: de *limes* a *confinium*. In J. M. Aldea Celada, C. López San Segundo, P. Ortega Martínez, M. D. L. R. Soto García & F. J. Vicente Santos (Eds.), *Los lugares de la Historia*. (pp. 1157-1181). Salamanca: AJHIS.

Prieto Vilas, M. (2002). *Los obispos hispanos a fines del Imperio Romano (ss. IV-VII): El nacimiento de una élite social*. Tesis doctoral inédita. Universidad Complutense de Madrid.

Quirós Castillo, J. A., & Vigil-Escalera, A. (2006). Networks of peasant villages between Toledo and Velegia Alabense, Northwestern Spain (V-Xth centuries). *Archeologia Medievale* (XXXIII), 79-128.

Quirós Castillo, J. A., & Vigil-Escalera, A. (2011). Dove sono i visigoti? Cimitieri e villaggi nella Spagna settentrionale nei secoli VI e VII. En C. Ebanista & M. Rotili (Eds.), *Archeologia e storia delle migrazioni: Europa, Italia, Mediterraneo fra tarda età romana e alto medioevo. Atti del Convegno internazionale di studi, Cimitile-Santa Maria Capua Vetere, 17-18 giugno 2010* (pp. 219-241). Cimitile: Tavolario Edizioni.

Ribera Lacomba, A. V. (2008). La ciudad de Valencia durante el período visigodo. En L. Olmo Enciso (Ed.), *Recópolis y la ciudad en época visigoda* (pp. 303-320). Alcalá de Henares: Museo Arqueológico Regional.

Riess, F. (2013). *Narbonne and its territory in Late Antiquity, from the Visigoths to the Arabs*. London: Ashgate.

Rizos, E. (2017). *New cities in Late Antiquity. Documents and Archaeology*. Turnhout: Brepols.

Rowlands, M. (1987). Centre and periphery: a review of a concept. En M. Rowlands, M. Larsen & K. Kristiansen (Eds.), *Centre and peryphery in the ancient world* (pp. 1-11). Cambridge: Cambridge University Press.

Sánchez Pardo, J. C., Blanco Rotea, R., & Sanjurjo Sánchez, J. (2017). The church of Santa Comba de Bande and early medieval Iberian architecture: new chronological results. *Antiquity* (358), 1011-1026.

Tejerizo García, C. (2015). Etnicidad, identidad y poder en la meseta norte durante la Edad Media: reflexiones desde la Arqueología. En J. A. Quirós Castillo & S. Castellanos (Eds.), *Identidad y etnicidad en Hispania. Propuestas teóricas y cultura material en los siglos V-VIII* (pp. 221-238). Bilbao: Universidad del País Vasco.

Tejerizo García, C. (2016a). Arqueología y nacionalismo en (el) movimiento: apuntes sobre la arqueología de época visigoda durante el segundo Franquismo. *Arqueoweb: revista sobre Arqueología en Internet*(17), 144-162.

Tejerizo García, C. (2016b). The end of the world as we know it: post-imperial social lanscapes in North-Central Iberia (5th-6th centuries). *Archeologia Medievale* (XLIII), 383-397.

Utrero Agudo, M. d. l. Á. (2010). Late-Antique and Early Medieval Hispanic churches and the archaeology of architecture. Revisions and reinterpretation of constructions, chronologies and contexts. *Medieval Archaeology* (54), 1-33.

Valverde Castro, M. R. (2000). *Ideología, simbolismo y ejercicio del poder real en la monarquía visigoda: un proceso de cambio*. Salamanca: Universidad de Salamanca.

Van Dommelen, P., & Rowlands, M. (2012). Material concerns and colonial encounters. En J. Maran & P. Stockhammer (Eds.), *Materiality and Practice. Transformative Capacities of Intercultural Encounters* (pp. 20-31). Oxford: Oxbow.

Vaquerizo Gil, D., & Murillo, J. F. (2010). *El anfiteatro romano de Córdoba y su entorno urbano. Análisis arqueológico (ss. I-XIII d.C.)*. Córdoba: Universidad de Córdoba.

Vigil-Escalera, A. (2003). Arquitectura de tierra, piedra y madera en Madrid (ss.V-IX d.C). Variables materiales, consideraciones sociales. *Arqueología de la arquitectura*(2), 287-291.

Vives-Ferrándiz, J. (2005). Negociando encuentros. Situaciones coloniales e intercambios en la costa oriental de la Península Ibérica (s.VIII-VI a.C.). *Cuadernos de Arqueología Mediterránea*(12).

Vizcaíno Sánchez, J. (2009). *La presencia bizantina en Hispania (siglos VII-VIII). La documentación arqueológica*. Murcia: Universidad de Murcia.

Walker, R. (2016). *Art in Spain and Portugal from the Romans to the Early Middle Ages*. Amsterdam: Amsterdam University Press.

Ward-Perkins, B. (2005). *The fall of Rome and the End of Civilization*. Oxford: Oxford University Press.

Wickham, C. (2005). *Framing the Early Middle Ages*. Oxford: Oxford University Press.

Wickham, C. (2009). *The Inheritance of Rome: a History of Europe from 400 to 1000*. London: Penguin.

SEGUNDA PARTE:
IBERIA COMO POTENCIA COLONIAL

Teotihuacan, de metrópolis colonizadora a cacicazgo colonizado. Una historia de ida y vuelta

Natalia Moragas Segura

INTRODUCCIÓN

En este texto se va a tratar de señalar, de manera somera, los principales rasgos del fenómeno colonial en Teotihuacan desde la época clásica hasta el siglo XVI. Durante la presentación y por cuestiones derivadas de la propia organización del seminario me centré en la fase colonial del valle de Teotihuacan y en desmontar algunos de los presupuestos que, desde una historia oficialista de la Conquista, de alguna manera sigue siendo parte de una historia sobradamente conocida en sus rasgos generales, la conquista de la ciudad de México- Tenochtitlan por parte de un heterogéneo conjunto de tropas indígenas y españolas comandadas por Hernán Cortés. Una historia poliédrica que más allá de los hechos históricos, se ha construido una historia de la Conquista, a menudo estereotipada y vista desde una única perspectiva. Resulta, por lo tanto, muy difícil descargar de este período histórico la carga moral que supone la ruptura de la milenaria tradición prehispánica para, progresivamente, encaminarse en lo que se ha llamado la Conquista, el Genocidio, la Catástrofe demográfica del Nuevo Mundo y la constitución del Virreinato o el periodo Colonial[1].

Escribir sobre fenómenos coloniales en el valle de Teotihuacan es un aspecto complejo ya que no podemos trazar modelos asumibles con otros fenómenos del Viejo mundo. Durante la época prehispánica, Teotihuacan fungió como metrópolis y su influencia en el territorio mesoamericano es evidente pero no en los parámetros habituales de un fenómeno colonizador; sin duda alguna, derivado de las peculiaridades del gobierno teotihuacano[2]. Que tengamos dudas en la manera en que

---

[1] Dado que este texto se va a publicar en la revista Dis Manibus, órgano de expresión del Colegio Oficial de Arqueólogos de la Comunidad de Madrid, voy a intentar enfocar este texto dentro del contexto de la invitación haciendo un texto de carácter genérico pero que permita comprender los puntos clave del fenómeno del colonialismo en el valle de Teotihuacan.

[2] La cuestión del gobierno teotihuacano ocuparía ingentes páginas de bibliografía y debate ya que es un aspecto crucial en este caso. La sociedad teotihuacana no hizo uso de la escritura, si existió como

se ejercen no implica que los procesos coloniales no sean extraños en la historia del valle de Teotihuacan y tienen sus antecedentes en el momento mismo de la concepción y construcción de la metrópolis prehispánica. Para la época colonial , la colonización se manifiesta en la incorporación del valle a las dinámicas políticos territoriales del virreinato. Es por ello que, en este texto vamos a ofrecer una imagen general de los procesos coloniales en este territorio y sus vinculaciones con el poder y el gobierno. Considerar el caso del valle de Teotihuacan como un ejemplo de las diferentes dinámicas , políticas y sociales que se desarrollan en el periodo de conquista y colonización del territorio y de algunos aspectos que podemos inferir entre colonos y colonizados, temática sujeto del encuentro realizado en 2015 en Madrid.

1. FENÓMENOS COLONIALES EN EL VALLE DE TEOTIHUACAN DURANTE EL PERIODO CLÁSICO

El valle de Teotihuacan se encuentra situado en el valle del mismo nombre situado en el noreste del valle de México y rodeado por el norte por el extinto volcán del Cerro Gordo y al sur por la sierra Patlachique. El valle se comunica con las riberas del lago del valle de México con el valle de Puebla Tlaxcala. Sus altitudes medias varían entre los 2200 y 2500 m.sn.m con un clima característico del Altiplano con su temporada de lluvias iniciando en mayo y terminando a finales de octubre (McClung y Tapia, 1996; McClung 1977; Mooser 1968; Sanders, Parsons, y Santley

tal, para usos políticos y religiosos. Tampoco ni en el espacio público ni en el privado, los teotihuacanos se representan como individualidades ni expresan narrativas sino que se centran en elementos simbólicos como el sacrificio, la fertilidad . Las figuras humanas, mayoritariamente masculinas, se representan por la función que ejercen en la representación tal como salmodiar, sembrar, caminar (peregrinaje) pero no como personajes individualizables. Es por ello que todos los aspectos vinculados con las cuestiones políticas son muy difíciles de definir e interpretar, exclusivamente, a través de la cultura material. Para complementar esta temática se puede consultar: Cowgill 1997; Manzanilla 2001, 2004 .

1979). Existe una dilatada bibliografía sobre las investigaciones realizadas desde finales del siglo XIX hasta la actualidad, en su mayoría publicadas en forma de monografías de investigación , informes de proyectos, tesis de investigación y artículos en revistas especializadas. Es imposible citar toda la bibliografía relevante, por lo que me remito a los dos últimos trabajos de síntesis de esta cultura realizados por Cowgill (2105) y Nichols (2016) y en dónde se encuentra una completa bibliografía[3] (Cowgill 2015; Nichols 2016).

A finales del siglo XV y a lo largo de todo el siglo XVI, el valle de Teotihuacan poco tiene de su pasado esplendoroso, cuando la ciudad controlaba el Altiplano central y su influencia se manifestaba en la mayoría de las culturas contemporáneas. El hecho de que Teotihuacan no sea el caso de una ciudad abandonada sino que haya mantenido una continuidad poblacional hasta hoy en día nos permite poder secuenciar la historia de sus habitantes desde el 200 a.C. hasta la actualidad. Desde sus inicios podemos considerarla durante el periodo clásico como sociedad estatal urbana que acoge a una población estratificada, jerarquizada y multicultural (Cowgill 1997; Millon 1973).

Lo cierto es que en el propio origen de Teotihuacan se deriva de un proceso de colonización del territorio por parte de grupos procedentes del sur de la cuenca de México y del área de Puebla –Tlaxcala que buscan en este valle un lugar más estable (Carballo y Plickhahn 2007). Para el cambio de era, los reacomodos poblacionales en parte del Altiplano central confluyen en Teotihuacan. No conocemos con claridad las poblaciones existentes en el valle para las fases pre urbanas del valle por lo que no podemos calibrar con detalle el impacto que tuvo la llegada de estos grupos pero sí sabemos que el proceso de colonización del lugar fue

---

[3] La bibliografía para el Teotihuacan clásico es ingente por lo que por cuestiones de espacio y de coherencia con el texto sólo mencionaré algunos textos recientes de tipo general.

rápido e intenso; suponiendo, entre otras cosas, un cambio en la órbita económica de las rutas comerciales que contribuyeron a la pérdida del liderazgo de Cuicuilco a favor de la pujante Teotihuacan. Durante la fase Cuanalan (650 a.C-200 a.c.) y Tezoyuca (200 a.C-100 a.c.) se detecta una colonización de las riberas del lago y de las zonas de fuentes pero ese fenómeno por él mismo no explica la explosión demográfica del valle en la fase Patlachique (100 a.C.-1 d.C) y Tzacualli (1-100 d.C) (Nichols, 2015). No hay evidencias claras de conflicto ni tampoco indicadores que supongan una suplantación territorial en el valle de un grupo sobre otro.

A pesar de que no fue tratado en la charla hay que mencionar que una de las temáticas más interesantes de esta cultura es lo que, algunos investigadores, han denominado el fenómeno colonial teotihuacano. Utilizamos el concepto metrópolis de manera consciente ya que el impacto del fenómeno urbano se sale de la escala media de las ciudades coetáneas. Teotihuacan será una ciudad que acogerá grupos de inmigrantes procedentes de áreas significativas de Mesoamérica. Ideología y economía cohesionaran el modelo en una ciudad con barrios étnicos de grupos vinculados con Oaxaca, Michoacán, Veracruz y el área maya (Spence 1996). Desde el barrio de los comerciantes, el Tlailotlacan o barrio oaxaqueño, la presencia de elementos iconográficos foráneos en la pintura mural de los conjuntos departamentales así como la presencia de elementos directamente procedentes de áreas lejanas de Teotihuacan sean como materias primas o manufacturadas, muestran una verdadera ciudad multicultural del pasado(White, Spence, Longstaffe y Law 2004; White, Spence, Storey y Longstaffe 2003). También se ha de vincular con la interpretación que se ha dado a la presencia de objetos teotihuacanos fuera del territorio más inmediato a la metrópolis . Durante muchos años , los investigadores consideraban a los teotihuacanos como un estado teocrático cuyos sacerdotes gobernantes mantenían un control férreo del territorio gracias a la imposición de una ideología y el comercio de la obsidiana. El prestigio de la metrópolis y de sus habitantes era el elemento clave para sostener dicho modelo. Es por ello que la presencia de elementos teotihuacanos en el territorio se asumía como parte de una política colonial de esta ciudad que suponía un control férreo de los territorios circundantes. Paddock ejemplificó este modelo caracterizando dos fenómenos: los rasgos como aquellos elementos dominantes en la cultura teotihuacana y vinculados al centro de la ciudad; mientras que la influencia teotihuacana se caracterizaría por a) objetos importados directamente de Teotihuacan; b) copias locales de modelos teotihuacanos y c) objetos locales que incorporan a algún elemento de la cultura teotihuacana (Paddock 1972). Sin embargo, no quedaba claro como se materializaba dicha influencia sin evidencias de un control militar estricto o como se podía sostener un sistema tributario bajo un sistema de dominio ideológico. Es por ello que el debate se relacionaba con modelos coloniales que implicaban diversos indicadores arqueológicos: un tipo de arquitectura específica (conjuntos habitacionales con talud –tablero), la presencia de determinados tipos y formas cerámicas, algunas figurillas así como de obsidiana verde de Pachuca.

Básicamente este modelo se nutría en la idea de que la existencia de determinados elementos marcaba la diferencia entre una colonia establecida de teotihuacanos sobre el terreno o de su influencia, al asumir las elites locales objetos conseguidos en su peregrinaje a la metrópolis o llevados por éstos a dichas elites locales como parte de la penetración de lo teotihuacano en la periferia (Moragas 2005b). De esta manera tendríamos desde elementos muebles de la cultura material procedentes de la metrópolis a copias hechas con materias primas locales. También se barajaron ideas tales como el movimiento de artesanos de origen teotihuacano o formados en Teotihuacan que harían copias fidedignas pero con materias primas locales. El concepto : de origen teotihuacano y/ "teotihuacanoide" eran tema de definición, debate y aceptación por parte de la academia. Asimismo se desarrolló la idea de un corredor teotihuacano que conectaría Teotihuacan y el Altiplano central con áreas significativas para proveer de materias primas. Santley ,Arnold y Alexander consideraron que Matacapan en Veracruz funcionó como un verdadero puerto de comercio (port of trade) de productos teotihuacanos. Kaminaljuyú en Guatemala sería también otro puerto de comercio. En ambos casos , las elites locales utilizarían los elementos de poder de Teotihuacan para autolegitimarse a nivel local y regional (Santley y Alexander 1996). La consolidación de la epigrafía maya supuso también un empuje a estas cuestiones de la presencia teotihuacana , llegando incluso a la propuesta de una verdadera invasión y conquista temporal en ciudades mayas tan importantes como Uaxactún y Tikal[4] (Stuart 2000, 2003). Curiosamente en esta cuestión, muchos teotihuacanistas se han mostrado más prudentes que los epigrafistas mayas tal vez por dar un sentido literal a la traducción de los textos(Iglesias Ponce de León 2008). Una reciente revisión de los datos arqueológicos valorando el distinto impacto de los indicadores arqueológicos en el conjunto de las sociedades del mundo clásico maya han recontextualizado el impacto de la presencia teotihuacana en esas tierras sin poder considerar como una colonización o la implantación de colonias teotihuacanas en zona maya (Braswell 2003). Estas propuestas son comprensibles y coherentes con las ideas que se manejaron durante gran parte del siglo XX acerca de una cultura teotihuacana en constante expansión hasta su inexplicable colapso final.

Esta idea, que se sostuvo a lo largo de gran parte del siglo XX, se ha ido modificando al considerar que los teotihuacanos constituían un estado no hegemónico en la que las relaciones entre élites eran críticas para sostener el modo de vida teotihuacano. Aunque parezca extraño no tenemos aún

---

4 Las investigaciones de Linda Schele y el artículo de David Stuart en el 2000 llamado "The arrival of Strangers" marcaron la fascinante, aún no bien comprendida, llegada de unos extraños del centro de México al corazón del mundo maya conquistando o alterando de manera significativa el poder de las dinastías gobernantes de las principales ciudades mayas.

muy claro la relación de Teotihuacan con sus vecinos más inmediatos. Tradicionalmente se consideró que era la potencia dominante durante el periodo clásico en el valle de México y que por lo tanto ejercería un fuerte control en el territorio circundante. Sin embargo, empiezan a aflorar matices en estas cuestiones ya que los análisis de activación neutrónica en cerámicas de los sitios de Cerro Portezuelo y Azcapotzalco muestran producciones propias y cierta independencia del control de este comercio (Crider, Nichols, y Glascock 2007). Algo parecido se sugiere con el papel de la obsidiana en la ciudad y la explotación de la misma desde la sierra de las Navajas. El cambio de la percepción se ha ido desarrollando a la par que, en estos últimos 15 años, se ha estado debatiendo sobre el modo de gobierno teotihuacano. El mismo Georges Cowgill se ha mostrado reticente a reconocer una presencia teotihuacana de manera estricta en el territorio (Cowgill 2008). La diferencia principal se relaciona con el reconocimiento que la presencia de elementos teotihuacanos en el territorio no implica un dominio político de los mismos ni que existiera un sistema tributario entre los teotihuacanos equiparable mismo sistema implementado por los mexicas siglos después. Dadas las peculiaridades propias de la cultura teotihuacana, algunos investigadores han equiparado los modelos políticos y económicos de los mexica y los teotihuacanos como parte de una tradición cultural del Altiplano. Entre algunos de estos elementos fue una re evaluación de los procesos culturales internos de la metrópolis y evitando las ideas de Imperio, conquista militar o sometimiento del centro hacia al periferia. En primer lugar por la propia duda de si las colonias teotihuacanas de las fases Xolalpan correspondían a un crecimiento expansivo desde la capital o por en cambio si nos encontramos con otro tipo de asentamiento que no corresponde a un fenómeno colonial sino a uno de salida de grupos teotihuacanos que se asientan en territorios conocidos como parte de un proceso de crisis interna (García Chávez 1995; Moragas 2005c). De esta manera, hay una vinculación familiar y cultural pero no política y mucho menos de proyectos de expansión liderado por un elusivo Estado teotihuacano y una presencia militar firme en el territorio.

A partir del 550 d.C., la metrópolis se rompe y empieza un rápido proceso de descomposición de las estructuras estatales pasando a formas menos complejas de organización sociopolítica en el que la presencia de agentes externos pudo ser uno de los catalizadores significativos. En cierta manera, Teotihuacan pierde su identidad propia para mesoamericanizarse; deja de liderar para ser liderado. Con el colapso se evidencia, entre otras cosas, que las relaciones con las colonias no se mantienen o que de alguna manera contribuyen al final de la ciudad (Moragas 2005a). El empoderamiento de la elites locales gracias al influjo teotihuacano supone la ruptura progresiva del aprovisionamiento de materias primas y manufacturadas así como la autonomía de la periferia. Balcanización, regionalización, involución política son términos que se han manejado para caracterizar este periodo (García Chávez 1995 ; Manzanilla 2007). Algunos movimientos poblacionales se detectan en el Altiplano y su áreas aledañas que se involucran dentro de reacomodo de las poblaciones de origen teotihuacano con la llegada de emigrantes procedentes del Bajío y del Occidente. Las exportaciones e importaciones caen en picado y el valle empieza un proceso de ruralización. Si bien se ha hablado del colapso de Teotihuacan como un episodio violento, no debe de verse desde un punto de vista invasionista en los que los coyotlatelcos combaten a los teotihuacanos en un conflicto que involucra incendios y saqueos sino que no encontramos con un fenómeno mucho más complejo (Moragas 2005). A partir del colapso de Teotihuacan se evidencia una ocupación /colonización del territorio bajo nuevos parámetros culturales en los que se detectan tipos constructivos diferentes así como un complejo material radicalmente distinto, sobre todo en la cerámica. No obstante, esta colonización del territorio no parece ser dirigida desde una ciudadcapital o un centro rector al norte de la cuenca de México, por lo que una relación metrópolis-colonia no puede ser considerada para este caso. Nos parece más evidente la colonización previa al colapso realizada en el valle de Toluca por gentes de filiación teotihuacana que una colonización coyotlatelca en Teotihuacan (Sugiura 2006). De nuevo, el hecho que se reocupe una ciudad enmascara el registro arqueológico en el área urbana.

Aunque cierta recuperación se detecta a lo largo del Posclásico temprano (900-1200 d.C.) nada tiene que ver con lo que fue la ciudad durante el Clásico[5]. La influencia de Tula permite cierta reactivación económica y estabilización de la población siendo la principal ciudad del valle de México pero en términos totales ya no lidera el poder en su entorno. Este proceso de continua decadencia y ruralización se consolida con la fragmentación del poder político posterior a la caída de Tula, que se da en el valle de México. A partir del 1200 d.C., Teotihuacan es una pequeña ciudad-estado bajo la órbita del poder de Texcoco. El proceso de deslegitimación de las elites de origen teotihuacano se completa con el traslado del poder político al suroeste del valle, en la actual catedral de San Juan Teotihuacan a inicios de la fase azteca (Garraty 2006).

2. TEOTIHUACAN DURANTE EL POSTCLÁSICO TARDÍO. DE COLONIZADOR A ESPACIO COLONIZADO

Durante el Posclásico tardío (1200-1521) no sabemos exactamente cómo los conflictos existentes entre las diversas ciudades estado del valle de México afectaron al valle de Teotihuacan. Resulta por lo tanto difícil definir una relación metrópolis-colonia para este momento. Se

---

5 "Despite an increase in commerce ,strong political/ethnic barriers or other differences restricted exchanges of ceramics between sites with Aztec I pottery and sites such as Teotihuacan with Mazapan-Tollan ceramics (Nichols,2015:34).

encontraba este territorio mayoritariamente bajo dominio Acolhua, como socio y aliado del Altepetl de Texcoco y de alguna manera inmersa en los conflictos existentes entre Mexicas, Acolhuas y Tepanecas por el dominio del valle de México. En 1420, Azcapotzalco conquistó a Teotihuacan por un breve período ya que en 1428 ,Texcoco la reconquistó reforzando el dominio Acolhua en este territorio. De esta manera, Teotihuacan estaba sujetado por tributo y redes de linaje con Nezahualcoyotl y sus descendientes (Carrasco, 1996:211; Gibson 2003:25). A pesar de ello , la influencia mexica debió de ser notable ya que, según Fray Bernardino de Sahagún, Moctezuma II, tlatoani de los mexicas, realizaba sacrificios cada 20 días en las pirámides de Teotihuacan (Sahagún 1981). Asimismo parece que Teotihuacan también pagaba tributo a Tenochtitlan (Nutall 1926). Las excavaciones en Templo Mayor han mostrado la presencia de objetos procedentes de diversos lugares de Mesoamérica en un ejercicio de recreación y apropiación por parte de los mexicas. Teotihuacan será incorporada a los mitos legitimadores de los mexicas apropiándose de su carácter simbólico reinterpretándolo a sus propios intereses. Será incorporada como el lugar de creación del Quinto Sol y serán los mexicas los encargados de mantener el mundo en movimiento con la sangre de los cautivos. Las fuentes no dejan claro el tipo de relación existente entre Mexicas y Acolhuas en territorio teotihuacano o dicho de manera simple si todo el territorio del valle se encontraba bajo dominio Acolhua.... ¿cómo permitían el acceso a los mexicas? o ¿el territorio teotihuacano se encontraba mucho más fragmentado que lo que sugiere la cultura material? En este caso creo que los microestudios de las cerámicas de este periodo clarificarán en el futuro las dinámicas comerciales y cuando menos proponer la relación entre centros más que la arquitectura. No tenemos evidencia de colonizaciones *ex nuovo* del centro de México al valle de Teotihuacan. Uno de los problemas es la visibilidad de este tipo de registro, entre otras cosas porque la presencia de la arquitectura teotihuacana sigue estando presente y sigue siendo reocupada parcialmente desde el colapso.

3. TEOTIHUACAN EN LOS PRIMEROS AÑOS DEL VIRREINATO: CAMBIOS Y PERVIVENCIAS

Las palabras nunca son neutras y menos en este contexto histórico. La conquista y colonización del territorio americano no se completó con la conquista de las grandes ciudades capitales sino que éstas fueron el primer paso de un largo proceso que continuó más allá de la propia pervivencia de los virreinatos sino también a lo largo de las naciones independientes de la América del siglo XIX y XX. La historiografía de la Conquista del continente americano en general y de la de México en particular, es difícil de disociar del componente moral y político de la misma así como de las construcciones historiográficas que se han hecho en ambos lados del Atlántico (Aimi 2009). Se han popularizado las visiones maniqueístas de la Conquista manteniendo a la población indígena, concretamente a las elites, como sujetos pasivos de su propia historia(Restall 2004). La denominada nueva historia de la Conquista ha modificado sustancialmente la visión de la misma, tal vez no de los hechos en sí mismos pero sí de la perspectiva de análisis. El progresivo estudio de los documentos de tradición indígena así como de los vinculados a procesos jurídicos locales muestran que la población indígena participó y se vinculó rápidamente a la nueva estructura política territorial implantada progresivamente por los españoles.

La toma de México-Tenochtitlan marca el final de la época prehispánica y el inicio de la época colonial; no obstante, aún siendo una fecha consensuada por historiadores como el inicio de las profundas transformaciones políticas, sociales, económicas y administrativas que derivaran en la constitución del Virreinato de la Nueva España. Otra cuestión es la velocidad en que se van desarrollando estos cambios y como se implantan en el territorio y la aquiescencia y/o rechazo de las poblaciones indígenas. Por lo tanto, más que una conquista militar territorial continuada y planificada se debe de entender como una progresiva apropiación y transformación del territorio utilizando para ello una compleja red de pactos y alianzas así como intervenciones militares específicas. Lo cierto es que esta perspectiva no debe de verse como una justificación moral de los procesos de conquista y colonización ni tampoco como una manera de recrear una leyenda dorada de los hechos que acontecieron a lo largo de todo el siglo XVI, sino más bien como un enriquecimiento para comprender los procesos de apropiación territorial y de aculturación.

Según las fuentes indígenas, los conflictos entre Mexicas y Acolhuaques seguían a lo largo de todo el siglo XV y principios del XVI. Los mexicas se inmiscuyeron en los conflictos entre los hijos de Nezahualpilli para el dominio de la casa de Texcoco imponiendo al tercer hijo de éste, Cacama, como pretendiente al mismo. Según Fray Juan de Torquemada, esta fue la causa por la que Ixtlilxochitl, hijo de Nezahualpilli, se aliara con los españoles en la toma y conquista de México-Tenochtitlan. Arqueológicamente, los años previos a la Conquista se detecta un aumento de la presencia de materiales procedentes de Tenochtitlan como un claro ejemplo del aumento de la influencia mexica en territorio teotihuacano. A pesar del papel primordial de la casa de Texcoco y el papel de los descendientes de Ixtlilxochitl en los primeros años de la Conquista, el valle de Teotihuacan aparece mencionado de manera marginal, salvo en las disputas legales que se irán determinando a lo largo del siglo XVI (Alva Ixtlilxochitl 1977). En 1535, Carlos I instaura el Virreinato de la Nueva España para organizar y consolidar el poder de la Corona en el territorio recién conquistado .No vamos a incidir en los conflictos existentes entre la Corona , la administración virreinal, las primeras generaciones de conquistadores y la Iglesia por el beneficio y explotación de los recursos humanos y territoriales de la tierras en litigio sino que vamos a focalizar la atención en el valle de Teotihuacan y la relación entre las fuentes y cultura material.

La relación Geográfica del año 1580 nos muestra el centro del poder del valle con las principales poblaciones de San Juan Teotihuacan y Acolman (Acuña 1985). En 1525, Hernán Cortés otorga la recién creada Encomienda de Teotihuacan a Francisco Verdugo (español) como recompensa por méritos de guerra. Sin embargo, la continuidad del poder político de la casa teotihuacana se manifiesta con la elección de Francisco Verdugo Quetzalmamalitzin como cacique indígena de la encomienda de Teotihuacan[6]. y su vinculación con el Conquistador, Francisco Verdugo, cuyo nombre adopta (Gibson 2003, Munch, 1976). En 1533, el joven Quetzalmamalitzin es presentado a una junta de nobles indígenas siendo nombrado por Real Cédula como cacique indígena Asimismo el linaje de Quetzalmamalitzin se une al de la casa texcocana por matrimonio con Ana Ixtlilxochitl por lo que podemos decir que los teotihuacanos del siglo XVI se encontraban incorporados a las dinámicas políticas del periodo colonial desde sus inicios (Carrasco 1974). Sin duda alguna, el proceso de aculturación debió de ser distinto entre la generación que vivió la conquista de jóvenes y adultos con los nacidos después de 1521 y que fueron una generación puente entre el pasado prehispánico y el nuevo orden. Los equilibrios del poder entre los locales y los recién llegados fueron complejos sobre todo en las demandas de prebendas por parte de unos y otros (Gruzinski 1996).

Desde la arqueología nos resulta de gran interés ver las transformaciones sociales y el cambio de la cultura material a lo largo del tiempo. Para la segunda mitad del siglo XVI, el valle de Teotihuacan era una zona productiva y apropiada para el cultivo de materias primas así como para la introducción de los nuevos productos agrícolas y ganaderos. Relativamente bien comunicada con la capital del virreinato y con un buen acceso al

---

[6] Según las fuentes, en un primer momento, el cacicazgo de San Juan Teotihuacan comprendía los pueblos de San Lorenzo Atezcapan, San Miguel Tlatécac, San Mateo Tenango, San Sebastián Chimalpan, Santa Maria Coatlan, San Francisco Mazatlan, San Martin Teocalco. Históricamente zonas de dominio de la cultura teotihuacana del periodo clásico.

agua. Sin embargo no era paso obligado en la ruta del Camino Real que iba de México a Veracruz aunque sí que se mencionan algunas ventas y ventillas (posadas) que servían de descanso a los viajeros. Sin embargo esta imagen general se hace mucho más compleja cuando descubrimos la fragmentación del territorio y los tipos de posesión de la tierra. El testamento del cacique indígena, Francisco Verdugo Quetzalmamalitzin pone en relieve los tipos de posesión de la tierra y las complejidades inherentes a la gestión de las mismas. Se diferencia seis tipos distintos de propiedades: las propias de la población de San Juan Teotihuacan para que fueran patrimonio de sus descendientes junto a tierras denominadas altepetllalli y las calpullali de los siete calpulli identificados en este periodo; sobre estas últimas tributaban los macehuales . La tierras tecpantlalli (el grupo de tierras y sementeras localizadas en lugares dispersos), tecpan y casa localizadas en diversos lugares , el tributo de Çacatla y Tlacaxoloc y finalmente , tierras de usos variados y no identificadas (Pérez Pérez 2013: 34). Todas ellas dando tributos al cacique que a su vez cumplimentaba sus tributos a sus señores principales bajo la nueva administración virreinal.

La división de las tierras que muestra el testamento nos muestra el proceso de fragmentación del poder que sufrió el valle después del colapso de Teotihuacan y que se prolongó a inicios de la Colonia[7]. Los productos tributados fueron cambiando a medida que la economía colonial se iba introduciendo en el territorio apareciendo la moneda, animales de origen hispano como las vacas , bueyes , ovejas, cabras y gallinas (por citar algunos) y la lana (en forma de mantas) o en bruto. Sin embargo persisten los productos propios del lugar como el nopal, el maguey y el pulque

---

7 El Archivo General de la Nación de México nos proporciona los numerosos pleitos que la casa de Alva tuvo en cada toma de posesión de su cacicazgo. Un ejemplo:en 1757, Don Francisco de Alva Cortés, sucesor de Don Diego de Alva Cortés, presentó los títulos de propiedad relatando toda la genealogía de sus ancestros y los usos de las tierras por entonces. «Se dio con efecto la posesión del cacicazgo y Señorío comprendiéndose en ella los ojos de agua, manantiales con árboles, montes, piedras, magueyes, nopales y los tecpan o palacios arruinados que fueron de sus mayores así Christianos como Gentiles», AGN, Vínculos, vol 233, exp 2, f 18.

(Gibson 2003: 69 y 203). Otros elementos que persisten en el tributo son las cerámicas, las fibras procesadas del maguey y la explotación de los bosques (Hodge 1991:120-121). Los caballos están restringidos a la nobleza y clases pudientes necesitando un permiso especial así como el uso de espadas o cuchillos.

En 1580 fallece Ana Cortés Ixtlilxochitl, esposa de Quetzalmamalitzin y deja a su hija Christina Verdugo la necesidad de defender el cacicazgo iniciándose una serie de pleitos que durarán hasta el siglo XIX (Carrasco 1974, 237 ; Gibson 2003:87; Munch 1976:19-20) Ello nos proporciona una importante fuente de información sobre la propiedad de la tierra pero también sobre los usos y explotación de las mismas.

4. DESDE LA ARQUEOLOGÍA : UNA RELACIÓN INCOMPRENDIDA

La arqueología colonial en el valle de Teotihuacan se encuentra subrepresentada respecto a los proyectos de investigación realizados en los últimos cien años. En cierta medida, es inevitable derivado de la importancia de la cultura clásica teotihuacana y del propio proceso de construcción nacional identitario que ha marcado las políticas públicas mexicanas desde finales del XIX hasta la actualidad. En el caso que nos ocupa sólo podemos contar con un proyecto específico que muestre su interés en las fases coloniales e independientes y en informes de campo de salvamento en la que se ha registrado materiales coloniales. Las investigaciones de carácter regional que se desarrollaron a mitad del siglo pasado por William Sanders y su equipo, iniciaron algunos de los proyectos que incorporaron el inicio del periodo colonial como parte del estudio del patrón de asentamiento y el cambio en la cultura material (Charlton 1969, 1972,1983; Sanders 2003; William T. Sanders, Parsons y Santley, 1979). Thomas Charlton retomó las secuencias y las bases teóricas y metodológicas del Teotihuacan Basin Project y del Basin of Mexico Project de William Sanders y su equipo combinando el recorrido de superficie con excavaciones, las cuales proveyeron materiales cerámicos para poder hacer una tipología base de la cerámica post Contacto. Sin embargo, los estudios históricos en este territorio se han centrado en la implantación de las órdenes religiosas en el valle y en las construcciones arquitectónicas (Gamio 1979). La visión más tradicional de un Teotihuacan postconquista se marcaba por la evidencia de un pasado inexistente y de un área marginal respecto a las dinámicas del poder virreinal y olvidando las dinámicas propia de los habitantes del valle en aspectos relacionados con la cotidianeidad de la vida campesina. Y en parte es así, en el siglo XVI, Teotihuacan es una sombra de lo que fue, más parecida a las fotografías del siglo XIX con sus plazas hundidas convertidas en campos de cultivo y las pirámides recubiertas de tierra y sirviendo como campos de cultivo de nopales y magueyes. Un valle completamente ruralizado con una élite local dependiente de las políticas de centro y un territorio que produce materias primas que no suponen un elemento de prestigio o de poder económico susceptible de ser de mayor interés por los conquistadores que tierras sujetas a los tributos habituales. Como se ha visto en líneas anteriores, en el valle de Teotihuacan la continuidad del poder político y económico hizo que el paso del tlatoani acolhua a cacique indígena, del tecpan (palacio) a sede de gobierno local y del cue (templo) a la iglesia católica no tuviera mayor problemáticas que la adaptación a los nuevos tiempos (Garraty 2000; 2006).

Cabe considerar que la dicotomía campo-ciudad es muy evidente en esta época, nada que ver con los territorios más urbanizados de la época actual (Fournier y Charlton, 1996:58). Las evidencias arqueológicas y etnohistóricas sugieren que sea por las directrices políticas de la época, por el contexto socioeconómico o por el propio hábito de producción y manipulación de las materias primas que se producen , se dio un alto nivel de retención y permanencia de las tradiciones indígenas. Las autoridades hispanas controlaron los permisos para usar determinados elementos como los caballos y las espadas para los indígenas pero también es cierto que la producción de nopales y magueyes requerían de los instrumentos tradicionales. Durante el siglo XVI y XVII, el impacto de la presencia hispana fue muy desigual centrándose sobre todo en tres aspectos que se comentarán de manera somera : el grado de urbanización, el patrón de asentamiento y la cultura material.

El grado de urbanización: Uno de los elementos que ha suscitado la discusión sobre el grado de urbanización del valle de Teotihuacan se deriva de las relaciones geográficas del siglo XVI y el mapa del Teotihuacan, Tequisitlan y Otumba de 1580 (Acuña 1985). Comparado con la etapa clásica, el nivel del urbanización del valle es ínfimo. Eso no implica que se observen algunos elementos nuevos tales como la construcción de la iglesia, hoy catedral, de San Juan Bautista (1584), el convento agustino de Otumba (1524) y la presencia de fuentes y puentes para la mejora o cuando menos reestructuración viaria. También se mencionan algunas ventas o se mantienen los topónimos de ventillas pero no se han realizado aún trabajos que verifiquen la antigüedad de las mismas. La visión hispanizada del mapa se corresponde a una cultura material básicamente indígena con la excepción de las decoraciones y pinturas de los dos grandes centros religiosos de San Juan Teotihuacan y Otumba.

El patrón de asentamiento: La ruralidad y la continuidad en el patrón de asentamiento se manifiesta de manera general en todo el territorio estudiado por los proyectos de Charlton y Sarabia. Tal como deduce Garraty, el cambio del centro del poder político del área de las pirámides hasta el actual centro religioso de San Juan Teotihuacan se da en el postclásico tardío y lo que sucederá en época postconquista será más la continuación de las dinámicas poblacionales que se derivan del colapso de la ciudad clásica. Los datos encontrados por Charlton y su equipo muestran que el patrón de asentamiento durante todo el siglo XVI no varía y que siguen vinculados a la producción agrícola y a la explotación de pastos. Lo mismo supone Sarabia para el área de Tecamac-Temascalapa (Sarabia González 2003). A finales del siglo XVI y principios del XVII se instauran las Congregaciones de Indios como un intento de reestructuras de manera más eficiente y eficaz de las poblaciones indígenas a consecuencia de las guerras y las epidemias(Gerhard 1977). En 1603, la población se redistribuye en los siguientes poblaciones: Teotihuacan Actopan, Temascalapan, Teopancalco, Tecalco, Macuixco, el Alto, Santa Ana Santiago, Texompa, San Martín, San Lorenzo Atezcapan, Zacualuca y San Sebastián Chimalpan (Munch 1976: 22). Charlton sugiere que las modificaciones del patrón de asentamiento se darán con la aplicación de dichas congregaciones aunque faltarían mayores estudios.

La cultura material: Existen pocas variaciones sustanciales en lo que se refiere a las producciones prehispánicas en los años previos de la Conquista , que se caracteriza por ser de manufactura indígena y de producción mayoritariamente local. Se identifican cerámicas tipo azteca IV y azteca V negro sobre naranja, unas escasas cerámicas de importación como mayólicas hechas en México (Charlton 1972: 206; Seifert 1977). La metalurgia es escasa manteniéndose las formas tradicionales en la obsidiana vinculadas, como se ha dicho a la explotación de los campos (Cressey 1977:66). Algunas novedades se perciben en la cultura material como la existencia de algunos malacates que por su forma y tamaño parecen destinados al tejido de la lana o la construcción de ladrillos al estilo hispano como sistema de construcción (Charlton 1972: 206, Wiltfang 1975) .

5. PARA CONCLUIR (NO MUCHO)

Lo cierto es que para los que iniciamos nuestros estudios en arqueología en España y terminamos desarrollando nuestras carreras académicas en otros países debemos de hacer un ejercicio de reflexión sobre cómo se ha ido construyendo las preguntas sobre tal o cual cultura a lo largo del tiempo. A título de anécdota personal, recuerdo hace ya algunos años, en una conversación casual con destacados teotihuacanistas hablé del fenómeno colonial en el viejo mundo en el mundo arcaico y clásico. Me sorprendió saber que no habían conceptualizado en sus modelos, la colonización mediterránea sino que se habían centrado más en modelos del Próximo Oriente e incluso de sociedades africanas para entender fenómenos sociales vinculados con la colonización teotihuacana. Ello se explica por la propia historiografía de la arqueología mesoamericana, sus principales centros de investigación y sus referentes teóricos. Es por ello que a veces se echa de menos algunos temas claves de la historiografía arqueológica europea que en el mundo americano no se han desarrollado. No por un tema de que esté una más desarrollada que otra sino porque el problema se ha planteado de otra manera. En este caso, la influencia de la antropología es más evidente en la historiografía americana.

Después de este preámbulo, cabe preguntarse como se ha desarrollado el fenómeno colonial en Teotihuacan. La respuesta es que de manera variada. Desde luego las preguntas sobre las colonias se realizaron por el descubrimiento de asentamientos teotihuacanos en Mesoamérica y no tanto por la presencia de dichos sitios cerca de la ciudad que se asumían como ejemplos claros de la expansión del poder del estado teotihuacano y de la apropiación del terreno para la explotación del mismo. Lo mismo sucedía para los valles cercanos. Si bien se habla de colonias, no se percibe el papel de Teotihuacana como una potencia colonial aunque sí como la gran dominadora del periodo clásico. Es decir, la discusión sobre la colonización, las colonias y la relación colonos teotihuacanos y pobladores locales no se ha desarrollado con la misma intensidad que en otras arqueologías. La falta de evidencias de conflicto claro sobre el terreno han contribuido a este modelo. El colapso de Teotihuacan frena el fenómeno colonizador. Los asentamientos fuera de la ciudad son consecuencia de ese reacomodo poblacional colectivo del gran parte del Altiplano. El papel de la penetración tolteca o de la "acolhuación" del territorio teotihuacano para el posclásico temprano y tardío ha estado poco estudiada; por no decir que poco conceptualizada como un elemento de colonización sino más bien de expansión y ocupación. Durante el siglo XVI y XVII, el valle de teotihuacan se irá progresivamente transformando en un paisaje algo hispanizado pero manteniendo su naturaleza indígena derivado de , por un lado la ruralización del valle y en segundo lugar , porque el valle no producía nada que fuera de interés económico para los españoles.

De colonizadora a colonizada. Historias de ida y vuelta.

BIBLIOGRAFÍA

Acuña, R. (1985). Relación de los pueblos de Tequisistlán, y Tepexpan, Aculma y San Juan Teutihuacan, y sus sujetos [por ...; escribanos Juan de Vera, Benito Martínez y Francisco de Castañeda, mp., 1580],. In René Acuña (Ed.), *Relaciones Geográficas del siglo XVI. Tomo 2 , México.* UNAM.

Aimi, A. (2009). *La "verdadera" visión de los vencidos. La conquista de México en las fuentes aztecas.* Publicaciones de la Universidad de Alicante, España.

Alva Ixtlilxochitl, F. de. (1977). *Obras Históricas.* IIH-UNAM.

Braswell G.E. (2003). *The Maya and Teotihuacan: Reinterpreting Early Classic Interaction.* Austin: University of Texas Press.

Carballo, D., & Plickhahn, T. (2007). Transportation corridors and political evolution in highland Mesoamerica: Settlement analyses incorporating GIS for northern Tlaxcala, Mexico. . *Journal of Anthropological Archaeology*, 26, 607–629.

Carrasco, P. (1974). Sucesión y alianzas matrimoniales en la dinastía teotihuacana. *Estudios de Cultura Nahuatl* ,11, 235–241.

Carrasco, P. (1996). *Estructura político-territorial del Imperio Tenochca. La triple Alianza de Tenochtitlan, Tetzcoco y Tlacopan.* (M. Fondo de Cultura Económica, Ed.).

Charlton, T. (1972). *Post-conquest developments in the Teotihuacán Valley, Mexico* . Office of the State Archaeologist, The University of Iowa.

Charlton, T. H. (1969). Ethnohistory and Archaeology: Post-Conquest Aztec Sites. *American Antiquity*, 34(3), pp. 286–294. Retrieved from http://www.jstor.org/stable/278411

Charlton, T. H. (1983). Socioeconomic dimensions of Rural-Urban relations in the colonial period ,Basin of Mexico . *Supplement of the Handbook of Middle American Indians, Etnhohistory,* .*University of Texas Press., vo.4* .

Cowgill, G. (1997). State and Society At Teotihuacan, Mexico. *Annual Review of Anthropology*, 26, 129–161. http://doi.org/10.1146/annurev.anthro.26.1.129

Cowgill, G. L. (1997). STATE AND SOCIETY AT TEOTIHUACAN, MEXICO. *Annual Review of Anthropology*.

Cowgill, G. L. (2008). An update on Teotihuacan. *Antiquity*, 82(318), 962–975.

Cowgill, G. L. (2015). *Ancient Teotihuacan.Early urbanization in Central Mexico.* Cambridge University Press.

Crider, Deborah L. Nichols, & Michael D. Glascock. (2007). In the Aftermath of Teotihuacan: Epiclassic Pottery Production and

Distribution in the Teotihuacan Valley, Mexico. *Latin American Antiquity, 18*, 123-144.

Fournier, P., & Charlton, T. (1996). Patrones arqueológicos de diferencias socio-étnicas en Nueva España: contrastes urbanos y actuales. *Revista Colombiana de Antropología , XXXIII*, 55-83.

Gamio, M. (1979). *La población del Valle de Teotihuacan . 5 volúmenes* (1922nd ed.). México: Instituto Nacional Indigenista.

García Chávez, R. E. (1995). *Variabilidad Cerámica en la Cuenca de México durante el Epiclásico*. UNAM.

Garraty, C. P. (2000). Ceramic Indices of Aztec Eliteness. *Ancient Mesoamerica, 11*, 323-340.

Garraty, C. P. (2006). Aztec Teotihuacan: Political processes at a postclassic and early colonial city-state in the Basin of Mexico. *Latin American Antiquity, 17*(4), 363-387. Retrieved from <Go to ISI>://000243149000001

Garraty, C. P. (2006). *Aztec Teotihuacan: Political Processes at a Postclassic and Early Colonial City-State in the Basinof Mexico. Latin American Antiquity, Vol. 17, No. 4 (Dec., 2006), pp. 363-387.*

Gerhard, P. (1977). Congregaciones de indios en la Nueva España antes de 1570-. *Historia Mexicana, 26*((3)), 347-395.

Gibson, C. (2003). *Los Aztecas bajo el dominio español 1517-18010* (15th ed.). México: Siglo XXI.Colección América Nuestra.

Gruzinski, S. (1996). Los indios de México frente la Conquista Española:del caos a los primeros mestizajes. In J. Rostkowski & S. Deveres (Eds.), *Destinos cruzados: cinco siglos de encuentros con los amerindios* (pp. 46-62). México DF: Siglo XXI.

Hodge, M. (1991). -"Land and Lordship in the Valley of Mexico: The Politics of Aztec Provincial Administration". In Harvey HR (Ed.), *Land*

and Politics in the Valley of Mexico. A two-thousand year Perspective. University of New Mexico. Albuquerque. .

Kressey, P. (1975). *Post-conquest developments in the Teotihuacán Valley, Mexico: the early colonial obsidian industry.* Museum of Anthropology, University of Northern Colorado.

Manzanilla, L. (2001). Gobierno corporativo en Teotihuacan: una revisión del concepto palacio aplicado a la gran urbe prehispánica. *Anales de Antropología, 35*(2001), 157–190. Retrieved from http://revistas.unam.mx/index.php/antropologia/article/download/14894/14192

Manzanilla, L. (2004). Social Identity and Daily Life at Classic Teotihuacan. In J. A. Hendon & R. A. Joyce (Eds.), *Mesoamerican Archaeology: Theory and Practice* (pp. 124–147). Blackwell. Retrieved from http://www.ncbi.nlm.nih.gov/entrez/query.fcgi?db=pubmed&cmd=Retrieve&dopt=AbstractPlus&list_uids=5520393706468077364

Manzanilla, L. (2007). *Reacomodos demográficos del Clásico al Postclásico en el centro de México.* (IIA-UNAM, Ed.). México.

María Josefa Iglesias Ponce de León. (2008). Actualizando la controversia: el Clásico Temprano en Petén, Guatemala. *Mayab, 20*, 125–144.

McClung, E. (1977). Recientes estudios paleotnobotánicos en Teotihuacan, México. *Anales de Antropología, 14*(1), 49–61.

McClung, E., & Tapia, H. (1996). Un estudio de paisaje y patrón de asentamiento prehispánico en la región de Teotihuacan, México. *Investigaciones Geográficas Boletín, N° especia*, 13–37.

Millon, R. (1973). *The Teotihucan map* (Vol. 1). Austin: University of Texas Press.

Mooser, F. (1968). Geología, naturaleza y desarrollo del valle de Teotihuacan. In J. L. Lorenzo (Ed.), *Materiales para la arqueología de Teotihuacan* (pp. 29–38). México: INAH.

Moragas Segura, N. (2005a). Sobreviviendo al colapso: teotihuacanos y coyotlatelcos en Teotihuacan. *Revista Española de Antropología Americana*, 35, 35–50.

Moragas Segura, N. (2005b). Sobreviviendo al colapso: teotihuacanos y coyotlatelcos en Teotihuacán. *Revista Española de Antropología Americana*, 35, 35–50.

Moragas Segura, N. (2005c). Teotihuacan: de la ciudad al territorio. In L. Mamelli & E. Munatñola (Eds.), (UAB). Barcelona: UAB,Casa América.

Munch, G. (1976). *El cacicazgo de San Juan Teotihuacan durante la Colonia 1521-1821.* INAH,México.

Nichols, D. L. (2015). Intensive Agriculture And Early Complex Societies Of The Basin Of Mexico: The Formative Period. *Ancient Mesoamerica The Formative Period. Ancient Mesoamerica*, 26(26), 407–421. http://doi.org/10.1017/S0956536115000279

Nichols, D. L. (2016). Teotihuacan. *Journal Archaeological Res*, 24, 1–74. http://doi.org/10.1007/s10814-015-9085-0

Paddock, J. (1972). Distribución de rasgos teotihuacanos en Mesoamérica. *Xi Mesa Redonde de Teotihuacan.Sociedad Mexicana de Antropología*, 223–240.

Pérez Pérez, J. (2013). *San Lucas, un Altepemailt en el Señorío del Acolhuacan* . Universidad Nacional Autónoma de México.

Restall, M. (2004). *Los siete mitos de la conquista española.* Ediciones Paidós Ibérica,Barcelona.

Sahagún, F. B. de. (1981). *El México Antiguo (Selección y reordenación de la Ha General de las Cosas la Nueva España de Fray Bernardino de Sahagún y de los informantes indígenas)*. (Biblioteca).

Sanders, W. T. (2003). The Native Aristocracy and the Evolution of the Latifundio in the Teotihuacan Valley, 1521-1917. *Ethnohistory*. http://doi.org/10.1215/00141801-50-1-69

Sanders, W. T., Parsons, J. r., & Santley, R. S. (1979). *The Basin of Mexico: The Ecological Processes in the Evolution of a Civilization (Studies in archaeology)*. Academic Press.

Sanders, W. T., Parsons, J. R., & Santley, R. S. (1979). *The Basin of Mexico. Ecological processes in the evolution of a civilization*. Nueva York: Academic Press.

Santley, R. S., & Alexander, R. T. (1996). Teotihuacan and middle Classic Mesoamerica: a Pre-Columbian world system? In *Arqueología Mesoamericana: Homenaje a William T. Sanders* (pp. 173–194). Mexico : Instituto Nacional de Antropología e Historia, Arqueología Mexicana.

Sarabia González, A. (2003). *Desarrollo cultural en el noreste de la Cuenca de México.Una perspectiva regional* .

Seifert, D. (1977). *Majolicas of rural Teotihuacan. Informe técnico para el Consejo de arqueología* . Mexico.

Spence, M. W. (1996). A comparative analysis of ethnic enclaves. . In Mastache, A. G., Parsons, J. R., Santley, R. S., & M. C. Serra Puche (Eds.), *Arqueologı´a mesoamericana: homenaje a William T. Sanders*, (pp. 333–353). México: INAH.

Stuart, D. (2000). "The Arrival of Strangers": Teotihuacan and Tollan in Classic Maya History. In D. Carrasco, L. Jones, & S. Sessions (Eds.), *Mesoamerica's Classic Heritage From Teotihuacan to the Aztecs* (Vol. Newsletter, pp. 465–513). University Press of Colorado.

Stuart, D. (2003). The Maya and Teotihuacan: Reinterpreting Early Classic Interaction (review). *The Americas*. http://doi.org/10.1353/tam.2003.0117

Sugiura Yoko. (2006). ¿Cambio gradual o discontuidad en la cerámica?: discusión acerca del paso del Clásico al Epiclásico, visto desde el Valle de Toluca. In L. Solar (Ed.), *El fenómeno Coyotlatleco en el central de México: tiempo, espacio y significado*, (pp. 113-148). INAH.

White, C. D., Spence, M. W., Longstaffe, F. J., & Law, K. R. (2004). Demography and ethnic continuity in the Tlailotlacan enclave of Teotihuacan: The evidence from stable oxygen isotopes. *Journal of Anthropological Archaeology, 23*(4), 385-403.

White, C. D., Spence, M. W., Storey, R., & Longstaffe, F. J. (2003). Immigration and ethnicity in two Teotihuacan neighbourhoods: the isotopic evidence. *Journal of Physical Anthropology*, 223.

Wiltfang, D. (1975). *Aztec and post conquest spindle whorls of the Teotihuacan Valley ,Mexico.Markers of technological change*. Mexico.

Sur y norte:
análisis comparativo de dos episodios coloniales en América (Golfo de San Lorenzo y Cuenca del Plata)

Sergio Escribano-Ruiz y Agustín Azkarate

1. INTRODUCCIÓN

El propósito del presente trabajo es realizar una caracterización arqueológica de la etapa inicial del colonialismo desarrollado por la corona de Castilla en América. La descripción resultante se basará en el estudio comparativo de dos casos en los que trabajamos desde hace años, uno situado al Sur y otro localizado al Norte del continente americano. El asentamiento castellano de Sancti Spiritus, en el Cono Sur, y las pesquerías vascas del Golfo de San Lorenzo, en Norteamérica, representan dos casos de estudio, distantes y diferentes. Comparten, no obstante, determinadas características diagnósticas que permiten considerar que los ejemplos a tratar representan dos caras de una misma moneda.

El proceso comparativo que desarrollamos en este trabajo se basa en algunos trabajos recientes, en los que tratamos los casos de estudio de forma individual (Azkarate y Escribano-Ruiz 2014, 2015; Azkarate, Sánchez-Pinto, Escribano-Ruiz y Benedet 2014; Escribano-Ruiz y Azkarate 2015) o conjunta (Azkarate, Escribano-Ruiz, Sánchez-Pinto y Benedet 2016), y en los que se ofrece información sobre aspectos tan solo esbozados aquí. Para este trabajo hemos seleccionado tres aspectos concretos que serán considerados, primero, en el contexto de cada caso de estudio y comparados, después, en un apartado específico: el desarrollo histórico de cada caso, la interrelación con las sociedades locales y su consideración historiográfica. Su interpretación conjunta nos ofrecerá una diagnosis del colonialismo castellano temprano que será pretendidamente sintética y esencialista, concebida como un ejercicio de reflexión derivado de una aproximación epistémica plural al colonialismo y como una llamada a cuestionar el paradigma historiográfico vigente, muy arraigado en las fuentes escritas.

2. SANCTI SPIRITUS (actual República Argentina)

2.1. Génesis y desarrollo histórico

La construcción del asentamiento de Sancti Spiritus se enmarca en contexto de la colonización del Sur de América, proceso en el que la monarquía castellana rivalizó con diversas potencias europeas, especialmente con Portugal. Tras la firma del Tratado de Tordesillas en 1494, una de las obsesiones de la monarquía hispánica fue la apertura de una vía directa a las islas Molucas que no entrara en conflicto con los intereses portugueses, y que posibilitara su posterior colonización. Las capitulaciones que Sebastián Gaboto firmó con el monarca hispano Carlos V en 1525 guardan una estrecha relación con este propósito. Por un lado, se establecía el viaje de ida a las islas Molucas con intención de ayudar a la armada que, a las órdenes del comendador Loaisa, zarpó para colonizarla. Por otro lado, se acordaba un regreso con provisiones de seda, metales preciosos y especias. Ambas acciones tratan de consolidar y aprovechar la ruta abierta por la expedición de Magallanes años atrás, en beneficio de la política mercantilista de la monarquía hispánica.

El devenir del viaje, sin embargo, hizo que Sebastian Gaboto se olvidara de las clausulas contenidas en las capitulaciones y desvió su ruta original hacia las islas Molucas para remontar el río Paraná en busca de la "Sierra de la Plata", cuya existencia había sido testimoniada por varios náufragos que encontró en su camino. Durante el transcurso del proceso de búsqueda y exploración del Rio de la Plata, estableció un asentamiento en tierra firme en 1527 (Fernández de Oviedo 1852: 173). Sobre la margen izquierda del río Carcarañá mando construir una veintena de casas y un fuerte, Sancti Spiritus, para guardar la hacienda real y para "la paçificaçión de la tierra…" (Maura 2007: 30). Las excavaciones arqueológicas han evidenciado que el poblado castellano asentó sus cimientos las casas de las comunidades que poblaron la zona antes de la llegada de la expedición comandada por Gaboto (Fernández de Oviedo 1852: 176). Los trabajos arqueológicos en curso han permitido asimismo exhumar parte de esa fortificación. Los restos documentados hasta la fecha engloban una zanja de construcción practicada para la colocación del muro de tapia, el propio muro de tapia y un foso con forma de "U". Además, se han identificado cientos de agujeros de poste, algunos de los cuales podrían estar en relación con las estructuras asociadas al fuerte, correspondiendo el resto al poblado local (Azkarate, Escribano-Ruiz, Sánchez-Pinto y Benedet 2012a).

En 1529, trascurridos unos 18 meses de la construcción del asentamiento, los grupos originarios del entorno atacaron el fuerte y lograron que la expedición de Sebastián Gaboto emprendiera el rumbo de vuelta a España. Resulta evidente que el fuerte y sus ocupantes no fueron capaces ni de "pacificar", ni someter a los pobladores originarios a su voluntad. Tras un breve hiato temporal, el asentamiento de Sancti Spiritus fue mencionado durante el primer viaje de Juan de Ayolas por el río de La Plata, en 1536. Y aunque no señalaron nada en relación al mismo, visitaron el fuerte, dando a entender que aún era una estructura reconocible. Poco después, en 1545, Francisco de Mendoza visitó también la fortaleza del capitán Gaboto. Aunque la fortaleza estaba supuestamente abandonada, se encontraron con habitantes originarios que hablaban castellano (Kleinpenning 2011: 67). Es evidente que su existencia trascendió más allá del breve episodio protagonizado por la expedición de Gaboto, convirtiéndose en un hito en el camino y, sobre todo, en un referente simbólico en el proceso colonizador del entorno.

2.2. Interacción con la sociedades locales

Los orígenes del mencionado poblado local se remontan, al menos, a los albores del siglo XV. La datación por radiocarbono de un carbón recuperado en la amortización de uno de los agujeros de poste ofrece una horquilla cronológica circunscrita entre los años 1405 y 1455 d. c. (Azkarate, Escribano-Ruiz, Sánchez-Pinto y Benedet 2012b: 51). Por tanto el poblado local parece remontarse, al menos, un siglo respecto a la llegada de los expedicionarios españoles. Este dato, que parece denotar la existencia de un poblamiento sedentario, contradice el paradigma historiográfico que proclama la naturaleza nómada y efímera del poblamiento de las comunidades locales. Su ubicación, en cambio, sí encaja en la dinámica del poblamiento local del Delta Superior del Paraná, donde la gran mayoría de asentamientos se ubican en zonas elevadas de las islas pero también en las llanuras altas, existiendo en ambos casos una clara vinculación a cursos de agua y a intersecciones de cauces (Bonomo, Politis y Castro 2010: 53-55). Las unidades domésticas fueron cabañas compuestas por una serie de postes de madera y entramados de ramas manteadas con arcilla y cubiertas también de materiales perecederos. Las excavaciones han permitido constatar que las unidades habitacionales fueron objeto de una reparación continua, ya que se ha registrado una reposición de postes muy profusa (Azkarate, Escribano-Ruiz, Sánchez-Pinto y Benedet 2012a: 17). Este hecho, además de informar sobre la naturaleza efímera de las construcciones, incide también en la pervivencia del poblamiento local.

Aunque la secuencia histórica asociada a la llegada de los europeos es cada vez más clara, los problemas son mayores a la hora de definir la comunidad que habitaba el poblado cuando arribó la expedición. De momento, gracias a las fuentes escritas sabemos que en el entorno del fuerte se concentraban diversas comunidades como los Chandules, Querandíes,

Caracaras, Chanás, Beguas, Chana-Timbues y Timbúes (Maura 2007: 30-31; Taylor 1932: 159). Junto a éstos destaca la presencia de grupos Guaranís y Chandris que, según los testimonios de los supervivientes de la expedición, habitaban en las inmediaciones del poblado de Sancti Spiritus, abastecían a los españoles y eran los principales enemigos del resto de las comunidades mencionadas (de Varnhagen 1852: 12). Estos datos esbozan un panorama complejo, culturalmente diverso, y parece que las implicaciones de la presencia castellana variaron de grupo en grupo. Recordemos, sin embargo, que los documentos escritos únicamente enuncian la presencia de determinados grupos sociales, que fueron percibidos de forma diferencial y que la arqueología está lidiando aún con los procesos de etnogénesis generados como resultado del encuentro de todos estos grupos en un momento determinado. Confiamos que el avance de las investigaciones arqueológicas revierta esta asimetría epistémica.

Las fuentes escritas relatan también que las relaciones con las comunidades locales fueron amistosas en los primeros momentos del encuentro cultural. Los ejemplos que proporcionan hablan de un encuentro pacífico y, aunque sabemos que durante ese periodo ya se habían construido las veinte casas e incluso la fortaleza, tratan de representar unas relaciones postivas a lo largo del primer tercio de este episodio poblador. Este es el cuadro armonioso que nos dibujan los relatos escritos conservados, que se caracterizan por extender durante meses el momento de contacto inicial, que hipotéticamente estuvo marcado por una intensa interacción cultural y material. La arqueología ofrece una imagen diferente. Los resultados alcanzados nos obligan a cuestionar esta descripción idealizada del encuentro inicial, sobre todo en lo que al espíritu pacífico de los españoles respecta. Las últimas campañas de excavación nos han permitido constatar que la construcción de la fortaleza supuso la destrucción parcial del poblado indígena. El registro estratigráfico es claro en este punto, mostrando cómo los muros y foso del fuerte español se superponen y cortan los agujeros de poste de las cabañas del asentamiento indígena. Esta destrucción parcial de su asentamiento debió de ser una imposición de los recién llegados, que poco tiene que ver con las supuestas buenas relaciones que mantuvieron hacia las comunidades locales ("... *e estuvimos en él más de seis meses de paz e amor con los indios comarcanos...*"). Pero esta contradicción entre la supuesta naturaleza pacífica del contacto y la práctica impositiva española, podría deducirse también de una lectura crítica de la documentación escrita, en la que se alude que el fuerte fue construido para la pacificación de la tierra y no sólo para guardar la hacienda del rey. Que el fuerte se construyera "... *para la paçificaçión de la tierra...*", denota la existencia de unas relaciones conflictivas con las comunidades locales y/o entre ellas. Aunque en dicho documento no se especifican los pormenores del conflicto, sí queda claro quién se proclamó agente pacificador y la importancia de la fortaleza de Sancti Spiritus en ese rol auto-asignado.

2.3. Tratamiento historiográfico

Ha existido una fuerte tendencia dentro de la Historia de América a ocuparse casi exclusivamente de las instituciones políticas, los grandes acontecimientos y los ilustres personajes históricos y a relegar, en consecuencia, las cuestiones económicas y sociales a un segundo plano. Estas crítica es extensible a la a misma Arqueología que al estudiar el pasado colonial a partir de la excavación de puestos fronterizos o asentamientos de grandes personajes coloniales (Jordan 2009: 33), ha alimentado y fomentado esta postura epistemológica. Lamentablemente, este enfoque caracteriza todavía a una parte importante de la actividad arqueológica histórica norteamericana (Silliman 2005: 69), y en menor medida a la europea donde la arqueología que se ocupa de la colonización de América está acuciada por otros graves problemas. Como ya hemos manifestado en otra ocasión (Azkarate y Escribano 2014), la arqueología histórica latinoamericana está muy avanzada y resulta modélica tanto en la valoración crítica del colonialismo como en la consideración de sus implicaciones. Sin embargo, el discurso arqueológico latinoamericano todavía está ausente en las obras generales y manuales europeos que tratan sobre la colonización de América.

Sorprende que, estando relacionado con uno de esos grandes personajes históricos, Sancti Spiritus no forme parte del discurso de la mayoría de obras generales sobre la conquista temprana de América del Sur, y que sea considerado poco más que una anécdota en alguno de ellos. Podemos plantearnos, siguiendo la caracterización historiográfica esbozada, que esta omisión podría responder a la importancia que tradicionalmente se ha impuesto a la historia política en la interpretación del proceso colonial (Cañedo-Arguelles 2006: 268; Jordan 2009: 33). En este caso, podríamos pensar que la ausencia de intervención del estado podría ser un factor determinante. Dicho de otro modo, que el asentamiento de Sancti Spiritus no fuera dictado por el monarca hispano, sino construido por iniciativa de Sebastián Gaboto, podría ser la causa que explicara la subestimación historiográfica que hemos denunciado. Y podemos comprobarlo, porque contamos con una pauta comparativa muy clara al respecto, el omnipresente y archiconocido caso de la primera Buenos Aires.

Si atendemos a la contradicción que se produce entre la similitud histórica de los casos mencionados y su diferente consideración historiográfica, podríamos concluir que la historiografía concede importancia a los actos dirigidos por la política de la Corona. Las órdenes del monarca para fundar el primer Buenos Aires, frente a la supuesta iniciativa personal de Sebastián Gaboto, son la única diferencia notable en el devenir de ambos casos. Sin embargo, salvo excepciones (Pérez Herrero 2002: 42; Elliot 1990: 132-133), la mayor parte de los trabajos consultados rechazan esta idea. La historiografía parece aceptar que la etapa inicial del colonialismo fue caracterizada por una actitud individualista y que el centralismo de la corona se comenzó a desarrollar a partir de mediados del siglo XVI (Hernández Sánchez-Barba 2012: 89-90; Lockhart and Schwartz 1992: 10-20; Muro 1991: 29, Navarro García 1991b: 7). El mismo ejemplo de Sancti Spiritus niega que existiera una política colonizadora predeterminada y demuestra que la iniciativa de la corona fue transformándose al compás de los acontecimientos y mediante la improvisación en la etapa inicial de la colonización de América.

Si la intervención de la corona no es determinante, cabe seguir preguntándose por qué Sancti Spiritus no figura en la mayoría de relatos que tratan sobre la colonización inicial y, en cambio, sí lo hace la primera Buenos Aires. Creemos que la razón primordial es la naturaleza alternativa, diferente, de Sancti Spiritus, una historia efímera que ejemplifica la resistencia de las sociedades originarias frente a la ocupación europea. Parece que esto no es importante para la mayoría de los autores consultados que, al contrario, prefieren centrarse en aquellos episodios en los que la colonización triunfó, aunque fuera en una segunda oportunidad, como sucedió en el caso de Buenos Aires. Las implicaciones de esta actitud son profundas, porque al considerar Buenos Aires y subestimar Sancti Spiritus, se impone un relato basado en el triunfo de la conquista y se representa la colonización como un proceso inexorable que minimiza el papel de las sociedades americanas originarias en su trascurso.

3. LAS PESQUERÍAS DEL GOLFO DE SAN LORENZO (actual Canadá)

3.1. Génesis y desarrollo histórico

El descubrimiento de Canadá se enmarca en los compases iniciales de la colonización de América. Fue fruto del interés de las principales monarquías europeas por encontrar rutas que les condujeran a Asia y establecer así un comercio directo con sus habitantes. Después de que los reinos de la Península Ibérica monopolizaran las rutas que llegaban a Asia por el Sur de Europa, el resto de monarquías europeas se vieron obligadas a explorar vías alternativas. En ese contexto, John Cabot consiguió financiación de la corona inglesa para tratar de buscar una nueva ruta que le condujera directamente a las Indias y sus codiciados productos navegando hacia el Noroeste (Menard 2006: 207-208). Siguiendo este objetivo, la expedición inglesa se topó con las costas canadienses en 1497.

Ante la inicial indiferencia inglesa (Pope 1986: 6; Menard 2006: 229), los marinos portugueses comenzaron a explotar los caladeros canadienses de forma casi inmediata. También existe constancia de varias campañas francesas en las pesquerías de Terranova, en torno a esas mismas fechas. A pesar de que durante mucho tiempo se ha tratado de argumentar lo contrario (cf. Azkarate, Hernández Vera y Núñez 1992: 23-24), la historiografía actual asume que los vascos llegaron un poco más tarde que los franceses y portugueses (Huxley-Barkham 1987: 27, Azkarate, Hernández Vera y Núñez 1992: 24-25, Trigger and Swagerty 1996: 339, Barkham 2000: 54-55, Ménard 2006: 228-231, Azpiazu 2008: 39). De hecho, el primer testimonio claro que alude a la presencia de los marinos vascos en Terranova se remonta a 1512 (Pasquier 2000: 25). Pero, aunque llegaran más tarde, pronto establecieron una pesquería más rentable. La supremacía de los vascos fue manifiesta en la caza de la ballena y ejercieron el monopolio sobre la comercialización de su grasa hasta bien entrado el siglo XVII. En la mayoría de los casos derretían su carne en hornos para obtener la grasa que era vendida en la mitad norte de España, o era llevada a Flandes e Inglaterra. Esta grasa llamada *saín* era utilizada sobre todo para la iluminación, pero también como lubricante para la pujante industria textil europea (Isasti 1985: 155).

A diferencia de lo sucedido con la caza de la ballena, la pesca de bacalao fue una actividad en la que se implicaron, desde el principio, todas las expediciones europeas dirigidas a Canadá. Por ello, el extremo oriental canadiense era conocido como Tierra de Bacallaos durante las primeras décadas del siglo XVI (Huxley-Barkham 1989: 3). No existen muchas menciones sobre la forma en la que preparaban el bacalao los pescadores vasco-peninsulares en Terranova, aunque las pocas conservadas respecto a los bacaladeros españoles hablan de bacalao verde o húmedo (Rose 2007: 201). Pero, a pesar estar considerablemente sazonado, apenas estaba curado y no se conservaba bien en el Sur de Europa (Grafe 2012: 60). Esto, unido a otras evidencias, anima a pensar que se dedicaron también al desecado del bacalao.

De las actividades descritas se deduce que durante las temporadas de pesca era necesario asentarse en el litoral canadiense. No sólo era necesario establecerse en tierra para fundir la grasa de la ballena, sino también era indispensable para preparar el bacalao. Los topónimos utilizados en la costa atlántica de Canadá avalan que la presencia vasca en tierra fue intensa. Las síntesis más recientes sobre la arqueología de la presencia vasca en Canadá han cifrado en más de una veintena los yacimientos vascos excavados (Loewen y Delmas 2012: 214-215). La mayoría de intervenciones se han centrado en la excavación de las estaciones balleneras situadas en la orilla Oeste del Estrecho de Belle Isle, por ello la información disponible es muy desigual. Tras dos siglos de intensa actividad económica y comercial el tratado de Utrech marcó el final de una era, y las coronas inglesa y francesa expulsaron a los marinos vascos de tierra firme, viéndose obligados a continuar su actividad de forma muy precaria, desde sus embarcaciones.

3.2. Interacción con la sociedades locales

El establecimiento de las pesquerías europeas en Terranova supuso el desarrollo de una economía intercontinental basada la explotación sistemática de los recursos naturales de Norteamérica. Los marinos vascos participaron en esta empresa creativa, implicando de diferentes maneras a las poblaciones locales. Todo ello supuso un cambio muy brusco para los agentes implicados. Los asentamientos señalados y las costas cercanas fueron escenarios en los que se produjeron intensos contactos culturales y, en general, se considera que las relaciones fueron bastante positivas con las sociedades originarias de la costa atlántica de Canadá (Trigger y Swagerty 1996: 342). No podemos obviar, en cambio, los testimonios que aluden a un supuesto canibalismo y a muertes combatiendo con los "salvajes". Pero, en líneas generales, la impresión de los marinos vascos fue que los nativos que se encontraron en estrecho de Belle Isle eran inteligentes y amistosos (Huxley-Barkham 1980: 53).

Es indudable que los vascos tuvieron unas relaciones culturales más intensas con los nativos que el resto de culturas europeas. Diversas evidencias materiales e inmateriales lo avalan. Los contactos culturales más intensos de los vascos se produjeron con los Mi'kmaqs, los Innu (o montagnais) y con los Inuit (o esquimales). Fruto de estas interacciones se han conservado evidencias de hibridación cultural. También se suponen relaciones con los Beothuk, los Iroqueses del San Lorenzo y otras culturas, pero los testimonios son escasos y las evidencias de interacción menos intensas. Todo ello proporciona un interesante caso de interacción multicultural, en forma de "middle ground" (*sensu* Gosden 2008: 101-135), que se prolongó durante el tiempo que la empresa vasca subsistió en Canadá.

El excepcional caso de hibridación lingüística producido con los Mi'kmaqs y los Innu (Bakker 1991) es una prueba irrefutable de la naturaleza intensa y positiva de los contactos culturales entre vascos y pobladores originarios. El pidgin resultante de la hibridación lingüística aludida, en uso en el Noreste de América hasta mediados del siglo XVII (Bakker 1991: 157-158), demuestra la magnitud y el dinamismo de este proceso de interacción cultural. Que el euskera fuese el primer lenguaje que tuvo un impacto efectivo en otras sociedades originarias, como las del Noroeste americano (Bakker 2002: 105), refuerza esta idea. Estas evidencias lingüísticas tienen, además, su contrapartida en el terreno material. La presencia de supuestos objetos vascos en yacimientos locales ha sido considerada una evidencia de comercio o intercambio con los nativos. Así se han interpretado, por ejemplo, las cuentas y los objetos metálicos asociadas a los vascos recuperadas en las costas del Golfo de San Lorenzo, de Newfoundland, Labrador, Acadia, Nova Scotia y New Brunswick (Moussette 2009: 34). Asimismo, se han recuperado objetos que reproducen tipologías locales mediante tecnología europea (Fitzhugh 2006: 58) y la mayoría de estaciones balleneras excavadas han proporcionado objetos relacionados con las sociedades locales (Moussette 2009: 38), indicando la existencia de una intensa interacción cultural bidireccional.

3.3. Tratamiento historiográfico

No hemos encontrado ni una sola alusión a las pesquerías del Golfo de San Lorenzo en los manuales generales consultados y aludidos en el apartado historiográfico del caso de estudio anterior. Y, en nuestra opinión, su ausencia en la historiografía es significativa porque, como veremos a continuación, las pesquerías formaron parte de la incipiente política colonial de la monarquía hispana. Desde un principio, la marcada política mercantilista española despreció los recursos naturales de las costas de la entonces denominada Terranova (Azkarate y Escribano-Ruiz 2014: 222). Sin embargo, se preocuparon por taponar el temido Paso del Norte, y evitar así nuevas vías de acceso a Asia. Incluso se planteó que las tripulaciones vascas construyeran fuertes para defender la entrada del enemigo, cortar su paso y *"...abreviar la conquista de la China..."* (Menard 2006: 237). Una vez superado el miedo que imponía la posibilidad de ese paso hacia el Sur, controlaron los intentos pobladores europeos para evitar que esa nueva posición facilitase el ataque de las posesiones españolas más al Sur (Azkarate y Escribano-Ruiz 2014: 223). Resulta indudable que la importancia geoestratégica de las actuales costas canadienses las involucró de forma directa en el colonialismo español.La corona, incluso llegó a reclamar su posesión ante determinados intentos de poblamiento de los portugueses (Menard 2006: 252-253).

Si bien no existieron intentos de poblamiento españoles que hayan dejado constancia escrita o material, la actitud de la corona fue posesiva respecto a los recursos económicos producidos por las pesquerías de Terranova. Las capitulaciones sobre la pesca otorgadas por Vazquez de Ayllon en 1523, permitiendo obtener todo el pescado que quisieran y habilitando dos pesquerías para su explotación, son muy expresivas al respecto (Menard 2006: 218). Hemos documentado, asimismo, un intento de regularización de la pesca por parte de la Corona, aplicando una exención de derechos de aduana a los productos llegados de Terranova, pero obligando a detallar el volumen de las operaciones comerciales (Azkarate y Escribano-Ruiz 2014: 215). Las reiteradas prohibiciones para ir a la pesca al Golfo de San Lorenzo por parte de las autoridades castellanas (Laburu 2006: 161), parecen evidenciar un intento de control de esta actividad. No obstante, las investigaciones sobre la forma de control de la monarquía, aún requieren mayor desarrollo. Existe una aparente contradicción entre este aparente control y la indefinición a la que la pesca se sometía al otro lado del océano, donde el acceso era libre y, según testimonios de la época, no había ni aduana, ni derechos, ni control alguno (Menard 2006: 233). Lo que resulta evidente, después de lo expuesto, es que Terranova formó parte de la política colonial de la corona y que, pese a ello, no forma parte de la historia colonial española.

4. COLONIALISMO CASTELLANO TEMPRANO EN PERPECTIVA COMPARADA

Una vez expuestas, de forma muy sintética, las aportaciones de cada caso de estudio respecto a tres aspectos muy concretos, trataremos de proyectar de forma combinada sus implicaciones para el colonialismo temprano.

4.1. El fortuito proceso colonizador de América

Uno de los primeros argumentos que esta comparación permite rebatir es que el colonialismo español temprano fuese un proceso inexorable y homogéneo, centralizado por la corona. Indudablemente, la colonización inicial de América no fue un proceso inexorable. Los casos de estudio analizados representan diferentes tipos de derrota de la política colonial que demuestran que lo que sucedió no era lo que la corona o los agentes implicados pretendían. En el caso de Sancti Spiritus porque los expedicionarios fueron expulsados y no fue vuelto a poblar por europeos hasta pasados varios siglos. En el caso de las pesquerías del Golfo del San Lorenzo porque, a pesar de su interés económico y geoestratégico, no pudo ser mantenido por los agentes coloniales castellanos, que sacrificaron su posesión por otros territorios más proclives a saciar su política mercantilista. En uno y en otro caso, cualquier otra cosa pudo haber sucedido, no sólo por la voluntad del ente colonizador sino también por la respuesta de las poblaciones originarias, como claramente evidencia el caso de Sancti Spiritus. Cada uno a su manera, ambos casos de estudio subrayan la importancia de las sociedades locales en el desarrollo del colonialismo.

Su condición de proceso no pretendido, ni deliberado, queda muy clara si consideramos que, hasta las primeras décadas del siglo XVI, los europeos no repararon en que se habían topado con un Continente que hasta el momento desconocían. No fue hasta las primeras décadas del siglo XVI, en 1502 en opinión de algunos autores (Céspedes del Castillo 2009: 25) o un poco más tarde, en 1524, en opinión de otros (Menard 2006: 215), cuando los europeos se percataron de que habían topado con América. Los episodios protagonizados por Cristóbal Colon y John Cabot son paradigmas de la casualidad absoluta y los paralelismos entre ambos son inevitables, porque los dos pensaron habían llegado a Asia (Hanbury-Tenison 2010: 219-220). Son ejemplos de errores de cálculo geográficos que tuvieron unas consecuencias impensables y absolutamente favorables para los patronos de sus expediciones. Tanto que, incluso de después de percatarse del error, no renunciaron a tal designación, tanto para la tierra (*las indias*) como para sus habitantes (*los indios*).

La descripción sintética de ambos casos ha dejado claro, o debería haberlo hecho, de la naturaleza tan dispar de ambos casos. La homogeneidad del proceso colonizar inicial es fácil de argumentar atendiendo a otros casos de estudio. La mayoría de los presentados, por ejemplo, en recientes obras colectivas rinden homenaje a la diversidad y heterogeneidad del colonialismo español inicial (Montón-Subías, Cruz Berrocal y Ruiz Martínez, 2016) y del colonialismo ibérico en general (Funari y Senatore 2015). La centralización de cada uno de las acciones coloniales también es un argumento fácil de refutar en la medida en la que la corona se dotó de una red clientelar formada por diferentes y diversos agentes, entre ellos Sebastián Gaboto o los marinos vascos. Cada uno desarrolló su propia empresa e iniciativa, sin atender tanto a las clausulas de sus contratos o de las leyes, como a sus propios intereses. Así Gaboto desobedeció las capitulaciones firmadas con la corona y, en vez de ir a las Molucas, probó suerte en la actual Argentina. O, en el caso de los marinos vascos, pese a su prohibición, colaboraron con otras coronas y omitieron sistemáticamente información sobre sus negocios a la corona castellana.

Muy al contrario de la imagen que la historiografía dominante refleja, los casos de estudio analizados dibujan el colonialismo inicial como un proceso casual y muy diverso, desarrollado con altas dosis de improvisación. Ambos casos demuestran que la capacidad de acción individual o grupal gana peso explicativo frente a la centralización de la corona y enfatizan que el error y el azar fueron dos elementos constantes en el origen de la colonización de América. Además, el desarrollo del colonialismo entre los siglos XVI y XVII estuvo más marcado por reacción de las sociedades que habitaban los espacios ocupados de lo que se suele reconocer.

4.2. Los encontronazos culturales

La mayor parte de los autores que se han dedicado a la Historia de América, sobre todo en Europa, no se han interesado hasta fechas recientes por las sociedades que poblaban el continente americano cuando llegaron los primeros europeos, ni por su devenir desde aquel encuentro inicial en adelante. Un argumento que se usa para justificar esta despreocupación es la escasez de información relativa a los pobladores originarios de América en las fuentes escritas, la principal fuente de información utilizada en la construcción de esa narrativa histórica. A los problemas cuantitativos de la documentación, se suman los cualitativos, y especialmente su arbitrariedad. Los documentos que existen sólo nos aportan una visión europea, una etnificación de las sociedades colonizadas. En los dos casos de estudio existen documentos que aluden a la interacción con las sociedades locales, pero aportan poca información y, a menudo, resulta contradictoria. Son más escasos aún los documentos que hacen referencia de forma exclusiva a las poblaciones originarias. Afortunadamente, contamos con otras fuentes, especialmente materiales, que permiten caracterizar a las sociedades originarias antes y después de encontrarse con los europeos en sus tierras.

Pese a que nuestro relato destile cierto aroma postcolonial (Senatore y Funari 2015: 10), no somos participes de mostrar ni fomentar una imagen esencialista de la relación colonizador-colonizado. Porque los casos presentados ayudan a imaginar un proceso mucho más dinámico y complejo a nivel social, político, económico y cultural. Nos muestran una América del siglo XVI convertida en un escenario creativo, en el que se escenificaron múltiples situaciones novedosas, inesperadas y multidireccionales. Los casos de las pesquerías del Golfo de San Lorenzo y del fuerte Sancti Spiritus son ejemplos paradigmáticos de la complejidad, creatividad y dinamismo que implicó el proceso colonial. Los procesos de convivencia, enfrentamiento y coexistencia simultáneos que tuvieron lugar en ambos espacios ejemplifican la naturaleza traumática y destructiva pero a la vez emotiva y creativa del colonialismo.

El caso del Fuerte Sancti Spiritus nos muestra cómo algunas de las sociedades que ocupaban ese territorio antes de la llegada de la expedición castellana se aliaron a éstos y cómo, al contrario, el resto se agruparon en una confederación que derrotó a los expedicionarios bajo bandera castellana. Es interesante comprobar también que ésta última circunstancia rompe con la visión de fragmentación que la historiografía ofrece de las sociedades locales (Voss 2015: 357). En el caso de las pesquerías canadienses, no hay una política de sumisión directa de las primeras naciones, sino aparentes relaciones de colaboración normalizada y puntuales focos de conflicto ante su presencia. Los enunciados procesos de interacción social y cultural resaltan que las poblaciones locales no fueron meros sujetos pasivos ante el colonialismo, sino que participaron de forma activa en su desarrollo conceptual y en las consecuentes estrategias operativas

4.3. Las pequeñas narrativas

El desarrollo del texto ha evidenciado ya nuestra actitud crítica respecto a la Historia de América tradicional o tradicionalista, a cuyos artífices hemos considerado creadores de metanarrativas o grandes narrativas. Hemos seguido, en esa acusación una definición que las entiende como la visión estandarizada y normalizada de la colonización española, que funciona tanto como mensaje cultural como marco de conocimiento e interpretación (*sensu* Senatore y Funari 2015: 4). Y frente a esta visión, defendemos el empleo de un enfoque granular, que reclame atención sobre las contradicciones, particularidades y diversidad de experiencias (Voss 2015: 355). En su aplicación hemos ofrecido una imagen más contingente del proceso de colonización que contrasta sobremanera con la versión paternalista y triunfalista de la historiografía tradicional.

El análisis crítico de la historiografía no sólo nos ha llevado a contrastar que ambos casos de estudio apenas cuentan con una mínima consideración en la historiografía, sino también a intuir que éstos y otros casos de resultados coloniales negativos han sido voluntariamente omitidos de los relatos históricos con objeto de alimentar ese relato épico y triunfal. En el caso del fuerte Sancti Spiritus hemos podido comprobar que este hecho se perpetuó desde los mismos relatos de los colonizadores que utilizaron la escritura como forma de justificar sus acciones. La falta de correspondencia entre lo que escribían (paz y armonía) y hacían (fuertes, destruir el poblado) nos ha permitido ejemplificar un caso de estrategia discursiva deliberada y manifiesta. Lo que algunos autores como T. Todorov (2008: 213) han llamado el "discurso del parecer", se caracteriza por desligar lo que se hace de lo que se dice que se hace, para dar la condición de verdad a lo último. En este caso concreto, suscribimos que los registros coloniales evidencian más la propia percepción de los colonizadores y sus proyecciones públicas más que la historia factual (Voss 2015: 356).

Y si el discurso escrito fue el instrumento discursivo legitimador del colonialismo por excelencia, resulta cuanto menos paradójico que haya sido el principal cuerpo de evidencia sobre el que se han construido las narrativas sobre el pasado colonial. La vigencia de estas Grandes Narrativas reclama la necesidad de casos de estudio como los que hemos presentado, que contribuyan a construir pequeñas narrativas que las contrarresten.

5. CONSIDERACIONES FINALES

La arqueología europea ha mostrado, hasta fechas recientes, un desinterés manifiesto por el colonialismo de época Moderna y Contemporánea. Aunque es posible que el sentimiento de pena, culpa o vergüenza haya jugado cierto papel en este olvido, el evidente subdesarrollo historiográfico de las arqueologías posteriores al Medioevo ha sido un factor decisivo. Sea por lo que fuera, sigue siendo un campo olvidado a pesar de que la arqueología, con su característica actitud crítica, tiene en su mano la revisión del enfoque predominante en la historiografía europea del colonialismo, fundamentado en una visión épica y paternalista. Por ello, a lo largo de este trabajo hemos tratado de demostrar que el colonialismo español temprano no fue un proceso inexorable, sino un complejo proceso histórico no-lineal y circunstancial, dulcificado y justificado por su tratamiento historiográfico. Pero la arqueología tiene un reto aún mayor que la deconstrucción historiográfica, como puede ser la socialización del conocimiento generado y su inherente problematización. Una arqueología crítica y comprometida con la sociedad puede, y debe, incentivar una reflexión sobre una responsabilidad histórica heredada por una sociedad que en su conjunto se lucró de la colonización y la explotación tanto de América como de sus habitantes.

Agradecimientos

Esta síntesis comparativa no hubiera sido posible sin el trabajo de diversos equipos que trabajan en varios proyectos relacionados con ambos casos de estudio. Gracias a Iban Sánchez Pinto, Verónica Benedet, Javier García Iñañez, Fabian Letieri, Gabriel Cocco, Gustavo Fittegotto, Brad Loewen, Jaume Buxeda, Marisol Madrid, Yves Monette, y a aquell@s cuyos nombres omitimos de forma involuntaria. Su trabajo no hubiera sido posible sin la financiación de las siguientes instituciones: Ministerio de Innovación y Cultura del Gobierno de Santa Fe (Argentina), Ministerio de Ciencia e Innovación (España), Ministerio de Economía y Competitividad (España), Universidad del País Vasco / Euskal Herriko Unibertsitatea (UPV/EHU), Grupo de Investigación en Patrimonio Construido, GPAC. La redacción final de este trabajo por parte de Sergio Escribano ha sido posible gracias a la beca obtenida en la convocatoria de 2015 de ayudas para la Especialización de Personal Investigador del Vicerrectorado de Investigación de la UPV/EHU.

BIBLIOGRAFÍA

Azkarate, A., Hernández Vera, J. A., y Nuñez, J. (1992). *Balleneros vascos del siglo XVI. Estudio arqueológico y contexto histórico*. Vitoria-Gasteiz: Gobierno Vasco.

Azkarate, A. y Escribano-Ruiz, S. (2014). La pesca transatlántica vasca en el universo colonial: un ejemplo paradigmático de interacción multicultural. *Revista de Arqueología Americana*, 32, 209-228.

Azkarate, A. y Escribano-Ruiz, S. (2015). The Early Colonisation of the Rio de la Plata Basin and the Settlement of Sancti Spiritus. EN P. P. Funari y M. X. Senatore, *Archaeology of Culture Contact and Colonialism in Spanish and Portuguese America* (pp. 39-52). Cham: Springer.

Azkarate, A., Escribano-Ruiz, S., Sánchez-Pinto, I. y Benedet, V. (2012a). Recuperación y puesta en valor del Fuerte Sancti Spiritus, un asentamiento español en la Gran Cuenca del Río de la Plata (Puerto Gaboto, Santa Fe, Argentina). *Informes y Trabajos 7. Excavaciones en el exterior 2010*, 8-21.

Azkarate, A., Escribano-Ruiz, S., Sánchez-Pinto, I. y Benedet, V. (2012b). Recuperación y gestión integral del Fuerte Sancti Spiritus y su entorno (Puerto Gaboto, Santa Fe, Argentina). Balance de actividades y resultados, 2011-2012. *Informes y Trabajos 9. Excavaciones en el exterior 2011*, 42-57

Azkarate, A., Escribano-Ruiz, S., Sánchez Pinto, I. y Benedet, V. (2016). Thoughts on Early Spanish Colonialism through two American case studies: Basque Fisheries (Canada) and Sancti Spiritus Settlement (Argentina). EN S. Montón Subías, M. Cruz Berrocal y A. Ruiz, *Archaeologies of Early Modern Spanish Colonialism* (pp. 93-115.). Cham: Springer.

Azkarate, A.; Sanchez-Pinto, I.; Escribano-Ruiz, S.; Benedet, V. (2014). Aproximación al enredo cultural provocado por la presencia española temprana en la Cuenca del Plata; el caso del fuerte de Sancti Spiritus, 1527-1529. *Revista de Arqueología Americana, 32,* 45-73.

Azpiazu, J. A. (2008). *La empresa vasca de Terranova.* Donostia: Ttartalo.

Bakker, P. (1991). Un pidgin vasco y amerindio. EN P. Bakker, G. Bilbao, N. G. H. Deen y J. I. Hualde, *Basque pidgins in Iceland and Canada* (pp. 134-165). Anejos del Anuario del Seminario de Filología Vasca Julio de Urquijo. Donostia: Gipuzkoako Foru Aldundia.

Bakker, P. (2002). Amerindian Tribal Names in North America of possible Basque Origin. EN X. Artiagoitia, R. P. G. de Rijk, P. Goenaga and J. Lakarra, *Erramu boneta: festschrift for Rudolf P.G. de Rijk* (pp. 105-116). Anejos del Anuario del Seminario de Filología Vasca Julio de Urquijo. Bilbao: Universidad del País Vasco.

Barkham, M. (2000). La industria pesquera en el País Vasco peninsular al principio de la Edad Moderna: ¿una edad de oro?". *Itsas Memoria. Cuadernos de estudios marítimos del País Vasco, 3,* 29-75.

Bonomo, M., Politis, G. y Castro, J. A. (2010). Primeros resultados de las investigaciones arqueológicas en el Delta Superior del Paraná y su contribución al atlas arqueológico de la provincia de Entre Ríos. *Folia Histórica del Nordeste* 18, 33-58.

Cañedo-Arguelles, T. (2006). Nuevas tendencias historiográficas del americanismo: la historia-problema. *Clío, 171*, 267-282.

Elliot, J., H. (1990). La conquista española y las colonias de América. EN L. M. Bethell, *Historia de América Latina. Parte 1: América Latina Colonial. La América precolombina y la conquista* (pp. 125-169). Barcelona: Crítica.

Escribano Ruiz, S. y Azkarate, A. (2015). Basque Fisheries in Eastern Canada, a Special Case of Cultural Encounter in the Colonising of North America. EN P. P. Funari y M. X. Senatore, *Archaeology of Culture Contact and Colonialism in Spanish and Portuguese America* (pp. 239-256). Cham: Springer.

Fernández de Oviedo, F. (1852). *Historia general y natural de las Indias, islas y tierra-firme del mar océano*, Tomo 2. Madrid: Imprenta de la Real Academia de la Historia.

Fitzhugh, W. (2006). Cultures, borders, and basques: archaeological surveys on Quebec's lower north shore. EN L. Rankin y P. Ramsden, *From the Arctic to Avalon. Papers in Honour of Jim Tuck* (pp. 53-70). Oxford: BAR.

Funari P. P. y M. X. Senatore (2015). *Archaeology of Culture Contact and Colonialism in Spanish and Portuguese America*. Cham: Springer.

Gosden, C. (2008). *Arqueología y colonialismo. El contacto cultural desde 5000 a.C. hasta el presente*. Barcelona: Bellaterra.

Grafe, R. (2012). *Distant tyranny. Markets, power and backwardness in Spain, 1650-1800*. Princeton: Princeton University Press.

Hanbury-Tenison, R. (2010). *The Oxford Book of Exploration* (2a ed.). Oxford: Oxford University Press.

Hernández Sanchez-Barba, M. (2012). *América española. Historia e identidad en un nuevo mundo*. Madrid: Trébede.

Huxley-Barkham, S. (1980). A note on the Strait of Belle Isle during the period of Basque Contact with Indian and Inuit. *Etudes / Inuit / Studies, 4 (1-2)*, 51-58.

Huxley-Barkham, S. (1987). Los vascos y las pesquerías trasatlánticas, 1517-1713. EN S. Huxley-Barkham, *Los vascos en el marco del Atlántico Norte. Siglos XVI y XVII* (pp. 27-164). Donostia: Etor.

Huxley-Barkham, S. (1989). *The Basque Coast of Newfoundland*. St. Johns: The Great Northern Peninsula Development Corporation.

Isasti, Lope Martínez de, (1985 [1625, 1850]). *Compendio Historial de Guipúzcoa*. Bilbao: Amigos del Libro Vasco.

Jordan, K. A. (2009). Colonies, colonialism and cultural entanglement: the archaeology of postcolumbian intercultural relations. EN T. Majewsji y D. Gaimster, *International Handbook of Historical Archaeology* (pp. 31-49). New York: Springer.

Kleinpenning, J. M. (2011). *Paraguay 1515-1870. Una geografía temática de su desarrollo*. Asunción: Tiempo de Historia.

Laburu, M. (2006). *De mare vasconum. La memoria perdida*. Pamiela: Iruñea.

Lockhart, J. y Schwartz, S. B. (1992). *América Latina en la Edad Moderna: una historia de la América española y el Brasil coloniales*. Madrid: Akal.

Loewen, B. Y Delmas, V. (2012). The Basques in the Gulf of St. Lawrence and Adjacent Shores. *Canadian Journal of Archaeology, 36*, 213-266.

Maura, J. F. (2007). *Luis Ramírez, Carta de Luis Ramírez a su padre desde el Brasil (1528): orígenes de los 'real maravilloso' en el Cono Sur*. Colección Textos de la revista Lemir. Edición electrónica: http://parnaseo.uv.es/Lemir/Textos/Ramirez.pdf

Ménard, C. (2006). *La pesca gallega en Terranova, siglos XVI-XVIII*. Tesis doctoral. Santiago de Compostela: Universidad de Santiago de Compostela. http://dspace.usc.es/bitstream/10347/2263/1/9788497508162_content.pdf

Montón Subías M., Cruz Berrocal M. y Ruiz Martínez, A. (2016). *Archaeologies of Early Modern Spanish Colonialism*. Cham: Springer.

Moussette, M. 2009. A universe under strain: Amerindian nations in north-eastern North America in the 16th century, *Post-Medieval Archaeology, 43 (1)*, 30-47.

Muro, F. (1991). El Gobierno de las Indias Españolas. EN L. Navarro García, *Historia de las Américas,* vol. II (pp. 29-48). Madrid: Alhambra-Longman.

Navarro García, L., 1991. Introducción. EN L. Navarro García, *Historia de las Américas,* vol. II (pp. 1-11). Madrid: Alhambra-Longman.

Pasquier, T. (2000). *Les baleiniers basques*. Paris: Editions S.P.M.

Pérez Herrero, P. (2002). *La América Colonial (1492-1763). Política y sociedad*. Madrid: Síntesis.

Pope, P. (1986). *Ceramics from seventeenth century Ferryland, Newfoundland*. M. A. Thesis. St John's: Memorial University of Newfoundland.

Rose, G. A. (2007). *Cod. The ecological history of the North Atlantic fisheries*. St. John`s: Breakwater.

Senatore M. X., Funari P. P. (2015): Introduction: Disrupting the Grand Narrative of Spanish and Portuguese Colonialism. EN P. P. Funari y M. X. Senatore, *Archaeology of Culture Contact and Colonialism in Spanish and Portuguese America* (pp. 1-15). Cham: Springer.

Silliman, S. W. (2005). Cultural contact or Colonialism? Challenges in the Archaeology of Native North America. *American Antiquity, 70 (1),* 55-74.

Trigger, B. G. Y Swagerty, W. R. (1996). Entertaining strangers: North America in the sixteenth century. EN B. G. Trigger Y W. R. Washburn, *The Cambridge History of the Native Peoples of the Americas*. Volume I. North America (pp. 325-398). Cambridge: Cambridge University Press.

Voss, B. (2015). Narratives of Colonialism, Grand and Not So Grand, EN P. P. Funari y M. X. Senatore, *Archaeology of Culture Contact and Colonialism in Spanish and Portuguese America* (pp. 353-360). Cham: Springer.

Arqueología de la esclavitud y vestimenta en una hacienda azucarera del Brasil colonial

Isabela Cristina Suguimatsu

1. INTRODUCCIÓN

En la iconografía de comienzo del siglo XX, formada por las ilustraciones producidas por los viajeros europeos en el contexto de los "viajes pintorescos" a Brasil, la población de origen africano fue frecuentemente retratada. Por mucho tiempo utilizadas como datos históricos y etnográficos, tales representaciones influenciaron el modo como la esclavitud y los esclavos son actualmente pensados, así también reforzaron visiones estereotipadas acerca de su vestimenta, sus cuerpos y comportamientos. En muchas de esas representaciones estaba implícita la idea de que los esclavos serían a la vez "bárbaros" y "dóciles" (Schwarcz 1987:20), descripción que se replicó en las representaciones de su vestuario.

Por un lado, estaba el esclavo semidesnudo, vestido con ropa apenas suficiente para cubrir sus partes íntimas. Desde el siglo XVI, los primeros exploradores europeos en las Américas retrataban las poblaciones nativas a partir de la ausencia (tanto de vestimentas como de aquello que ellas representaban). Destacar el cuerpo desnudo era un modo de considerarlo un elemento más en medio de un paisaje y una naturaleza exóticos, en contraste con la civilización y la cultura europea. Además, era una manera de reforzar la creencia en la inferioridad de los negros en una gradiente de civilización; ellos serían primitivos y lascivos *por naturaleza*. No por azar, las mujeres esclavas fueron frecuentemente retratadas con los senos a la vista – lo que era interpretado, por lo general, como señal de su libertinaje y promiscuidad (Araújo 2014).

Por el otro lado, estaban los esclavos lujosamente vestidos. Aunque existieran desde el siglo XVI varias leyes controlando el uso de vestimentas, tejidos y adornos de lujo por parte de los esclavos (Lara 2000a), esa tendencia era más común entre los esclavos urbanos y, sobretodo, los domésticos, a los cuales a veces se les permitían algunas regalías en la alimentación y vestir (Freyre 1977:101). Aquí, se buscaba a la vez resaltar la impresión que causaba a los europeos una situación pintoresca – esclavos usando ropas de señores –, y el modo "dócil" y "sumiso" en que aquellos esclavos "aceptaban" las modas, los caprichos y la cultura de sus amos. O aún, para usar la expresión de Maria N. da Silva (1993:228), cómo tendrían sufrido "un proceso de aculturación por las maneras de vestirse".[1]

Sin embargo, entre los esclavos que se vestían lujosamente y los que andaban semidesnudos, o sea, entre los "sumisos" y los "bárbaros", estaban aquellos que, en las grandes haciendas del interior, se vestían cotidianamente para el trabajo, mezclando lo que les imponían sus señores con lo que compraban y cosían a partir de sus propias elecciones. Aquellos cuya ropa los protegía del sol y de las cortantes hojas de la caña de azúcar. Esclavas que, en sus casas, usaban sus manos –marcadas por la labor de coser las ropas de sus señoras–, para hacer sus propias ropas, coser un botón suelto o remendar huecos en el tejido gastado por el uso. Menos "exóticos", los esclavos de las grandes plantaciones formaban la mayor parte de la población esclavizada en el Brasil colonial, pero fueron los menos representados en la iconografía producida por los viajeros.

Si sólo recientemente el vestuario de los esclavos se volvió un asunto de interés en las investigaciones sobre la esclavitud en Brasil, fue porque la visión tradicional del esclavo como "cosa", incapaz de actuar y pensar por sí mismo, tardó en ser superada. Superado el desafío de reconocer espacios de autonomía, a pesar del contexto opresor y a menudo violento del cautiverio, los investigadores han intentado comprender los sentidos que ellos daban a sus prácticas y luchas cotidianas, sin limitarse a las visiones señoriales y oficiales de esas situaciones (Scott 1988). Así, dejando de considerar las ropas usadas por los esclavos como reflejo de la riqueza y poder de sus amos, o de su propia barbarie, lascivia e indecencia, se intenta adentrar el cotidiano de las prácticas de costura y vestir de los esclavos de

---

[1] Las citaciones del texto fueran traducidas por la autora.

las grandes plantaciones, a través de la investigación arqueológica de los pequeños objetos vinculados a construcciones identitárias en el pasado.

La arqueología de la esclavitud, una disciplina que busca dar voz a pueblos que no pudieron registrar su historia (Little 1994:5), tendría el potencial de llenar los huecos dejados por la documentación escrita e iconográfica. Los vestigios arqueológicos de los objetos usados sobre el cuerpo son fuentes riquísimas de informaciones sobre diversas prácticas: desde el consumo y disponibilidad de artefactos materiales entre los esclavos hasta los modos por los cuales las identidades fueron construidas en relación con el orden oficial y las preferencias personales (Heath 1999a; White 2008; White y Beaudry 2009). Si uno de los aspectos de la experiencia humana es la relación física con los objetos, o sea, la materialidad, es el "énfasis en las relaciones sujeto-objeto en las prácticas cotidianas lo que puede contribuir para comprendernos mejor la vida de los individuos y cómo usaron la cultura material para constituirse a sí mismos y sus mundos" (Loren 2009:110).

En este capítulo utilizo el ejemplo de los artefactos vinculados a la costura y a la vestimenta encontrados en las áreas de habitaciones de esclavos de la Hacienda del Colegio de los Jesuitas, en Campos dos Goytacazes, estado de Río de Janeiro, para pensar las formas por las cuales los individuos esclavizados que allá vivieron construyeron sus identidades, prestando atención especial a las líneas de género y clase. Con el objetivo de superar la visión común acerca del vestuario de los esclavos – entre, por un lado, la desnudez, la pobreza y la salvajería y, por otro lado, la aculturación y sumisión a las modas europeas –, demuestro cómo, al hacer sus propias ropas y tener acceso a piezas de vestuario, ellos podrían, dentro de ciertos límites de la esclavitud, expresar preferencias sobre sus ropas y construir su apariencia – o sea, construirse a sí mismos.

2. EL COLEGIO DE LOS JESUITAS

La Hacienda del Colegio de los Jesuitas ubicada en Campos dos Goytacazes, al norte de la ciudad de Río de Janeiro, fue construida en el siglo XVII por los padres y se hizo una de las más grandes haciendas de Brasil (Figura 1). Cuando la Compañía de Jesús fue expulsada de la colonia en 1759, la hacienda pasó a ser propiedad real. En 1781 fue adquirida, incluyendo sus casi 1.500 esclavos, por el comerciante portugués Joaquim Vicente dos Reis (Guglielmo 2011:27). Tras su muerte en 1818, la hacienda pasó a su yerno, Sebastião Gomes Barroso, miembro de una importante familia de comerciantes de la ciudad de Río de Janeiro. En 1843 se murió Barroso y asumió la hacienda uno de sus herederos, el teniente-coronel Francisco de Paula Gomes Barroso. Dividiéndose con el pasar del tiempo, parte de la propiedad permaneció con la familia hasta fines de la década de 1970, cuando fue expropiada. Desde 2001 es la sede del Aquivo Público de Campos dos Goytacazes.

En la primera mitad del siglo XIX, la Hacienda del Colegio era la propiedad más grande que había en Campos en términos de extensión así como de cantidad de esclavos. Joaquim Vicente dos Reis llegó a ser considerado el "más rico y poderoso vasallo de Portugal en el Brasil" (Reis 1863:155). Desde fines del siglo XVIII la comunidad esclavizada de la hacienda se caracterizaba por ser una población nacida en esa localidad, por su organización basada en familias y por mantener una economía de subsistencia, lado a lado, con la producción destinada a los propietarios. En 1785 había 1.482 esclavos, de los cuales 765 eran niños, 340 hombres y 377 mujeres (Reis 1997). En 1843, según el inventario de Sebastião Gomes Barroso, había 1.111 esclavos, 579 mujeres y 532 hombres.

En junio de 2012, 2014 y 2016, el equipo coordinado por Luís Claudio Symanski ha conducido excavaciones arqueológicas en diferentes sitios de la Hacienda.² En 2012 las excavaciones cubrieron dos áreas: una referente a la extremidad noroeste del área de habitación de los esclavos (n.º 1 en la Figura 2) y un desecho de residuo de los habitantes del Solar (n.º 2). En 2014 las excavaciones se concentraron en el sudeste del Solar (n.º 3) y, en 2016, en el nordeste (n.º 4) –ambas áreas de desecho de residuo ligadas a los esclavos. El registro arqueológico de las áreas excavadas señaló un período entre fines del siglo XVIII y grande parte del siglo XIX (Symanski y Gomes 2012; Symanski et al 2015; Symanski y Suguimatsu 2015).

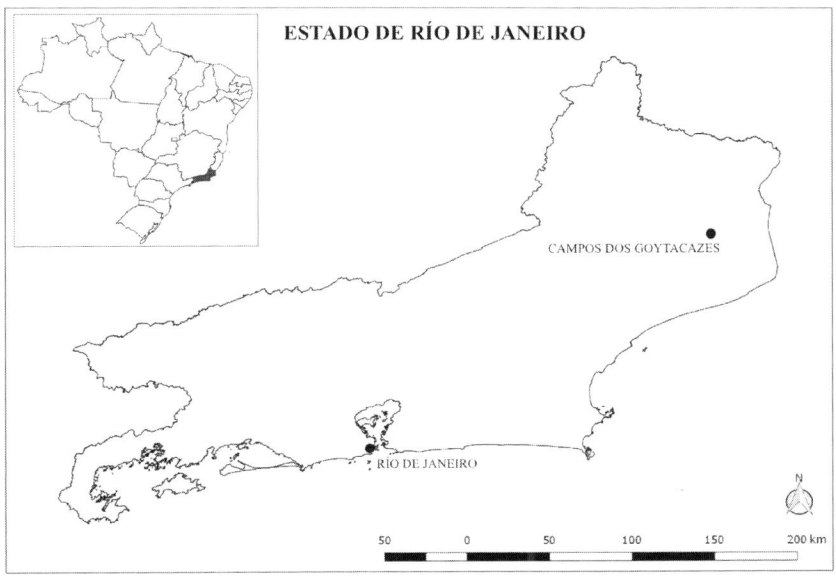

Figura 1. Ubicación de Campos dos Goytacazes, estado de Río de Janeiro.

---

2 Con apoyo del *Conselho Nacional do Desenvolvimento Científico e Tecnológico* (CNPq).

Figura 2. Ubicación de las áreas de excavación. La línea discontinua representa las viviendas de los esclavos.

3. EL LUJO Y LA MODA EN CAMPOS

En el pasaje del siglo XVIII para el XIX, Campos dos Goytacazes era un importante centro económico regional. Con la expansión de la actividad azucarera a partir de la mitad del siglo XVIII, llegó a concentrar más de la mitad de los ingenios azucareros de toda la Capitanía del Río de Janeiro (Lara 1988:132). La consecuencia de la expansión azucarera fue el aumento de la demanda por mano de obra esclava para trabajar en las haciendas e ingenios. En 1790 la población de Campos era de 21.894 habitantes. En 1818 había crecido para 31.917 y, en 1835, sería de 51.718 (Lara 1988:136; Oscar 1985:92). A lo largo de todo el período, la población esclava representaba más de 50% del total y formaba el tercer contingente de esclavos más numeroso de la Capitanía.

El aumento de la producción y de la población no se convirtió inmediatamente en mejoras en la calidad de vida de la población. Con la transferencia de la familia real portuguesa y su corte a Río de Janeiro en 1808, creció la demanda por productos de primera necesidad y numeroso productores agrícolas de Campos pasaron a destinar parte considerable de su producción a la capital, lo que provocó escasez de recursos en la propia localidad (Oscar 1985:51-52). No son pocos los testimonios acerca de la pobreza de la región en las primeras décadas del siglo XIX. En 1813, el viajero inglés John Luccock (1975:219) relató que su informante "jamás estuviera tan próximo de pasar hambre como en las famosas planicies de Campos".

Junto con la escasez y la pobreza, no obstante, estaba el lujo. La riqueza de la producción azucarera hizo surgir verdaderos "barones del azúcar". Al pasar por la región, en 1815, el príncipe Maximiliano de Wied-Neuwied (1940:98-9) narró que en la "zona más próspera entre Río de Janeiro y Bahía", se veía "mucho lujo, sobretodo en el vestir, cosa en la que los portugueses gastan mucha plata". Tres años más tarde, en 1818, el naturalista francés Auguste de Saint-Hilaire conoció la Hacienda del Colegio y sus propietarios. En su relato, comentó la manera "poco amable" con que fue recibido, debido, pensó, a su vestimenta sencilla:

> En toda parte se juzga el desconocido por la ropa que viste y, en Brasil, más que en cualquier otra parte, los hombres de la clase alta consideran el vestuario algo de gran importancia. Conociendo los hábitos del país, pero al mismo tiempo deseando no privarme de las ventajas que ofrece al naturalista viajero una ropa liviana y de poco valor, yo tenía la precaución de llevar, bien fácil de encontrar en una de las maletas, ropas adecuadas para tales situaciones y, antes de entrar en la casa de personas de poses, cambiaba de ropa a

la sombra de algún árbol. La mañana que llegué al Colegio, desafortunadamente, me había olvidado de esa pequeña precaución y fui castigado por haberme presentado con ropa humilde y un sencillo sombrero de paja (Saint-Hilaire 1941:415).

Las experiencias de Wied-Neuwied y Saint-Hilaire evidencian como la moda, la vestimenta y el lujo eran elementos importantes en la sociedad de Campos en los primeros años del siglo XIX. Las ropas, tejidos y productos manufacturados europeos (sobre todo, ingleses y franceses) fueron referencia de elegancia y distinción a lo largo de todo el período colonial. Eran para pocos. Existía una serie de limitaciones a la entrada de productos que no fueran de origen portugués, bien como prohibiciones a la producción de manufacturas en el interior de la colonia. Según una Ley de 5 de Enero de 1785, la única excepción era la producción interna de tejidos "que sirvan para el uso y vestimenta de los negros", o aún aquellos usados para empaquetar productos de la tierra (Alvará 1828:371). Entrando en el mercado por vía legal o por contrabando, mercancías producidas por las potencias europeas suplían los deseos de lujo de la élite colonial.

Delante de esas prohibiciones, las personas que lograban tener acceso a los bienes importados les atribuían gran valor. Como forma de "lenguaje visual" (Lara 2007), las piezas de vestuario permitirían la identificación o diferenciación de los individuos en grupos sociales. Más aún, reservaban privilegios y marcaban exclusividades. Por lo menos desde el siglo XV, leyes suntuarias portuguesas establecían prohibiciones en cuanto al uso de vestimentas, tejidos y ornamentos para determinados grupos sociales, con el efecto de que algunos de estos artefactos de distinción fueran inaccesibles para gran parte de la población. Algunas leyes se referían específicamente a la vestimenta de los esclavos: era prohibido para ellos usar seda y otros tejidos finos, bien como joyas y adornos de oro y plata en los vestidos (Lara 2000a:307-312).

A comienzos de 1808 ocurrieron importantes transformaciones en la colonia. Con el fin de la exclusividad comercial de la metrópolis, consecuencia de la apertura de los puertos de Brasil a las "naciones amigas", los bienes de consumo se diversificaron. No solamente los tejidos, sino una variedad de manufacturas para el vestuario empezaron a llegar de Inglaterra a Río de Janeiro (Freyre 2000:158-160). Tras el restablecimiento de las relaciones diplomáticas entre Francia y Portugal, en 1815, también los profesionales franceses de la moda, como sastres, peluqueros y estilistas, pasaron a ofrecer sus servicios a la corte. Más accesibles, por el precio y la disponibilidad, productos antes exclusivos de la nobleza eran ahora consumidos de manera más amplia, lo que impactó en los hábitos y en las tradicionales costumbres coloniales.

No obstante, el aumento de la oferta no significó una homogeneización del vestuario entre todas las capas sociales. Tampoco significó, para los esclavos, la "aculturación" en las formas de vestir de los señores, o la adhesión irrestricta a las modas europeas. De acuerdo con Shane y Graham White (1995:162), "en cualquier intento de descubrir el significado de la ropa de los esclavos, tenemos que lidiar con una cultura afro-americana cuya relación con la cultura dominante se caracterizó necesariamente por ambigüedades y ambivalencias". Entre los productos a disposición, era posible elegir los colores de los tejidos, los tipos de botones, las formas de la costura; entre los esclavos, por lo tanto, las ropas constituían una importante forma de auto-expresión. Como ha notado Mary Karasch (2000:301) acerca de los esclavos de Río de Janeiro en las primeras décadas del siglo XIX, había entre ellos "una mezcla de ropas africanas y la última moda en Europa".

4. LA ROPA DE LOS ESCLAVOS

Durante el período colonial los señores tenían la obligación de mantener a sus esclavos. "Así como los esclavos están obligados a servir a sus señores, estos tienen la obligación de dar a ellos lo necesario para que no se mueran", decía la Carta Regia de 31 de enero de 1701 (citado en Lara 2000a:215-216). El rey ordenaba que a cambio de trabajo, los señores deberían garantizar alimentos, vestimentas y el cuidado de las enfermedades; sino en plata, en tiempo de trabajo disponible. Era lo que decía el padre jesuita André João Antonil (2007:100-1): "en Brasil, se suele decir que el esclavo necesita tres P.P.P., es decir, Palo, Pan y Paño". Pero vestir a los esclavos tenía también el objetivo de defender la decencia en contra de los pecados de la desnudez. Al cubrir sus cuerpos a lo moda europea, la moral cristiana era no solamente enseñada sino también *incorporada*. Debajo de los paños de la moral, había el esfuerzo implícito de controlar las voluntades, las libertades y las identidades anteriores al cautiverio.

En 1802, el cronista Luiz dos Santos Vilhena (1802:189) informó que, en el medio rural, los señores le daban a cada esclavo de trabajo "un par de camisas y faldas o pantalones hechos con tejidos groseros, de algodón o bayeta, además de dos codos y medio de bayeta para dormir". En el mismo sentido comentó, años más tarde, Joahnn von Tschudi (1953:54):

> Las vestimentas de los esclavos son ... muy sencillas. ... En las haciendas en las cuales los negros reciben mejor tratamiento, les dan 3 camisas, 3 pares de pantalones y las respectivas chaquetas, un sombrero, un paño que generalmente usan en la cabeza y dos frazadas por año.

Entre los esclavos rurales de Campos dos Goytacazes, no solamente se controlaba el tipo de ropa que se les daba, sino también la cantidad. Un anuncio publicado en el *Monitor Campista* (1839, Febrero 13) sugiere que los señores marcaban con números y señales las ropas de sus esclavos. El periódico anunciaba la fuga de tres esclavos de la hacienda de Manoel Gomes Barroso, hermano del propietario de la Hacienda del Colegio de los Jesuitas. En la camisa de algodón de Tito había un "n. 46 hecho a aguja, bien como en la parte trasera del pantalón". Pancrácio, por su parte, tendría escapado con "pantalón y camisa de algodón marcados, del mismo modo, con el número 42". Y Luiza tendría su "falda y su camisa de algodón marcadas con una cruz hecha a aguja". Las marcaciones podrían servir para el control de la distribución de ropas a cada esclavo en el interior de la hacienda, pero también ayudaban a identificarlos en caso de fuga.

En las fugas muchos llevaban solamente la ropa que vestían; a veces, una pieza extra o algún objeto personal que juzgaban importante. En investigación acerca de los anuncios del periódico *Gazeta do Rio de Janeiro* entre 1808 y 1821, Maria Nizza da Silva (1993:228) identificó que las piezas de vestuario más frecuentes entre los esclavos hombres eran la camisa, el pantalón y el chaleco. Los "mejor vestidos", aunque menos frecuentes, usaban chaqueta o chaquetón. Algunos vestían solamente una camisa larga, que cubría hasta la mitad de los muslos o las rodillas. Las mujeres eran descritas usando camisa y falda o vestidos. Pocas usaban mantilla, lienzo u otras piezas de cubrir.

Entre los tejidos, los derivados de algodón (mezclilla, listado), lana (bayeta, sarga, fieltro) y lino (lino crudo, lino grueso) eran los que aparecían más a menudo (Silva 1993:235). Las bayetas eran producidas en Inglaterra y su consumo, en Brasil, se limitaba casi a la vestimenta de los esclavos. Además de los tejidos ingleses, grande parte de los demás tejidos en el mercado de Brasil durante el período colonial venía de territorios portugueses en India y China. Del Oriente, llegaban las muselinas, sedas, chintz y mezclillas. Algunos tejidos eran, aún, producidos en el país, a pesar de las prohibiciones. El viajero inglés Henry Koster relató que "ambos sexos se vestían con el grueso tejido de algodón que se produce en este país ... Sin embargo, desde la apertura de los puertos al comercio extranjero, las mercancías inglesas vienen penetrando en todo el país, y los vendedores ambulantes son muy numerosos" (Koster 1966:66-7 citado en Libby 1997:100-1).

Según Patrícia M. de Souza (2011), tejidos estampados y de colores, de listado y de chintz predominaban en las descripciones de las ropas de esclavos fugados en Río de Janeiro en las primeras décadas del siglo XIX. Frente a las prohibiciones y limitaciones materiales, los tejidos eran una de las maneras más efectivas de los esclavos para expresar sus gustos y preferencias. En la elección de los colores y los estampados, bien por el uso creativo de los materiales disponibles, ellos podían construir un modo propio de vestirse en oposición al modo de los señores. A respecto del vestuario de los esclavos de los Estados Unidos, Shane White y Graham White (1995:169) comentaron que en el siglo XIX, una estética afro-americana del vestuario "no solamente de materiales y padrones variados, sino también de colores contrastantes", pasó a ser un elemento reconocible en la ropa de los esclavos, "de manera incómoda para la sensibilidad blanca". También en Río de Janeiro y Bahia, las faldas de estampados y el *pano da costa*[3] se hicieron artículos presentes en la indumentaria de las mujeres ya nacidas en Brasil y fueron constantemente retratados en las fotografías del último cuarto del siglo XIX (Koutsoukos 2010).

Además de las ropas entregadas por los señores, había otros modos por los cuales los esclavos componían su apariencia. Es fácil constatarlo en el

---

3 *Pano da costa* era el nombre de una pieza de algodón rectangular, generalmente rayada, importada de la África Occidental y usada por las mujeres provenientes de esa región, llamadas en Brasil de "minas" o "nagôs" (ver Lara 2000b).

ambiente urbano, en dónde "había muchas oportunidades para comprar u 'obtener' artículos de vestuario" a partir del ingreso obtenido en los diferentes oficios que la ciudad demandaba. (Karasch 2000:301). Pero en el ambiente rural, la posibilidad de trabajar su propio terreno los sábados ofrecía a los esclavos, también, cierto grado de independencia económica (Cardoso 1979). En la Hacienda del Colegio no era diferente. En 1796, el propietario Joaquim Vicente dos Reis "sostenía y vestía a sus esclavos, además de darles un día a la semana y el domingo para trabajar en su sustento y el de sus familias", de acuerdo con la carta del Conde de Vale de Reis (citado en Guglielmo 2011:31).

Acerca del consumo de los esclavos, Barbara Heath (1997) ha demostrado que con el ingreso obtenido en la producción agrícola y por medio de un complejo sistema de alianzas económicas en la comunidad, los esclavos de la hacienda de Thomas Jefferson, en Virginia, se compraban productos en las tiendas locales, muchos de ellos relacionados con la apariencia: ropas, tejidos, materiales de costura, peines, láminas de afeitar. Esa práctica también fue percibida por Tschudi (1953:54) en el caso de los esclavos de Río de Janeiro: "el dinero que los esclavos consiguen con pequeños servicios es generalmente usado para adquirir pequeños objetos, un par de piezas de ropa, tabaco, dulces y, si posible, para comprar clandestinamente alguna aguardiente".

La compra de artículos de vestuario por los esclavos reflejaba, en variados aspectos, la preocupación de las élites coloniales y de las capas intermediarias con el consumo y la moda. La ropa era valorizada no solamente porque podría ser usada, sino también porque funcionaba como una especie de moneda. La propia escasez de bienes en la colonia hacía que las ropas fueran artículos que circulaban entre diversos usuarios. La donación de artículos "a los pobres" era frecuente en los testamentos de mujeres, como ha demostrado Silva (1993:237). Además de la donación y de la compra propiamente tal, otra forma de adquisición, por los esclavos, de objetos relacionados a la apariencia eran los robos. En Río de Janeiro, entre las prisiones por crímenes contra la propiedad entre los años de 1810 y 1822, el robo de ropas fue el más frecuente (Algranti 1988:176-7 citado en Silva 1993:238). También en Campos, Silvia Lara (1988:279) ha mostrado que entre los artículos robados por esclavos entre 1759 y 1807, los más comunes eran objetos posiblemente ligados al vestuario y alimentos.

Como herramienta de auto-expresión, la ropa permitía a los esclavos "cruzar las fronteras entre trabajo y ocio, rutina y festivos, sacro y secular" (Heath 1999b:33). Cambiadas, compradas, robadas, eran una importante forma de "riqueza portátil" y expresaban, diferentes modos, mensajes sociales. Si en la sociedad esclavista de Brasil no era necesariamente el color de la piel lo que diferenciaba quien era esclavo y quien era libre, el uso de determinadas ropas, adornos o calzados podría definir quien era quien en la jerarquía social. La ropa podría, además, servir como marcador de los días de trabajo y de fiesta o reposo. White y White (1995:174) han argumentado que, en el contexto de los Estados Unidos, la diferencia en el vestuario de los esclavos "no era entre los esclavos individualmente, sino entre lo que ellos usaban de lunes a sábado y lo que usaban los domingos". Muchas veces eran los días domingos cuando las mujeres y hombres esclavizados tenían más libertad para elegir lo que vestir. Como se trataba de un día reservado "para sí", y no para su señor, podían crear formas propias de vestirse, adornarse y ser.

4.1. Botones

En total, cincuenta y uno botones de distintos materiales fueron encontrados en las tres áreas de excavación ligadas a las habitaciones de esclavos de la Hacienda del Colegio (Figura 3). Botones de huesos representan más de 72% (37 unidades) del total y estuvieron presentes en todas las capas arqueológicas, desde la base del depósito hasta los niveles superiores. Botones de otros materiales, como nácar, metal y porcelana (en los contextos anteriores a 1840), han sumado catorce ejemplares.

Los primeros registros de botones de huesos, de fines del siglo XVII y comienzo del XVIII, se caracterizaban por una producción doméstica y artesanal. Generalmente hechos de huesos de vaca cocinados en agua o vapor, eran limpiados y, luego, cortados en placas longitudinales, de las cuales se sacaban discos de distintos tamaños usando una sierra circular. Eran, por fin, pulidos y perforados (1 a 5 huecos) para permitir la costura en la pieza de ropa (Luscomb 2006:25).

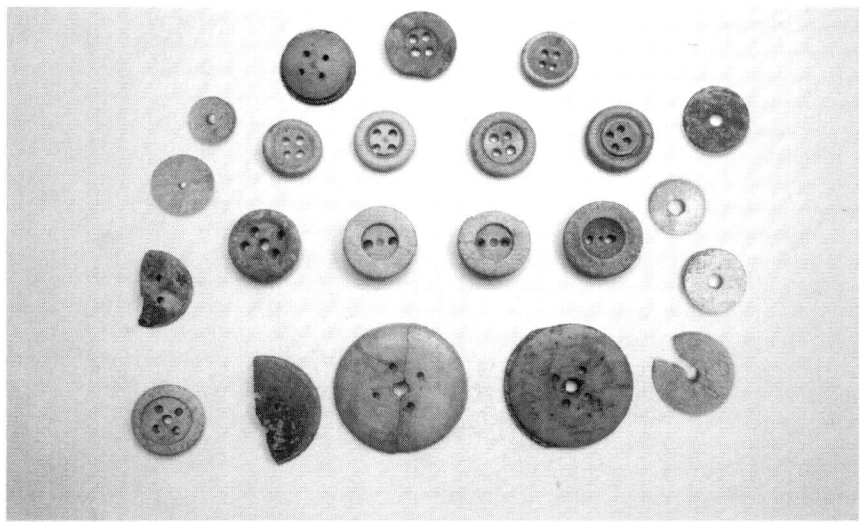

Figura 3. Botones de huesos de las áreas ligadas a los esclavos del Colegio de los Jesuitas.

El bajo costo y la facilidad de fabricación permitía que fueran hechos en casa, para el uso de los habitantes de la propia residencia o destinados a la vestimenta de los esclavos. Una noticia publicada en el periódico *Diário do Rio de Janeiro* (1847, Enero 12) decía que "el negro que hace ... botones de huesos" estaba a venta por 360$rs. También se vendían botones de huesos importados en tiendas o pregones. En Campos, la tienda de materiales para costura *A Constituição* vendía, traídos de Río de Janeiro, "botones de huesos pulidos para pantalones" (Monitor Campista 1841, Agosto 27). El comerciante Luiz Ritter también vendía "botones para chaquetas y botones de huesos para camisas" traídos de Hamburgo (Monitor Campista 1840, Diciembre 11).

En esas noticias, además de los valores y los orígenes, también se puede averiguar las finalidades: para chaquetas, camisas y pantalones – en piezas masculinas, por lo tanto. Pero botones de huesos también eran lo más usado por esclavos, lo que se puede inferir en base a los anuncios de fugas. Miguel, un "muchacho de 18 años", se escapó llevándose "chaleco de paño blanco sin botones y camisa de lino crudo con botones de hueso" (Diário do Rio de Janeiro 1822, Octubre 14). También, el "muchacho ladino" de 15 años, se había llevado "chalecos negros con botones de hueso blancos" (Diário do Rio de Janeiro 1829, Agosto 10). Y con "unos pantalones abiertos adelante, con botones de hueso y cortas en las piernas" se tendría escapado Antônio (Jornal do Commercio 1839, Agosto 6). En otro anuncio, la Fábrica de Pólvora de Río de Janeiro demandaba para el "vestuario de los africanos libres y cautivos" que allá se iban a trabajar los mismos "botones de huesos perforados" que se describían entre las posesiones de los escapados (Diário do Rio de Janeiro 1854, Junio 18). El hecho de que 37 de los 39 botones de hueso del sitio arqueológico hayan sido encontrados en las áreas de habitación de esclavos no es coincidencia.

Si por una parte la presencia de botones "es una marca fuerte de la identidad masculina", como argumentó Carolyn White (2008:27), por otra, habían diferencias en cuanto al tipo de material de los botones utilizados por los diferentes grupos sociales de la Hacienda. En las áreas de descarte de basura de los habitantes del Solar, por ejemplo, los botones de hueso son menos del 10% del total, mientras los de porcelana suman 76% (Suguimatsu 2016). Son infrecuentes, si no inexistentes, los anuncios en los cuales esclavos sean descritos con botones de porcelana en sus vestimentas. No es que no los usaran o que no los pudieran comprar, pues, como hemos visto, las posibilidades de adquisición de artículos de vestuario entre ellos eran diversas, fuera por la compra o, por ejemplo, por la reutilización de artículos de sus señores.

Así siendo, cabe la posibilidad de que simplemente no fueran de su gusto. Más allá de representar una imposición de los señores que controlaban la oferta de materiales más sencillos y baratos a sus esclavos, botones de huesos pueden retratar preferencias, sea basadas en la organización de la economía familiar o en una estética propia en contraste con la de la casa señorial. La diferencia entre el tipo de material predominante en cada uno de los ambientes – huesos o porcelanas – nos permite entender lo siguiente: el *cómo* y *con qué* vestirse eran esencial en la construcción y reproducción de las percepciones de *el ser señor* y *el ser esclavo* en la Hacienda del Colegio.

5. ESCLAVOS ARTESANOS

Frente la aversión de la población blanca al trabajo, de acuerdo con Tânia Andrade Lima (2008:147), "los negros cautivos tuvieron que ser adiestrados como aprendices en prácticamente todos los oficios". En el último cuarto del siglo XVIII, llegaron al Río de Janeiro profesionales portugueses especializados en las más diversas actividades. Con el auxilio de esclavos y aprendices, suplían las demandas de la sociedad colonial por nuevos bienes de consumo. Tales demandas, en gran parte fueron causadas por el incremento poblacional; pero también, fueron el resultado del proceso de "aristocratización de las costumbres" en la colonia, que impuso "un padrón de consumo de ostentativo como demostración cotidiana de dignidad señorial" (C. Lima 2008:71). Tanto así, que el número de artesanos vinculados al sector de vestuario (zapateros, sastres, tintoreros, fabricantes de sombreros) representaba casi la mitad del total de artesanos en la ciudad de Río de Janeiro en la época (C. Lima 2008:63).

No era solamente en la capital que el trabajo esclavo representaba casi el total de la producción, sino también en las haciendas azucareras de Campos. Además de todas las actividades relacionadas con la exportación agrícola (siembra, cosecha, transporte y procesamiento de la caña), los esclavos atendían a las necesidades internas de la hacienda, desde la producción de las herramientas de trabajo hasta la construcción de edificios, producción de alimentos y confección de ropas. Silvia Hunold Lara (1988) ha mencionado un "Plan de Trabajo" preparado en 1793 para la hacienda de propiedad del teniente coronel Martins do Couto Reis, en Campos. El plan preveía la distribución de los esclavos entre la plantación y otros servicios. En los días de lluvia, para aprovechar el trabajo de sus esclavos, se determinó que todos deberían ser designados para el "huso y la rueca de hilar": los "600 esclavos (de ambos sexos) tendrían 'en su propio domicilio' la obligación de dar diariamente (en los días de lluvia) la tarea de una cuarta de algodón hilado por persona". En el mismo Plan, Couto Reis mandaba 30 "muchachas", con edad entre 10 y 14 años, para hilar algodón, "debiendo diariamente la tarea de media cuarta de hilo cada" (Lara 1988:184).

En la propia Hacienda del Colegio, cuando era propiedad de Joaquim Vicente dos Reis (1781 a 1818), es conocida la existencia de por lo menos dos esclavos especializados en la costura: Marta Soares, costurera, y Antônio Francisco Granjeiro, sastre (Moura 2013:100; Guglielmo 2011:34-43). Parece que la especialización de los esclavos continuó mismo tras la muerte de Joaquim Vicente y la transferencia de la propiedad de la hacienda para su yerno Sebastião Gomes Barroso. Un anuncio publicado en el *Monitor Campista* (1841, Octubre 1) hablaba de la fuga de 4 esclavos poseídos por Maria Joaquina do Nascimento Reis, una de las hijas de Joaquim Vicente; todos eran nacidos en la Hacienda del Colegio (*criolos*) y identificados según el trabajo que realizaban. Miguel era albañil; Simão, "*banqueiro*" (sustituía al maestro de azúcar en el período nocturno); Manoel, "negro del campo" y Miguel, sastre. Es posible que varios de ellos hayan aprendido tales profesiones en la hacienda desde muy jóvenes, ya que muchos niños esclavos eran aprendices y ya a los 14 años desempañaban las mismas funciones que los adultos (Góes y Florentino 2010:144).

Aunque los trabajos de sastre y costurera fueran especializados, había diferencias técnicas entre ellos. En general, la profesión de sastre demandaba más tiempo de aprendizaje, bien como atendía a un tipo diferente de demanda. Al establecer el perfil de los esclavos existentes en el Río de Janeiro entre 1789 y 1839, Carlos Lima (2008:164) verificó que la mayoría, entre las varias profesiones, eran hombres. Las profesiones predominantes, entre las pocas mujeres artesanas, eran relacionadas con el espacio doméstico, destacándose como más común el trabajo de costurera.

Las diferentes maneras de designar y valorar el sastre como superior a la costurera, se origina del tradicional sistema de división sexual del trabajo textil en Portugal (Serqueira y Melo 2012). En las diferentes etapas del proceso de producción textil, hilar y tejer eran tareas femeninas por excelencia, y así permanecieron hasta fines del siglo XIX. Confeccionar el vestuario, por otra parte, era tarea de los sastres, profesión claramente dominada por los hombres. A las mujeres recaía también la tarea secundaria de adaptar y reparar las ropas, bien como la costura de sábanas, toallas y almohadas (Serqueira y Melo 2012:15). De ese modo, aunque el dominio técnico de la mujer fuera esencial durante las primeras etapas de la producción textil, en el caso de las ropas, su rol era complementar y secundario, a menudo sin el nivel de especialización exigido para el trabajo de sastre.

Caio Prado Jr. (1957:218) mencionó, todavía, que en el período colonial los trabajos de hilar, tejer y coser eran producciones domésticas y artesanales, a los cuales se dedicaban "los esclavos más hábiles y las mujeres de la casa". Aunque la actividad manual, como el bordado y la costura, fuera relacionada a la educación de las mujeres más ricas como un modo de evitar la ociosidad, la costura común y el *trabajo* de hilar cabían a las esclavas. John Luccock (1975:78) comentó que "en cuanto a las ocupaciones femeninas, la más común es la de hilar algodón, ejecutada sobretodo por mujeres de color", pues "esa es una ocupación que la moda, aquí, como en toda parte, ha condenado como degradante para los dedos de una dama".

5.1. Materiales de Costura

Las actividades domésticas fueron el principal sector de inserción de las mujeres esclavas en el universo laboral – y es precisamente, ese sector, el más difícil de conocer con base a las fuentes existentes. Si hay dificultad para los contextos domésticos señoriales, es aún más difícil conocer la privacidad de las casas y familias de los esclavos. No obstante, por medio del registro arqueológico, se pueden conocer indicios de la práctica de costura doméstica entre los esclavos de la Hacienda del Colegio. Tijera, dedal y agujas, encontrados en diferentes áreas de contextos relacionados a la habitación de los esclavos, son ejemplos de objetos que permiten establecer la presencia de esclavos y esclavas que cosían en la hacienda, los cuales, además de las ropas de sus señores, cosían sus propias ropas. Si, por una parte, la vestimenta de los esclavos era controlada por las leyes coloniales y por las elecciones de sus amos, por otra parte, es probable que existiera alguna libertad en cuanto a las formas y modelos, ya que ellos mismos las confeccionaban. Y más aún: los objetos recuperados permitirían comprender aspectos de la identidad de género de las mujeres esclavizadas en la hacienda, y los diferentes roles destinados a hombres y mujeres en el dominio privado de la vivienda de los esclavos.

5.1.1. Tijera, dedal y aguja

A pesar de ser frecuentes en los domicilios y en los inventarios del período colonial, las tijeras son artefactos poco comunes en los sitios arqueológicos históricos en Brasil. A lo largo del siglo XVIII, excepto por algunos centro productores en España e Italia, gran parte de la producción de tijeras de alta calidad se concentraba en la región de Sheffield, Inglaterra. Más de la mitad de la producción de cuchillos y tijeras de la región era exportada para otras partes del mundo, especialmente las colonias británicas en las Américas – y la mayoría de las tijeras encontradas en sitios arqueológicos coloniales y post coloniales del continente era importada de allá (Beaudry 2006:119).

En la primera mitad del siglo XIX, diarios de Brasil noticiaban la venta de tijeras importadas. El *Diário do Rio de Janeiro* (1825, Agosto 9) divulgó la venta de "una tijera de plata" hecha en Oporto. El comerciante inglés Jorge Dodsworth también anunciaba el pregón de "estuches de navajas, cajas con herramientas de afeitar, cierres, hebillas para calzados y tijeras" importados de Inglaterra (Diário Mercantil 1827, Julio 21). Y "tijeras finas" también eran vendidas en el centro de Río de Janeiro (Diário do Rio de Janeiro 1828, Agosto 18).

También es posible que se fabricaran tijeras en la colonia. Su manufactura involucraba "fraguar, moler, tratar con fuego, pulir y dar acabamiento", en un proceso que demandaba más de 170 etapas para transformar una barra cruda de hierro en el producto final – trabajo que dependía de profesionales especializados (Beaudry 2006:120). Las herramientas, en general, eran las mismas usadas en la fabricación de otros utensilios cortantes. Las grandes haciendas de azúcar, especialmente, las de origen jesuita, poseían artesanos especializados en las más diferentes ocupaciones. Según ha mencionado Luís A. Cunha (1978:37), "la fragua era un taller siempre presente en los colegios, bien como en los ingenios y haciendas de los jesuitas, aunque fueran raros los religiosos que practicaban el oficio". También era común la presencia de artesanos y vendedores ambulantes que circulaban por las haciendas del interior, a menudo herreros que fabricaban herraduras para animales de carga. John Luccock (1975:263) observó, en 1817, herreros ambulantes que conseguían establecer talleres completos con aquello que llevaban en una mula, en haciendas de azúcar del nordeste.

Según ha resaltado Beaudry (2006:115), las tijeras no necesariamente estaban relacionadas con la práctica de la costura; podrían haber sido usadas en diversas actividades dentro de las casas, o incluso, para preparar alimentos o cortarse el pelo. A pesar de que existían varios modelos, cada uno pensado para una finalidad específica, la forma no indica necesariamente en qué fue utilizada. La tijera de la muestra del Colegio fue encontrada en un área de deshecho de residuo próxima a las viviendas de los esclavos y data de fines del siglo XVIII. Lo que hace el hallazgo aún más interesante, es que junto a la tijera fueron descartados fragmentos de un dedal de latón. El dedal indica no solamente la finalidad para la cual la tijera fue utilizada sino también por quién. Así como en la sociedad del ochocientos en general, también en el Colegio los roles de género relacionados al trabajo doméstico parecen haber sido delimitados.

Figura 4. Materiales de costura y otros artefactos: a la derecha, mitad de una tijera y a la izquierda, fragmentos de un dedal.

Los dedales fueron creados para proteger los dedos durante la costura y son artefactos símbolo del trabajo femenino doméstico. Hechos en diferentes materiales, formas y técnicas de producción, con el tiempo se adaptaron a la evolución de los tejidos y de los materiales de costura. Entre los de metal, el método de confección, el tipo de la corona y el padrón de los entalles, son las formas más eficientes para determinar la cronología. A partir de fines del siglo XVIII, los dedales de producción inglesa, hechos por la técnica de *deep-drawing*, pasaron a ser los más comercializados (Beaudry 2006:101-4). En el siglo XIX, se empezó a producirlos masivamente, en distintos materiales y tamaños.

Artículo básico de costura, las agujas también fueron fabricadas a partir de distintas técnicas. Una industria de agujas de acero se desarrolló rápidamente en Inglaterra a partir del final del siglo XVII y dominó el mercado europeo en las primeras décadas del siglo siguiente. El aumento de la producción del acero de crisol, en el siglo XVIII, bien como la mecanización de la producción y la adopción del sistema fabril en el segundo cuarto del siglo XIX, permitieron la producción de agujas en masa y en modelos más resistentes y delgados (Beaudry 2006). Agujas para costura, bordado y tapicería se caracterizan por diferencias en la forma, tamaño y localización del ojo, el formato de la punta y también, por la longitud del cuerpo. De acuerdo con la clasificación de Beaudry (2006:51-3), la aguja encontrada en la Hacienda del Colegio fue posiblemente utilizada para costura común (38mm de longitud, 1mm de diámetro, punta normal). Localizada detrás de una de las unidades domésticas del eje norte del área de viviendas, en un sitio de deshecho de residuo primario, la aguja puede haber estado relacionada al uso cotidiano, por los esclavos, del área externa de las habitaciones (Symanski y Suguimatsu 2015). En contraste con el espacio interno, utilizado más frecuentemente para dormir y para guardar alimentos, las áreas externas adyacentes a las casas eran usadas para las más variadas finalidades, desde la preparación de alimentos hasta las actividades de socialización cotidianas (Heath y Benneth 2000:39).

Beaudry ha comentado que "agujas cargan significados sociales más allá de su funcionalidad; por una parte, ellas eran valiosas y, muchas veces, artículos personales ... asociados íntimamente a determinadas partes del cuerpo (manos y dedos) y con posturas, gestos y secuencias de movimientos específicos". En el caso de los esclavos, la asociación de los aparatos de costura con el cuerpo dejaba marcas y, muchas veces, heridas. No son raros los anuncios de esclavos escapados que, en un intento de describir sus particularidades, describían también las marcas dejadas por el oficio. Antônio, 12 años, sastre, ya tenía "los dedos lastimados por la aguja" (Diário Mercantil 1827, Mayo 1). Manuel, 18 años, también sastre, "tiene en la mano derecha callo de tijera" (Diário do Rio de Janeiro 1838, Noviembre 24). Y Joaquina, de sólo 11 años, tenía "los dos dedos lastimados por aguja, porque estaba aprendiendo a coser" (Diário do Rio de Janeiro 1825, Noviembre 25).

Los ejemplos muestran que la preocupación de los señores en ofrecer a sus trabajadores equipos de protección eran raras, sino inexistentes. Como forma de evitar las heridas causadas por agujas, los dedales también pueden haber sido artículos valorados por las esclavas. Además de objetos altamente personalizados (Beaudry 2006:100), dedales se relacionan con un ideal de feminidad en el cual la mujer, en el espacio doméstico, mantiene las manos ocupadas con algo que, todavía, no puede dejar marcas. La presencia del dedal en una de las áreas de deshecho de las viviendas de los esclavos, señala que su adquisición por compra, robo o donación fue intencional; demuestra tanto un deseo de protección del cuerpo como de identificación con aquello que se consideraba "ser mujer". Acerca de la importancia de los dedales entre las mujeres esclavas, un anuncio publicado en el *Diário do Rio de Janeiro* (1834, Abril 3) es interesante:

> se ha escapado una negra de nombre Ignácia, *crioula*, 34 años más o menos, se llevó vestido de listado amarillo, delantal negro, lienzo de listado morado, le falta un dedo pequeño

del pie, se llevó una bolsa de ropa con las siguientes piezas, 2 vestidos de chintz rojos, un vestido blanco con manchas verdes, 1 lienzo bordado de tres puntas, 2 lienzos de 4 puntas, **1 dedal de plata y una tijera** (destacado por la autora).

Para allá del valor monetario, la decisión de Ignacia por llevarse el dedal y la tijera en su bolsa muestra que, así como las ropas, eran objetos de significado muy personal. Es posible que fueran ligados a su oficio, con el cual podría conquistar alguna independencia económica futura, para, quizás, comprar su libertad. O eran objetos que compró con mucho esfuerzo y que no quiso dejar atrás. Sea como sea, lo cierto es que ella los consideró importantes; de algún modo, también formaban parte de sí.

6. CONCLUSIÓN

Las visiones tradicionales acerca del vestuario de los esclavos en Brasil, por lo general, construidas en base a las imágenes producidas por los viajeros europeos, suelen reducir un conjunto de prácticas rico y diversificado, a dos caras: a través de la desnudez o del lujo, reforzaban concepciones intelectuales, estéticas y culturales muy particulares sobre los hombres y mujeres de origen africano y de sus herencia, a menudo soslayando sus capacidades de crear y expresar sus gustos y preferencias. En este sentido, los objetos relacionados a la costura y vestuario encontrados en la Hacienda del Colegio de los Jesuitas contribuyen para la comprensión de las formas creativas a través de las cuales, los que allí fueron hechos esclavos y muchas veces, prohibidos de expresar sus deseos, usaron estos objetos en la construcción de sí.

De maneras diversas, el vestuario fue usado para demarcar y conformar identidades grupales e individuales entre los esclavos de la

Hacienda: diferenciaban los esclavos de los señores, hombres de mujeres en el interior de la comunidad esclavizada y aún los individuos en ese agrupamiento más amplio.

En cuanto a los botones, hubo diferencias notables entre los que fueron encontrados en las áreas de vivienda de los esclavos, hechos de hueso, y los identificados en el área de deshecho de la casa señorial, hechos de porcelana. Tal contraste se relaciona, claramente, al acceso desigual de eses grupos a bienes más caros en el mercado. Sin embargo, también muestra cómo se construyeron diferentes identidades por medio del vestuario: botones de hueso conformaron, junto a otros elementos, una identidad de "clase", en oposición a sus señores, que usaban otros tipos de botones en sus ropas. De otra parte, objetos como tijera, dedal y aguja señalan para la práctica de la costura en el interior de la comunidad, entre los esclavos especializados (sastres y costureras) bien como por las mujeres esclavas que, en sus casas, desempeñaban roles de género de la sociedad más amplia, ligados al reparo, el bordado y la costura. Por medio del trabajo en el campo o en los oficios especializados, los esclavos de la Hacienda del Colegio usaban lo que conseguían acumular para, entre otras cosas, comprarse artículos de vestuario y adornos. Aprovechaban ropas viejas de los señores y las transformaban. Cosían sus propias ropas para allá de los materiales básicos que recibían. Combinaban las elecciones de los señores a sus propias preferencias personales, fueran ellas influenciadas por memorias y prácticas de sus ancestrales africanos, o por un modo propio de ser hombres y mujeres en el Brasil. Así, encontraban, a través del vestuario, formas de exprimir sus voluntades e identidades.

Agradecimientos

Agradezco en especial la invitación a formar parte de este libro. A Luis Claudio Symanski y a todos los integrantes del Proyecto *Café com Açúcar*. A Benno Alves por la traducción del texto en español y Andrea Roca por la revisión. A Lara Espechit por la foto.

REFERENCIAS

Algranti, L. M. (1988). *O feitor ausente: estudos sobre a escravidão urbana do Rio de Janeiro*. Petrópolis: Vozes.

Alvará de 5 de janeiro de 1785 prohibindo as Fábricas, e Manufacturas, no Brazil (1828). EN A. D. Silva (Redac.). *Collecção da Legislação Portugueza Desde a Ultima compilação das ordenações, legislação de 1775 a 1790*, vol. 3 (pp. 370-371). Lisboa: Typografia Maigrense.

Antonil, A. J. (2007 [1711]). *Cultura e opulência do Brasil por suas drogas e minas*. São Paulo: Edusp.

Araújo, A. L. (2014). Gender, Sex, and Power: images of enslaved women bodies. EN E. Elbourne y G. Campbell (Comp.), *Sex, Power, and Slavery* (pp. 469–499). Columbus: Ohio University Press.

Beaudry, M. C. (2006). *Findings: the material culture of needlework and sewing*. New Haven: Yale University Press.

Cardoso, C. F. (1979). Agricultura, Escravidão e Capitalismo. Petrópolis: Vozes.

Cunha, L. A. (1978). Aspectos sociais da aprendizagem de ofícios manufatureiros no Brasil Colônia. *Forum*, 2(4), 31-65.

Freyre, G. (1977 [1936]). *Sobrados e Mucambos: decadência do patriarcado rural e desenvolvimento do urbano*. (Vols. 1 y 2). Rio de Janeiro: José Olympio.

Freyre, G. (2000 [1948]). *Ingleses no Brasil: aspectos da influencia britânica sobre a vida, a paisagem e a cultura no Brasil.* Rio de Janeiro: Topbooks.

Guglielmo, M. G. (2011). *As múltiplas facetas do vassalo "mais rico e poderoso do Brasil": Joaquim Vicente dos Reis e sua atuação em Campos dos Goytacazes (1781- 1813).* Trabajo de grado, Maestría en História, Universidade Federal Fluminense, Niterói (RJ).

Heath, B. (1997). Slavery and Consumerism: a case study from Central Virginia. *Africa Diaspora Archaeology Newsletter,* 4(2), 1-8.

Heath, B. (1999a). Buttons, Beads and Buckles: self-definition within the bounds of slavery. EN M. Franklin y G. R. Fesler (Comp.), *Historical Archaeology, Identity Formation and the Interpretation of Ethnicity* (pp. 47–69). Richmond: Dietz Press.

Heath, B. (1999b). *Hidden Lives: The Archaeology of Slave Life at Thomas Jefferson's Poplar Forest.* Charlottesville: University Press of Virginia.

Heath, B. J. y Bennett, A. (2000). The little Spots allow'd them: the archaeological study of african-american yards. *Historical Archaeology,* 34(1), 38-55.

Goes, J. R. y Florentino, M. (2000). Crianças Escravas, Crianças dos Escravos. EN M. del Prore (Comp.), *História das Crianças no Brasil* (pp. 177-191). São Paulo: Contexto.

Karasch, M. C. (2000). *A vida dos escravos no Rio de Janeiro. 1808-1850.* São Paulo: Companhia das Letras.

Koster, H. (1966 [1816]). *Travels in Brazil.* Carbondale y Edwardsville: Southern Illinois University Press.

Koutsoukos, S. S. (2010). *Negros no estúdio fotográfico: Brasil, segunda metade do século XIX.* Campinas: Editora da Unicamp.

Lara, S. H. (1988). *Campos da Violência: escravos e senhores na Capitania do Rio de Janeiro, 1750-1808.* Rio de Janeiro: Paz e Terra.

Lara, S. H. (2000a). Legislação sobre escravos africanos na América portuguesa. EN J. Andrés-Gallego (Comp.), *Nuevas Aportaciones a la Historia Jurídica de Iberoamérica*. Colección Proyectos Históricos. Madrid: Tavera.

Lara, S. H. (2000b). Sedas, panos e balangandãs: o traje de senhoras e escravas nas cidades do Rio de Janeiro e de Salvador (Século XVIII). EN M. B. Silva, *Brasil, Colonização e Escravidão* (pp. 177-191). Rio de Janeiro: Nova Fronteira.

Lara, S. H. (2007). *Fragmentos setecentistas: escravidão, cultura e poder na América portuguesa*. São Paulo: Companhia das Letras.

Libby, D. (1997). Notas sobre a Produção Têxtil Brasileira no Final do século XVIII: Novas Evidências de Minas Gerais. *Estudos Econômicos*, 37(1), 97- 125.

Lima, C. A. (2008). *Artífices do Rio de Janeiro (1790-1808)*. Rio de Janeiro: Ateliê.

Lima, T. A. (2008). Los zapateros descalzos: arqueología de una humillación en Rio de Janeiro del siglo XIX. EN F. Acuto y A. Zarankin (Comp.), *Sed non Satiata II: Acercamientos sociales en la Arqueología Latinoamericana* (pp. 135-157). Córdoba: Encuentro Grupo Editor.

Little, B. (1994). People with History: an update on Historical Archaeology in the United States. *Journal of Archaeological Method and Theory*, 5(5), 5- 40.

Loren, D. D. (2009). Material manipulations: beads and cloth in the French colonies. EN C. White (Comp.), *The Materiality of Individuality: archaeological studies of individual lives* (pp. 109-124). Nova York: Sprinter.

Luccock, J. (1975 [1820]). *Notas sobre o Rio de Janeiro e partes meridionais do Brasil*. Belo Horizonte: Itatiaia.

Luscomb, S. (2006 [1967]). *The collector's Encyclopedia of Buttons*. Atglen: Schiffer Publishing.

Moura, C. (2013). *Dicionário da Escravidão Negra no Brasil*. São Paulo: Edusp

Oscar, J. (1985). *Escravidão e Engenhos: Campos, São João da Barra, Macaé, São Fidelis*. Rio de Janeiro: Achiamé.

Prado Jr., C. (1957). *Formação do Brasil Contemporâneo*. Colônia. São Paulo: Brasiliense.

Reis, M. M. C. (1863). Memória sobre a fazenda de Santa Cruz. *Revista do Instituto Histórico e Geográfico Brasileiro*, 17. Rio de Janeiro: Typographia de João Inácio da Silva.

Reis, M. M. C. (1997). *Manuscritos de Manoel Martins do Couto Reis, 1785*. Rio de Janeiro: Arquivo Público do Estado do Rio de Janeiro.

Saint-Hilaire, A. (1941 [1830]). *Viagem pelo Distrito dos Diamantes e Litoral do Brasil*. São Paulo: Companhia Editora Nacional.

Schwarcz, L. M. (1987). *Retrato em Preto e Branco: jornais, escravos e cidadãos em São Paulo no final do século XIX*. São Paulo: Companhia das Letras.

Scott, R. (1988). Exploring the meaning of freedom: post-emancipation societies in comparative perspective. *Hispanic American Historic Review*, 68(3), 407-428.

Silva, M. B. N. (1993). *Vida Privada e Quotidiana no Brasil: na Época de D. Maria e D. João VI*. Lisboa: Estampa.

Serqueira, J. y Melo, A. S. (2012). A mulher na produção têxtil portuguesa tardo-medieval. *Medievalista*, 11, 1-26. Disponible en: www2.fcsh.unl.pt/iem/medievalista [2017, 3 de agosto].

Souza, P. M. (2011). Visualidade da escravidão: representações e práticas de vestuário no cotidiano dos escravos na cidade do Rio de Janeiro oitocentista. Trabajo de grado, Doctorado en História, Pontifícia Universidade Católica do Rio de Janeiro, Rio de Janeiro.

Suguimatsu, I. C. (2016). *Atrás dos Panos: Vestuário, Ornamentos e Identidades Escravas. Colégio dos Jesuítas, Campos dos Goytacazes, século XIX*. Trabajo de Grado, Maestría en Arqueología, Universidade Federal de Minas Gerais, Belo Horizonte.

Symanski, L. C. P. y Gomes, F. S. (2012). Arqueologia da escravidão em fazendas jesuíticas: primeiras notícias da pesquisa. *História, Ciências, Saúde – Manguinhos*, 19, 309-317.

Symanski, L. C. P. y Suguimatsu, I. C. (2015). Atividades cotidianas, deposição de refugo e ação do arado: processos de formação do registro arqueológico no espaço de uma senzala de Campos dos Goytacazes (RJ). *Clio – Série Arqueológica*, 30, 38-76.

Symanski, L. C. P. et al. (2015). Práticas de Descarte de Refugo em uma Plantation Escravista: o Caso da Fazenda do Colégio dos Jesuítas de Campos dos Goytacazes. *Revista de Arqueologia*, 28, 93-122.

Tschudi, J. J. (1953 [1868]). *Viagem às Províncias do Rio de Janeiro e São Paulo*. São Paulo: Livraria Martins.

Vilhena, L. S. (1921 [1802]). *Recopilação de Notícias Soteropolitanas e Brasílicas contidas em XX Cartas*. Salvador: Imprensa Oficial do Estado.

White, C. L. (2008). Personal Adornment and Interlaced Identities at the Sherburne Site, Portsmouth, New Hampshire. *Historical Archaeology*, 42 (2), pp. 17-37.

White, C. L. y Beaudry, M. C. (2009). Artifact and personal identity. EN T. Majewski y D. Gaimster (Comp.), *International Handbook of Historical Archaeology* (pp. 209-225). Nueva York: Springer.

White, S. y White, G. (1995). Slave Clothing and African-American Culture in the Eighteenth and Nineteenth Centuries. *Past & Present*, 148, 149-186.

Wied-Neuwied, M. (1940 [1820]). *Viagem ao Brasil*. São Paulo: Companhia Editora Nacional.

Arqueología del colonialismo español en la Micronesia: Guam y las Poblaciones Chamorras

Sandra Montón Subías, James M. Bayman y Natalia Moragas Segura

1. INTRODUCCIÓN

> "Ya no ay memoria de aquellas casas publicas antiguas en que muchos solteros ponían a una sola soltera para que contribuyese a sus apetitos por que desde que dos años se abrasaron las tales casas consumiento un fuego a otro fuego no se ha vuelto a reedificar otra de Nuevo [...]"[1].

En el mes de marzo de 1521 se produjo un contacto trascendental entre los isleños de Guam y los navegantes que formaban parte de la expedición de Magallanes; un contacto que, con el paso del tiempo, acabaría insertando a Guam y a sus habitantes en la red colonial del imperio español y alterando profundamente su forma de vida (fig. 1).

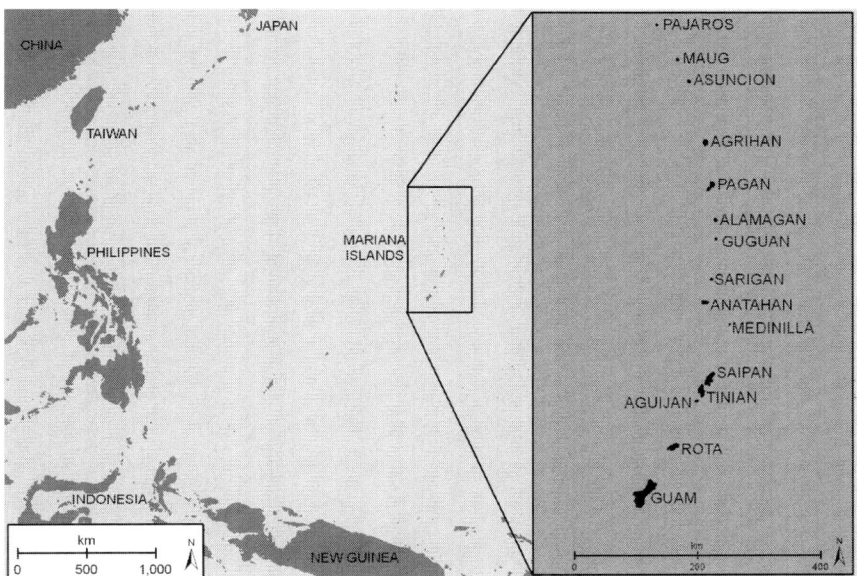

Figura 1. Localización de las Islas Marianas y Guam. Cortesía de Mike Carson.

---

[1] "Relación de el estado y progresos de la Mision de las Islas Marianas desde el junio pasado de 81 hasta el 82", de Luis de Morales (AGI, Filipinas, Leg. 3, ff. 97-123).

Los procesos coloniales modernos se han estudiado, principalmente, desde las fuentes escritas, aunque las intervenciones arqueológicas centradas en su investigación han ido creciendo progresivamente, sobre todo en el continente americano (ver, por ejemplo, Jamieson 2005; Montón-Subías 2015; Van Buren 2010). Precisamente, en este artículo expondremos las líneas generales de un proyecto arqueológico de colaboración internacional e interinstitucional que se inició en Guam en junio de 2015, a la vez que trataremos brevemente sobre el potencial del patrimonio colonial y las intervenciones arqueológicas que han incidido e inciden en su recuperación.

Antes, no obstante, nos gustaría compartir la sensación que una de nosotros tuvo al llegar a Guam desde España y encontrarse rodeada de una amplia serie de referentes "hispanos" en medio del Pacífico occidental: los nombres de las calles, los apellidos de la gente, la existencia de comida con una enorme influencia de lo que en España se asocia a lo mexicano o infinidad de préstamos en la lengua local chamorra (fig. 2). Al mismo tiempo que eso le hizo sentirse poco extranjera, le llevó a pensar en la asimetría de afectos que existe entre los dos países. Si bien el interés por "lo español" en Guam es grande, no ocurre lo mismo en el caso contrario, donde incluso resultaba extraño encontrarse con gente que supiese de la existencia de la isla antes de la desafortunada escalada de violencia que se inició el pasado mes de agosto entre EEUU y Corea del Norte. Por ello, creemos que un proyecto arqueológico en Guam con presencia española debe implicar un compromiso para acercar "lo guamino" a España; y eso es lo que, entre otras cosas, estamos intentando con el nuestro.

Figura 2. Un ejemplo de los muchos referentes "hispanos" que se observan en la isla. Fotografía de Sandra Montón Subías.

2. GUAM Y EL IMPERIO ESPAÑOL DE ÉPOCA MODERNA

La inserción de las islas Marianas en la red colonial del imperio español estuvo ligada a la ruta comercial del Galeón de Manila, que desde 1565 hasta poco antes de 1815 unió las vertientes americana y asiática del Pacífico al conectar Acapulco con Manila (Schurtz 1959; Spate 1979). Guam constituía una parada técnica, en principio obligatoria, en el viaje de ida (de Acapulco a Manila), por lo que se convirtió en un lugar fundamental para la administración e intercambio en el Pacífico occidental (Bjork 1998: 25; Brunal-Perry 2004; Van der Porten 2005; Yuste 2007).

Situada a unos 2500 km al este de las Filipinas, Guam es la mayor de las 15 islas que configuran el archipiélago de las Marianas, situado en la Micronesia (Fig. 1). En la actualidad, al igual que Puerto Rico, constituye un territorio no incorporado de los EEUU, lo que convierte a sus habitantes en ciudadanos de ese país, aunque con derechos restringidos. En el pasado, la isla fue una colonia española desde 1565 hasta 1898, cuando pasó a ser una colonia de EEUU junto con Cuba, Filipinas y Puerto Rico tras la guerra hispano-americana. Durante la II Guerra Mundial, Japón ocupó Guam de 1941 a 1944, momento en que volvió a manos estadounidenses como territorio no incorporado.

La exploración europea de las Marianas comenzó en 1521, con la primera circunnavegación del mundo. Fue entonces cuando tuvieron lugar los primeros contactos entre las poblaciones locales y la tripulación de Magallanes, que las bautizó con el nada amigable nombre de "Islas de los Ladrones" debido a un posible malentendido cultural en relación a las prácticas de intercambio. Los isleños de Guam estaban acostumbrados a comerciar con los habitantes de las islas vecinas utilizando sus famosas proas o parotos, por lo que no es extraño que se aproximaran al galeón con agua y comida. Según la Relación (1536) de Pigafetta, cronista y superviviente de esa primera vuelta al mundo, la expedición paró aquí con la intención de abastecerse de alimentos frescos, pero entonces "la gente de aquella isla" subió a las naves y empezó a robarles todo lo que pudieron. A continuación, se generó el primer episodio de violencia grave al desembarcar cuarenta hombres armados de la expedición y, como represalia, incendiar casas, embarcaciones y matar a siete de los isleños (2012: 115-116). Resulta particularmente interesante poner en perspectiva este primer desencuentro, pues se produjo 257 años antes de la llegada del Capitán Cook a Hawai, que permanece erróneamente en buena parte de la memoria popular como el primer contacto entre Oceanía y Europa.

De todos modos, no fue hasta 1565 cuando Miguel López de Legazpi reclamó estas islas para la Corona de Castilla, y hasta 1668 (más de cien años después) cuando dio comienzo su ocupación permanente al establecer Diego Luis de San Vitores la primera misión jesuita. Un poco antes, en 1665, al conceder la reina regente Doña Mariana de Austria la Real Cédula para el proyecto de San Vitores, se las rebautizó como "Islas Marianas" en honor a la Virgen María y al suyo propio (Coello 2013: 34). Y fue también a partir de entonces cuando el modo tradicional de vida en Guam se vio trastocado en sus cimientos más profundos.

3. ANTES DE LA COLONIZACIÓN

Obviamente, el poblamiento de Guam había comenzado mucho antes, hacia el 1500 AC según la evidencia arqueológica (Carson 2012; Kurashina y Clyshulte 1983). Las periodizaciones tradicionales, como ocurre en otros lugares que también han padecido la colonización europea moderna, finalizan la prehistoria en torno al primer contacto con el mundo europeo. En este caso, establecen dos divisiones principales: un período pre-latte (1500 BC-900/1000 AD) y un periodo latte (900/1000 AD-1521 AD). No obstante, recientemente se ha propuesto extender esta segunda fase al 1700 AD, como veremos enseguida. El punto de inflexión entre una y otra viene marcado por la aparición de los edificios *latte*.

El periodo latte toma su nombre de unos edificios muy singulares, que se encuentran no solo en Guam sino también en otras Islas Marianas (Carson 2012; Reinman 1966; Russell, 1998; Thomson 1940, 1945). Se construyeron desde aproximadamente el 900-1000 AD hasta el 1700 AD. Por ello, en la actualidad se han propuesto nuevas cronologías, menos coloniales y más respetuosas con la idiosincrasia de la isla, que prolongan el periodo latte hasta el 1700 AD, admitiendo que del 1521 al 1700 existió

Figura 3. a. Asentamiento *latte* en Inapsan y b. Reconstrucción hipotética de un edificio *latte* junto al río Talafofo. Fotografías de Enrique Moral de Eusebio y Sandra Montón Subías.

un periodo de contacto que finalizó con la ocupación definitiva de Guam y el abandono forzado de estas estructuras (Carson 2012). Normalmente de planta rectangular, se construían con pilares de piedra (*haligi*), en algunos casos de considerable tamaño, coronados con una piedra en forma de taza (*tasa*). Sobre estos pilares, que actuaban a modo de fundamento, se levantaban los edificios en materiales perecederos (fig. 3). Sin duda, debían ser los edificios más prominentes, aunque en los asentamientos también había edificios construidos íntegramente con materiales perecederos, e incluso se han documentado asentamientos de este periodo sin ningún *latte*.

Hoy en día, la arquitectura *latte* constituye un verdadero símbolo de identidad para las poblaciones chamorras de la isla, sin duda el elemento más visual y visible que se utiliza para vincularse con el pasado no-colonial (Carson 2012: 5 y 11; Hunter-Anderson 2011; Kurashina et al. 1999; http://www.guampedia.com/latte/). Un simple paseo por Guam evidencia la ubicuidad de este emblema: desde el día a día del supermercado hasta la emisión de documentos oficiales, pasando por su presencia en edificios públicos (escuelas, universidades, centros de investigación, sedes institucionales), camisetas, souvenirs, matrículas de coches, paradas de autobús y un etcétera más largo que probablemente esté aumentando en estos momentos.

Documentos escritos, historia oral y evidencia arqueológica apuntan a la polifuncionalidad de las estructuras latte como lugares de descanso, preparación y consumo de alimentos, producción artesanal, almacenamiento y enterramiento (Bayman et al. 2012a y b; Carson 2012; Craib 1986; Dixon et al. 2006; Graves 1986; Rusell 1998; Thompson 1940; Yawata 1945). Parece ser que en sus proximidades se llevarían a cabo eventos deportivos, ceremonias, banquetes rituales, danzas y cantos. A pesar de que el periodo *latte* concentra la mayoría de las intervenciones arqueológicas en Guam (más del 90% según Carson 2012: 3), son todavía muchos los interrogantes que quedan por despejar.

Bayman et al. (2012b: 259) apuntaron que las dos principales dudas sobre estas edificaciones -en realidad sobre las poblaciones que las construyeron- se referían a la posible existencia de diferencias sociopolíticas y de especialización económica. Uno de los trabajos más tempranos e influyentes en favor de una clara estratificación social fue *Voyage autour du monde exécuté sur les corvettes de S. M. l'Uranie et la Physicienne pendant les années 1817, 1818, 1819 et 1820* de M. Louis de Freycinet. Este trabajo se realizó, no obstante, más de 300 años después del primer contacto. Freycinet identificó tres vocablos en la lengua chamorra que denotarían tres clases sociales diferentes: *matua* (clase alta de nobles), *atchaot* (clase media de semi-nobles), y *mangatchang* (la clase más baja) (citado en Thompson 1945:13). La *Historia de las Islas Marianas* publicada por Le Gobien en 1700, en su libro segundo, también menciona la existencia de nobleza, pueblo y clase media. Sin embargo, Alexandre Coello (2013: 130-31) recoge otros estudios que defienden la existencia de únicamente dos clases sociales, la alta y la baja, debido a la falta de movilidad social que habría existido (Boughton 1992). Lo cierto es que las primeras relaciones escritas en los siglos XVI y XVII describen unas comunidades sin acusadas diferencias de poder, con unos líderes locales de poder muy reducido a quienes denominan "Principales (por ejemplo, Aranda 1690; García 1683; Pobre de Zamora 1598-1603). Algunos arqueólogos, sobre todo basándose en las dimensiones tan diferentes que pueden tener las estructuras *latte*, también han argumentado a favor de una clara jerarquización social (por ejemplo, Graves 1986), mientras que otros han negado la existencia de pruebas concluyentes al respecto (por ejemplo, Cordy 1983; Craib 1983), pues las diferencias podrían deberse al tamaño de las familias que debían albergar.

Más consenso parece existir en torno a su organización matrilineal y sus prácticas subsistenciales, aunque el significado social de esta supuesta matrilinealidad esté pendiente de resolución (ver al respecto Atienza y Coello 2012; Cunningham 1984; Souder 1992; Thompson 1945, 1947). Basarían su alimentación en los productos que obtendrían de la horticultura y el uso de la selva -fundamentalmente cocos, fruta del pan, plátanos, caña de azúcar, taro y ñames (Dixon et al. 2010: 295; Russell 1998: 167, tabla 8)-, la pesca y la recolección de moluscos (Carson 2012: 55; Dixon et al. 2012: 300). Al menos durante el periodo de contacto inicial, contaban con una sofisticada tecnología de navegación, que quedó plasmada en las fuentes europeas. Aunque la mayoría de ellas se refieren a una navegación de cabotaje, cercana a la costa, también hay menciones a navegación de grandes distancias en mar abierto (Carson 2012: 53).

Muchas de las costumbres de los habitantes de Guam y sucesos históricos aparecen descritos en los relatos de los misioneros jesuitas, obviamente desde una perspectiva eurocéntricas y androcéntricas. Por ellos sabemos que cuando el grupo de misioneros encabezado por San Vitores llegó a Guam los jefes locales lo recibieron bien. Quipuha, el jefe local de Hagåtña, parece que incluso colaboró con el establecimiento de la primera misión. No obstante, y como no podría ser de otro modo al intentar los misioneros desestructurar el sistema de vida tradicional chamorro e imponer un nuevo orden ajeno a su cosmovisión, las relaciones cordiales duraron poco tiempo. Los primeros episodios conflictivos (2 meses después de la llegada de los misioneros), se produjeron en la isla vecina de Saipán (Hezel 2015: 19), pero pronto se extendieron a Guam, Rota y Tinian y se prolongaron por unos 30 años (ver Hezel 2015).

Durante ese periodo, concretamente en la década de los 80 del s.XVII, de la mano de los gobernadores José de Quiroga y Antonio Saravia y con la ayuda de un contingente militar integrado básicamente por soldados mexicanos y filipinos, dio inicio la política de las reducciones, consistente en reubicar y concentrar espacialmente a la población chamorra en un número reducido de poblaciones (Brunal-Perry 2009; Hezel 1989) para de ese modo "colonializar" y "patriarcalizar" su forma de vida en todas las dimensiones posibles. Ello implicó el desarraigo de las poblaciones de sus espacios de vida cotidianos y la puesta en marcha de un control más férreo sobre su movilidad, que siempre resulta un recurso de dominación muy eficaz. Así, por ejemplo, se prohibieron las actividades relacionadas con la pesca de altura y la navegación (Rogers 1995: 64), lo que redundó en una pérdida de saberes tradicionales, como la construcción de canoas, y en la imposibilidad de escapar a otras islas. No es de extrañar que ésta sea una de las actividades que se reivindican actualmente como señal de identidad chamorra.

La concentración de las poblaciones chamorras en reducciones debió tener una transcendencia mucho mayor de la que pueda parecer a simple vista. Sin duda, constituyeron un atentado a la forma de vivir y sentir el espacio de las sociedades isleñas. Las chamorras eran sociedades orales y, como tales, tenían una representación metonímica del espacio en el que vivían. El espacio indígena no era una realidad metafórica bi-dimensional sino una realidad multi-dimensional, una entidad con comportamiento humano con la que se establecían todo tipo de vínculos emocionales (Hernando 2002). Recientemente se ha destacado que el descenso de la población que experimentaron Las Marianas tras su colonización no se debió tanto a la violencia física como a la propagación de epidemias auspiciadas por la concentración de la población en dichas reducciones (Hezel 2015). Personalmente, creemos que la reubicación espacial en las reducciones constituyen no obstante uno de los símbolos más poderosos de violencia colonial. Si para el contingente colonial destacado en Guam la concentración de la población era una empresa político-religiosa, para los indígenas de la isla, lo que se puso en juego fue la estructura de su propio mundo y los vínculos que los conectaban a él (Montón Subías y Hernando 2014).

4. EL PATRIMONIO ARQUEOLÓGICO COLONIAL

La inclusión de Las Marianas en el sistema colonial español generó un importante legado patrimonial, tanto construido como intangible. Aunque con variable grado de conservación y con cronologías pertenecientes principalmente a los siglos XVIII y XIX, parte de sus restos tangibles incluyen ciudades, fuertes, caminos, puentes, iglesias, *hotnos* (hornos cupuliformes), misiones, casas reales y civiles, galeones naufragados, cultura material y paisajes culturales, lo que convierte a estas islas –sobre todo a Guam- en el lugar de la Micronesia con el patrimonio europeo construido más significativo (McKinnon y Raupp 2011, y ver también Flores 2008; Galván Guijo 1999; Junco 2011; Moore y Steffy 2008; Peterson 2008; Vernon 2013). Por la comodidad que proporcionan las convenciones, normalmente se denomina "español" a este patrimonio, aunque es fruto de la peculiar colonización de Guam y de la co-existencia de gente de diferente procedencia –principalmente, la de Nueva España, Las Carolinas y Filipinas, además de la chamorra y la española (ver Galván Guijo 1999).

Sin duda, la arqueología tiene mucho que aportar en la investigación y puesta en valor de este patrimonio, algo que se presenta a la vez como reto y oportunidad de cara al futuro. Ello no solo redundará en su mayor protección y conservación, sino en una mejor comprensión de la historia que comparten todos los grupos culturales que vivieron en la isla durante ese periodo (McKinnon y Raupp 2011). Ese es también uno de los objetivos del proyecto arqueológico que presentaremos en el apartado siguiente.

Como ocurre en el resto del mundo, la arqueología histórica (y, por tanto, la arqueología del colonialismo moderno) está menos desarrollada que la de los periodos precedentes. En las Marianas, ya lo hemos dicho, la investigación arqueológica se ha centrado fundamentalmente en el periodo *latte*. No obstante, o precisamente por ello, posee un enorme potencial (McKinnon y Raupp 2011; Peterson 2008), a pesar de los avatares que han tenido que sortear sus restos: tifones, terremotos y, sobre todo, los bombardeos de la IIGM (Delgadillo et al., 1979; Flores 2008; Reed 1952:94, 1954:878; Skowronek 2009: 493-497).

El potencial al que nos referimos reside también en la actitud que muchos de los chamorros actuales expresan hacia el patrimonio "español", que continúa jugando un importante papel social, cultural y político. Como apuntábamos en una publicación anterior (Montón-Subías et al. 2016: 6-7), los procesos coloniales de las monarquías ibéricas fueron los primeros procesos históricos en generar un patrimonio histórico-arqueológico a escala global (o casi global), aunque las actitudes actuales hacia él son diversas, oscilando entre el rechazo y la voluntad de preservación. En Guam, de momento, amplios sectores de la población se decantan por la segunda opción y manifiestan su interés por conocerlo y conservarlo, aunque en términos de activismo cultural, el periodo latte tiene sin duda mayor y creciente fuerza. No hay que olvidar que Guam es uno de los 17 territorios que la ONU lista como pendientes de descolonización y que el activismo político se dirige sobre todo contra el colonialismo estadounidense. A diferencia de lo que pueda ocurrir en muchos países de América Latina, España no ha sido la metrópoli frente a la cual construir la identidad nacional o definir el proceso de autodeterminación. Más bien al contrario, lo "español" se ha incorporado a la identidad "chamorra" en un particular proceso de etnogénesis (ver, por ejemplo, Atienza y Coello 2012; Atienza 2013; Díaz 1994; Bayman y Peterson 2016; Hattori 2011).

Además de los organismos oficiales, desde 1990 existe un organismo local sin ánimo de lucro, El *Guam Preservation Trust* (GPT), encargado de la conservación y puesta en valor del patrimonio histórico de la isla (http://guampreservationtrust.org/). Ha llevado a cabo diferentes proyectos y acciones relacionados con el patrimonio colonial: señalización con paneles informativos, publicación de informes, documentación de historias orales, y estabilización y restauración de lugares significativos, como, por ejemplo, el fuerte de Santa Soledad, el puente de Taleyfac (fig. 4), o el conjunto de la Plaza de España, algunos de los enclaves históricos más visitados por locales y turistas. También debemos destacar la arqueología pública que se desarrolla en el museo al aire libre *Gef Pa'go* (en Inarajan), donde escolares y turistas pueden aprender sobre las prácticas y estilos de vida chamorros antes y durante el periodo colonial. Asimismo, desde finales del s.XX se han construido edificios y conjuntos de estilo neo-español (Galván Luján 1999), como el *Chamorro Cultural Village* (en Agaña), donde se vende artesanía y comida chamorra.

Hasta el momento, las excavaciones arqueológicas de los anteriores enclaves son escasas. Se trata de una serie de pequeñas intervenciones (Flores 2008; Peterson 2008), como, por ejemplo, las de la Plaza de España, concretamente en el Palacio del Gobernador (ver Schuetz 2007: 105-119; Peterson 2008: 17) o las de Pago, que fue una de las primeras y principales reducciones creadas durante la colonia (Moore 2007; Peterson 2008: 17-18). Por estar directamente relacionadas con nuestro proyecto, dejamos para la siguiente sección las excavaciones en Ritidian. Además, en las aguas de Guam naufragaron algunos de los galeones españoles, aunque las excavaciones más conocidas son las del naufragio de Nuestra Señora de la Concepción (1638), en Saipán. Han proporcionado un rico y variado inventario de cultura material -entre otros, clavos de hierro, accesorios navales, joyas preciosas, monedas de plata, bombas de cañones de hierro, porcelanas de la China y del Japón, lozas de Europa y América, botellas y cuentas de vidrio (Junko 2011; IOTA Partners 1996; Mathers et al. 1990; Mathers y Shaw 1993; Skowronek 2009:496-497) que, sin duda, constituyen un referente interesante para realizar comparaciones con la cultura material encontrada en tierra.

Figura 4. Puente de Talayfac, construido originalmente en el s.XVIII y situado en el Camino Real, que unía Agaña –la capital administrativa de Guam- con Umatac –el puerto costero donde fondeaba el galeón de Manila. Fotografía de Sandra Montón Subías.

5. UN NUEVO PROYECTO ARQUEOLÓGICO EN GUAM.

Con el nombre de *ABERIGUA. Arqueología del Contacto Cultural y Colonialismo Ibérico en Guam*, actualmente estamos llevando a cabo un proyecto arqueológico destinado a conocer mejor las dinámicas de identidad, cambio y permanencia asociadas a la inserción de la isla en la red colonial del imperio español. A pesar de su carácter principalmente arqueológico, el equipo de investigación cuenta con historiadores y antropólogos y quiere aunar la información arqueológica con la proporcionada por las fuentes documentales y la historia oral.

El proyecto se inició con las excavaciones de junio-julio de 2015, que se continuaron en mayo-junio de 2016, en el área protegida del Refugio de la Vida Salvaje de Ritidian (la zona más septentrional de Guam). Estas campañas estuvieron co-dirigidas por la Universidad de Hawai'i-Manôa (James Bayman) y la Universidad Pompeu Fabra (Sandra Montón Subías), y contaron con una importante participación de la Universidad de Guam (John Peterson y Mike Carson). La primera fase de nuestro proyecto planteaba analizar las repercusiones asociadas al periodo de contacto y a los primeros momentos de la colonización. Ritidian resultaba especialmente apropiado en este sentido pues parece que prácticamente se despobló a finales del s.XVII debido a la política de reducciones que empezó a practicarse a partir de entonces. Además, las fuentes escritas son extremadamente parcas para este lugar, por lo que la arqueología podía a priori proporcionar información muy valiosa. Por otra parte, en Ritidian se habían realizado intervenciones arqueológicas previas en relación a la presencia "hispana": la excavación de dos conjuntos latte con niveles de contacto (Bayman et al. 2012a, 2012b; Bayman y Peterson 2015) y la búsqueda de una construcción colonial, mal llamada Casa Real (Carson et al. 2010). Los conjuntos latte se excavaron en 2008 y 2009, en el marco de una escuela de verano co-dirigida por la Universidad de Hawai (James Bayman) y la Universidad de Guam (John Peterson). La presencia de cultura material foránea (cuentas de vidrio, clavos de hierro forjado y fragmentos de porcelana del siglo XVII) y de restos de boniato indicó claramente una ocupación post-1521 (Bayman et al. 2012 a y b; Bayman y Peterson 2016).

Durante la primera fase de nuestro proyecto excavamos en otro asentamiento *latte* de contacto y nos propusimos localizar los restos de la estructura conocida como Casa Real. Registrada por primera vez por Hornbostel (1924-25), se conocía como Casa Real desde que Osborne (1947) la bautizó así por sospechar su carácter español. Sin embargo, nunca habría cumplido esa función. De hecho, podría corresponder a una de las primeras iglesias jesuitas en el Pacífico (Jalandoni 2011; 2014), a un rancho posterior, o, por qué no, a ambas cosas si la iglesia se hubiera reutilizado posteriormente. Sus coordenadas se perdieron tras ser destruida por un buldócer del ejército estadounidense en los años 70 del pasado siglo.

A finales de 2015 hallamos unos restos que podrían corresponder a esta estructura; en 2016, procedimos a su excavación. La campaña de 2016 pudo certificar que estos restos correspondían al arrastre del buldócer y, que, probablemente, no quedaba nada *in situ* de la estructura original. No obstante, la campaña reveló resultados muy interesantes, como la utilización de estructuras latte para la construcción de las primeras iglesias en la isla, que están en estos momentos en fase de estudio (al igual que los conjuntos procedentes de los asentamientos *latte*).

En junio-julio de 2017 ha tenido lugar nuestra tercera campaña de excavaciones (a la que se ha añadido como co-directora Natalia Moragas de la Universidad de Barcelona). Asímismo, la excavación ha contado con la participaciñon del GPT (Joe Quinata) y de los escolares de la comunidad de Umatac. En esta ocasión, nos hemos trasladado a otro enclave fundamental de la isla, Umatac, para excavar en la iglesia de San Dionisio Areopagita. Umatac constituye en la actualidad un importante lugar de memoria colectiva en la isla, ya que es aquí donde fondeaba el Galeón de Manila y donde la historiografía tradicional sitúa el primer desembarco de la tripulación de Magallanes en 1521. A diferencia de

Ritidian, presenta una ocupación ininterrumpida desde la prehistoria hasta la actualidad, por lo que resulta más adecuado para estudiar los cambios y continuidades que se producen en los modos de vida isleños antes y después de que diera lugar la política de la reducción. De hecho, en sus proximidades se encuentra una de las ocho reducciones principales construidas en la isla, que esperamos poder excavar a medio plazo.

Para entender esos cambios y continuidades, nuestro proyecto está incorporando el género como categoría de análisis histórica, entendiéndolo de manera transversal. Las relaciones coloniales fueron también relaciones entre sistemas de género distintos, muchas veces, como es el caso aquí, de una gran distancia cultural entre sí. Desde hace ya algún tiempo se viene situando la primera globalización en los procesos de expansión, conquista y colonización asociados a la Monarquía Hispánica (por ejemplo, Gruzinski 2012; Marks 2002; Quijano 2000; Wallerstein 1974). Sin embargo, pocas veces se profundiza en el hecho de que esa primera globalización supuso también la primera mundialización del sistema de género occidental y de sus instituciones (obviamente con matices), a pesar de los efectos perturbadores que tuvo en la vida de muchas mujeres, niños y hombres de diferentes lugares del planeta (por ejemplo, ver Lugones 2008; Segato 2014). Alteró sustancialmente sus sistemas de parentesco, sus formas de trabajo cotidiano, su organización de las actividades de mantenimiento, sus espacios de vida, su sexualidad y, en definitiva, su manera de entender el mundo y de concebirse a sí mismos (ver también Montón-Subías et al. 2016: 5). En el marco de nuestro proyecto, Enrique Moral está iniciando su tesis doctoral sobre el impacto de la colonización en las prácticas y discursos sexuales en Guam.

Nos interesa muy especialmente el ámbito de las denominadas actividades de mantenimiento (González Marcén et al. 2008). Comprenden, *grosso* modo, todas las actividades relacionadas con la recogida, procesamiento y cocinado de alimentos, la manufactura textil básica, la higiene y la salud públicas, la atención y el cuidado al otro, la socialización de los miembros infantiles y la organización y mantenimiento de los espacios de vida residenciales. Hacen referencia, por lo tanto, a toda una serie de trabajos básicos y necesarios para garantizar la estabilidad y la reproducción de la vida y sus formas en cualquier grupo humano. Su función estructural garantiza que los cambios sean absorbidos en nuevos patrones de repetición y recurrencia que devuelvan la estabilidad básica y permitan la supervivencia del grupo. Precisamente, en una situación de desestructuración y cambio forzado como la que estamos estudiando en Guam, nos parece especialmente importante entender el papel de estas actividades en la continuidad de las poblaciones nativas. Arqueológicamente, podemos aportar información sobre su cultura material y los espacios relacionados.

La primera globalización conllevó transferencias de conocimiento y tecnologías de un lugar a otro del mundo. Muchas de estas transferencias tuvieron que ver, precisamente, con el desarrollo de las actividades de mantenimiento. Es por ello que ésta no puede entenderse sin atender a este conjunto de prácticas y, por lo tanto, sin introducir la variable de género. De hecho, se están realizando ya algunas tesis doctorales relacionadas, como la de Verónica Peña *Alimentación y colonialismo en el Pacífico: Cambios alimentarios en las Islas Marianas durante el periodo colonial español*, que analiza la concepción que los colonizadores –especialmente los misioneros jesuitas– tenían de la alimentación, el cuerpo y la espiritualidad, y cómo ello, junto al propósito de extender la civilización y la fe católica, repercutió sobre las prácticas alimentarias y la organización social de las poblaciones colonizadas al implicar la importación de plantas y animales, y la introducción de nuevas maneras de cocinar y de producir alimento (para un repaso sobre la introducción de nuevos alimentos y tecnologías culinarias, ver Bayman y Peterson 2016: 237-40).

Según las fuentes escritas, mujeres y hombres compartirían algunas actividades, pero no en otras. Así, las primeras estarían al cuidado de niños y niñas, cocinarían, recolectarían moluscos y se encargarían de las actividades textiles (alfombras vegetales, cestos, mantas, etc). Los hombres se encargarían de la construcción de canoas y utensilios de pesca, de la pesca de altura, del comercio entre islas y de las prácticas guerreras. Hombres, mujeres y niños participarían en actividades relacionadas con la horticultura y la pesca de arrecife con red. Leyendo estos relatos apreciamos un patrón que se repite en otros lugares: la mayor movilidad de los hombres, que precisamente se restringe con la colonización permanente de la isla, y la mayor implicación de las mujeres en las actividades de mantenimiento (ver, por ejemplo, Hernando 2008). Hasta el momento, pocos trabajos arqueológicos se han interesado por el género y las esferas asociadas a las actividades de mantenimientos (como excepciones, ver Dixon et al. 2006; Bayman et al. 2012a y b). No obstante, las excavaciones de 2008-2009 en los dos edificios latte de Ritidian también revelaron una separación entre diferentes tipos de actividades. En un edificio se llevarían a cabo actividades culinarias, textiles y de manufactura cerámica. En el otro, se construirían canoas y elaborarían útiles de pesca. De todos modos, en este caso tenemos que hablar de tendencias mayoritarias, pues en términos de presencias y ausencias todos los tipos de actividades estaban presentes en uno y otro edificio. Sus excavadores apuntaron que, posiblemente, en las sociedades matrilineales chamorras, la división sexual del trabajo no sería tan estricta. En todo caso, como también indicaron, se trata de la primera excavación que ha documentado esta diferenciación, por lo que se requiere cierta cautela hasta que posteriores excavaciones confirmen o desmientan esta interesante hipótesis.

De lo que no cabe duda es que, a partir de 1668, los misioneros jesuitas emplearon todos los métodos a su alcance para desestructurar el sistema de género de las sociedades chamorras, tan ajeno y tan incompatible con sus esquemas mentales. Desde la organización matrilineal hasta la sexualidad, pasando por el patrón de trabajo cotidiano o la organización de los espacios de vida, fueron pocos los aspectos que quedaron sin perturbar (ver sobre estos aspectos Atienza y Coello 2012; Moral 2016; Souder 1992). En 1741 el rey Felipe V emitió una cédula, aplicada en Guam por Gaspar Antonio de la Torre, por la que se apartaba a las mujeres del trabajo que no se consideraba apropiado a su sexo y dictaminaba que únicamente los hombres debían cultivar la tierra (Freycinet 1839: 499; Souder 1992:75). Todo ello favoreció la primogenitura masculina en la herencia de la tierra (Rogers 1995:75) y, en definitiva, el desarrollo de una sociedad más patriarcal (Souder 1992:43-77). Los espacios de la vida cotidiana tradicionales se re-estructuraron a través de las reducciones, en las que se prohibieron instituciones importantes de la sexualidad chamorra, como los *guma'uritao*, y se impusieron las propias de occidente (básicamente el matrimonio indisoluble y la familia nuclear monógama). La verdad es que la información sobre los *guma'uritao*, a los que muchas veces los jesuitas se refieren como "casas de solteros" o "casas públicas" y a los que hace alusión la cita con la que abríamos este artículo, es limitada y, con toda probabilidad, extremadamente sesgada debido a que los misioneros se oponían frontalmente a sus prácticas (Russell 1998: 149). Según sus informaciones, en sus edificios se mantenían relaciones sexuales entre mujeres y hombres solteros que, en algunas ocasiones, se casaban más tarde (ver Ledesma, 1670, 4r). Parece ser que los hombres solteros ofrecían bienes valiosos a las familias de las mujeres, por lo que se ha hipotetizado sobre la posibilidad de que configurase un sistema para que las familias chamorras adquiriesen bienes y los hombres esposas. Los *guma'uritao* ofrecerían así un contexto institucional para el pago del "precio de la novia" (Bayman y Peterson 2016: 244). Recientemente, también se ha propuesto que los conflictos surgidos en torno a los *uritao* deben enmarcarse dentro de la categoría de "conflicto etnosexual" (Moral 2016).

6. ALGUNOS APUNTES FINALES

En la actualidad, Guam posee un importante patrimonio histórico-arqueológico fruto de los procesos que incluyeron a la isla en el sistema colonial del imperio español. Posee también muchos registros arqueológicos asociados pendientes de excavación y estudio, pues la mayoría de intervenciones arqueológicas han sido puntuales, sin proyectos de investigación que hayan planteado excavaciones sistemáticas a largo plazo. Afortunadamente, existe una buena predisposición hacia la recuperación y puesta en valor de ese patrimonio. Por ello, el desarrollo de la arqueología histórica en Guam se presenta como una oportunidad extremadamente interesante. Nuestro proyecto aspira a recuperar parte de ese patrimonio y, con ello, a entender mejor la casuística concreta de los procesos coloniales que se implementaron aquí y las consecuencias que tuvieron y tienen para las poblaciones locales.

Sin duda, un proyecto en Guam sobre la colonización española, co-dirigido por dos investigadoras de ese país y un investigador estadounidense -la potencia colonial a la que Guam pertenece en la actualidad como territorio no-incorporado- necesariamente implica una reflexión sobre lo que debe ser la arqueología del colonialismo en el s.XXI (y no solo sobre sus contenidos, sino sobre las prácticas que se implementan en el día a día de la investigación). En realidad, cualquier proyecto arqueológico que se desarrolle en el exterior (e incluso en nuestro territorio) debería interrogarse sobre sus posibles prácticas coloniales. No obstante, nuestro proyecto nos sitúa "más" de lleno en esa problemática: investigamos un pasado reciente con el que una parte importante de la población actual se siente vinculada, aunque sea a veces de manera ambivalente. De momento, estamos planteando el proyecto desde la colaboración internacional e interinstitucional (con participación del Guam Preservation Trust, la Universidad de Guam, los estudiantes de la isla y la inclusión de las comunidades locales), desde el intercambio de personas y conocimientos, y la igualdad y respeto mutuo entre los diferentes sectores sociales interesados por este pasado. La buena acogida que hemos tenido nos anima a continuar. Si la situación cambia, por supuesto nos plantearemos la continuidad en la isla.

Además, no podemos ignorar que la inserción de muchas islas de la Micronesia en la red colonial del imperio español constituye un episodio histórico bastante ignorado fuera de esta área geográfica, algo que consideramos especialmente desafortunado en el caso de España. Por ello, queremos fomentar puntos de encuentro que, desde la crítica a las prácticas coloniales y neo-coloniales, contribuyan a deshacer la relación tan asimétrica que, de momento, existe en el conocimiento mutuo de los dos países.

Agradecimientos

En primer lugar, queremos dar las gracias de nuevo a Beatriz Marín Aguilera por habernos invitado a presentar este proyecto en el seminario *Nexos Coloniales. Iberia de Colonia a Potencia Colonial*. También debemos agradecer la ayuda, información y referencias bibliográficas prestadas por Omaira Brunal-Perry, Alex Coello, Boyd Dixon, Verónica Peña y Enrique Moral durante la elaboración del trabajo. Además, el apoyo de Mike Carson, John Peterson, Hiro Kurashina, Joe Quinata, Andrea Jalandoni, Boyd Dixon, Jolie Liston, Rich Olmo, Darlene Morre, Rlene Santos Steffy, Judy Amesbury y Lynda Aguón en la puesta en marcha y continuidad del proyecto ha resultado y resulta inestimable. Finalmente, cómo no, queremos agradecer la hospitalidad de Humatak sin cuyo apoyo hubiese resultado imposible poner en marcha este proyecto arqueológico.

Este artículo ha sido en parte posible gracias al proyecto *ABERIGUA. Arqueología del Contacto Cultural y Colonialismo Ibérico en Guam* (financiado por la Fundación Palarq y el IPCE, del Ministerio de Educación, Cultura y Deporte), y al proyecto HAR2016-77564-C2-1-P, *Cultura Material, Colonialismo y Género en el Pacífico. Una aproximación desde la Arqueología Histórica* (financiado por el Ministerio de Economía y Competitividad).

BIBLIOGRAFÍA

Aranda, Gabriel de (1690). *Vida y gloriosa muerte del venerable Padre Sebastián de Monroy, religioso de la Compañía de Jesús, que murió dilatando la fe alanceado de los bárbaros de las Islas Marianas.*

Atienza, D. (2013). A Mariana Islands History Story: The Influence of the Spanish Black Legend in Mariana Islands Historiography. *Pacific Asia Inquiry*, 4(1), 13-29.

Atienza, D. y Coello, A. (2012). Death rituals and identity in contemporary Guam (Mariana Islands). *The Journal of Pacific History*, 47(4), 459-473.

Bayman, J. M., Kurashina, H., Carson, M. T., Peterson, J. A., Doig, D. J., y Drengson, J. (2012a). Household economy and gendered labor in the 17th century AD in the Mariana Islands, western Pacific. *Journal of Field Archaeology*, 37, 259-269.

Bayman, J. M., Kurashina, H., Carson, M. T., Peterson, J. A., Doig, D. J., y Drengson, J. (2012b). Latte household economic organization at Ritidian, Guam National Wildlife Refuge, Mariana Islands. *Micronesica: A Journal of the University of Guam*, 42(1/2), 258-273.

Bayman, J. y Peterson, J. (2016). Spanish Colonial History and Archaeology in the Mariana Islands: Echoes from the Western Pacific. En S. Montón

Subías, M. Cruz Berrocal y A. Ruiz (eds.), *Archaeologies of Early Modern Spanish Colonialism* (pp. 229-252). Nueva York: Springer.

Bjork, K. (1998). The link that kept the Philippines Spanish: Mexican merchant interests and the Manila trade, 1571-1815. *Journal of World History*, 9(1), 25-50.

Boughton, G.J. (1992). Revisionist Insterpretation of Precontact Marianas Society. En Donald H. Rubienstein (ed.), *Pacific History: Papers from the 8th Pacific History Association Conference* (pp. 221-224), Manguilao: University of Guam Press & MARC.

Brunal-Perry, O. (2004). Las islas Marianas: enclave estratégico en el comercio entre México y las Filipinas". En L. Cabrero Fernández (Ed.) *España y el Pacífico: Legazpi* (pp- 543-555). Madrid: Sociedad Estatal de Commemoraciones Culturales.

Brunal-Perry, O. (2009). Early European exploration and the Spanish period in the Marianas 1521-1898. En T. Carrel (ed.), *Maritime history and archaeology of the commonwealth of the northern Mariana islands* (pp. 95-142). Saipan: CNMI Division of Historic Preservation.

Carson, Mike (2012) An overview of latte period archaeology. En M. Crson (Ed.), *Micronesica: A Journal of the University of Guam* [Número especial], 42(1/2), 1-79.

Carson, M., Peterson, J. y Bayman, J. (2010). *Work Plan for Archaeological Field School Investigations at Guam National Wildlife Refuge, Ritidian Unit, 2010 Research Module.* Manuscrito no publicado. Micronesian Area Research Center, University of Guam, Mangilao.

Coello, A. (2013). Introducción. En L. Morales y Ch. Le Gobien (Edición de A. Coello), *Historia de las Islas Marianas* (pp. 25-88), Madrid: Polifemo.

Cordy, R. (1983). Social stratification in the Mariana Islands. *Oceania*, 53, 272-276.

Craib, J. (1986). *Casa de los antiguos: Social differentiation in protohistoric Chamorro society*. Tesis doctoral no publicada. University of Sydney, Sydney.

Cunningham, L.J. (1984). *Ancient Chamorro Kinship Organization*, Agat, Guam: L. Joseph Press.

Delgadillo, Y., Mcgrath, T. B. y Plaza, F. (1979) *Spanish Forts of Guam*. Guam: Micronesian Area Research Center, University of Guam.

Diaz, V. M. (1994). Simply Chamorro: Telling tales of demise and survival in Guam. *The Contemporary Pacific*, 6(1), 29–58.

Dixon, B., Mangieri, T., McDowell, E., Paraso, K. y Rieth, T. (2006). Prehistoric Chamorro household activities and refuse disposal patterns on the Micronesian Island of Tinian, Commonwealth of the Northern Mariana Islands. *Micronesica*, 39, 55–71.

Dixon, B., Schaefer, R. y McCurdy, T. (2010). Traditional Chamorro farming innovations during the Spanish and Philippine contact period on northern Guam. *Philippine Quarterly of Culture & Society*, 38(4), 291-321.

Flores, J. S. (2008). Spanish Heritage Resources in the Mariana Islands. En *Spanish Heritage in Micronesia*, [en línea]. Tumon: Spanish Program for Cultural Cooperation. Disponible en https://issuu.com/guampedia/docs/spanish_heritage_micronesia [2016, 25 de abril].

Freycinet, L. C. D. de (1839). *Voyage autour du monde executé sur les corvettes de S. M. l'Uranie et al Physicienne Pendant les années 1817-1820. Vol. 1, Historie du Voyage. Bk. 3, Iles Mariannes*. Paris: Pillet Aine.

Galván Guijo, J. (1999). El legado arquitectónico de origen español en Micronesia. *Revista Española del Pacífico*, 10, 9-26.

García, F. (1683). *Vida y Martirio del Venerable Padre Diego Luis de Sanvitores*.

González Marcén, P., Montón-Subías, S. y Picazo, M. (2008). Towards and archaeology of maintenance activities. En S. Montón-Subías y M. Sánchez Romero (eds.). *Engendering Social Dynamics: The Archaeology of Maintenance Activities* (pp.3-8). Oxford: BAR International Series.

Graves, M. W. (1986). Organization and differentiation within late prehistoric ranked social units, Mariana Islands, western Pacific. *Journal of Field Archaeology*, 13, 139-154.

Gruzinski, S. (2012). *L'aigle et le dragon. Démesure européenne et mondialisation au XVIe siècle*. Fayard: Paris.

Hattori, A. P. (2011). Re-membering the past. *The Journal of Pacific History*, 46(3), 293-318.

Hernando, A. (2002). *Arqueología de la Identidad*. Akal: Madrid.

Hernando, A. (2008). Why has history not appreciated maintenance activities? En S. Montón-Subías y M. Sánchez-Romero (Eds.) *Engendering social dynamics. The archaeology of maintenance activities* (pp. 9-15). Oxford: BAR International Series 1892.

Hezel, F. (1989). *From Conquest to Colonization: Spain in the Mariana Islands 1690 to 1740*. Saipan, M.P: Division of Historic Preservation.

Hezel, F. (2015). *When Cultures Clash. Revisiting the "Spanish-Chamorro Wars"*. The Northern Marianas Humanities Council.

Hornbostel, H. (1924-25). Unpublished notes and catalog. Library Department, Bernice P. Bishop Museum, Honolulu.

Hunter-Anderson, R. (2011). The Latte Period in Marianas prehistory Who is interpreting it, why and how? En J. Liston, G. Clark y D. Alexander (Eds.) *Archaeology, Identity, and Community* (pp. 17-29). Canberra: Australian National University.

Kurashina, H., y R. Clayshulte (1983). Site Formation Processes and Cultural Sequence at Tarague, Guam. Manguilado: Miscellaneous

Publications Series No. 6. Micronesian Area Research Center, University of Guam.

Kurashina, H., Stephenson, R.A. ,Iverson T.J. y Laguana, A. (1999). The megalithic heritage sites of the Marianas: *latte* stones in past, present and future contexts. En W. Nuryanti (ed.), *Heritage, Tourism and Local Communities* (pp. 259-282). Yogyakarta: Gadjah Mada University Press.

IOTA Partners (1996). *1996 annual report: The recovery of the Manila galleon Santa Margarita*. Bellevue: IOTA Partners.

Jalandoni, A. (2011). The Casa Real site in Ritidian, northern Guam: An historical context. *Philippine Quarterly of Culture & Society*, 39(1), 27-53.

Jalandoni, A. (2014). Conflict at contact: Late 17th century Spanish Missions and La Reducción in Northern Guam. En M. Carson (Ed.), Guam's Hidden Gem Archaeological and historical studies at Ritidian (pp. 53-63). Oxford: BAR. International Series 2663.

Jamieson, R. W. (2005). Colonialism, social archaeology and lo Andino: historical archaeology in the Andes. *World Archaeology*, 37 (3), 352-372.

Junco, R. (2011). The archaeology of Manila galleons. En M. Staniforth, J. Craig, S. C. Jago-on, B. Orillaneda y L. Lacsina (Eds.), *Proceedings on the Asia-Pacific Regional Conference on Underwater Cultural Heritage* (pp. 877-866). Manila.

Ledesma, A. de (1670). *Noticia de los progresos de nuestra Santa Fe, en las Islas Marianas llamadas antes de los Ladrones y del fruto que han hecho en ellas el Padre Diego Luis de San Vitores, y sus compañeros, de la Compañía de Jesús, desde 15. de Mayo de 1669 hasta 28. de Abril de 1670. Sacadas de las cartas, que ha escrito el Padre Diego Luis de San Vitores, y sus compañeros*. Biblioteca del Hospital Real, caja IMP-2-070 (31) col. Montenegro.

Marks, R. B. (2002). *The Origins of the Modern World: A Global and Ecological Narrative from the Fifteenth to the Twenty-first Century.* Lanham: Rowman and Littlefield.

Mathers, W. M., y Shaw, N. (1993). *Treasure of the Concepción: The archaeological recovery of a Spanish galleon.* Hong Kong: APA Publications (HK) Ltd.

Mathers, W., Parker III, M. y Copus, K. A. (Eds.) (1990). *Archaeological report: The recovery of the Manila galleon Nuestra Señora de la Concepcion*, [en línea]. Manguilao: Micronesian Area Research Center, University of Guam. Disponible en http://www.pacificsearesources.com/Acknowledgements.pdf.

McKinnon, J. F. y Raupp, J. T. (2011). Potential for research on Spanish cultural heritage in the Commonwealth of the North Mariana Islands. En M. Staniforth, J. Craig, S. C. Jago-on, B. Orillaneda y L. Lacsina (eds.). *Proceedings of the Asia-Pacific Regional Conference on Underwater Cultural Heritage.* Manila, Philippines. The *MUA Collection, accesed April 21, 2016,* http://www.themua.org/collections/items/show/1198. Accesed 7 April 21, 2016.

Montón Subías, S. (2015). Colonialismo, Monarquía Hispánica y Cultura Material. Algunas contribuciones desde la arqueología. *Índice Histórico Español*, 128, 137-172.

Montón Subías, S. y Hernando, A. (2014, octubre). *Borders, Space, Identity and Colonialism.* Trabajao presentado en el *ESF Exploratory Workshop Borders through time and space: towards an ontology*, Universidad Pompeu Fabra, Barcelona.

Montón Subías, S., Cruz Berrocal, M., y Ruiz, A. (2016). Towards a Comparative Approach to Archaeologies of Early Modern Spanish Colonialism. En S.Montón-Subías, M. Cruz Berrocal y A. Ruiz (Eds.). *Archaeologies of Early Modern Spanish Colonialism* (pp. 1-8). Londres: Springer.

Moore, D. (2007). *Latte Period and Spanish Period Archaeology at Old Pago, Guam*. Mangilao: Micronesian Archaeological Research Services.

Moore, D. R. y Steffy, R. S. (2008). *Hotnun sanhiyong: Guam's outside ovens*. Report prepared for Guam Historic Preservation Office. Manuscrito no publicado. Barrigada, Guam: Micronesian Archaeological Research Services.

Moral de Eusebio, Enrique (2016). Heterotopías en Conflicto. Sexualidad, Colonialismo y Cultura Material en las Islas Marianas durante el siglo XVII. En Coelho, Inês Pinto; Torres, Joana Bento; Gil, Luís Serrão; Ramos, Tiago (coord.): *Entre ciência e cultura: Da interdisciplinaridade à transversalidade da arqueologia. Actas das VIII Jornadas de Jovens em Investigação Arqueológica*. Lisboa: CHAM, IEM. pp. 229-232.

Lugones, M. (2008). The Coloniality of Gender. *Worlds & Knowledges Otherwise*, 2, 1-17.

Osborne, D. (1947). *Chamorro Archaeology*. Manuscript. Mangilao: Micronesian Area Research Center.

Peterson, J. (2008). The Archaeology of Spanich Period Guam. En En *Spanish Heritage in Micronesia*, [en línea]. Tumon: Spanish Program for Cultural Cooperation. Disponible en https://issuu.com/guampedia/docs/spanish_heritage_micronesia [2016, 24 de abril].

Pigafetta, A. (2012). El p*rimer viaje alrededor del mundo*. Isabel de Riquer (Ed.). Barcelona: Biblioteca Grandes Viajeros.

Pobre de Zamora, J. (1598-1603). *Historia de la pérdida y descubrimiento del galeón "San Felipe"*.

Quijano, A. (2000). Colonialidad del Poder, Eurocentrismo y América Latina. En E. Lander (ed.), *Colonialidad del Saber, Eurocentrismo y Ciencias Sociales* (pp. 201-246). Buenos Aires: CLACSO.

Segato, R. (2014). El sexo y la norma: frente estatal, patriarcado, desposesión, colonialidad. *Estudios Feministas,* 22(2), 593-616.

Reinman, F. (1966). Notes on an Archaeological Survey of Guam, Mariana Islands, 1965-1966. Preliminary Report National Science Foundation Grant #GS-662. Manuscrito no publicado. Micronesian Area Research Center, University of Guam, Mangilao.

Rogers, R. F. (1995). *Destiny's landfall: A history of Guam.* Honolulu: University of Hawai'i Press.

Russell, S. (1998). *Tiempon I Manamof'ono: Ancient Chamorro culture and history of the northern Mariana Islands.* Micronesian Archaeological Survey Report 32. Saipan: Commonwealth of the Northern Mariana Islands Division of Historic Preservation.

Schuetz, M. K. (2007). *The archaeology of the Governor's palace. Plaza de España, Agaña, Guam.* Mangilao: MARC Monograph Series, No. 4.

Schurtz, W. L. (1959). *The Manila galleon.* New York: E. P. Dutton.

Segato, R. (2014). El sexo y la norma: frente estatal, patriarcado, desposesión, colonialidad. *Estudios Feministas,* 22 (2), 593-616.

Skowronek, R. F. (2009). On the fringes of New Spain: The northern borderlands and the Pacific. En T. Majewski y D. Gaimster (eds.), *International Handbook of Historic Archaeology* (pp. 471-505). New York: Springer.

Souder, L. M. T. (1992). *Daughters of the island: Contemporary Chamorro women organizers on Guam.* MARC Monograph Series No. 1. Lanham: University Press of American.

Spate, O.H.K. (1979). *The Spanish lake.* Minneapolis: University of Minnesota Press.

Thompson, L. (1940). The function of *latte* in the Marianas. *Journal of the Polynesian Society,* 49, 447–465.

Thompson, L. (1945). *The native culture of the Mariana Islands*. Bulletin 185. Honolulu: Bernice P. Bishop Museum.

Thompson, L. (1947). *Guam and its people*. Princeton: Princeton University Press.

Underwood, J. (1976). The native origins of the neo-Chamorros of the Mariana Island. *Micronesica*, 12(2), 203-209.

Van Buren, M. (2010). The archaeological study of Spanish colonialism in the Americas. *Journal of Archaeological Research*, 18, 151-201.

Van der Porten, E. (2005). The Manila galleon trade 1565-1815: Traces & Treasures. *Noticias del Puerto de Monterey*, 54(1), 15-23.

Vernon, N. I. (2013). El Camino Real: Guam's Spanish period infrastructure: Phase I: Background research and historical documentation. En *History of the Mariana Islands* [en línea]. Disponible en: https://issuu.com/guampedia/docs/mhc_history_bookpft

Wallerstein, I. (1974). *The Modern World System: Capitalist Agriculture and the Origins of the European World Economy in the Sixteenth Century*. Academic Press: San Diego.

Yawata, I. (1945). Peculiar forms of the stone-piles on the Mariana Islands. Mariana sekichuretsu iko no tokushu keishiki. *Zinruigaku Zasshi*, 59, 418-424.

Yuste, C. (2007). *Emporios transpacíficos. Comerciantes mexicanos en Manila, 1710- 1815*. México D. F.: Instituto de Investigaciones Históricas, UNAM.

Pequenos céus e outros mundos: uma arqueologia dos encontros coloniais em um dos limiares da América portuguesa

Marcos André Torres de Souza

1. INTRODUÇÃO

O processo de expansão europeia iniciado com a Era dos Descobrimentos produziu no seu seio fenômenos de grande amplitude e passados em escala global, incluindo o estabelecimento de redes comerciais em nível intercontinental, migrações de larga escala e transformações culturais e sociais profundas entre os grupos envolvidos. Na constituição desses processos, Portugal teve uma enorme centralidade. Foi essa nação a que talvez melhor instrumentalizou e pôs em prática o que Marilena Chaui (1998) chamou de "um novo hemisfério da mente": uma concepção de mundo inteiramente nova, fundada em um processo que teve como força motriz a ideia de uma Europa jovem, renascente e aberta para a descoberta. Portugal talvez tenha sido a nação europeia que melhor e com mais profundidade demonstrou que, para muito além das suas fronteiras continentais, as distâncias físicas podiam ser encurtadas, a ideia de ser humano, reinventada e novas realidades sociais, construídas; que por meio do engenho humano – e aqui retomo brevemente Chaui em uma paráfrase – poderiam ser construídos pequenos céus e outros mundos. Entre os principais arquitetos daquele compartimento que convencionamos chamar de "Mundo Moderno" figuraram, seguramente, os portugueses.

A Arqueologia tem se aplicado com muita presteza a discutir a colonização e o colonialismo em diferentes contextos, muitas vezes por meio de perspectivas comparadas que contemplam, entre outras situações, o Mundo Moderno (e.g. Gosden, 2004; Montón-Subías, Berrocal, & Martinez, 2016; G. Stein, 2005; Voss & Casella, 2012). No campo da Arqueologia histórica, estudos que procuram dar conta dos processos globais que envolveram a expansão europeia também têm tido grande penetração, desenvolvendo-se sobretudo a partir das obras seminais de Deetz (1977) e Orser (1996). No entanto, as contribuições voltadas ao universo português, e em claro contraste com sua importância, têm se mostrado absolutamente insuficientes. No Brasil, embora um balanço recente (Symanski & Zarankin, 2014) indique que a Arqueologia histórica vem acompanhando *pari passu* as discussões desenvolvidas em outros países, ainda há a carência de um número maior de estudos dedicados ao período colonial. No lado português, a despeito da enorme diversidade de contextos existentes nesse país, um número significativo de sítios ligados à época dos descobrimentos e períodos posteriores vem sendo investigados. Todavia, os trabalhos até aqui publicados, sobretudo os voltados às cerâmicas, estão na sua quase totalidade presos a abordagens tipológico-descritivas similares àquelas correntes na Arqueologia da primeira metade do século 20. Nesse sentido, pouco ou quase nada têm acrescentado à compreensão dos intricados e complexos processos ligados à expansão colonial portuguesa.

Neste capítulo, meu intuito é buscar o entendimento dos modos pelos quais se estabeleceram as interações entre livres e cativos em um contexto colonial da América portuguesa. Com isso, espero contribuir com uma parcela de conhecimento acerca de uma forma particular de constituição social que, entre tantas outras, se estabeleceu durante a colonização das Américas. Na minha análise, pretendo me concentrar nos emaranhados, ou *entanglements*, que foram estabelecidos entre sujeitos e artefatos. Esse conceito, inicialmente aplicado para as situações de contato entre europeus e indígenas, vem sendo postulado por muitos como um caminho viável para a compreensão das redes de relações formadas por diferentes sujeitos no universo colonial. Na perspectiva da Arqueologia, esses emaranhados têm sido entendidos como multidirecionais, de longa duração, de complexidade geralmente crescente, e que resultaram na conformação de novas identidades étnicas e sociais (Alexander, 1998:485-486; Jordan, 2009:32-33; G. J. Stein, 2005:27-28). Essas percepções têm uma proximidade evidente com os debates recentes baseados na Arqueologia simétrica, que considera esses emaranhados como conformando redes que, compostas pela colaboração entre humanos e não-humanos, se compõem de dependências recíprocas (Hodder, 2012:88-112). Um aspecto complementar que pretendo levar em conta na minha análise diz respeito às assimetrias formadas pelas relações de poder. Isso porque, conforme pontuou Rogers (2005:336), essas relações serviram de guia para o estabelecimento de interações entre diferentes sujeitos nos contextos coloniais europeus.

Examinarei o caso do núcleo pioneiro de ocupação da capitania de Goiás, que se encontrava cravada no Brasil Central. Esse núcleo foi criado por colonizadores em função da descoberta de rios auríferos de grande valor no ano 1725. Pouco depois do seu estabelecimento, essa região iria, ao lado de Mato Grosso e, sobretudo, Minas Gerais, fornecer ouro em grande quantidade para a Coroa portuguesa. Permitiria também empurrar a fronteira colonial em direção oeste, ampliando de forma significativa o território ocupado pelos portugueses.

Duas situações particulares fazem do Brasil Central um importante laboratório para se refletir sobre os encontros coloniais por meio de uma perspectiva arqueológica. Primeiramente porque nessa região um número muito diverso de sujeitos foi colocado em contato. A população indígena que aí vivia era composta por pelo menos sete grupos, pertencentes a dois troncos linguísticos (Pedroso, 1994:15-34). Somavam-se a eles os africanos escravizados, que formavam a força de trabalho e compunham a maior parte da população. Possuíam origens muito diversas, sendo eles provenientes de diferentes localidades do oeste da África e da África Central (Karasch, 2004; Loiola, 2009). Somavam-se ainda a e esses dois grupos aqueles provenientes do Reino e de diferentes partes da Colônia, que chegavam em ondas migratórias em busca de enriquecimento. Viviam nessa região, portanto, grupos muito heterogêneos. A segunda razão que faz de Goiás um caso importante a ser examinado liga-se à sua posição geográfica. Situado em um dos limiares da geografia colonial portuguesa, ficava distante dos principais portos e cidades coloniais. Para se alcançar, por exemplo, Rio de Janeiro ou Salvador, as principais cidades brasileiras do período, era necessário um tempo de viagem que, de acordo com relatos, podia durar até 77 dias (Bertran, 1997:69-78). Possuía, assim, uma relativa insularidade. Tendo isso em vista, é meu entendimento que as populações que aí viveram se viram na necessidade de desenvolver modos próprios de existência, de forma a superar as eventuais limitações causadas pela distância dessa região em relação às demais.

Considerarei dois tipos de artefatos de produção local/regional: as cerâmicas comuns utilitárias, que defino como aquelas que foram queimadas a baixa temperatura e não receberam na sua superfície nenhum tipo de esmalte ou glazura, e os cachimbos de barro, cujas feição e características físicas são facilmente discerníveis de outros tipos de cachimbo. Do ponto de vista analítico, entendo que, quando comparados aos itens de produção europeia, esses artefatos apresentam certas vantagens. Isso porque eles eram produzidos *por* e *para* os membros da comunidade e, nesse sentido, se apresentavam como plataformas legítimas para a introdução de referências culturais específicas, bem como para ações mediadoras na constituição de estratégias sociais particulares.

Levarei em conta artefatos provenientes de três sítios arqueológicos que foram pesquisados de forma sistemática na região. O primeiro é Ouro Fino, hoje abandonado. Esse sítio se constituiu em um dos primeiros núcleos urbanos criados em Goiás, tendo abrigado ao longo do século 18 uma população composta por mineradores e cativos. Nesse sítio foram escavadas três unidades de deposição compostas por lixeiras que podem ser datadas entre cerca de 1725 e 1760 (Souza, 2000). O segundo sítio é o Engenho de Santo Izidro, uma unidade rural localizada nas imediações do núcleo pioneiro e que foi ocupado entre cerca de 1740 e 1830. Essa propriedade, de grande extensão, contava com cerca de 150 cativos. Durante as escavações nesse sítio foram encontrados, entre outras estruturas, um piso de habitação de terra batida parcialmente preservado e uma lixeira cujo conteúdo revelou associação com essa e outras edificações. No seu conjunto, datam entre cerca de 1774 e 1815. Foram recuperados ainda artefatos nas áreas periféricas desse sítio, que foram, muito possivelmente, ocupadas por grupos escravizados. Dada a falta de artefatos datáveis nessa área, sua cronologia não pôde ser estabelecida (Souza, 2015, 2016; Souza & Gardiman, 2016). Considerarei também alguns dados da Casa de Fundição do Ouro de Goiás, que foi escavada na década de 1980 por Silva e Pardi (1989). Esse sítio funcionou inicialmente como residência e, posteriormente, como Casa de Fundição. Localizava-se em Vila Boa (atual Cidade de Goiás), que foi, assim como Ouro Fino, um dos núcleos pioneiros de ocupação da região que, a partir de 1736, se transformou na sede administrativa da capitania. Considerarei ainda uma coleção particular de cachimbos que foi formada por Ordener Ferreira (Jaraguá, Goiás) em meados do século 20. Embora essa coleção seja uma amostra particular reunida sem critérios científicos, é uma referência importante para a compreensão do uso de cachimbos na região. Ela é composta por 262 peças na sua maioria inteiras e foi formada por um colecionador em viagens feitas por diversas cidades de Goiás, quase todas ligadas ao período da mineração. Por meio da correlação de peças dessa coleção com aquelas provenientes de contextos arqueológicos, é possível reconhecer que na sua grande maioria se associam ao século 18 e ao início do século 19.

2. A CRIAÇÃO DE CATEGORIAS CONTRASTIVAS

As cerâmicas comuns utilitárias tiveram enorme importância no Brasil Central durante o século 18. Nessa região, os itens de produção europeia ligados ao serviço e consumo de alimentos foram sistematicamente substituídos pelos de cerâmica, o que se justifica em função da grande distância que havia entre essa região e os portos litorâneos onde os produtos europeus eram desembarcados. Pode-se considerar também como tendo influência nessa situação as condições de transporte desses itens em direção à região, que era feito por animais e em estradas difíceis e malconservadas. Por essa razão, era comum que os itens de produção europeia atingissem preços elevadíssimos no mercado, tornando-se pouco acessíveis à maioria da população.

A dependência em relação a essas cerâmicas está refletida na amostra arqueológica dos sítios pesquisados. Nas três áreas de deposição escavadas em Ouro Fino, esses artefatos compreendem entre 98% e 99% da amostra referente às diferentes categorias cerâmicas, que também incluem, entre outros, a cerâmica vidrada, a faiança portuguesa, a faiança fina e a porcelana. Em dois depósitos do Engenho de Santo Izidro possivelmente associados a trabalhadores livres e datados de um período no qual a disseminação de faianças finas já havia se estabelecido, os percentuais das cerâmicas comuns ainda podem ser considerados altos, oscilando entre 78% e 91%. Nas áreas periféricas desse sítio, a presença de cerâmicas comuns se mostrou absoluta, não tendo sido identificadas outras categorias cerâmicas em duas das áreas de deposição escavadas nesse setor.

A importância das cerâmicas comuns no Brasil Central fez desses artefatos uma importante plataforma para a constituição de práticas regionais. Há muito eu já havia percebido que essas cerâmicas se estabeleceram como categorias contrastivas, funcionando por meio de oposições binárias, criadas a partir de dois conjuntos específicos. Esses conjuntos compreendiam, de um lado, as peças usadas no serviço e consumo de alimentos e, de outro, as usadas no seu preparo. Conforme pode ser notado na Figura 1, as peças do primeiro conjunto (coluna da esquerda) tendiam a possuir uma superfície de cor clara, decoração pintada (aditiva) e motivos curvilíneos, enquanto as do segundo uma superfície escura, decoração incisa (subtrativa) e motivos retilíneos. Essas oposições se estendiam ainda às características físicas das peças, indicando que as/os ceramistas empregaram técnicas específicas em cada um dos recipientes pertencentes a esses conjuntos, de modo a dar-lhes propriedades particulares. Ao considerar essas oposições, argumentei que elas estavam sendo usadas de modo a delinear e reforçar diferentes esferas de ação existentes no interior dos domicílios, isso porque elas se relacionavam a diferentes domínios em uma residência, estando as peças de serviço e consumo de alimentos ligadas às áreas de sociabilidade da habitação, enquanto as de preparo ligadas às de serviço. Argumentei ainda que, obedecendo a uma lógica comum no período, essas esferas associavam-se a dois espaços distintos: os masculinos, ligados ao universo dos homens livres, e os femininos, que, por constituir-se em um espaço de trabalho, se ligava ao universo das mulheres escravizadas, cuja origem se vinculava ao continente africano. Essa correlação é reforçada pelo fato de haver pouquíssimas mulheres brancas vivendo nas áreas de mineração. Dessa forma, cruzavam esses objetos, para além das suas relações funcionais e espaciais, outros tipos de oposição, incluindo as de gênero e étnicas (Souza, 2002).

Um aspecto que se mostra relevante em relação a essas cerâmicas diz respeito ao fato de as decorações nelas presentes associarem-se à base cultural dos sujeitos ligados a esses dois grupos. Entre as peças de serviço e consumo, predominavam motivos florais e, principalmente, arcos, que, quase sempre colocados na borda da peça, tendiam a formar franjas em uma variedade de composições (Figura 1). Esse tipo de decoração pode ser definida como "colonial", relacionando-se ao gosto da população livre, que também o apreciava em uma variedade de suportes, como na prataria usada no serviço de mesa (Souza, 2000:69-70). Além disso, é possível considerar que a cor clara, tendendo ao branco, da superfície dessas peças parece tentar emular o aspecto das faianças europeias, querendo existir de forma a lembrá-las. Levando em conta esses dados, pode-se considerar que esse conjunto se ligava às bases culturais dos indivíduos com os quais estava associado.

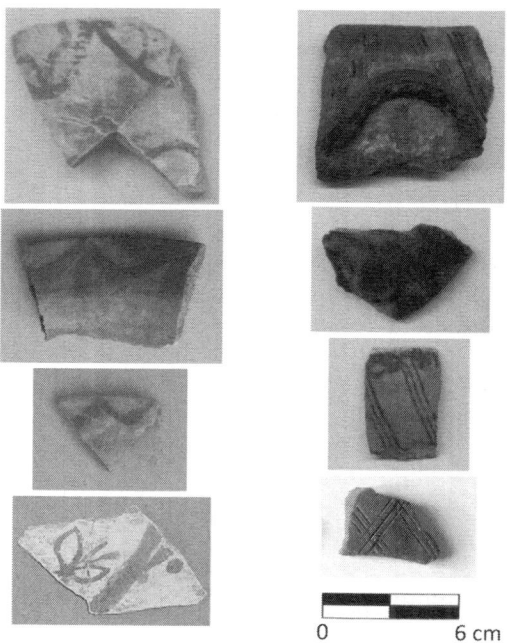

Figura 1. À esquerda: fragmentos de peças usadas no serviço, consumo e estocagem de alimentos; à direita: fragmentos de peças usadas no preparo de alimentos. Procedência das peças (da esquerda para a direita e de baixo para cima): Casa de Fundição do Ouro de Goiás, Engenho de Santo Izidro (2 peças), Ouro Fino (4 peças) e Engenho de Santo Izidro.

Uma situação análoga foi verificada nas peças usadas no preparo de alimentos, cujos motivos, por sua vez, podem ser relacionados a alguns referenciais estéticos presentes em diversas regiões da África ligadas ao tráfico atlântico. São frequentes nessas peças decorações incisas formando padrões geométricos tais como linhas paralelas, ziguezagues e losangos (Figura 1), todos comuns na estética africana. Nesse caso, pode-se considerar que em inúmeras circunstâncias esses padrões podem ter tido um uso que ia além do nível puramente estético. Esse pode ter sido o caso, por exemplo, dos ziguezagues, que desempenham uma função simbólica em diferentes tipos de artefatos do oeste da África, região de onde veio uma parte significativa da população cativa de Goiás. Por exemplo, entre os diversos povos voltaicos, em que eles aparecem com frequência em máscaras cerimoniais, são conhecidos como "o caminho dos ancestrais", lembrando a todos que as regras estabelecidas pelos antepassados devem ser perseguidas ao longo da vida de um indivíduo (Roy, 2002). Aparecem também nas esculturas do povo Bamana, podendo representar tanto o movimento ao redor do sol como jornadas épicas realizadas por ancestrais (LaGamma, 2002:121). Aparece ainda na tecelagem e na simbologia do povo Akan, traduzindo a ideia de que "a vida não é uma linha reta". Segue, assim, o princípio Akan de que tudo é dinâmico e sujeito a mudança. Nesse entendimento, a vida é vista como tendo bons e maus momentos, requerendo, assim, prudência, vigilância e equilíbrio (Crosman, 2011:57). É possível considerar, portanto, que certos motivos escolhidos pela população cativa podem ter sido investidos de significados simbólicos.

Para além dessa compreensão, o exame dos motivos presentes nas peças usadas no preparo de alimentos permite entrever alguns dos critérios que podem ter guiado as comunidades escravizadas na sua escolha. Se for levado em conta que muitas das etnias africanas que mencionei acima – e que podem ser consideradas apenas como uma pequena amostra daquelas que foram envolvidas no tráfico atlântico – atribuíam significados distintos ao ziguezague, esse tipo de decoração pode ser considerado polissêmico. Ao mesmo tempo, ele pode ser identificado como possuindo um significado fulcral, compartilhado, na medida em que os significados que descrevi se baseiam na ideia de que as experiências humanas estão sujeitas a movimentos dinâmicos e passageiros. Esse sentido mais fundamental podia, potencialmente, possuir um apelo coletivo, já que o deslocamento e a transformação são elementos constituintes e indissociáveis das comunidades diásporicas. Tal entendimento permite não só a percepção de que a escolha de certos motivos pelos grupos escravizados estava sendo feita a partir de bases culturais específicas, mas que ela podia também estar sendo instrumentalizada de modo a permitir compartilhamentos mais amplos e, dessa forma, aproximar os diferentes que viviam na condição de cativos.

As escolhas dos tipos de recipientes usados de forma cotidiana na região foram perpassadas por critérios que se sobrepunham, incluindo diferenças sociais, de gênero, culturais e étnicas. Na sua função social, lembravam aos sujeitos envolvidos as distâncias que os separavam, servindo de mecanismo de reforço das diferenças. Além disso, investiam de conteúdo cada setor da vida nesse contexto, dando a cada um deles identidades específicas, cujo sentido foi tirado em parte da base cultural dos envolvidos, em parte da sua realidade presente.

Uma situação em muitos aspectos semelhante à que se passou com as cerâmicas utilitárias se deu com os cachimbos. De produção local/regional, eles substituíram os cachimbos de caulim, que, de produção europeia, têm raríssimas aparições em contextos arqueológicos da região. Entre os sítios aqui considerados, por exemplo, eles estão presentes apenas na Casa de Fundição, sendo acanhadamente representados por dois fragmentos (Souza, 2000:83). Assim como as cerâmicas comuns, os cachimbos de produção local/regional eram queimados a baixa temperatura e podiam ser produzidos tanto por moldagem quanto por modelagem. Uma vez que se utilizavam de uma piteira vegetal, que se degrada no solo, encontramos como remanescente apenas a peça principal, composta pelo fornilho e porta-boquilha.

Os cachimbos moldados são mais numerosos nos contextos arqueológicos da região. Certamente pesa aqui o fato de o molde permitir a produção mais rápida de peças, tornando, inclusive, mais fácil a reprodução de motivos complexos. A popularidade de certos motivos é notória, sendo possível observar replicações de muitos deles em diferentes sítios. Essas tendências podem ser observadas também na Coleção Ordener Ferreira. Compondo 62% da coleção, os cachimbos moldados apresentam os motivos mais populares dos contextos arqueológicos datados do século 18. Assim como nas cerâmicas usadas no serviço e consumo de alimentos, apresentam padrões que podem ser genericamente definidos como "coloniais", alguns deles, inclusive, com clara correspondência com as decorações encontradas nas cerâmicas. Esse é o caso das franjas formadas a partir de arcos, que nos cachimbos moldados apresentam um número maior de elementos e detalhes (Figura 2, canto superior esquerdo). Outros baseiam-se em referências estéticas do período, que, como sugeriu Brancante (1981:427) para o caso dos encontrados em Minas Gerais, foram claramente inspirados pela estética barroca, apresentando volutas e anamorfoses. Outros ainda buscam reproduzir temáticas comuns nos cachimbos de caulim, de produção europeia. Esse é o caso do cachimbo apresentado na Figura 2 (canto superior direito), conhecido como "Jonas e a baleia". Referindo-se à narrativa bíblica do profeta Jonas, pode ser encontrado em sítios provenientes de outras regiões brasileiras (Hissa & Lima, 2017:258). Na sua maioria, portanto, constituíram um estilo inspirado por referenciais derivados dos europeus. Penso que a preferência por esse tipo de inspiração se relacione ao fato de os cachimbos moldados permitirem maior circulação e oferta. Levando isso em conta, acredito que por meio do controle dos meios de produção a população branca e livre pôde assegurar a disponibilidade no mercado de cachimbos com decorações da sua preferência.

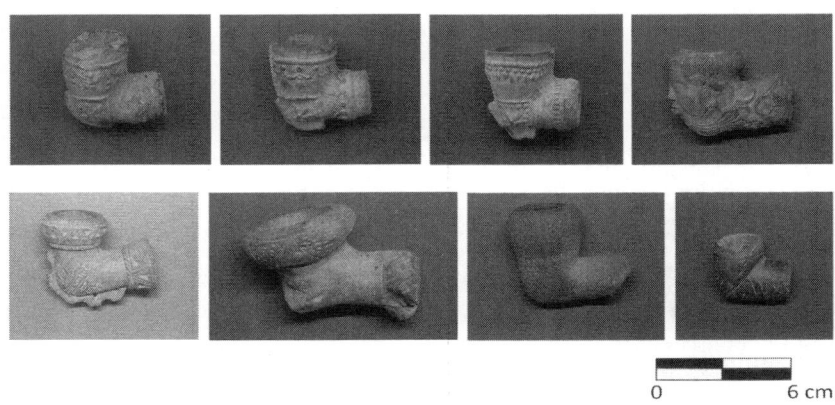

Figura 2. Cachimbos da Coleção Ordener Ferreira. Acima: peças moldadas, abaixo: peças modeladas.

Os cachimbos modelados, por sua vez, eram produzidos individualmente, de forma personalizada e certamente mais laboriosa, o que ajuda a explicar a sua menor quantidade em contextos arqueológicos. Na sua feição, podiam, em alguns casos, ser assimétricos e mal-acabados, o que pode indicar tanto imperícia técnica do artesão quanto despreocupação com sua aparência; em outros, podiam ser simétricos, finamente acabados, e contar com decorações complexas e elaboradas. Ainda que certos motivos pudessem aparecer repetidos, a variação nesse conjunto é muito superior, indicando a vontade do artesão de produzir peças personalizadas e únicas. Em clara oposição aos cachimbos feitos por moldagem, essas peças muito raramente se aproximavam de uma estética europeia. Ao contrário, contrastavam com aqueles, aproximando-se, por sua vez, de uma estética africana. A Figura 2 (parte inferior) apresenta alguns exemplos desse tipo de decoração, podendo ser observados nessas peças, por exemplo, ziguezagues, losangos, triângulos preenchidos e *chevrons*, que são motivos populares em diferentes regiões africanas.

É possível que a confecção desse tipo de cachimbo tenha estado associada a indivíduos que, buscando tipos que fossem identificados com seus próprios referenciais, recorreram ao seu estoque de conhecimento a fim de criar uma alternativa aos onipresentes e corriqueiros cachimbos moldados. Parece-me claro que eles estiveram mais abertos à criatividade e à agência individual. Considerando suas características, bem como o fato de possuírem alta visibilidade, podendo ser usados tanto em espaços privados quanto públicos, podem ter servido de símbolo explícito da identidade étnica desses indivíduos, uma possibilidade proposta por Agostini (1998) para o caso dos cachimbos encontrados no Sudeste brasileiro, com a qual concordo.

Assim como no caso das cerâmicas usadas no preparo de alimentos, os usos atribuídos a esses cachimbos podem ter sido revestidos de significados mais específicos. Esse foi muito possivelmente o caso de um tipo de decoração existente em várias regiões brasileiras, incluindo o Brasil Central, o qual era composto por três ou quatro riscos curtos que pareciam reproduzir os padrões de escarificação facial usados pelos Yoruba (Souza & Agostini, 2012). Associava-se, dessa forma, a uma identidade étnica mais específica.

Podem-se, portanto, verificar entre os cachimbos usados na região conjuntos distintos que foram criados a partir de assimetrias entre euro- e afrodescendentes. Todavia, as soluções encontradas nesse caso indicam que a criação de categorias contrastivas podia se dar de forma situacional. Enquanto nas cerâmicas a criação dessas categorias foi orientada pela ordenação do espaço doméstico, nos cachimbos parece ter sido orientada pelas relações de produção e em função daqueles que as controlavam.

3. UMA GRAMÁTICA COMUM

Um dado que se mostra relevante nas cerâmicas da região é que as oposições que foram criadas a partir dos seus dois principais conjuntos foram estabelecidas tendo por base uma gramática comum.

Em um trabalho em coautoria com Luis Symanski (Souza & Symanski, 2009:541) sobre as cerâmicas provenientes de quatro unidades rurais do oeste brasileiro, verificamos que as decorações incisas presentes nas peças usadas no preparo de alimentos tendiam a seguir um critério aditivo: elas diferenciavam-se, muitas das vezes, pelo acréscimo de novos elementos, sem que os anteriores fossem necessariamente invalidados. Ao reconhecer diversas semelhanças entre as decorações das cerâmicas do oeste brasileiro e as da região que aqui considero, percebi que essas mesmas regras se aplicavam também a essa última. A Figura 3 apresenta um exemplo desse tipo de estrutura decorativa que foi derivado das cerâmicas do oeste brasileiro. Em geral, ela parte de um elemento – neste exemplo, retas incisas longas. A partir desse elemento, a construção da decoração podia ser feita de um modo que denominei "horizontal". Por meio desse movimento, ela podia dar origem, por exemplo, a peças com decorações formadas por ziguezagues. Podia então ocorrer em algumas peças a adição de novos elementos, como retas curtas, dando origem assim a uma configuração secundária. Além desse movimento, a decoração podia fazer também um movimento que denominei "vertical", que ocorria por meio da duplicação ou rebatimento de uma configuração. No exemplo da Figura 3, o ziguezague é transformado em losangos e, a partir dessa nova configuração, podem ocorrer também novos movimentos "horizontais" por meio, por exemplo, de retas curtas, que podiam ser colocadas no interior dos losangos ou fora deles.

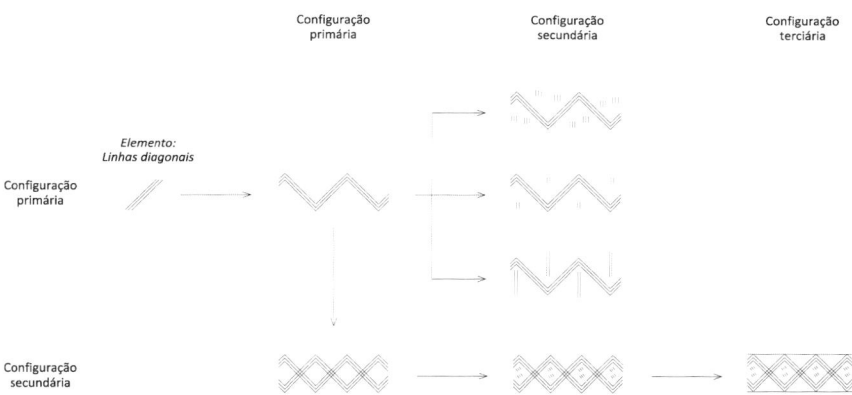

Figura 3. Representação esquemática de alguns motivos incisos presentes nas cerâmicas usadas no preparo de alimentos (O modelo de classificação usado segue Friedrich, 1970).

Deve-se notar que esse tipo de estruturação dos elementos decorativos não é único, já tendo sido observado em outros contextos. Ao estudar as cerâmicas produzidas na vila de San José, estado de Michoacán, México, Friedrich (1970) identificou uma forma de estrutura que em parte é semelhante à encontrada no Brasil Central. Na cerâmica produzida nessa localidade, decodificou as regras que orientavam sua produção, que envolviam, entre outras, a estruturação das decorações em níveis de complexidade crescente, construídas a partir de elementos básicos, tal como no Brasil Central.

Com o desenvolvimento das pesquisas na região, percebi que essa mesma forma de organização estava sendo empregada nas peças usadas no serviço e consumo de alimentos. Isso é visível na amostra proveniente do Engenho de Santo Izidro, apresentada esquematicamente na Figura 4. Pode-se notar aqui a mesma lógica aditiva. No exemplo, a decoração parte de um elemento: o arco. A partir dele eram produzidas configurações primárias que podiam consistir, por exemplo, em uma franja colocada na borda da peça. A partir dela podiam se desenvolver então movimentos "horizontais" e "verticais", dando origem a novas configurações, tal como ocorria com as decorações incisas.

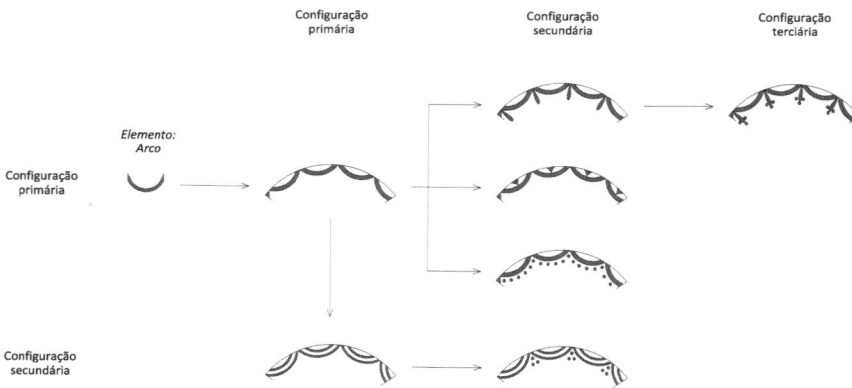

Figura 4. Representação esquemática de alguns motivos pintados presentes nas bordas de cerâmicas usadas no serviço e consumo de alimentos.

Portanto, as decorações presentes nessas peças obedeceram, no seu todo, a um tipo de estruturação baseado em regras comuns. O estabelecimento dessas regras se entrelaçava às relações de produção e circulação dos recipientes no nível local/regional, que, assim como em outras regiões brasileiras, são ainda muito mal conhecidas. A despeito dessa limitação, é possível identificar nessas peças a presença de construções abstratas que, compartilhadas, orientaram as formas pelas quais a produção cerâmica se organizou. Funcionando como uma espécie de orientação cognitiva, permitia a todos identificar as regras empregadas nas decorações e transmiti-las.

A partir dessas regras, a expressão de diferenças sociais, de gênero, culturais e étnicas presentes nessas peças foi organizada e reunida em uma mesma constelação. No meu entendimento, esse mecanismo, capaz de integrar as diferenças em um todo coerente, é um indicador muito valioso da construção de novas realidades sociais no mundo colonial português, apontando para a criação de alguns dos sentidos coletivos que contribuíram para a sua conformação.

4. QUEBRANDO REGRAS

Apesar de bem estruturadas, as formas pelas quais as decorações das cerâmicas e dos cachimbos se estabeleceram estiveram sujeitas a transgressões de diversas espécies. Um exemplo interessante desse tipo de situação é o do cachimbo apresentado na Figura 5. Garcia (2014) notou uma semelhança entre a figura antromorfa representada nessa peça, que foi feita por moldagem, e as bonecas Asante conhecidas como *Aku'Aba*, que são geralmente usadas como símbolo de fertilidade (Figura 5). No seu estudo, percebeu semelhanças na representação do corpo, nas suas proporções e na conformação das sobrancelhas e do nariz. Além dessas afinidades, outras podem ser identificadas, sobretudo se os traços característicos dessas bonecas são levados em conta. Uma primeira afinidade se liga à cabeça, que nas bonecas *Aku'Aba* são sempre desproporcionais ao corpo e possuem uma forma arredondada ou ovalada. Na lógica Asante, essa característica serve para afirmar simbolicamente a beleza e a inteligência femininas. Além disso, a forma arredondada ou ovalada se aproxima da forma de um ovo, que nessa representação simboliza a fertilidade

(Ayiku, 1998:209-213). Uma segunda afinidade diz respeito à colocação das mãos em ambos os lados do abdômen, presente no cachimbo e, muitas vezes, nesse tipo de boneca. Em algumas ocasiões, essas bonecas estão segurando os seios, o que na lógica Asante expressa a criação e a continuidade familiar (Ayiku, 1998:209-213). As mãos no abdômen se aproximam desse entendimento, deslocando-se aqui para a gestação. Uma última afinidade diz respeito aos joelhos, que no cachimbo parece ligeiramente flexionado. Apesar dos limites físicos impostos pela forma do cachimbo, pode-se notar que as pernas da figura estão curvadas, o que é um traço também comum nas bonecas *Aku'Aba*. Embora eu não tenha encontrado explicações desse gesto na ótica Asante, convém observar que ele possui conteúdo simbólico em diferentes culturas do oeste da África. Entre os Yoruba, por exemplo, denota humildade e submissão, sendo considerado assim um gesto nobre (Thompson, 1984:13). Dadas essas afinidades, acredito que essa peça representa uma situação na qual as regras estabelecidas foram rompidas. Isso porque, possuindo inspiração africana, fez seu caminho entre os cachimbos moldados que, como argumentei, tendiam a ser dominados por temáticas coloniais.

Por ter encontrado semelhanças entre o cachimbo da Figura 5 e as bonecas *Aku'Aba*, Garcia (2014) argumentou que ele pode ter estado ligado ao universo feminino, com o que concordo. Na Coleção Ordener Ferreira, os motivos das peças moldadas geralmente estão representados em muitos exemplares. Essa peça, no entanto, conta apenas com um exemplar, sugerindo que ele pode ter sido incomum na região. Sua ausência em contextos arqueológicos conhecidos corrobora essa afirmação. Todavia, cumpre notar que esse tipo de cachimbo, pesadamente investido de conteúdo simbólico, fez o seu caminho entre aqueles moldados. Isso sugere um traço que eu já havia notado em relação às cerâmicas comuns: a lógica estabelecida podia não só ser rompida, mas muitas vezes influenciada e, em certa medida, determinada pela agência das mulheres escravizadas, que parecem ter desempenhado um papel relevante na constituição social da região (Souza, 2002).

Outras situações de transgressão podem ser notadas também nas cerâmicas. Uma delas envolve ocasiões em que certos tipos de peça fizeram a passagem de domínios de uma esfera doméstica a outra. Nesse tipo de situação, por exemplo, algumas tigelas – uma das formas decoradas mais populares da região – podiam ser levadas ao fogo, o que fazia com que, do ponto de vista funcional, elas passassem do domínio das áreas de sociabilidade para o de trabalho, bem como os elementos decorativos que a constituíam. Embora incomum na região, esse tipo de prática pode ter sido produto, pelo menos em parte, de um costume português, comum em períodos anteriores ao aqui considerado, de não atribuir uma função estrita aos utensílios usados na alimentação.

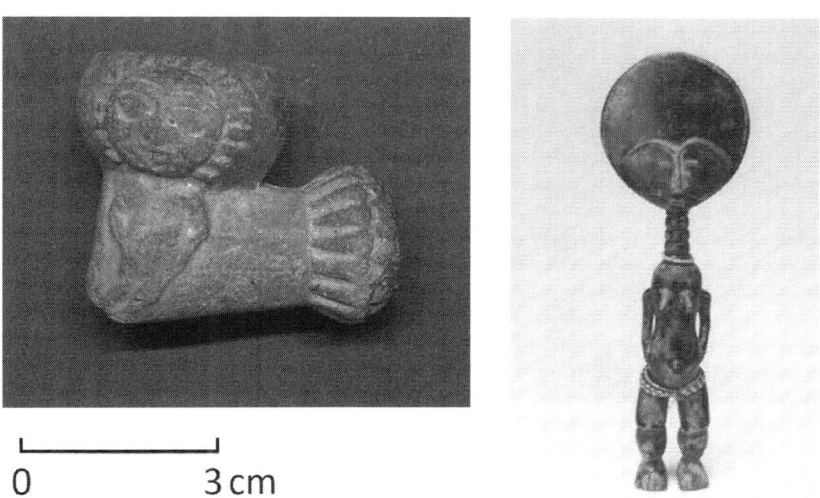

Figura 5. À esquerda: cachimbo moldado da Coleção Ordener Ferreira; à direita: boneca *Aku'Aba* (fonte da imagem à direita: https://i.pinimg.com/236x/2a/ec/3f/2a ec3fb7692ae3f3218447c8a4bee1b7--ashanti-people-ghana.jpg, acesso em 16-8-2017).

Decorações pintadas e incisas podiam também ser ocasionalmente mescladas em um mesmo recipiente, configurando assim sínteses. Na coleção arqueológica da Casa de Fundição, há uma panela cerâmica que apresenta no seu bojo uma decoração floral pintada e, no seu pescoço, uma decoração incisa formada por linhas paralelas intercaladas com motivos geométricos. Um caso semelhante desse tipo de mescla foi encontrado em um fragmento proveniente de Ouro Fino. De cor branca e possuindo pequenas dimensões, devia se constituir em um pequeno recipiente de estocagem de alimentos. Nesse caso, o recipiente apresenta no bojo superior um friso vermelho que aparentemente circundava toda a peça e, no pescoço, uma decoração incisa formada por diversos losangos cruzados por frisos.

Um outro tipo de transgressão vem do caso de três fragmentos provenientes da Casa de Fundição que pelas suas características deviam pertencer ao mesmo recipiente (Figura 6). A argila desses fragmentos é de cor branca e os motivos são pintados. Embora esses fragmentos sejam do bojo do recipiente, o que dificulta a identificação da sua forma, é possível afirmar que pertenceram a uma peça de dimensões médias ou grandes. Seus motivos são absolutamente atípicos, podendo ser reconhecidas várias "manchas", provavelmente produzidas por dedos molhados na tinta e arrastados na superfície da peça, um hexagrama, dois triângulos unidos e preenchidos por pontos, e uma cruz pometeada. Esse conjunto, claramente associado ao universo de crenças dos grupos africanos e seus descendentes (cf. Thompson, 1984), representa uma apropriação das regras de produção das decorações pintadas visando à transformação desse recipiente em um objeto dotado de significado espiritual.

Figura 6. Fragmentos cerâmicos provenientes da Casa de Fundição do Ouro de Goiás.

Essas diferentes formas de transgressão indicam o desejo de alguns de romper com as regras estabelecidas para as cerâmicas. Em outro nível, podem ser lidas como materializações do desejo de romper com o *status quo*, que, de orientação fortemente hierárquica, oferecia pouquíssimas chances de mobilidade ou de transposição de uma condição a outra. O desejo de subverter a ordem das coisas era comum na população branca livre, muitas vezes oprimida pela condição colonial, que lhes impunha distâncias em relação à sua terra de origem, condições de vida austeras, bem como a incidência de pesados impostos, que podiam tornar a sobrevivência nas zonas de mineração uma empreitada arriscada e muito difícil (Palacin, 1994). O mesmo desejo, e certamente em grau muito maior, existia entre as populações escravizadas, que se viam sujeitas ao cativeiro e a condições de existência extremamente rigorosas (para o caso do Brasil Central, ver p.ex. Souza, 2007; Souza, 2016).

Entendo que muitas dessas transgressões podem ser reconhecidas como modalidades de resistência cotidiana, que compreende um tipo de resistência menos visível e geralmente ligado ao repertório de recursos dos grupos socialmente desprivilegiados. Para Scott (1989), que propôs esse conceito, esse tipo de resistência constitui-se no "universo oculto do conflito político". Dada a qualidade dos artefatos por mim examinados, de uso corriqueiro e cotidiano, é possível considerar que eles tenham servido de veículo para esse tipo de expressão.

Todas as transgressões nas cerâmicas que descrevi acima têm em comum o fato de terem implicado transformações nas propriedades materiais dos artefatos, o que inclui até mesmo as marcas de fuligem deixadas nas peças de cor clara que foram levadas ao fogo, o que provocava seu escurecimento. Havia outras, no entanto, que, muito mais difíceis de serem detectadas arqueologicamente, envolveram a transferência de artefatos associados a um grupo para outro. Um exemplo dessa ordem vem dos cachimbos moldados com motivos coloniais. Todos os exemplares recuperados em Ouro Fino foram moldados e, entre eles, dominam as decorações compostas por franjas (Souza, 2000:80-81). No Engenho de Santo Izidro, os cachimbos moldados foram também populares, tendo sido identificada nesse sítio apenas uma peça modelada, que apresentou decoração em ziguezague. As peças moldadas e com franjas foram encontradas em diferentes partes desse sítio, inclusive naquelas onde se situavam as habitações escravas. Nas habitações da população cativa em outro sítio do Brasil Central, o Engenho de São Joaquim, que se situava distante da área pioneira de ocupação e cujos depósitos datam de um período posterior (1800-1860), foram também encontrados os mesmos cachimbos moldados com decoração formada por franjas (Souza, 2010b:223; 2011).

A penetração de artefatos de influência europeia ou colonial foi uma constante na vida das populações escravizadas do Brasil Central. Nossa habilidade em identificar e reconhecer esse tipo de penetração mostra-se indispensável, na medida em que tais práticas foram parte integral da sua experiência. É necessário reconhecer que em certas situações o uso desses itens foi-lhes imposto. Todavia, em muitas outras situações, e com os mais diversos objetivos, o uso desses artefatos foi por eles desejado. Uma alternativa interpretativa para esse tipo de prática, que, aos meus olhos, se impõe com inquestionável autoridade, vem de W. E. Du Bois, um sociólogo afro-americano que em 1903 publicou *The souls of black folk*, que tratou da experiência dos Afro-americanos nos Estados Unidos. Nessa obra, utilizou o conceito de "dupla consciência" (*double-consciousness*), que, segundo ele, exprime a sensação de sentir-se como tendo uma identidade dividida em muitas partes, o que termina por tornar impossível possuir uma identidade unificada. Esse tipo de consciência, segundo ele, implica ver-se sempre com os olhos do outro. Nas suas palavras, significa carregar o sentimento constante de possuir "duas almas, dois pensamentos, dois esforços irreconciliáveis, dois ideais em conflito" (Du Bois, 1903:3). Penso que reconhecer a natureza da experiência dos africanos e seus descendentes nas Américas como tendo uma natureza dual e de difícil reconciliação pode ser um ponto de partida de enorme relevância para pensá-la. Como notei acima, a penetração de referenciais materiais europeus na vivência dos indivíduos escravizados foi frequente, coexistindo com a adoção de práticas de origem africana. Em algumas situações ainda, foi dominante. Essas experiências, como as entendo, foram também elementos constituintes da criação de identidades individuais e coletivas por esses indivíduos. O caso dos cachimbos moldados que mencionei acima é, acredito, um vestígio importante desse tipo de prática.

5. CONCLUSÃO

As evidências que considerei neste capítulo apontam para uma forma de constituição social altamente hierarquizada. De composição heterogênea, a sociedade que se constitui no Brasil Central durante o século 18 foi profundamente marcada por assimetrias baseadas em diferenças sociais, de gênero, étnicas e culturais, que, conforme procurei demonstrar, teve na cultura material de produção local/regional um meio para sua afirmação. A constituição dessa ordem seguiu os padrões da América portuguesa, que, de acordo com Faoro (2000[1958]), possuía uma organização estamental. Diferindo da divisão em classes, os estamentos apresentam uma ordenação mais rígida que essa, na qual cada membro se vê, pensa e age como pertencendo a um grupo fechado. Da sua posição na sociedade, tiram maneiras e costumes, prestígio, privilégios e estabelecem sua honra, não raro hereditariamente. Ao contrário da sociedade de classes, é muito pouco permeável à mobilidade social, apenas admitida em bases exclusivas e pelos grupos que detêm os meios. Essa forma de organização calca-se na desigualdade e supõe, necessariamente, distância social. A sociedade estamental, segundo ele, se projeta de cima para baixo, orientando cada setor nas suas atividades e dentro das raias conhecidas (Faoro, 2000[1958]:51-53).

As formas pelas quais as cerâmicas foram usadas na região e, sobretudo, suas decorações não são apenas a expressão material dessa forma de constituição social. São também um testemunho dos meios pelos quais, a partir das suas entranhas, ela se formou, dando origem a formas sociais inteiramente novas. Examinar essas cerâmicas nos permite flagrar no tempo a gênese de uma sociedade colonial constituída nos seus próprios termos, ainda que a partir de regras que lhes foram dadas. Foi em certo espaço de ação, que permitia pouquíssima mobilidade e trânsito entre grupos, que os diversos sujeitos envolvidos buscaram identificar seu lugar e dar a ele uma identidade própria.

Embora as bases dessa forma de constituição social fossem familiares aos brancos e livres, mostraram-se inteiramente novas aos africanos que, na sufocante condição do cativeiro, foram compelidos a, nessas circunstâncias, estabelecer os meios para sua sobrevivência física, cultural e social. Por essa razão, é meu entendimento que grande parte das formas de transgressão que descrevi nesse capítulo se associava a esses sujeitos. Opondo-se à ordenação rígida da sociedade da qual faziam parte, podem ter encontrado na materialidade do cotidiano alguns caminhos possíveis para romper a ordem que lhes foi imposta, como diria Faoro, de cima para baixo.

As cerâmicas comuns que examinei neste capítulo se constituem em evidências arqueológicas preciosas, na medida em que permitem o entendimento da criação de alguns dos emaranhados que foram formados que, arrastando a tudo e a todos, terminaram por contribuir para o estabelecimento de uma sociedade colonial constituída em um dos limiares do universo português.

O sucesso do empreendedorismo português fez dessa nação não só uma potência, mas também um modelo a ser seguido. O caráter pioneiro da sua iniciativa, bem como sua liderança nos momentos iniciais da experiência europeia nas Américas, lançou as bases para a colonização desse continente, o que faz dessa nação um caso de enorme importância para as discussões envolvendo a constituição do Mundo Moderno. É minha crença que o estudo arqueológico das trajetórias, experiências e vivências dos sujeitos envolvidos nos diferentes processos coloniais pode contribuir significativamente para aprimorarmos nosso conhecimento sobre o tema.

Ainda que muitas das nossas memórias, como "colonizadores" e "colonizados", sejam sensíveis e difíceis, o que inclui temas como a escravidão e o seu legado, elas precisam ser perscrutadas e mais bem compreendias. Em um trabalho anterior, notei como o estudo arqueológico das cerâmicas dialoga com nossas percepções nacionais coletivas. Notei também a capacidade desses estudos de pôr em xeque noções ligadas à gênese social dos países colonizados pelas nações europeias. Analisando o caso do Brasil, notei que, em muitas instâncias, o estudo das cerâmicas arqueológicas pode, por exemplo, desafiar a crença comum de que nós, brasileiros, somos o produto de misturas raciais harmônicas (Souza, 2008). Entendo que revelar os processos culturais passados é parte do nosso ofício e, por essa razão, não devemos nos descuidar dessa tarefa.

Não posso, finalmente, encerrar este capítulo sem fazer uma nota que considero importante. Concentrei-me aqui na análise das relações estabelecidas entre livres e cativos. Conforme indicam as fontes documentais, a população predominante nas minas de Goiás era composta por esses dois segmentos (Salles, 1992). Segundo essas mesmas fontes, a população indígena não se envolveu diretamente com a sociedade colonial, preferindo quase sempre manter-se distante e, em muitas situações, resistir abertamente às invasões europeias. Esse foi o caso dos grupos que viveram na região pioneira de ocupação colonial, que a ela se opôs de forma ferrenha (Ataídes, 1998). Talvez por essa razão, as evidências arqueológicas até aqui disponíveis venham apontando para uma influência muito limitada desses grupos nas práticas materiais do período (Souza, 2010a). Devo, todavia, notar que, mesmo em menor grau, esses grupos também podem ter se envolvido com o universo colonial e participado da sua formação no nível regional.

BIBLIOGRAFIA

Agostini, C. (1998). Resistência cultural e reconstrução de identidades: um olhar sobre a cultura material dos escravos do Século XIX. *Revista de História Regional, 3*(2), 115-137.

Alexander, R. T. (1998). Afterword: toward an archaeological theory of culture contact. In J. G. Cusick (Ed.), *Studies in culture contact* (pp. 476-496). Carbondale: Southern Illinois University Press.

Ataídes, J. z. M. d. (1998). Sob o signo da violência : colonizadores e Kayapó do Sul no Brasil central. Goiânia: Editôra da UCG.

Ayiku, R. K. (1998). *Symbolic meanings in the ghanaian arts: a step towards developing cultural literacy.* (Tese de doutorado), Concordia University, Montreal.

Bertran, P. (1997). Notícia geral da capitania de Goiás em 1783 (Vol. 2). Brasília: Solo Editores.

Brancante, E. d. F. (1981). *O Brasil e a cerâmica antiga.* São Paulo: E.F. Brancante.

Chauí, M. (1998). Profecias e tempo do fim. In A. Novaes (Ed.), *A descoberta do homem e do mundo* (pp. 453-505). São Paulo: Companhia das Letras.

Crosman, R. D. (2011). *The art of Kente: history, designs, and drafts.* (Dissertação de mestrado), University of Northern Colorado, Greeley, CO.

Deetz, J. (1977). *In small things forgotten : the archaeology of early American life.* Garden City, N.Y.: Anchor Press/Doubleday.

Du Bois, W. E. B. (1903). *The souls of black folk.* Chicago: A. C. McClurg & co.

Faoro, R. (2000[1958]). *Os donos do poder* (10a ed. Vol. 1). São Paulo: Editora Globo.

Friedrich, M. H. (1970). Design structure and social interaction: archaeological implications of an ethnographic anaysis. *American Antiquity, 35*(3), 332-343.

Garcia, J. (2014). *Cachimbos cerâmicos moldados e modelados: análise dos atributos decorativos da Coleção Ordener Ferreira.* (Monografia final de curso), Pontifícia Universidade Católica de Goiás, Goiânia.

Gosden, C. (2004). *Archaeology and colonialism: cultural contact from 5000 B.C. to the present*. Cambridge, UK ; New York: Cambridge University Press.

Hissa, S. B. V., & Lima, t. A. (2017). Cachimbos europeus de cerâmica branca, séculos XVI ao XIX: parâmetros básicos para análise arqueológica. *Anais do Museu Paulista, 25*(2): 225-268.

Hodder, I. (2012). *Entangled : an archaeology of the relationships between humans and things*. Malden, MA: Wiley-Blackwell.

Jordan, K. A. (2009). Colonies, colonialism, and cultural entanglement: the archaeology of postcolumbian intercultural relations. In T. Majewski & D. Gaimster (Eds.), *International Handbook of Historical Archaeology* (pp. 31-49). New York: Springer.

Karasch, M. C. (2004). Guiné, Mina, Angola, and Benguela: African and Crioulo nations in Central Brazil, 1780-1835. In J. C. Curto & P. E. Lovejoy (Eds.), *Enslaving connections. Changing cultures of Africa and Brazil during the era of slavery* (pp. 163-184). New York: Humanity Books.

LaGamma, A. (2002). *Genesis: ideas of origin in African sculpture*. New York: Metropolitan Museum of Art.

Loiola, M. L. (2009). Trajetórias para a liberdade : escravos e libertos na capitania de Goiás. Goiânia, Goiás: Editora UFG.

Montón-Subías, S., Berrocal, M. C., & Martinez, A. R. e. (2016). *Archaeologies of Early Modern Spanish Colonialism* (pp. XII, 302 p. 383 illus., 352 illus. in color). New York: Springer.

Orser Jr., C. E. (1996). *A historical archaeology of the modern world*. New York: Plenum Press.

Palacin, L. (1994). *O século do ouro em Goiás, 1722-1822* (4a ed.). Goiânia: Editora da UCG.

Pedroso, D. M. R. (1994). *O povo invisível*. Goiânia: Editôra da UCG.

Rogers, J. D. (2005). Archaeology and the interpretation od colonial encounters. In G. J. Stein (Ed.), *The Archaeology od Colonial Encounters: comparative perspectives* (pp. 331-354). Santa Fe: School of American Research.

Roy, C. D. (2002). *Art and life in Africa* [CD-Rom]. Dubuque, IA: Kendall Hunt Pub Co.

Salles, G. V. F. d. (1992). *Economia e escravidão na capitania de Goiás*. Goiânia: CEGRAF.

Scott, J. C. (1989). Everyday forms of resistance. *Copenhagen Journal of Asian Studies, 4*, 33-62.

Silva, C. E. E. d., & Pardi, M. L. F. (1989). A pesquisa arqueológica na Casa da Fundição do Ouro de Goiás. *Dédalo, 1*, 238-261.

Souza, M. A. T. d. (2000). *Ouro Fino. Arqueologia histórica de um arraial de mineração do século XVIII em Goiás*. (Dissertação de mestrado), Universidade Federal de Goiás, Goiânia.

Souza, M. A. T. d. (2002). Entre práticas e discursos: a construção social do espaço no contexto de Goiás do século XVIII. In A. Zarankin & M. X. Senatore (Eds.), *Arqueologia da sociedade moderna na América do Sul. Cultura material, discursos e práticas* (pp. 63-85). Buenos Aires: Ediciones Del Tridente.

Souza, M. A. T. d. (2007). Uma outra escravidão: a paisagem social no Engenho de São Joaquim. *Vestígios, 1*(1), 59-92.

Souza, M. A. T. d. (2008). Esencializando las cerámicas: culturas nacionales y prácticas arqueológicas en América. In F. Acuto & A. Zarankin (Eds.), *Sed non Satiata II: acercamientos sociales en la arqueología Latinoamericana* (pp. 143-157). Cordoba: Encuentro Grupo Editor.

Souza, M. A. T. d. (2010a). Divisões sociais, utensílios cerâmicos e o preparo da farinha de mandioca no Brasil colonial. *Clio. Série Arqueológica, 25*, 97-127.

Souza, M. A. T. d. (2010b). *Spaces of difference: an archaeology of slavery and slave life in a 19th century Brazilian plantation*. (Tese de doutorado, PhD), Syracuse University, Syracuse, USA.

Souza, M. A. T. d. (2011). A vida escrava portas adentro: Uma incursão às senzalas do Engenho de São Joaquim, Goiás, século XIX. *Maracanan, 7*, 83-109.

Souza, M. A. T. d. (2015). O século 18 em Goiás e a visão de mundo barroca: dois estudos de caso. *História Revista, 20*(2), 140-174.

Souza, M. A. T. d. (2016). Behind Closed Doors: Space, Experience, and Materiality in the Inner Areas of Brazilian Slave Houses. *Journal of African Diaspora Archaeology and Heritage, 5*(2), 147-173.

Souza, M. A. T. d., & Agostini, C. (2012). Body marks, pots and pipes: some correlations between African scarifications and pottery decoration in eighteenth and nineteenth-century Brazil. *Historical Archaeology, 46*(3), 102-123.

Souza, M. A. T. d., & Gardiman, G. G. (2016). A alimentação em dois engenhos brasileiros nos séculos 18 e 19: circulação, sujeitos e materialidades. In F. C. Soares (Ed.), *Comida, cultura e sociedade: arqueologia da alimentação no Mundo Moderno* (pp. 65-94). Recife: UFPE.

Souza, M. A. T. d., & Symanski, L. C. P. (2009). Slave communities and pottery variability in Western Brazil: The plantations of Chapada dos Guimarães. *International Journal of Historical Archaeology, 13*(4), 513-548.

Stein, G. (Ed.). (2005). *The archaeology of colonial encounters : comparative perspectives*. Santa Fe: James Currey.

Stein, G. J. (2005). Introduction: the comparative archaeology of colonial encounters. In G. J. Stein (Ed.), *The Archaeology of colonial encounters* (pp. 3-31). Santa Fe: School of American Research.

Symanski, L. C. P., & Zarankin, A. s. (2014). Brazil: historical archaeology. In C. Smith (Ed.), *Encyclopedia of Global Archaeology* (pp. 998-1005). New York: Springer.

Thompson, R. F. (1984). *Flash of the spirit : African and Afro-American art and philosophy*. New York: Vintage Books.

Voss, B. L., & Casella, E. C. (Eds.). (2012). *The archaeology of colonialism: intimate encounters and sexual effects*. New York: Cambridge University Press.

Conhecimento científico como promotor de potência colonial: O caso das missões científicas de foro antropológico

Patrícia Ferraz de Matos

INTRODUÇÃO[1]

Este texto pretende ser um contributo para o conhecimento do colonialismo ibérico, focado em Portugal. Irá argumentar-se que uma das formas do país se afirmar como potência colonial foi através do estímulo à produção de conhecimento científico sobre as suas colónias. Tal conhecimento poderia depois ser divulgado na universidade e em reuniões científicas, publicado em periódicos e livros e transmitido nas escolas (Matos, 2013a). Outra forma de Portugal se mostrar como potência colonial foi através da exibição do seu império em grandes exposições, nacionais e internacionais, que podiam incluir os seus habitantes autóctones (Matos, 2014a), ou do estímulo à deslocação pelos espaços que o constituíam (Matos, 2013b). Segundo a Carta Orgânica de 15 de Novembro de 1933, o império colonial português dividia-se em "oito colónias": "Cabo Verde"; "Guiné"; "São Tomé e Príncipe"; "Angola"; "Moçambique"; "Estado da Índia", que englobava os territórios de Goa (com as ilhas de Angediva, São Jorge e Morcêgos, na costa de Malabar), Damão (com Dadrá e Nagar Aveli na costa do Golfo de Cambaia) e Diu (com os territórios continentais de Gogolá e Simbor na costa do Guzerate); "Macau"; e "Timor" (constituída pela parte oriental da ilha de Timor, o território de Ocusse-Ambeno, a ilha de Atauro e o ilhéu de Jako).

A história do chamado império colonial português inicia-se ainda no século XV. A partir daí desenvolve-se um enredo de vários contactos e explorações em terras africanas e asiáticas, mas também no continente sul-americano. Contudo, no que respeita à produção de conhecimento científico, as iniciativas de que há registo são posteriores. As primeiras actividades dignas de destaque estão relacionadas com as chamadas viagens filosóficas. Do século XVIII em diante Portugal investiu na

---

[1] Este trabalho foi financiado pela Fundação para a Ciência e a Tecnologia através de uma Bolsa de Pós-Doutoramento (SFRH/BPD/91349/2012).

formação de especialistas e em modos de recolher, organizar e analisar os elementos provenientes dos seus territórios coloniais, quer estes dissessem respeito à fauna, flora, minerais, quer pertencessem às suas populações autóctones (Cruz e Pereira, 2016). Tais esforços provieram essencialmente da Universidade de Coimbra, então única no país. Contudo, ao nível internacional, pouco ainda se conhece sobre essas missões. Quem faz história da ciência é muitas vezes influenciado sobremaneira pelas histórias produzidas em países mais dominantes do ponto de vista científico, situados no norte da Europa ou nos EUA, e não na Península Ibérica. Assim, alguns trabalhos produzidos por cientistas portugueses ou luso-brasileiros (no contexto da ex-colónia sul-americana) têm sido largamente esquecidos ou ignorados.

O contexto entre os finais do século XIX e inícios do século XX propiciou um maior investimento nos territórios africanos e asiáticos, no que respeita ao domínio administrativo e à produção de conhecimento científico, do qual destacarei as missões científicas que privilegiaram o estudo das "populações" do ponto de vista biológico e sociocultural. Por um lado, o investimento estatal na promoção de estudos de foro antropológico nas colónias terá contribuído para a afirmação da antropologia no campo científico e para a diversificação das suas áreas de actuação. Por outro, as missões antropológicas, ou assim nomeadas, terão contribuído para que o país se afirmasse como potência colonial.

Foi sobretudo nos anos 30 e 40 do século XX que se registaram várias iniciativas, prolongadas nos anos seguintes, no que a este investimento disse respeito. As missões antropológicas promoveram a realização de estudos que englobaram domínios tão específicos como a antropologia física, a psicotecnia ou a arqueologia, embora todos fossem vistos como sendo potencialmente complementares. Pretendo reflectir sobre o modo como a antropologia esteve relacionada com o projecto colonial português, que estudos foram promovidos e em quais se registou um maior investimento. Por outro lado, ilustrarei não só a variedade dos materiais recolhidos, mas algumas fragilidades de planos de estudos desenhados com pressupostos que não vieram a ser sustentados, ou que tiveram um carácter meramente utilitarista, ou cuja exequibilidade foi denunciadora de várias limitações. Em qualquer dos casos, os materiais recolhidos têm a capacidade de, ainda hoje, continuarem a despertar a atenção dos investigadores e suscitar múltiplas reflexões sobre o período colonial e o contexto pós-colonial.

1. PRIMEIRA VAGA: SÉCULO XVIII

No domínio do que podemos chamar de uma primeira vaga no que respeita à promoção de missões científicas destaca-se a Viagem Filosófica de Alexandre Rodrigues Ferreira, uma expedição na bacia do Amazonas (Brasil), que terá sido encomendada pela Casa Real portuguesa. O plano da expedição dos naturalistas ao Brasil foi delineado em 1778 pelo italiano Domingos Vandelli, professor na Universidade de Coimbra, e autor da dissertação de 1779 intitulada "Viagens Filosóficas ou Dissertação sobre Importantes Regras que o Filósofo Naturalista, nas suas Peregrinações, deve observar" (Carvalho, 1987, p. 83). Esta missão, concretizada em 1783, durante o reinado de D.ª Maria I, teve como protagonista Alexandre Rodrigues Ferreira, nascido na Bahia em 1756, estudante em Coimbra a partir de 1770, onde se familiarizou com o *Systema Naturae* de Lineu, os "Compêndios de Lógica e Metafísica" de Antonio Genovesi e *Histoire des plantes de la Guiane françoise* de Jean-Baptiste Aublet. O contexto intelectual, político, económico e científico da época propiciou que as leituras de Alexandre Rodrigues Ferreira incluíssem ainda assuntos como fronteiras em territórios do Brasil, escravatura, agricultura, ou canoas pertencentes à marinha portuguesa no Estado do Pará (Areia, Rocha e Miranda, 1991, p. 21).

No âmbito da viagem filosófica ao Brasil, a de Alexandre Rodrigues Ferreira foi a mais importante devido à sua duração (quase 10 anos) e aos milhares de elementos recolhidos, embora algumas peças tenham também chegado incógnitas às mãos do naturalista. Objectos como armas, instrumentos musicais, ornamentos, móveis, vestuário e utensílios de cozinha foram enviados da capital do Rio Negro em Barcelos (Brasil) para Portugal. A segunda parte da viagem, concluída em 1792, completa 19 remessas, num total de 933 objectos expedidos para o Real Museu da Ajuda (ou Gabinete Real da Ajuda) (Areia, Rocha e Miranda, 1991, p. 30).

O contexto do final do século XVIII, no qual surgem as viagens filosóficas, é marcado pela actuação do Marquês de Pombal (Sebastião José de Carvalho e Melo, 1699-1782) e pela reforma de ensino que impôs, aconselhado por Luís António Verney e António Nunes Ribeiro Sanches, no aparelho de Estado. Com esta reforma, o saber científico seria o "saber útil", distante do saber da Igreja e de Aristóteles. A secularização do ensino implicou a expulsão dos jesuítas da Universidade de Coimbra, a introdução de novos cursos, como o de Filosofia Natural, e a contratação de professores estrangeiros, como foi o caso de Domingos Vandelli. O "saber útil" era um "saber prático" no qual a pesquisa se constituía como complemento do ensino. Assim, a Universidade de Coimbra passou a incluir um Gabinete de História Natural, um Horto Botânico, um Laboratório Químico e um Gabinete de Física. Por outro lado, para o Marquês de Pombal a ciência deveria satisfazer a causa pública e coordenar-se com os interesses do Estado, centralizador e controlador do conhecimento científico. É nesse sentido que deve ser entendida a Viagem Filosófica de Alexandre Rodrigues Ferreira e outras expedições naturalistas, como a de João da Silva Feijó a Cabo Verde, a de Manuel Galvão da Silva a Moçambique e a de Joaquim José da Silva a Angola (Domingues, 1992, p. 89).

No Arquivo do Museu Bocage, em Lisboa, existe o registo de que parte dos elementos da Viagem Filosófica de Alexandre Rodrigues Ferreira foi enviada em 1806 do Real Museu da Ajuda para a Universidade de Coimbra (e integrada posteriormente no Museu e Laboratório Antropológico). As colecções recolhidas nesta missão foram ainda integradas na Academia das Ciências de Lisboa e na Sociedade de Geografia de Lisboa (SGL). Uma parte das colecções foi também entregue por Domingos Vandelli, no Real Museu da Ajuda, a Geoffroy Saint-Hilaire em 1808, aquando das invasões francesas, e foi incorporada no Museu de História Natural de Paris. Além disso, alguns dos objectos de arte e indústria dos indígenas americanos, enviados pela Real Academia das Ciências de Lisboa para a exposição celebrativa do IV Centenário do Descobrimento da América, realizada em Madrid em 1892, não regressaram a Portugal. Outra parte das colecções foi destruída durante o incêndio ocorrido em 1978 no Museu Bocage.

No que respeita às populações que habitavam os espaços sob observação e estudo, as missões desta primeira vaga interessavam-se mais por conhecer como sobreviviam do que pela sua própria sobrevivência; o foco não era colocado em compreender e conhecer os indivíduos, mas no uso que faziam dos elementos naturais, na forma como construíam os objectos e dominavam as técnicas. As recolhas não pretendiam tanto dar a conhecer como os indivíduos caçavam e pescavam, mas sim como eram caçados e pescados os animais. O naturalista não era um etnógrafo, mas um indivíduo formado e inspirado pela História Natural. Não interessava saber quem faz o quê, mas como se fazia, que materiais e técnicas eram utilizadas. Assim, quando os objectos, que resultaram das expedições, foram expostos em exposições e museus, eles denunciaram mais o olhar ocidental que sobre eles incidiu do que um conhecimento profundo acerca das populações que os construíram ou foram ali representadas (Karp e Lavine, 1991).

2. SEGUNDA VAGA: SÉCULOS XIX E XX

Posteriormente à independência do Brasil (1822) assistiu-se a um reforço da presença portuguesa nos seus outros territórios ultramarinos em África e na Ásia, o que veio a estimular a realização de estudos sobre esses espaços e suas populações, através de missões científicas. Em termos institucionais, foram várias as iniciativas desenvolvidas no mesmo sentido desde os finais do século XIX e, mais efectivamente, a partir da década de 30 do século XX. Esse reforço não é, contudo, alheio aos fenómenos que foram ocorrendo ao nível internacional.

A presença portuguesa nos territórios ultramarinos nunca foi muito efectiva, sobretudo se comparada com os contextos inglês e francês, e alguns autores classificam o colonialismo português como "vulnerável" (Filho, 2004). No último quartel do século XIX registou-se a chamada "partilha de África" na qual Portugal reclamou áreas do continente africano com base no seu "direito histórico". Contudo, países como a Grã-Bretanha, a França ou a Alemanha vieram a assumir idênticas aspirações e a partir da década de 70 constatou-se que tal "direito" era insuficiente. Por essa razão, houve necessidade de reforçar a exploração geográfica e científica de tais territórios. Assim, e com o mesmo objectivo das congéneres europeias, foi apresentada ao governo, a 10 de Novembro de 1875, a proposta de criação da SGL (Guimarães, 1984). Nela foi instituída a Comissão de África que preparou as expedições de Hermenegildo Capelo, Roberto Ivens e Serpa Pinto, entre 1877 e 1885.

Mas já em 1874 tinham sido publicados dois decretos (a 24 de Novembro e a 23 de Dezembro), que vieram reforçar "as instruções enviadas às autoridades coloniais" (Henriques, 1997, p. 61) no sentido de se realizarem estudos (especificamente) de foro antropológico. Aos viajantes, comerciantes, missionários, entre outros, eram dadas directivas para recolherem partes do corpo (ossos, pele e cabelo), fazerem mensurações ou preencherem questionários enviados da metrópole. Estas recomendações eram baseadas nas "Instruções" elaboradas por Guérando e Georges Cuvier (inspirados na ideologia do século XVIII), dadas aos viajantes no início do século XIX (Centlivres, 1982), e contemplavam a medição da força física e a resistência ao esforço. Embora nem sempre possa ser estabelecida uma relação directa, a produção de conhecimento sobre as colónias acabou por ser uma forma de dar poder a uma disciplina – a antropologia –, então emergente, que se reforçou posteriormente na sua relação com os estudos coloniais e a exploração dos espaços ultramarinos.

A SGL trouxe de facto uma nova dinâmica, incentivando as explorações geográficas e valorizando as colónias – alvos da cobiça de outras potências. Isto apesar de já em 1853 António da Silva Porto (sertanejo ou, mais correntemente, comerciante) ter empreendido uma expedição de Angola a Moçambique. Além disso, é Francisco José de Lacerda e Almeida (1753-1799) quem terá sido o primeiro explorador "moderno", quando planeou atravessar o continente africano de Moçambique a Angola, mas, tal como aconteceu com outros, foi vítima de uma geração impreparada e com meios insuficientes para fazer face às adversidades do continente africano (Rosa e Verde, 2013, pp. 14-15).

Em 1883 foi criada a Comissão de Cartografia, constituindo-se assim o organismo português mais antigo que se dedicou à investigação em áreas tropicais. Na sequência do reconhecimento territorial, alcançado com as expedições, foi elaborado o "mapa cor-de-rosa", apresentado na Conferência de Berlim (1884-1885), onde se procurou dividir o continente africano pelas potências europeias, e se reclamava para Portugal a faixa de território que ia de Angola à contracosta, isto é, Moçambique. Essa exigência de soberania foi sustentada também a partir de campanhas militares de conquista e "pacificação" dos povos que habitavam esses territórios (Pélissier, 2006). Todavia, e apesar de outros países concordarem com o projecto, Inglaterra negou a reivindicação de Portugal e em 1890 apresentou um ultimato que exigiu ao país a retirada das forças militares, chefiadas pelo major Serpa Pinto, do território situado entre as colónias portuguesas de Moçambique e Angola (actuais Zimbabué e Zâmbia). Ainda assim, houve desde os finais do século XIX um reforço da presença de Portugal em África (Alexandre, 1993).

No âmbito dos estudos de foro antropológico, a SGL fez passar, por exemplo, uma circular em 1885 que ordenava "aos chefes dos serviços sanitários coloniais e ao pessoal administrativo o envio de crânios" (Pereira, 1986, p. 199). Nessa altura, eram sobretudo os funcionários administrativos e os militares que faziam as recolhas. O militar Fonseca Cardoso (1865-1912), por exemplo, é por vezes considerado o "fundador da antropologia colonial portuguesa" (Correia, 1941a, p. 17), ou como tendo deixado um importante legado (Athayde, 1934, p. 151). Na qualidade de alferes de infantaria realizou "observações antropológicas" (de domínio físico) em 44 indivíduos, em Sanquelim (Índia), em 1895, no âmbito de uma campanha de "pacificação". Para este trabalho contou com o apoio de uma caixa antropométrica, concebida por Paul Topinard, e fez uso da sua experiência anterior, adquirida no estudo que realizou sobre o povo português e as suas origens, juntamente com Rocha Peixoto (1865-1909) e Ricardo Severo (1869-1940). Contudo, só no século XX, com a publicação das suas notas sobre as populações da região de Satari, pelo arqueólogo e antropólogo António Augusto Esteves Mendes Correia (1888-1960), os estudos do militar são difundidos.

Este campo de conhecimento foi também promovido por médicos viajantes. É o caso de Américo Pires de Lima (1886-1966), que integrou uma expedição militar ao norte de Moçambique durante a I Guerra Mundial (1916-1917) e alcançou a posição de tenente-coronel (Martins, 2006). Durante o tempo livre da sua estadia em Palma e Mocímboa da Praia, este médico analisou a flora, a fauna e os indivíduos locais, no âmbito de uma missão que teve o apoio estatal, dos colegas da Faculdade de Ciências da Universidade do Porto (FCUP) e das autoridades locais. Dada a sua profissão, estava especialmente habilitado para elaborar estudos antropométricos. Assim, entre as suas actividades paralelas, além de juntar espécimes botânicos, zoológicos e objectos maconde (que doou ao Museu de Antropologia da FCUP [Figura 1]), reuniu dados fisionómicos e mensurações de cerca de 170 moçambicanos (Martins, 2006).

Figura 1. Museu de Antropologia e Arqueologia Pré-Histórica. Anos 40 do século XX. (Fonte: Museu de História Natural da FCUP).

Depois da actuação de Américo Pires de Lima, a necessidade de estudar as populações sob a administração colonial voltou a ser debatida. Mas o investimento na realização desses trabalhos foi reforçado apenas depois, durante o Estado Novo (1933-1974), sobretudo nas décadas de 30 e 40, com a criação de missões antropológicas, tendo aí Mendes Correia um papel fundamental (Matos, 2012).

2.1. Anos 30: Definição de um programa colonial

No âmbito do Congresso Nacional de Antropologia Colonial, realizado no Porto em 1934, Vítor Fontes, presidente da Comissão de Antropologia da SGL, apelou para que o pessoal médico e administrativo seguisse "instruções antropológicas" para recolher materiais de análise, como "ossos, cabelos e moldes das mãos, orelhas e pés" (1934, p. 189). Porém, já em 1931 Mendes Correia tinha considerado que as decisões de administração pública, ou de fomento, deveriam ser tomadas tendo conhecimento dos caracteres físicos e das características psicossociais das populações a que as medidas diziam respeito. À semelhança do que tinha sido feito na Alemanha antes da guerra, onde foi posto em execução um plano semelhante, e na Inglaterra, onde William Ridgeway (1858-1926), professor de arqueologia na Universidade de Cambridge, propôs a fundação de um Bureau of Anthropology (que estudasse sistematicamente o ser humano e auxiliasse o administrador e o legislador, assim como o comerciante e o missionário), Mendes Correia considerou que poderia haver em Portugal um organismo oficialmente instituído nesse sentido. No entanto, segundo o próprio, as iniciativas que a esse tema diziam respeito limitavam-se a institutos universitários como os de Antropologia e Anatomia da Universidade do Porto. Sugeriu, inclusivamente, que os trabalhos antropológicos sobre os "indígenas"[2] das colónias portuguesas

---

2 De acordo com o Artigo 2 do Decreto-lei n.º 16473 de 6 de Fevereiro de 1929, os "indígenas" eram "os indivíduos da raça negra, ou dela descendentes que, pela sua ilustração e costumes, se não distingam do comum daquela raça; e não indígenas, os indivíduos de qualquer raça que não estejam naquelas condições". Em resultado da revisão constitucional, este estatuto foi reformulado em 1954; adoptou-se então uma política integracionista e as colónias passaram a ter o nome e o estatuto

fossem apresentados em pleitos internacionais em torno dos direitos aos territórios coloniais (Correia, 1931, p. 10). Este autor, com formação em medicina, embora dedique o seu trabalho essencialmente à antropologia e à arqueologia, veio a desenvolver nos anos 30 um programa colonial para promover o envio de missões antropológicas às colónias de África e Timor; algumas delas estiveram a cargo de investigadores do Instituto de Antropologia da Universidade do Porto (IAUP), que então dirigia.

As missões antropológicas passaram a ser apoiadas pelo Estado, por proposta de Francisco Vieira Machado, ministro das Colónias entre 1936 e 1944. Estes grupos de trabalho ficavam dependentes da Junta das Missões Geográficas e de Investigações Coloniais[3] (JMGIC), criada em 1936, que constituía uma ampliação da antiga Comissão de Cartografia (criada em 1883), de cuja tradição era herdeira, e dependia do Ministério das Colónias[4]. O governo era autorizado pelo ministro das Colónias a "organizar e enviar às colónias missões antropológicas e etnológicas para o estudo das respectivas populações no ponto de vista bio-étnico"[5] (Art.º 1.º). A 11 de Novembro de 1935 a Comissão Executiva da Junta de Educação Nacional, mais tarde Instituto para a Alta Cultura (IAC), tratou da questão da "ocupação científica das colónias", adoptando um relatório elaborado por Mendes Correia. Nele salienta-se a "urgência" e a "importância nacional e científica do assunto", reforçando não ser "aconselhável separar o Portugal-metrópole do Portugal-colónias" (Correia, 1945, p. 4).

---

jurídico de províncias ultramarinas; contudo, tal regulamento continuou a impor a segregação. O estatuto aprovado em 1954 foi definitivamente revogado em 1961.

3 Foi assim nomeada até 1951, altura em que passou a designar-se por Junta das Missões Geográficas e de Investigações do Ultramar (JMGIU).

4 Designado por Ministério do Ultramar depois de 1951.

5 "Missões Antropológicas e Etnológicas às Colónias, Decreto-lei n.º 34.478", 1951: 146-147.

2.2. As campanhas das missões

A primeira das missões, destinada a Moçambique, foi criada em 1936 e teve seis campanhas (em 1936, 1937-38, 1945, 1946, 1948 e 1955-56), todas chefiadas por Joaquim Rodrigues Santos Júnior – colaborador do IAUP, bolseiro do IAC e da JMGIC, e orientando de Mendes Correia. Além desta missão, foram realizadas: uma à Guiné, chefiada por Amílcar de Magalhães Mateus, com campanhas em 1945, 1946 e 1947; outra a Angola, chefiada por António de Almeida com campanhas em 1948, 1950, 1952 e 1955; e, por último, a Timor, também chefiada por António de Almeida, com campanhas em 1953, 1954, 1957, 1963, 1964, 1968, 1969, 1974 e 1975.

A 12 de Março de 1941 Mendes Correia (1941b) elabora um "plano de estudos antropológicos coloniais (antropologia, arqueologia e etnografia) para um período de 6 anos", em resposta a um ofício da JMGIC dirigido à direcção da FCUP. No que respeita à "prioridade de ramos científicos e coloniais a estudar", refere que: "os estudos de antropologia física estão em primeiro lugar, pois por eles se procuram estabelecer as características somáticas e as possibilidades psicofísicas"; no capítulo da "psicotecnia" prevê a averiguação "das características psíquicas, das tendências, vocações e capacidades", aparecendo a etnografia como "auxiliar útil destes estudos". Já a arqueologia aparece em terceiro lugar, mas não porque "o seu interesse especulativo seja menor", uma vez que "a arqueologia em geral, e dum modo especial a pré-história" constituíam uma "base imprescindível para o conhecimento das origens étnicas e da evolução dos povos"[6].

Pondo em prática o seu plano de estudos, e na qualidade de director dos desígnios da Escola de Antropologia do Porto, Mendes Correia indica numa carta de 17 de Abril de 1943 (dirigida a José Bacelar Bebiano, então

---

6 Processo n.º 306 de António Augusto Esteves Mendes Correia, volume 1, IICT, Doc. n.º 1.

presidente da JMGIC) um conjunto de "colaboradores científicos" do IAUP que poderiam servir de chefes ou adjuntos nas missões[7]. Dando esta possibilidade a alunos e antigos alunos da Universidade do Porto, revela assim o propósito de encaminhar os seus discípulos e colaboradores para o trabalho de terreno que, no seu entender, era uma actividade de equipa. Em resultado destas missões, António de Almeida e Santos Júnior, por exemplo, começam a afirmar-se nos anos 30 com a produção de textos sobre as populações colonizadas, como se pode ver pelas comunicações apresentadas no Congresso Nacional de Antropologia Colonial (realizado no Porto em 1934) e nos Congressos do Mundo Português (realizados em Lisboa em 1940). Estes foram, de facto, momentos importantes no que concerne à divulgação dos conhecimentos que existiam sobre as colónias (Matos, 2013a).

O referido congresso realizado no Porto, em 1934, veio procurar demonstrar que já havia no país um olhar científico, atento às populações das colónias. Algumas das suas comunicações foram elaboradas a partir das observações feitas a: 79 guineenses, 40 angolanos, 139 de moçambicanos, 4 "bosquímanos" e vários indivíduos de Timor, Macau e Índia (Anónimo, 1935). Parte dessas pesquisas foi editada em trabalhos sobre a exposição. Contudo, para além da predominância dos estudos de antropologia física, verifica-se que os indivíduos foram tomados como representativos dos elementos do grupo de onde provinham, fazendo-se generalizações a partir do seu caso individual.

Também nos Congressos do Mundo Português, integrados nas Comemorações Centenárias, em 1940, das quais fizeram parte uma grande exposição e um cortejo, se procurou dar conta do investimento que estava a ser feito em termos de produção de conhecimento sobre as colónias. Ao longo de dez congressos independentes, nos quais participaram 231

---

7 *Processo n.º 306 de António Augusto Esteves Mendes Correia*, volume 1, IICT, Doc. n.º 8.

portugueses e 121 estrangeiros, num total de 515 comunicações, estiveram presentes temas sobre a história de Portugal, desde a pré-história à história contemporânea, mas também sobre o campo colonial, passando pelo estudo da fauna, flora e higiene tropical (Matos, 2013a).

A preparação das missões podia envolver uma visita prévia ao terreno. Foi o que aconteceu com a missão antropológica da Guiné. O interesse por este território tinha sido materializado entretanto pela criação em 1945 do Centro de Estudos da Guiné Portuguesa, que publicou o *Boletim Cultural da Guiné Portuguesa* entre 1946 e 1973 (Carvalho, 2004). Entre o final de 1945 e o início de 1946 Mendes Correia e o seu assistente, Amílcar de Magalhães Mateus, visitaram o território no sentido de preparar a missão para os anos seguintes. A propósito da visita, Mendes Correia elaborou três registos: um diário de campo (Figura 2); um livro (Correia, 1947); e um relatório oficial dirigido à JMGIC. Antes de chegar à Guiné, passaram pelo Senegal, visitaram o IFAN (Institut Français de l'Afrique Noire), onde se encontraram com vários professores e investigadores, como Théodore Monod (1902-2000), procurando estabelecer contactos e permutar trabalhos com estudiosos.

Esta viagem constituiu-se como uma missão exploratória, já que pouco se conhecia sobre o território, mas, ao mesmo tempo, e também por isso, tratou-se de um dos primeiros passos para desbravar terreno no que à ciência colonial se referia. Foi esse carácter que permitiu a Mendes Correia dar conta da diversidade geográfica e humana da Guiné e, por outro lado, perceber as várias áreas de estudo que poderiam ali desenvolver-se – não apenas a antropologia física, mas também a antropologia social e cultural, a linguística, a geografia, a medicina (com ênfase para a medicina tropical), a história e a arqueologia, entre outros domínios. Este estudioso valoriza o contacto directo com as populações locais e fica fascinado com as suas observações. É essa relação de proximidade que lhe permite discernir o muito que ainda havia por conhecer, tarefa aliás comum a outros países vizinhos das colónias portuguesas em África. No seu caderno de campo utiliza termos nativos e crioulos, demonstrando interesse pelas culturas locais, pelos modos de vida das populações e organização social; tanto a numeração, como os vocábulos das línguas deveriam, na sua opinião, ser melhor estudadas: o nalú tinha caracteres do grupo linguístico banto, enquanto o bijagó não tinha caracteres desse grupo linguístico.

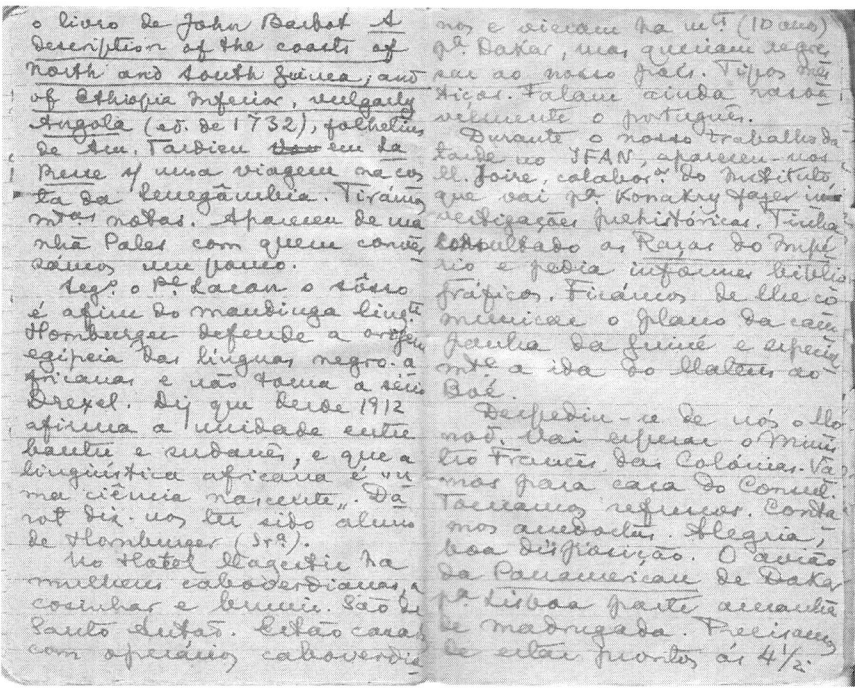

Figura 2. *Diário de campo de Mendes Correia sobre a viagem à Guiné*, 1945-46. (Fonte: Colecção particular).

A visita ao terreno não lhe permitiu, contudo, comprovar algumas suposições que existiam na metrópole, como, por exemplo, a ideia da falta de higiene dos negros ("há mais asseio nos negros do que muitos supõem" [Correia, 1947, p. 68]); assim como a ideia de que certos grupos africanos estavam em decadência e poderiam extinguir-se em pouco tempo. Acrescenta que: "tínhamos lido algures que os Felupes eram bígamos. Asseveram-nos que são monógamos, sendo o adultério severamente punido entre eles" (Correia, 1947, p. 42). Finalmente, uma das grandes conclusões da sua visita é a de que se devia banir a palavra raça, ou a própria ideia de raça, pelo menos no que ao contexto guineense respeitava. Era óbvia a dificuldade em caracterizar os tipos físicos: "mesmo com a pele do negro mais retinto possível, aparecem figuras de (…) nariz estreito e saliente" (*idem*, p. 127).

2.2.1. Alguns relatos e resultados das campanhas

Do terreno chegava a Portugal correspondência que ia dando conta do contexto no qual estavam a ser realizadas as tarefas, da diversidade na recolha de elementos (biológicos, culturais e arqueológicos) e das condições adversas dos trópicos. É o que acontece, por exemplo, nesta carta de Santos Júnior dirigida a Mendes Correia sobre a missão antropológica de Moçambique:

> Tivemos 4 dias de excepcional calor. O termómetro no dia 13 marcou à sombra 44 graus. Nesse dia trabalhámos desde as 5 horas da manhã até às 8 horas da noite. Estudámos 33 dêmas, sendo respectivamente 21 homens e outras tantas mulheres estudadas, quanto aos caracteres descritivos e quanto aos caracteres merísticos, 30 medidas em cada. Num lote de 30 mulheres fizemos apenas 12 medidas. Não havia tempo para mais. Estudei 12 anomalias de pés tendo tirado fotografias e feito desenhos e impressões

dermo-papilares. À ida e à vinda encontrei mais 3 estações líticas (comunicação pessoal, 16 de Outubro de 1946, Museu de História Natural da FCUP).

Em algumas fotografias é possível constatar a diversidade dos membros que constituíam as equipas das missões (Matos, 2014b), como acontece na Figura 3, de 1946; nela surgem Santos Júnior e o seu filho Norberto Santos Júnior (que acompanhou o trabalho de algumas campanhas que decorriam durante o seu período de férias escolares em Portugal), situados à direita, e a seu lado o chefe da polícia de Tete (Luís Santos), colaborador nas duas campanhas anteriores. Das equipas podiam fazer parte também membros da administração colonial, régulos e indivíduos com funções mais específicas como intérpretes, cozinheiros ou motoristas.

Figura 3. Fotografia tirada antes de sair para uma das campanhas da missão antropológica de Moçambique, em 1946, com toda a equipa. (Fonte: Centro de Memória, Torre de Moncorvo).

Foi na área das práticas antropométricas que o investimento nas recolhas parece ter sido maior. Segundo Mendes Correia, as investigações antropológicas das missões não tinham um aspecto "puramente especulativo", mas um interesse prático, contemplado na averiguação de: "características bio-étnicas das populações", "convicções de robustez e vitalidade", "perspectivas de desenvolvimento e progresso", "costumes" e "qualidades psíquicas" (1945, p. 8). Os planos de trabalho das missões mencionavam a possibilidade de realizar inquéritos psicotécnicos para averiguar as tendências e aptidões profissionais dos diferentes grupos étnicos. Contudo, um dos objectivos que sobressai é o de obter elementos quantificáveis – "estatísticos e demográficos" (Correia, 1945, p. 9). Tal opção era denunciadora dessa antropologia, que no terreno colonial procurou atribuir fundamentos concretos à empresa científica aí exercida. A descrição de elementos, como a cor da pele, o cabelo, a forma das orelhas, do nariz e dos lábios, e o recurso a instrumentos de medição, como o compasso de espessura ou o esquadro cefalométrico, tinha na verdade o intuito de afastar o teor subjectivo das observações (Dias, 1996, pp. 33-34). Por outro lado, pretendia-se que esses elementos quantificáveis se pudessem eventualmente traduzir em proveito económico no âmbito da exploração colonial, ou seja, procurando averiguar quais os indivíduos mais aptos para certos trabalhos físicos. Todavia, as preocupações de Mendes Correia estendiam-se também à "etnografia" e à pesquisa das antiguidades pré-históricas, na medida em que esta seria benéfica para o estudo das origens ou antecedentes das populações (Correia, 1945, p. 9).

Embora as missões se tenham dirigido a outros territórios, houve um investimento especial em Moçambique (de 1936 a 1956), com uma maior permanência no terreno e mais elementos recolhidos. Entre os espólios das campanhas a Moçambique podemos distinguir o: 1) arqueológico, sendo que o material existente permite identificar 96 estações da Idade da Pedra (92) e da Idade do Ferro (4); 2) etnográfico, com instrumentos musicais e objectos de adorno, amiúde fotografados enquanto estavam a ser usados (767 peças); 3) iconográfico, com filmes e fotografias (com 2733 imagens); 4) documental (Roque, 2010). No que respeita às imagens fotográficas, e apesar do interesse inicial incidir, provavelmente, mais no âmbito da antropologia física, elas permitem perceber que existem outras preocupações nas recolhas e se procura dar conta de outros elementos – matérias (roupas, adereços), contextos (locais, festividades, sepulturas), quotidiano (actividades económicas, embarcações, identificação de plantas), património cultural (utilização de tecidos, máscaras, pinturas faciais) e património edificado (igrejas, pontes) (Roque, 2010).

Será em Moçambique também que o antropólogo Jorge Dias, e os elementos da sua equipa (Manuel Viegas Guerreiro e Margot Dias), vêm a desenvolver investigação, a partir de 1956, através de trabalho de campo, do qual é exemplo a pesquisa sobre os macondes em que se aplica o método de estudo de comunidades por ele defendido (Dias, 1964/1998). A escolha da JMGIU pelo local habitado pelos macondes, no Norte de Moçambique, e a proximidade com territórios onde se constituíram movimentos de contestação e libertação colonial, como o Tanganica (que se uniu a Zanzibar para formar a Tanzânia) e o Niassalândia (hoje Malawi), assim como com a União Sul-Africana, onde a população branca impôs um modelo de segregação racial, não terá sido casual. Com o envio desta missão, o Ministério do Ultramar poderia tomar conhecimento da situação da administração colonial britânica nos territórios vizinhos. Adicionando a esse aspecto o facto de Jorge Dias ter sido professor convidado da Universidade de Witwatersrand (na União Sul-Africana), enquanto esteve ligado à missão (Pereira, 1998, p. XXXIV), facilmente se conclui sobre o carácter potencialmente útil ou aplicado desta ciência que se procurou produzir no contexto colonial.

2.3. Mudança de enfoque

Apesar de promovidas ainda nos anos 30, a maioria das campanhas científicas veio a realizar-se depois de 1945, após a reforma da JMGIC. Por outro lado, passaram a ter como objectivos principais a melhoria das condições de vida dos "indígenas" e colonos, a exploração eficiente dos territórios colonizados e a contribuição para incrementar o conhecimento científico, passando a contemplar sobremaneira os conteúdos relativos a questões socioculturais. Estas alterações estão relacionadas também com as mudanças trazidas pelo contexto após a Segunda Guerra Mundial, durante o qual os países colonialistas foram questionados, e em que Portugal necessitou de proceder a uma revigoração da sua imagem no que respeitava a esse domínio. É sobretudo nesse período que se regista uma mudança nos discursos políticos e científicos, em resultado da percepção da conjuntura e da necessidade de atenuar algumas abordagens, nomeadamente as colonialistas e as racialistas.

A mudança de enfoque nos estudos antropológicos viria a verificar-se posteriormente ao contexto marcado por Mendes Correia e seus contemporâneos, com Jorge Dias, cuja formação foi influenciada pela antropologia cultural americana. Nos anos 50, após fazer trabalho de campo em Portugal, dirige uma investigação científica para estudar os macondes de Moçambique (1956-1960). Porém, apesar da sua cisão relativamente à antropologia física, a antropobiologia continuou a desenvolver-se pelas décadas de 50 e 60. Nos anos 60 ainda discute a "raça" nos seus textos e o livro *Os macondes de Moçambique* (1964/1998) tem um capítulo sobre elementos antropobiológicos (com índices de robustez, coeficientes de vitalidade e grupos sanguíneos). Jorge Dias pode ser visto como uma excepção, conforme salienta Rui Pereira (1986, p. 231), pois o seu trabalho no âmbito da etnologia foi mais sério, exaustivo e fundamentado relativamente a trabalhos anteriores. Porém, não terá sido totalmente independente, já que foi influenciado pelos interesses da política colonial e por alguns trabalhos antropobiológicos que vinham sendo feitos. Por outro lado, apesar da mudança de contexto (pós-1945) e embora o trabalho das últimas campanhas da missão de Moçambique descreva aspectos mais socioculturais como os relativos à alimentação ou à cultura material (habitações, adereços), estes elementos não são sistematizados; além disso, em nenhum momento das descrições a estrutura social emerge.

Para o contexto de mudança terá contribuído ainda a aprovação, em 1960, com grande maioria, da Declaração sobre a Concessão de Independência aos Países e Povos Coloniais da ONU e a fundação das universidades em Angola e Moçambique, ligadas à universidade portuguesa, em 1961, ano esse que coincide com o eclodir da guerra colonial em Angola.

3. CONCLUSÃO

O estímulo à realização de estudos sobre as colónias foi uma forma de Portugal se afirmar como potência colonial e procurar reforçar a sua posição geopolítica ao nível europeu. Numa primeira fase, ainda durante o período da monarquia, as expedições científicas podiam ser encomendadas pela própria Casa Real à universidade, como aconteceu com a de Alexandre Rodrigues Ferreira à Amazónia. Esta e outras missões que decorreram no século XVIII têm, contudo, um aspecto que sobressai. Num contexto em que a ciência promovida é aquela que tem um carácter útil e prático, as actividades sociais e culturais descritas no âmbito das viagens filosóficas acabam por ser um pretexto para conhecer melhor a natureza (e seus reinos animal e vegetal). A ciência foi vista como potencialmente rentável, na medida em que podia trazer benefícios para o mundo considerado civilizado (ocidental). Por outro lado, as percepções dos espaços sob a administração colonial portuguesa revelaram amiúde mais acerca de quem com eles manteve contacto, através das missões, do que acerca desses próprios espaços. Contudo, as viagens filosóficas acabaram por ter um carácter pioneiro no que concerne à recolha de elementos nas colónias e à produção de saberes sobre as mesmas. Por outro lado, são ilustrativas, tal como vêm a ser as missões estimuladas nos séculos seguintes, de duas ideias fundamentais de Steven Shapin (1996/1999): a de que o conhecimento não existe fora dos procedimentos práticos e a de que a ciência é uma actividade produzida por actores humanos em contextos históricos específicos.

No contexto do século XIX, com a independência do Brasil e a necessidade de reforçar a presença de Portugal nos territórios ultramarinos ainda sob a sua alçada, assistiu-se à criação de instituições que promoveram a produção científica sobre esses espaços. Nesse período, os estudos, inquéritos ou recolhas materiais, estiveram muitas vezes a cargo de militares, médicos e missionários, entre outros. Embora o investimento colonial não tenha cessado até ao final da monarquia (1910), a política colonial e o reforço de uma imagem imperialista vem a reavivar-se durante o período do Estado Novo, sobretudo durante as décadas de 30 e 40. É nessa altura, e com o apoio estatal, que são criadas as missões antropológicas às colónias. Tal também se deveu a Mendes Correia, professor na FCUP, que depois de se ter interessado por temas tão distintos como a psiquiatria, a criminologia, a arqueologia ou a evolução humana, elaborou e propôs um plano de estudos dirigido às colónias. Esse plano denuncia, de modo semelhante ao que tínhamos registado no século XVIII, o carácter útil que a ciência podia trazer ao averiguar, por exemplo, quais os indivíduos que se afiguravam mais adequados para as actividades ligadas à exploração colonial. Esse intuito útil não é, de facto, o ponto de partida desses planos de estudos, mas a sua possibilidade é encarada como vantajosa, ou como uma mais-valia e até pode ter sido utilizada como um aspecto apelativo para quem decide financiar, ou não, tais missões – o governo.

As campanhas foram então dirigidas à Guiné, Angola e Timor, tendo havido um investimento especial em Moçambique, no que concerne à permanência no terreno e ao número de elementos recolhidos. Alguns resultados destas missões foram apresentados em eventos científicos e constituíram a oportunidade para alguns académicos como Mendes Correia, Santos Júnior ou António de Almeida, entre outros, se afirmarem como especialistas no terreno colonial. Apesar da predominância dos estudos antropométricos, e da escassez de realizações que contemplassem mais os domínios socioculturais, foi a criação de novas estruturas, como a JMGIC (depois JMGIU) e o financiamento destas iniciativas, que permitiu o reconhecimento do trabalho de vários colaboradores do IAUP, assim com o exercício da antropologia como área profissional. Por outro lado, a larga presença das práticas antropométricas devia-se a uma corrente europeia que favorecia a mensuração de indivíduos procurando averiguar os tipos raciais a que respeitavam. Tal identificação fenotípica poderia permitir a diferenciação entre os indivíduos e a sua ordenação numa escala racial. No entanto, o trabalho destas equipas permitiu também a recolha de outros elementos, como pinturas rupestres, desenhos, fotografias e objectos. Além das publicações, foram realizados documentários, no âmbito das missões antropológicas de Angola, Moçambique e Timor, que foram posteriormente depositados no IICT.

O trabalho das missões é produzido ao mesmo tempo que Mendes Correia ocupa cargos em instituições, que tinham como objectivo o desenvolvimento dos estudos antropológicos (Centro de Estudos de Etnologia Peninsular, JMGIC [depois JMGIU], Escola Superior Colonial e SGL). Por outro lado, foi a nova orientação da JMGIC (a partir de 1945), que permitiu aos investigadores terem mais autonomia no que às missões dizia respeito – melhor organizadas, com planos prévios, integrando pessoal com formação específica, nomeadamente universitária, através, por exemplo, das pessoas formadas na Escola de Antropologia do Porto e no Instituto Superior de Ciências Sociais e Política Ultramarina, do qual foi director (entre 1949-1958).

É importante ter, no entanto, uma perspectiva crítica do que foi a antropologia em terreno colonial: tanto as medições antropométricas das missões antropológicas, entre os anos 30 e 50 do século XX, como os estudos acerca do contacto de culturas e a influência de ideias de países vizinhos das colónias portuguesas, preenchiam necessidades da governação colonial. Assim, também o estudo entre os macondes de Moçambique (por Jorge Dias) serviu o "intento colonial", embora se tenha constituído como uma "prestação académica" (Pereira, 1998, p. XLVII). Deste modo, não obstante a sua ocorrência em contextos históricos muito distintos, as campanhas científicas, tanto no período das viagens filosóficas, como no período dos "exploradores" durante o século XIX, ou no das missões científicas promovidas durante o Estado Novo (inclusivamente a de Jorge Dias entre os macondes), assim como a reunião de uma grande diversidade de materiais (alguns hoje à guarda de museus e de outras instituições), sempre tiveram em consideração o carácter potencialmente útil da ciência e almejaram contribuir para a afirmação de Portugal como potência colonial, que nesse sentido se aproximou do trabalho contemporaneamente feito noutros países (como a França, o Reino Unido ou a Bélgica) nesse domínio. Tais campanhas demonstram que a institucionalização de um saber científico está muitas vezes associada ao seu carácter prático, ou desenvolvido no terreno, aliado à observação directa e ao registo de dados, e que a produção de conhecimento é influenciada não só pelas condições internas da própria ciência, mas também pelo contexto durante o qual emerge.

ARQUIVOS

Centro de Memória, Torre de Moncorvo.

Instituto de Investigação Científica Tropical (IICT), Lisboa.

Museu de História Natural, Faculdade de Ciências da Universidade do Porto.

FONTES NÃO PUBLICADAS

Diário de campo de Mendes Correia sobre a viagem à Guiné (1945-1946), colecção familiar.

Processo n.º 306 de António Augusto Esteves Mendes Correia, volumes 1 e 2, Depósito de arquivo do IICT.

BIBLIOGRAFIA

Alexandre, M. V. F. (1993). *Os sentidos do império: questão nacional e questão colonial na crise do Antigo Regime português*. Porto: Afrontamento.

Anónimo. (1935). Le Congrès d'Anthropologie Coloniale de Porto. *L'Anthropologie*, tome 45. Paris: Masson et Cie. Éditeurs.

Areia, M. L. R. de, Rocha, M. A. e Miranda, M. A. (1991). O Museu e Laboratório Antropológico da Universidade de Coimbra. IN L. de Albuquerque, *Universidade(s), história, memória, perspectivas: actas do Congresso "História da Universidade" no 7.º centenário da sua fundação* (volume 2, pp. 87-105). Coimbra: Comissão Organizadora do Congresso.

Athayde, A. (1934). Fonseca Cardoso e a antropologia colonial. IN *Trabalhos do I Congresso Nacional de Antropologia Colonial* (volume 1, pp. 151-156). Porto: Edições da I Exposição Colonial Portuguesa.

Carvalho, C. (2004). O olhar colonial: antropologia e fotografia no Centro de Estudos da Guiné Portuguesa. IN C. Carvalho e J. de Pina-Cabral, *A persistência da História: passado e contemporaneidade em África* (pp. 119-145). Lisboa: Imprensa de Ciências Sociais.

Carvalho, R. de. (1987). *A História Natural em Portugal no século XVIII*. Lisboa: Instituto de Cultura e Língua Portuguesa.

Centlivres, P. (1982). Des "instructions" aux collections: la prodution ethnographique de l'image de l'Orient. IN J. Hainard e R. Kaehr (eds.), *Collections passion* (pp. 33-61). Neuchâtel: Musée d'Ethnographie.

Correia, A. A. M. (1931). *A nova antropologia criminal*. Porto: Imprensa Portuguesa.

Correia, A. A. M. (1941a). *A Escola Antropológica Portuense*. Lisboa: s.n.

Correia, A. A. M. (1941b). *Plano de estudos antropológicos coloniais*. S/l: s/ed.

Correia, A. A. M. (1945). Missões antropológicas às colónias. Separata de *Jornal do Médico* (Porto: Costa Carregal), VII (149), n.ᵒs *11-12*, pp. 1-10.

Correia, A. A. M. (1947). *Uma jornada científica na Guiné Portuguesa*. Lisboa: Agência Geral das Colónias.

Cruz, A. L. R. B. da, e Pereira, M. R. de M. (2016). *Os naturalistas do império: o conhecimento científico de Portugal e suas colónias (1768-1822)*. Rio de Janeiro: Versal Editores.

Dias, J. (1998 [1964]). *Os macondes de Moçambique: aspectos históricos e económicos* (volume 1). Lisboa: CNCDP e IICT.

Domingues, Â. (1992). As Remessas das Expedições Científicas do Norte Brasileiro na Segunda Metade do Século XIII. IN *Brasil: nas vésperas do mundo moderno* (pp. 87-93). Lisboa: Comissão Nacional para as Comemorações dos Descobrimentos Portugueses.

Filho, W. T. (2004). "A constituição de um olhar fragilizado: notas sobre o colonialismo português em África". IN C. Carvalho e J. de Pina Cabral, *A persistência da História: passado e contemporaneidade em África* (pp. 21-59). Lisboa: Imprensa de Ciências Sociais.

Fontes, V. (1934). Instruções antropológicas para uso nas colónias. *Trabalhos do I Congresso Nacional de Antropologia Colonial* (volume 1, pp. 188-197). Porto: Edições da I Exposição Colonial Portuguesa.

Guimarães, Â. (1984). *Uma corrente do colonialismo português: A Sociedade de Geografia de Lisboa - 1875-1895*. Lisboa: Livros Horizonte.

Henriques, I. C. (1997). *Percursos da modernidade em Angola: dinâmicas comerciais e transformações sociais em Angola*. Lisboa: IICT e ICP.

Karp, I., e Lavine, S. (1991). *Exhibiting cultures: the politics and poetics of museum display*. Washington, DC: Smithsonian Institution Press.

Martins, L. P. (2006). Ossos do ofício: antropometria e etnografia no Norte de Moçambique (1916-1917). IN M. R. Sanches, *Portugal não é um país pequeno: contar o "império" na pós-colonialidade* (pp. 113-139). Lisboa: Cotovia.

Matos, P. F. de (2012). *Mendes Correia e a Escola de Antropologia do Porto: contribuição para o estudo das relações entre antropologia, nacionalismo e colonialismo*. Tese de doutoramento. Lisboa: ICS, Universidade de Lisboa.

Matos, P. F. de (2013a). *The Colours of the Empire. Racialized Representations during Portuguese Colonialism*, Oxford e Nova Iorque: Berghahn Books.

Matos, P. F. de (2013b). Entre el mito y la realidad: desplazamientos de personas, propaganda de Estado y imaginación del Imperio Colonial Portugués. *Studia Africana, 24,* 11-28.

Matos, P. F. de (2014a). Power and identity: the exhibition of human beings in the Portuguese great exhibitions. *Identities: Global Studies in Culture and Power, 21(2),* 202-218.

Matos, P. F. de (2014b). A fotografia na obra de Mendes Correia (1888-1960): modos de representar, diferenciar e classificar da "antropologia colonial". IN F. L. Vicente, *O império da visão: fotografia no contexto colonial português (1860-1960)* (pp. 45-66). Lisboa: Edições 70.

Missões Antropológicas e Etnológicas às Colónias, Decreto-lei n.º 34.478. (1951 [1945]). *Anuário da Escola Superior Colonial* (pp. 146-149).

Pélissier, R. (2006). *As Campanhas Coloniais de Portugal (1844-1941).* Lisboa: Editorial Estampa.

Pereira, R. (1986). Antropologia aplicada na política colonial portuguesa do Estado Novo. *Revista Internacional de Estudos Africanos 4-5,* 191-235.

Pereira, R. (1998). Introdução à Reedição de 1998. IN J. Dias, *Os macondes de Moçambique: aspectos históricos e políticos* (pp. V – LII). Lisboa: CNCDP e IICT.

Roque, A. C. (2010). Missão antropológica de Moçambique: antropologia, história e património. IN A. C. Martins e T. Albino, *Viagens e missões científicas nos trópicos: 1883-2010* (pp. 84-89). Lisboa: IICT.

Rosa, F. D. e Verde, F. (2013). *Exploradores portugueses e reis africanos: viagens ao coração de África no século XIX.* Lisboa: A Esfera dos Livros.

Shapin, S. (1999 [1996]). *A Revolução Científica.* Lisboa: Difel.

Trabalhos do I Congresso Nacional de Antropologia Colonial (volume 1) (1934). Porto: Imprensa Portuguesa.

Lista de autores y resúmenes

REPENSAR EL COLONIALISMO
IBERIA, DE COLONIA A POTENCIA COLONIAL

Colonialismos ibéricos: una perspectiva transversal

Beatriz Marín-Aguilera
McDonald Institute for Archaeological Research
University of Cambridge

Primera Parte: Iberia como Colonia

Capítulo 1.

¿Viejas vasijas rotas? Reflexiones sobre cultura material y contacto cultural en la Bahía de Cádiz a partir de algunos casos de estudio (siglos VIII-VI a.C.)

Antonio M. Sáez Romero
Departamento de Prehistoria y Arqueología
Universidad de Sevilla

Resumen: Existe una larga tradición historiográfica sobre la presencia de las comunidades fenicias -e incluso para el periodo púnico- que ha puesto el acento en el consumo de ítems de importación como factor arqueológico esencial para medir el cambio cultural y la "orientalización" de las sociedades indígenas de Iberia. Tomando como objeto de estudio el caso de la bahía gaditana, se plantea ahora un nuevo análisis de estos procesos complejos en función de las modificaciones (bidireccionales) observables en los registros cerámicos desde época arcaica hasta el inicio del helenismo, centrándonos en categorías clave como los vasos de bebida o los dedicados a cocinar al fuego los alimentos. Del análisis tipológico y tecnológico de estos objetos, frecuentes en todo tipo de contextos alrededor de la bahía, pueden inferirse relaciones más complejas que una simple transmisión de saberes o técnicas (know-how) y pautas de consumo hacia el medio indígena, tendencia interpretativa predominante hasta el momento. Así, este análisis de los objetos permite determinar la existencia de fenómenos de hibridación tecnológica desde momentos tempranos, dando lugar en la era post-arcaica a un discurso unificado (tipológica y culturalmente) que a su vez será influenciado por otras esferas culturales externas. Se trata, en suma, de demostrar la adaptabilidad de estos ítems a los diversos escenarios políticos, económicos y culturales en que las comunidades locales debieron desenvolverse desde los inicios de la presencia fenicia hasta el siglo V a.C.

Palabras clave: Cocina. Copas tipo Campillo. Hibridación. Tecnología. Comensalidad.

Resumo: Há uma longa tradição historiográfica sobre a presença das comunidades fenícias -e mesmo para o período púnico- que enfatizou o consumo de itens importados como fator arqueológico essencial para medir a mudança cultural e a "orientalização" das sociedades indígenas da Ibéria. Tomando como objeto de estudo o caso da baía de Cádis, uma nova análise desses processos complexos é agora proposta, com base nas modificações (bidireccionais) observadas nos registros cerâmicos do período arcaico até o início do helenismo, com foco em categorias-chave como as taças para beber ou aquelas louças dedicadas a cozinhar alimentos. A partir da análise tipológica e tecnológica desses objetos, que são freqüentes em todos os tipos de contextos em torno da baía, podem inferir-se relações mais complexas do que uma simples transmissão de conhecimento o técnicas (know-how) e modalidades de consumo para o ambiente nativo, uma tendência interpretativa predominante até o momento. Assim, essa análise dos itens permite determinar a existência de fenômenos de hibridação tecnológica desde os primeiros momentos, dando lugar na era pós-arcaica a um discurso muito mais unificado (tipologicamente e culturalmente) que, por sua vez, será influenciado por outras esferas culturais externas. Em suma, trata-se de demonstrar a adaptabilidade desses itens aos vários cenários políticos, econômicos e culturais em que as comunidades da baía tiveram que se desenvolver desde o início da presença fenícia até o século V a.C.

Palavras-chave: Cozinha. Taças tipo Campillo. Hibridação. Tecnologia. Comensalidade.

Abstract: There is a long historiographical tradition concerning the presence of the Phoenician communities -and even for the Punic period- that has emphasized the consumption of import items as an essential archaeological indicator to measure cultural change and the "Orientalization" of the indigenous societies of Iberia. With the bay of Cadiz as test-case, a new analysis of these complex processes is now proposed based on the (bidirectional) changes observed in the ceramic records dating from the archaic period up to the beginning of Hellenism, focusing on key groups such as certain drinking vessels or those pots dedicated to cooking. Based on the typological and technological analysis of these objects, which are frequent in all kinds of contexts around the bay, more complex relations can be inferred than a simple transmission of knowledge (know-how) and consumption patterns towards the indigenous environment, an interpretative tendency predominant up to now. Thus, this analysis of the items allows determining the existence of phenomena of technological hybridization from early stages, leading to post-archaic era more unified discourse (typologically and culturally) that in turn will be influenced by other external cultural spheres. In short, the goal of the paper focus on demonstrating the adaptability of these ceramics to the various political, economic and cultural scenarios in which the local communities had to develop from the beginning of the Phoenician presence until the 5th century BCE.

Key words: Cooking. Campillo Cups. Hybridity. Technology. Commensality.

Capítulo 2.

A colonização fenícia a Ocidente das Colunas de Melqart: uma aproximação metodológica a partir da expansão portuguesa

Pedro Albuquerque
FCT, Uniarq, CLEPUL
Departamento de Prehistoria y Arqueología
Universidad de Sevilla

Abstract: This paper presents some methodological questions about the comparison between the Portuguese and the Phoenician expansion, respectively, in Africa during Modern and Contemporary periods, and in the Western Iberian Peninsula between the 8th and the 6th Centuries BC. São Jorge da Mina (nowadays Elmina, Ghana) and Angola are the African cases studied for this comparison, which deals mostly with territorial markers and its importance in the intercultural contacts and processes of cultural change.

Key words: Portuguese Expansion, Colonization, Comparative History, Phoenicians, Territorial Markers

Resumo: Apresentam-se algumas questões metodológicas sobre a comparação entre a expansão portuguesa e fenícia, respectivamente, em África durante as Épocas Moderna e Contemporânea, e na Península Ibérica entre os séculos VIII e VI a.C.; estudam-se os casos de São Jorge da Mina (actual Elmina, Gana) e Angola nesta comparação, que por sua vez incide na sua importância no contexto dos contactos interculturais e nos processos de transformação cultural.

Palavras-chave: Expansão portuguesa, Colonização, História comparada, Fenícios, Marcadores territoriais

Resumen: En este trabajo se presentan cuestiones metodológicas sobre la comparación entre la expansión portuguesa y fenicia, respectivamente, en África en época moderna y contemporánea, y en la Península Ibérica entre los siglos VIII y VI a.C. Se estudian en esta comparación los casos de São Jorge da Mina (actual Elmina, Ghana) y Angola, valorando los marcadores territoriales y su importancia en los contactos interculturales y procesos de cambio cultural.

Palabras clave: Expansión portuguesa, Colonización, Historia comparada, Fenicios, Marcadores territoriales

Capítulo 3.
Griegos en Iberia. Un caso atípico de "colonización"

ADOLFO DOMÍNGUEZ MONEDERO
Departamento de Historia Antigua
Universidad Autónoma de Madrid

Resumen: La presencia griega en la Península Ibérica se articula, en un primer momento, en relación con las actividades comerciales en el área tartésica mediante el establecimiento de emporios. En el nordeste de Iberia uno de esos emporios, Emporion, acaba organizándose como una ciudad-estado. Más adelante, en sus proximidades surgirá otra ciudad griega, Rhode. A pesar de que tendrán una organización política semejante a otras ciudades griegas, nunca abandonarán su vocación comercial. Es por estos motivos por lo que defendemos un carácter atípico para la colonización griega en Iberia.

Palabras clave: Comercio, emporio, indígenas, Ampurias, Rosas.

Abstract: The Greek presence in the Iberian Peninsula is initially related to commercial activities in the Tartesian area through the establishment of *emporia*. In the northeast of Iberia one of these *emporia*, Emporion, ends up becoming a city-state. Later, another Greek city, Rhode, will emerge nearby. Although they will have a political organization similar to other Greek cities, they will never abandon their commercial vocation. It is for these reasons that we defend an atypical character for Greek colonization in Iberia.

Key words: Trade, emporium, natives, Ampurias, Rosas

Capítulo 4.
Un hilo del collar. La idea de colonia en la Hispania republicana desde una perspectiva no arqueológica

Estela García Fernández
Departamento de Prehistoria, Historia Antigua y Arqueología
Universidad Complutense de Madrid

Resumen: En este trabajo se realiza un análisis general de las características que presenta la colonización latina en Hispania. Se incide especialmente en el perfil jurídico de su población, en el carácter mixto de los contingentes poblacionales y en la informalidad de su procedimiento fundacional. Se destaca, frente a la colonización latina de Italia, el importante componente indígena de las colonias hispanas y su función como elemento configurador de la identidad local. Se argumenta finalmente que la pervivencia en el registro arqueológico de elementos propios de la cultura local es perfectamente compatible con una condición colonial como demuestra la colonia latina de Carteia.

Palabras clave: República romana, Colonización, Derecho latino, Colonias latinas, Colonias romanas

Abstract: This paper presents an overall analysis of the Latin colonization of Hispania. The focus lies on the legal status of population, the mixed nature of such a status within the same communities and the relative lack of formality of the foundational procedure. Notwithstanding Latin and Italian colonists, the majority of indigenous population of Hispanic colonies served to configure local identity. Due to this, the resilience of the indigenous archaeological record is clearly compatible with the colonial status ascertained for the Latin colony of Carteia.

Key words: Roman Republic, Colonization, Latin Right, Latin colonies, Roman colonies

Capítulo 5.

De colonizados a colonizadores. Apuntes para una lectura poscolonial de los "tiempos oscuros"

CARLOS TEJERIZO-GARCÍA
Instituto de Ciencias del Patrimonio
Consejo Superior de Investigaciones Científicas

JAVIER MARTÍNEZ JIMÉNEZ
Impact of the Ancient City Project
Cambridge University

Resumen: La llegada de los godos en la península ibérica supuso un punto de inflexión en los modelos de relaciones políticas y económicas que se habían establecido desde la conquista romana. El período normalmente conocido como el de las "invasiones bárbaras" o "tiempos oscuros" ha sido comúnmente interpretado desde posiciones teleológicas y deterministas que, paradójicamente, oscurecen las complejas relaciones de poder que se desarrollaron entre los siglos V y VIII d.C. En este trabajo realizaremos una propuesta de lectura de este período desde un punto de vista poscolonial a través del análisis de la creación del sujeto "godo" a partir del poder romano y la imposición de un proyecto de hegemonía a través del Estado visigodo. En esta propuesta, la materialidad juega un papel fundamental como mediadora y elemento visual de estas nuevas relaciones de poder entre unos centros de poder colonizadores y un grueso de la población colonizada.

Palabras clave: Reino visigodo, urbanismo tardoantiguo, élites, asentamientos rurales, formación estatal

Abstract: The arrival of the Goths into the Iberian Peninsula marked a point of no return for the modes of political and economic relations which had been in play since the Roman conquest. The period known usually as that of the "Barbarian invasions" or the "Dark Ages" has usually been interpreted from teleological and determinist perspectives which, paradoxically, blur the complex relations of power which were established between the 5th and 8th centuries AD. In this paper we will put forward a reading proposal on this period from a post-colonial perspective, by means of analysing the creation of the "Goth" as a subject by the Roman Empire and the imposition of its hegemonic project through the

Visigothic state. In this proposal, materiality is essential as an intermediary and as a visually recognisable element of these new relations of power between a set of colonising centres of power and a large body of colonised population.

Key words: Visigothic kingdom, late Antique urbanism, elites, rural settlement, state formation

Segunda Parte: Iberia como Potencia Colonial

Capítulo 6.

Teotihuacan, de metrópolis colonizadora a cacicazgo colonizado. Una historia de ida y vuelta

Natalia Moragas Segura
Dept. Història i Arqueologia
Universitat de Barcelona

Resumen: En este texto se va a tratar de hacer una revisión de los fenómenos coloniales en el valle de Teotihuacan desde el origen de la ciudad clásica hasta el siglo XVI. Se va a observar los cambios sociales que se dan en el territorio y los diferentes modelos de colonización que se van a dar y cómo los teotihuacanos pasan de ser colonizadores a colonizados. La relación entre colonizados y colonizadores tiene diferentes matices a lo largo de un periodo de tiempo tan extenso y tan étnicamente complejo.

Palabras clave: Teotihuacan , colonias , territorio,Conquista

Abstract: This text is going to do a review of the colonial phenomena in the Valley of Teotihuacan from the origin of the classical city until the sixteenth century. The social changes occurring in the territory will be observed and the different models of colonization that will be done and how teotihuacanos be transformed by settlers into a colonized society. The relationship between colonized and colonizers has different nuances over a period of time as large and as ethnically complex.

Keywords: Teotihuacan, colonies, territory , Conquest

Capítulo 7. Sur y norte: análisis comparativo de dos episodios coloniales en América (Golfo de San Lorenzo y Cuenca del Plata)

Sergio Escribano-Ruiz
Grupo de Investigación en Patrimonio Construido, GPAC
Centro de Investigación Micaela Portilla Ikergunea

Agustín Azkarate
Grupo de Investigación en Patrimonio Construido, GPAC
Universidad del País Vasco - Euskal Herriko Univertsitatea

Resumen: La colonización europea de América es un largo proceso cuya génesis directa se remonta a fines del siglo XV. Aunque las monarquías europeas resignificaron y trataron de racionalizar *a posteriori* la primera etapa colonizadora, una actitud crítica y reflexiva ante este proceso evidencia que el primer colonialismo fue un proceso casual, improvisado y aleatorio. De forma paradójica, de esta casualidad se derivó un proceso histórico fundamental para las potencias europeas de la época, cuyo devenir alteró y condicionó el desarrollo de la historia americana.
La comparación de dos casos de estudio que la historiografía considera anecdóticos dentro del contexto colonial castellano, ofrece una imagen compleja de esta etapa inicial del colonialismo español en América. Los casos de las pesquerías vascas del Golfo de San Lorenzo y del fuerte de Sancti Spiritus proponen dos modelos muy diferentes en cuanto a los modos de asentamiento y de relación con las poblaciones americanas. Sin embargo, ambos casos definen unos patrones comunes para esta etapa inicial de la colonización de América, como son la improvisación de la corona española, el devenir incierto del colonialismo inicial o el espíritu triunfalista con el que se ha tratado el colonialismo español en la historiografía tradicional.
Mediante este trabajo pretendemos contrarrestar unas narrativas históricas que acostumbran a ver en el colonialismo español como un proceso inexorable, homogéneo y triunfal. Su contenido resalta que fue proceso complejo, dinámico y diverso, lo que permite matizar las posiciones contrarias que extrapolan el colonialismo a partir en sus episodios más extremos.

Palabras clave: Colonialismo, América, Casualidad, Improvisación, Triunfalismo

Abstract: The exploration and appropriation of America by Europeans was a long process, the direct origins of which date back to the 15th century. Although

European monarchies re-defined and tried to rationalize the first colonizing stage a posteriori, a critical and reflexive attitude to this process shows that this early colonialism was a casual, improvised and random process. Paradoxically, its incidental nature led to a fundamental historical process for the European powers of the time that altered and conditioned American history.

The comparison of the two case studies, which historiography considers anecdotal within the Spanish colonial context, provides a complex image of this initial moment of Spanish colonialism in America. The cases of the Basque fisheries in the Gulf of Saint Lawrence and the Sancti Spiritus fort propose two very different models regarding settlement modes and the relationship with the native populations of Canada and Argentina, respectively. However, both cases also define common patterns regarding this initial stage of colonization in America, such as the improvisation of the Spanish monarchy, the uncertain future of the initial colonialism or the triumphalist spirit with which Spanish colonialism has been treated in traditional historiography.

This paper intends to counter certain historical narratives that tend to see Spanish colonialism as an inexorable, homogeneous and triumphant process. In addition, the content qualifies the contrary positions that extrapolate colonialism from its most extreme episodes, given that it stresses that this was a complex, dynamic and diverse process.

Key words: Colonialism, America, Chance, Improvisation, Triumphalism

Capítulo 8.

Arqueología de la esclavitud y vestimenta en una hacienda azucarera del Brasil colonial

Isabela Cristina Suguimatsu
Universidade Federal de Minas Gerais

Resumen: Excavaciones arqueológicas realizadas en las viviendas de los esclavos del Colegio de los Jesuitas, Campos dos Goytacazes, estado de Río de Janeiro (Brasil), resultaron en el descubrimiento de cientos de artefactos, muchos de ellos, vinculados a prácticas de costura y vestir. En este capítulo, analizo la cultura material ligada al vestuario – botones, tijeras, agujas y dedales – como importante medio por lo cual los esclavizados de la Hacienda pudieron expresar sus preferencias, crear maneras propias de vestirse y de construir identidades, sobre todo en las líneas de género y clase. Cuando así examinados, tales artefactos contribuyen para superar las visiones simplistas que suelen basar las representaciones de los esclavos, tanto en relación a la vestimenta como en lo que se refiere a sus comportamientos y capacidades.

Palabras clave: Brasil, esclavitud, cultura material, vestuario, costura

Resumo: Escavações arqueológicas realizadas na senzala da Fazenda do Colégio dos Jesuítas, Campos dos Goytacazes (RJ) resultaram no achado de centenas de artefatos, muitos dos quais ligados a práticas de costura e de vestir. Nesse capítulo, analiso a cultura material ligada ao vestuário – botões, tesouras, agulhas e dedais – como importante meio pelo qual os escravizados da Fazenda puderam expressar suas escolhas, criar formas próprias de se vestir e de construir identidades, sobretudo nas linhas de gênero e classe. Quando assim considerados, tais artefatos podem contribuir para superar as visões simplistas que frequentemente embasaram as representações sobre os escravos, tanto em relação ao vestuário, como no que se refere a seus comportamentos e capacidades.

Palavras-chave: Brasil, escravidão, cultura material, vestuário, costura

Abstract: Archaeological excavations undertaken at the *Colégio dos Jesuítas'* slave quarters, Campos dos Goytacazes, state of Rio de Janeiro (Brazil), resulted in the recovery of hundreds of artifacts, many of which linked to dress and sewing practices. In this chapter, I analyze the material culture – buttons, scissors, needles and thimbles – related with clothing. I argue it was an important way through which the plantation's slaves could express their choices, create their own modes of dressing and construct identities, especially along gender and class lines. When examined as such, these artifacts can help to overcome the simplistic views that have often underpinned representations about the slaves, both in terms of clothing and of their behavior and abilities.

Keywords: Brazil, slavery, material culture, dress, sewing

Capítulo 9.

Arqueología del colonialismo español en la Micronesia: Guam y las Poblaciones Chamorras

SANDRA MONTÓN SUBÍAS
Departament d'Humanitats,
Universitat Pompeu Fabra

James M. Bayman
Department of Anthropology
University of Hawai'i Manôa

Natalia Moragas Segura
Dept. Història i Arqueologia
Universitat de Barcelona

Resumen: En este artículo presentamos un nuevo proyecto arqueológico que se inició en junio de 2015 en la isla de Guam (Islas Marianas, Pacífico occidental). Este proyecto está destinado a estudiar las dinámicas de identidad, cambio y continuidad a corto, medio y largo plazo derivadas de la incorporación de la isla a la red del imperio colonial español.

Palabras Clave: Colonialismo, Imperialismo Español, Poblaciones Chamorras, Arqueología Histórica, Pacífico

Abstract: This paper presents a new archaeological project that began in June 2015 in Guam (Mariana Islands, western Pacific). The project aims at studying short, mid and long term processes of identity, change and continuity associated to the inclusion of Guam within the network of the Spanish colonial empire.

Key words: Colonialism, Spanish Imperialism, Chamorro populations, Historical Archaeology, Pacific

Capítulo 10.

Pequenos céus e outros mundos: uma arqueologia dos encontros coloniais em um dos limiares da América portuguesa

Marcos André Torres de Souza
Museu Nacional
Universidade Federal do Rio de Janeiro
Departamento de Antropologia
Programa de Pós-Graduação em Arqueologia (PPGArq)

Resumo: O objetivo deste capítulo é analisar a construção de realidades coloniais no Brasil Central, uma região que no século 18 se situava em uma das franjas da América portuguesa. Utilizando uma abordagem arqueológica, pretendo examinar alguns dos encontros passados entre livres e cativos que viveram na antiga capitania de Goiás durante o século 18 e como, por meio dessas experiências, foram criados nexos e sentidos para a coexistência desses diferentes sujeitos. Nessa análise, irei examinar os utensílios cerâmicos e cachimbos provenientes de sítios urbanos e rurais cujos usos serviram não só para o desempenho de inúmeras atividades cotidianas, mas também como meio para a construção de novas formas de interação social.

Palavras-chave: Arqueologia, América portuguesa, Brasil Central, cerâmicas, cachimbos.

Abstract: The goal of this chapter is to analyze the creation of new colonial realities in Central Brazil, a region that during the 18th century was located in one of the fringes of Portuguese America. Through an archaeological perspective, I intend to examine some of the encounters that took place between the freemen and captives who lived in the former captaincy of Goiás during the 18th century, and how, throughout these experiences, new meanings for their existence were created. In my analysis, I intend to examine low-fired earthenwares and pipes from urban and rural sites and which uses served not only to perform daily activities but also as a mean for the creation of new forms of social interaction.

Keywords: Archaeology, Portuguese America, Central Brazil, low-fired earthenwares, pipes.

Capítulo 11.

Conhecimento científico como promotor de potência colonial: O caso das missões científicas de foro antropológico

Patrícia Ferraz de Matos
Instituto de Ciências Sociais
Universidade de Lisboa

Resumo: Este texto aborda um conjunto de iniciativas levadas a cabo no sentido de se produzirem conhecimentos científicos sobre as outrora designadas colónias portuguesas. Através de um conjunto de diversificadas instruções, foram recolhidos nesses espaços vários elementos posteriormente sistematizados e analisados, ou organizados e colocados em museus, na então metrópole. O resultado de alguns desses estudos foi apresentado na universidade e em reuniões científicas, publicado em periódicos e livros, ou divulgado em exposições e iniciativas mais dirigidas para as massas. Como linha de sustentação teórica, o texto inspira-se em duas ideias fundamentais de Steven Shapin (1996/1999): a de que o conhecimento não existe fora da actividade prática e a de que a ciência é uma prática produzida por actores humanos em contextos históricos específicos. O argumento do texto é que por detrás desse estímulo à produção científica esteve não só a vontade de conhecer melhor os espaços coloniais, para assim poder melhor geri-los e explorá-los, mas também o intento de o país se afirmar como potência colonial, mormente no contexto europeu de então. Das missões científicas realizadas serão destacadas as de foro antropológico. Tais missões terão contribuído para a afirmação da antropologia no campo científico e para a diversificação das suas áreas de actuação. Este processo foi ainda reforçado devido ao contexto histórico vivenciado em Portugal entre as décadas de 30 e 50 do século XX, assim como ao impacto suscitado pela dinâmica de alguns actores sociais do campo científico e político.

Palavras-chave: império colonial português; missões científicas; antropologia; ciência e política; potência colonial.

Resumen: Este texto aborda un conjunto de iniciativas llevadas a cabo con el objetivo de producir conocimientos científicos en relación a las otrora colonias portuguesas. A través de un conjunto de disposiciones diversas, se recogieron en aquellos espacios elementos varios que posteriormente fueron sistematizados y analizados, o bien organizados y situados en museos de la entonces metrópolis. El resultado de algunos de los estudios realizados se presentó en la universidad y en reuniones científicas, fue publicado en revistas y libros, o divulgado en exposiciones e iniciativas dirigidas a toda clase de público Como línea de fundamentación teórica, el texto se inspira en dos ideas primordiales de Steven Shapin (1996/1999): la de que el conocimiento no existe fuera de la actividad práctica, y la de que la ciencia es una práctica producida por actores humanos en contextos históricos específicos. El argumento del texto consiste en la convicción de que detrás de aquel estímulo de producción científica no había sólo la voluntad de conocer mejor los espacios coloniales, para así poder dirigirlos y explorarlos, sino también el intento del país de afirmarse como potencia colonial, mayor todavía en el contexto europeo de entonces. Entre las misiones científicas realizadas se destacarán las de orientación antropológica. Se trata de misiones que contribuyeron a la afirmación de la antropología en el campo científico y a la diversificación de sus áreas de actuación. Un proceso que se reforzó más debido al contexto histórico vivido en Portugal entre las décadas de los años 30 y 50 del siglo pasado, así como al impacto suscitado por la dinámica de ciertos actores sociales en el campo científico y político.

Palabras clave: imperio colonial portugués; misiones científicas; antropología; ciencia y política; poder colonial.

Abstract: This text approaches a set of initiatives that were carried out with the purpose of producing scientific knowledge on the former Portuguese colonies. Through a series of varied instructions, several elements were collected in those places, which were subsequently systematised and analysed, or organised and exhibited in museums, at the then metropolis. The outcome of some of these studies was presented at the university and at scientific meetings, published in journals and books, or disclosed in exhibitions and initiatives rather aimed at a mass audience. As a theoretical basis, the text is inspired by two fundamental ideas by Steven Shapin (1996/1999): that knowledge does not exist outside a practical activity and that science is a practice carried out by human actors in specific historical contexts. The text's argument is that, behind this motivation for scientific production, we find not only the will to better know the colonial spaces, so that they could be better managed and explored, but also the country's purpose of asserting itself as a colonial potency, especially in the European context of the time. Among the undertaken scientific missions, I will highlight the ones of anthropological focus. These missions have possibly contributed to the consolidation of anthropology within the scientific domain and to the diversification of its areas of action. This process was further consolidated by the historical context experienced in Portugal between the 1930s and the 1950s, and by the impact elicited by the dynamic action of some social actors in the scientific and political domains.

Key words: Portuguese colonial empire; scientific missions; anthropology; science and politics; colonial power.